박목월 시 공간의 기호론과 실제

박목월
시 공간의 기호론과 실제

● 김혜니

The Narraitive horison of the Korean modern literature

● 저자 소개

김혜니
현재 경문대학 문예창작과 교수
이화여자대학교와 대학원에서 학사·석사·박사학위를 받음
저서로는 『비평문학론』, 『한국 근대시문학사 연구』 『한국 현대시문학사 연구』 『한국근현대비평문학사』 『비평문학의 이해』 『김혜니 교수 세계문학 에센스』(총16권) 『꼭 읽어야할 소설 119』(총10권) 『꼭 읽어야 할 시 369』(총4권) 등 다수가 있음.

박목월 시 공간의 기호론과 실제

2004년 7월 25일 1판 1쇄 인쇄
2004년 8월 5일 1판 1쇄 발행

지은이 ● 김 혜 니
펴낸이 ● 한 봉 숙
펴낸곳 ● 푸른사상사

등록 제2-2876호
서울시 중구 을지로3가 296-10 장양B/D 202호
대표전화 02) 2268-8706(7) 팩시밀리 02) 2268-8708
메일 prun21c@yahoo.co.kr / prun21c@hanmail.net 홈페이지 //www.prun21c.com
ⓒ 2004, 김혜니
ISBN 89-5640-250-7-03810

값 25,000원

*저자와의 합의에 의해 인지 생략함

책머리에

　목월 시에 대해서는 지금까지 많은 논자들에 의해 다각적으로 검토되어 왔다. 이에 덧붙여 필자는 매개항을 중심으로 하여 이항 대립과 삼원 구조의 공간기호론적 접근 방법에 의해 박목월 시 분석을 새로운 차원에서 시도해 보고자 한다.
　시 작품, 한 편 한 편은 그대로 독자적인 텍스트가 되기도 하지만 그 시 작품 전체가 관계의 망(metwork)으로 얽혀 있는 보다 큰 텍스트이기도 하다. 따라서 우리가 살고 있는 우주의 시작에서부터 현재 이 순간까지 씌여진 모든 문학 작품은 하나의 총체적인 텍스트가 되는 것이다. 로버트 숄즈가 "나는 텍스트를 생산한다. 그러므로 나는 존재한다고"[1]고 말한 바 있듯이, 텍스트는 최소의 개별 기호로부터 시작하여 인류사 전체를 총괄하는 우주적 기호에 이르기까지 무한한 범위를 포함하고 있으며 그 종류 또한 다양한 것이다.
　따라서 본서의 연구 목적은 목월 시집에 수록된 전 작품을 하나의 텍스트로 간주하고 그것의 전체적인 공간기호 체계를 살펴 그 공간기호가 구성하는 체계 안에서의 의미론적 구조를 구명하는 데 있다. 목월 시 연구에 본 방법론을 채택한 이유는, 목월 시를 좀더 의식적이고 체계적으로 조명하여 명확하게 판독하고자 하는 노력에서이다. 그런데 기호학의 종류와 그것의 적용 방법은 상당히 다양하다. 따라서 본 연구의 주된 관심

---

1) R.Scholes(1982), *Semiotics and Interpretaition*, New Haven and London:Yale Univ. Press, p.3.

은, 박목월 시에 두드러지게 나타나는 수직과 수평 공간의 이항대립과 그 이항대립 속에서 작용하는 매개항의 기능을 통해 새로운 의미망을 구축하는 그의 시학을 탐색하는 데 둔다.

이상과 같은 연구의 목적과 방법론을 적용하면서 본 저술은 다음과 같이 전개해 나갔다.

① 본론의 Ⅱ장에서는 시 「聞四月」을 모델로 하여 수직축과 수평축의 이항대립 체계 그리고 매개항의 공간기호론적 분석을 시도해 보았다.
② 본론의 Ⅲ장에서는 문화 매개항과 삼원구조의 공간기호체계를 각각 수직공간과 수평공간으로 나누어 그 의미 작용를 탐색하였다.
③ 본론의 Ⅳ장에서는 자연 매개항의 공간기호체계를 역시 수직공간과 수평공간으로 나누어 고찰하여, 朴木月 시의 특유한 공간 질서와 그 의미 작용을 살펴보았다.
④ 이어서 수직과 수평의 중심공간기호를 통하여 木月 텍스트가 생성하고 있는 '중심'의 의미작용을 연구해보았다.
⑤ 본론의 Ⅴ장에서는 木月텍스트에 특유하게 나타난 천체와 자연현상물의 공간 질서를 통해, 총체적 공간기호의 의미망을 고찰하였다.
⑥ 결론의 장에서는, 이상 분석한 朴木月 시 공간의 기호체계를 종합하여 몇가지 의미론적 구조 체계를 추출하였다.

본 저술을 위해 사용된 텍스트『박목월 시전집』(1984년 서울 : 서문당)에 실린『청록집』『산도화』『蘭・其他』『晴雲』『경상도의 가랑잎』『사력질』『무순』『크고 부드러운 손』『어머니』등 전 9권 합본 총 428편의 시이다.

2004년 7월 10일
압구정동 서재에서
김 혜 니

 박목월 시 공간의 기호론과 실제

◆ 책머리에

제1부 박목월 시 공간의 기호론적 연구

Ⅰ. 연구사 개관과 연구 방법 • 13
  1. 연구사 개관 • 13
  2. 연구의 방법 • 21

Ⅱ. 시 「閏四月」의 공간기호론적 분석 • 25
  1. 수직축과 이항대립 체계 • 25
  2. 수평축과 이항대립 체계 • 29
  3. 매개항과 공간기호의 의미 • 35

Ⅲ. 문화 매개항의 공간기호 • 51
  1. 수직공간의 기호체계 • 55
    1) 이상과 현실의 사이공간 ─ 층층계 • 55
    2) 지상과 천상의 연결 공간 ─ 사다리·밧줄·비행기 • 66
  2. 수평공간의 기호체계 • 80
    1) 열림과 닫힘의 공간 ─ 문 • 80
    2) 빛남과 어두움의 공간 ─ 집(담)·창·방 • 88
    3) 출발과 도착의 이동공간 ─ 신발·버스 • 95

 박목월 시 공간의 기호론과 실제

Ⅳ. 자연 매개항의 공간기호 • 109
1. 수직공간의 기호체계 • 109
  1) 상승지향의 공간 — 나무 • 109
  2) 상승과 하강의 공간 — 우주수·거꾸로 선 나무 • 127
2. 수평공간의 기호체계 • 133
  1) 자기응시의 공간 — 강 • 133
  2) 만남과 이별, 그리움의 공간 — 길 • 139
  3) 휴식과 노동의 공간 — 직선로와 우회로 • 147
3. 수직과 수평의 중심 공간기호 — 몸통·돌 • 152

Ⅴ. 총체적 공간기호 • 161
  1. 상방공간 — 별·달 • 162
  2. 하방공간 — 비·물·눈 • 178
  3. 해체공간 — 안개·바람 • 197

Ⅵ. 결 론 • 216

 박목월 시 공간의 기호론과 실제

제2부 구조와 기호의 실제

Ⅰ. 돌의 공간기호론적 시학 — 박목월 텍스트 분석 • 225
1. 문제의 제기와 연구 목적 • 225
2. 방법론 서설 • 228
3. 돌의 삼원구조 • 231
  1) 무거운 돌 • 232
  2) 움직이는 돌 • 237
  3) 가벼운 돌 • 247
4. 결 론 • 257

Ⅱ. 김명배 시공간의 상상구조 연구 • 262
1. 서론 • 262
  1) 들어가는 글 • 262
  2) 논의의 전개를 위하여 • 264
2. 시공간의 상상구조 시학 • 268
  1) 단독자의 밤, 침묵, 부동(不動)의 절대공간 — 내실(內室) • 268
  2) 낡은 추억의 장롱 — 구석 • 274
  3) 원초적 시간과 공간의 판화 — 고향 • 279
  4) 청동색 음성의 비밀 • 284
  5) 소리와 침묵의 변증법 • 289
3. 결 론 • 297

Ⅲ. 김명배 시의 신화원형 구조 • 302
  1. 신화원형과 현대시 • 302
  2. 비롯함과 마침 그리고 거듭남의 원형 구조 ―「동방의 닭」 • 306
  3. 감음과 품, 모여듦과 물러남 그리고 순환 원형 ―「달무리」 • 314
  4. 하늘·땅·사람 삼재(三才)의 인간중심 구조 • 320
  5. 마무리의 말 • 324

Ⅳ. 언술(言述)과 이야기의 서술 연구
  ― 채트먼(S. Chatman)의 서술학을 중심으로 한 「까치소리」 분석 • 329
  1. 문제의 제기 • 329
  2. 소설 분석에 관한 채트먼의 기본 논의 • 331
    1) 진술(Statement) • 331
    2) 언술의 층위(level of Discourse) • 333
  3. 작품 분석의 실제 • 337
    1) 작품의 구조 형태 • 337
    2) 시간성 • 338
      (1) 언술 시간(Discoures-time)과 이야기 시간(Story-time) • 338
      (2) 시차법(Anachromies) • 341
      (3) 언술적 현재(Discoures-Now)과 이야기적 현재(Story-Now) • 343
    3) 지속성(持續性, Duration) • 345
  4. 결론 • 351

 차례 •••••••••••••• 박목월 시 공간의 기호론과 실제

V. 소설 「바위」의 공간 기호론 • 354
1. 들어가는 말 • 354
2. 수평축의 대립적 공간기호 • 356
    1) 가족 공간의 집허물기와 집짓기 • 357
    2) 일상 공간의 밀어내기와 버티기 • 363
3. 수직축의 역동적 공간기호 • 368
    1) 상실에서 회복으로의 이동 • 368
    2) 유한에서 무한으로의 초월 • 371
4. 맺는 말 • 376

VI. 욕망의 이론으로 읽어 본 「저녁의 게임」 —오정희 소설 분석 • 379
1. 라깡과 프로이트의 욕망 이론 • 379
2. 꽉 찬 말과 텅 빈 말의 욕망 • 384
    1) 꽉 찬 말의 시니피앙들 • 385
    2) 텅 빈 말의 시니파앙들 • 390
    3) 아버지·어머니·딸의 욕망 • 397
        (1) 오디푸스 콤플렉스의 은유와 환유 • 397
        (2) 사디즘과 마조히즘의 성욕도착 • 403
        (3) 본능의 파괴와 화해 • 411
3. 마무리의 말 • 416

■ 참고문헌 • 425   ■ 찾아보기 — 용어/435 작품/440·인명/443 • 435

제1부

박목월
시 공간의 기호론적 연구

I. 연구사 개관과 연구 방법

1. 연구사 개관

　박목월(朴木月)은 1978년 지병인 고혈압으로 세상을 떠날 때까지 거의 5년을 주기로 하여 시집을 발간하면서 왕성한 시작 활동을 하였다. 그의 시집으로는 『靑鹿集』(1946)을 기점으로 하여 『山桃花』(1955) 『蘭・其他』(1959) 『晴曇』(1959) 『慶尙道 가랑잎』(1968) 『어머니』(1968) 『砂礫質』(1973) 『無順』(1976) 등이 생존시에 출간되었고, 그가 세상을 떠나자 유고 시집으로 『크고 부드러운 손』(1979)과 『소금이 빛나는 아침에』(1987) 등이 출간되어 총 詩 편수가 490편에 달한다.
　이러한 박목월 시는 일찍부터 여러 측면에서 부분적인 검토가 다양하게 시도되어 왔다. 따라서 100여 편 되는 적지 않은 연구의 외형을 지니고 있으며, 질적으로도 상당한 수준에 이르고 있다. 지금까지 이룩된 목월 연구의 실상을 간략하게 검토하자면 다음과 같은 몇 가지 유형으로 그 특성을 분류할 수 있다.
　첫째, 무엇보다도 두드러진 연구의 대상이 되어온 것으로, 자연과 연계된 연구 작업을 한 부류로 제시해 볼 수 있다. 이 자연 연구는 특히 그의 초기 시집 『청록집』과 『산도화』의 연구 성과에서 비롯한 것으로, 시의 주제나 제재와 관련된 논의이기도 하다. 김동리, 김춘수, 이형기, 김관식, 김인환, 최창록, 김우창, 김해성, 조상기, 정한모, 김용범, 홍의표, 박호영, 이승원 등의 논저가 있으며1) 이 논의는 목월의 자연 세계를 탐색하고 있다. 이들 논의에 따르면 그는 체질적인 자연 시인으로2) 그의 자연은 동양적 자연과 상징적 자연으로 구분되며, 그의 전 작품을 통한 진정한 자연의 의미는 자연과 인생의 일체감이라고 규명하는데 논의의 초점이 맞춰지고 있다.

또한 주제의 변용 과정을 통한 자연의 성격을 규명 정리하고 있는 논의로는 이승훈, 정창범 등과3) 김성배, 이희중, 왕수완, 조의홍, 김희무 등 석사논문4)의 업적이 있다.

---

1) 김동리(1948), 「三家詩와 자연의 발견」, 《예술조선》, 4월호.
　　──(1952), 「자연의 발견」, 『문학과 인간』, 청춘사.
　　김춘수(1963), 「청록파의 시 세계」, 《세대》, 통권 1.
　　이형기(1964), 「박목월의 면모」, 《문학춘추》, 7월호.
　　김관식(1964), 「청록파의 天地:서설」, 《신세계》, 4월호.
　　김인환(1971), 「朴木月와 자연」, 문교부 연구보고서.
　　최창록(1971), 「청록파에 있어서 자연의 해석」, 《현대문학》, 10월호.
　　김우창(1977), 「한국시의 형이상학」, 『궁핍한 시대의 시인』, 민음사.
　　김해성(1978), 「자연귀의와 三觀詩考」, 《현대문학》, 287호.
　　조상기(1981), 「박목월론」, 『한국문학연구』, 제 3집.
　　정한모(1982), 『현대시론』, 보성문화사.
　　김용범(1983), 「동양적 자연의 인식과 변용」, 『목월 문학 탐구』, 민족문화사.
　　홍의표(1935), 「목월시와 자연」, 부산대 석사논문.
　　박호영·이승원(1985), 「박목월과 자연」, 『한국 시문학의 비평적 탐구』, 삼지원.
2) 조상기(1981), 앞의 책.
3) 이승훈(1977), 「두 시인의 변모」, 《문학과 지성》, 여름호.
　　정창범(1983), 「박목월의 시적 변용」, 『목월 문학 탐구』, 앞의 책.
4) 김성배(1979), 「박목월 시 연구」, 고려대 석사논문.
　　이희중(1985), 「박목월 시 연구」, 고려대 석사논문.
　　왕수완(1986), 「박목월 시 연구」, 동아대 석사논문.

둘째, 목월 특유의 시적 정신과 정서를 탐색하고 있는 글들이 큰 비중으로 또 하나의 유형을 이룬다. 전봉건, 문덕수, 서정주, 소광희, 김종길, 오탁번, 김우창, 최원규, 윤재근, 신동욱, 이승훈, 김열규 등의 논저5)가 두드러진다. 이들은 목월 시의 시적 정신과 정서의 실상을 깊이 있게 검토하여 견해를 제시하고 있는데, 즉 가장 실험적이고도 견실한 시정신을 간직한 시인6)으로 남방 정서를 바탕으로 한7) 그리움과 향수, 외로움, 화해된 슬픔의 정서가 낮고 부드러운 목소리로, 포근하고 따뜻한 감촉으로, 담백한 맛으로 표출되어 있다는 데 논의의 관점이 모아지고 있다.

셋째, 형식적 기법(devices)을 통하여 목월 시의 특성을 탐구한 논저들이 있다. 정지용, 조지훈, 김춘수, 정태용, 홍기삼, 김종길, 이기철, 김용직, 신동욱, 권명옥, 조두섭, 김현자, 김형필 등의 연구 업적8)이 대단한 성과를

　　김희무(1988), 「박목월 시 연구」, 전남대 교육대학원 석사논문.
5) 전봉건(1964), 「木月, 카멜레온의 소묘」, ≪세대≫, 5월호
　　문덕수(1965), 「박목월론」, ≪문학춘추≫, 6월호
　　서정주(1969), 『한국의 현대시』, 일지사.
　　소광희(1971), 「木月의 시정신 연구」, 『지헌영선생華甲기념논총』.
　　김종길(1974), 「향수의 미학」, 『진실과 언어』, 일지사.
　　오탁번(1976), 「청록파의 방향과 의미」, 『현대문학산고』, 고대출판부.
　　김우창(1977), 「한국시의 형이상학」, 앞의 책.
　　최원규(1977), 「木月의 서정시 연구」, 『한국현대시론』, 학우사.
　　윤재근(1987), 「朴木月의 지향성」, ≪심상≫, 5월호
　　―――(1983), 「朴木月의 시 세계」, 『목월 문학 탐구』, 앞의 책.
　　신동욱(1981), 「박목월의 시와 외로움의 의식」『우리詩의 역사적 연구』, 새문사.
　　이승훈(1983), 「朴木月의 시 세계」, 『목월 문학 탐구』, 앞의 책.
　　김열규(1984), 『시적 체험과 그 형상』, 대방출판사.
　　김윤식·김현(1984), 『한국문학사』, 민음사.
6) 오탁번(1976), 앞의 책.
7) 서정주(1969), 앞의 책.
8) 정지용(1940), 「詩選後」 ≪문장≫, 9월호.
　　조지훈(1955), 「발문」, 『산도화』, 영웅출판사.
　　김춘수(1969), 「문장추천 시인군의 시형태」, 『한국현대시 행태론』, 해동문화사.
　　정태용(1970), 「박목월론」, ≪현대문학≫, 6월호.

I. 연구사의 개관과 연구 방법　15

거두고 있다. 이 논저들 가운데는 목월이 지나친 생략과 압축으로 시의 전체적인 효과를 거두지 못하고 있다는 지적도 있으나,9) 대체적으로 운율, 율격 및 리듬 등을 구체적으로 밝히는 작업을 통하여, 목월이 사용한 시의 형식적 기법들은 그의 시적 정서와 일치하여 보다 큰 시적 효과를 획득하고 있다는 데 견해를 같이하고 있다. 아울러 목월은 우리 나라 전통적 민요조의 리듬을 현대적 안목으로 계승 변모시킨 시인으로 소월 이후, 한국시의 전형을 제시하고 있다는 평가를 부여하고 있다.10)

그런데 특히 이 논저들 가운데 김현자는 목월 시의 의성・의태어를 통한 음성 형상(sound symbolism)의 특성을 밝히고, 작품 속에 나타나 있는 상징어들을 구체적으로 작품 전체의 유기성과 관련지어 분석하고 있으며, 김형필은 색채어와 토속어를 통해 시어를 고찰하고, 시의 행과 연을 통해 시형을 분석 고찰하여 목월 시 특유의 특징과 본질을 구명함으로써 한국 현대시 연구를 깊이 있는 토대를 마련해 주고 있다.

넷째, 기독교적 세계관과 연결시켜 목월의 시적 지향성을 추적하는 논저들로 그의 신앙시에 대한 연구를 한 유형으로 묶을 수 있다. 이 유형의 연구자들로는 이성교, 김열규, 황금찬, 권달웅, 오세영, 이정자 등의 논의들이 있다.11) 그런데 이 논의에 대해서는 목월 스스로 그의「詩作 메모」

홍기삼(1970),「나그네・윤사월」,《월간문학》, 6월호.
김종길(1974), 앞의 책.
이기철(1970),「서정시의 형태적 승리」,《현대문학》, 6월호.
김용직(1979),「諧調와 기법」,《심상》, 3월호.
신동욱(1981), 앞의 책.
권명옥(1983),「목월 문학 탐구」, 앞의 책.
조두섭(1984),「朴木月 律格의식 변모 연구」, 대구대 석사논문.
김현자(1984),「청록파 詩에 나타난 의성・의태어 연구」, 이화어문논집, 제7집.
김형필(1985),「朴木月詩硏究」, 한양대 박사논문.
9) 정태용(1970), 앞의 책.
10) 정지용, 조지훈, 김형필의 앞의 책 참조.
11) 이성교(1979),「크고 부드러운 손」,《심상》, 3월호.

에서 밝히고 있는 바와 같이, '크고 부드러운 손'을 느낄 수 있음은 일종의 축복이요, 허무를 극복한 충만, 절망 속의 신뢰가 그의 시적 지향성과 연결된다고 할 수 있다.12)

이렇듯 그의 신앙시는 신앙에 귀의하였을 때 오는 충만감이 그 지향성으로 표출된 것이며, 목월의 기독교 정신은 그의 생애 마지막 부분에 새롭게 첨가된 변모가 아니라 어릴 적부터 계속 신앙의 울타리 속에서 살아온 삶의 귀결이라고 논의하고 있다.13)

다섯째, 목월의 동시를 연구한 논저들이 있다. 이재철, 조상기, 유경환, 김용덕, 정창범, 이형기, 김용희, 김형필 등이14) 다양한 논의를 펴고 있어 주목된다. 논저들의 논의를 종합하자면, 그의 동심 지향의 세계는 순수한 고향의 의지이며, 선하고 순한 동물들의 이미지 그리고 환상적 세계에 속하는 이미지들이 그 근간을 이루고 있다.

따라서 그의 동시는 맑고 건강한 의욕과 의지가 정서의 바탕이 되어

　　김열규(1980),「정서적 인식과 종교적 위탁」,《심상》, 3월호.
　　황금찬(1980),「박목월의 신앙과 시」,《심상》, 3월호.
　　권달웅(1983),「목월시 분석」,『목월 문학 탐구』, 앞의 책.
　　오세영(1983),「박목월론」,『현대시와 실천비평』, 이우출판사.
　　이정자(1988),「박목월 시 연구」, 한양대 석사논문.
12) 박목월(1979),『크고 부드러운 손』, 영산출판사.
13) 木月의 가계를 통해 살피자면, 그의 신앙은 어머니로부터 왔으며 기독교 계통의 학교인 대구 계성중학교에 입학한 것도 신앙심과 연결된다. 그래서 만년의 木月은 드디어 장로가 되었고, 타계하기 전 몇 년 간에 수많은 신앙시를 쓰기도 했다. 이 무렵에 쓴 신앙시가 바로『크고 부드러운 손』이다.
14) 이재철(1980),「목월 동시의 구조분석」,《심상》, 3월호.
　　조상기(1980), 앞의 책.
　　유경환(1981),『한국 현대 동시론』, 배영사.
　　김용덕(1983),「목월의 동시 세계」,『목월 문학 탐구』, 앞의 책.
　　정창범(1983), 앞의 책.
　　이형기(1984),「박목월론」,《심상》, 10월호.
　　김용희(1985),「朴木月 詩 硏究」, 경희대 석사논문.
　　김형필(1985), 앞의 책.

있다고 보고, 나아가 목월의 이러한 동심을 키운 동시의 정서는, 그가 자라서 생활의 소용돌이에 휩싸였을 때 '향수와 그리움'의 정서로 발전했다고 논의하고도 있다.15) 목월 자신이 동시에 대한 깊은 인식을 지니고, 생애 30여 년간이나 동시를 써온 연유에서라도 그의 전체적인 시 세계를 규명하자면, 반드시 그의 동시 연구가 선행되어야 할 줄로 안다.

여섯째, 목월이 우리 나라 시단에서 차지하고 있는 위치, 이른바 그의 시사적 의의에 대한 논의도 목월 시 연구의 한 유형을 차지한다. 최창록, 정한모, 임종국, 조지훈 등의 논저가16) 시사에 남긴 그의 업적 등을 논의하고 있다. 이들 논의의 공통점은 대체적으로 목월이 순수한 시에 대한 뚜렷한 의식을 가졌다는 점, 그의 시는 해방 전 여러 갈래의 시 흐름 중, 전통성에 초점을 두고 이를 계승 발전시켰다는 점, 그리고 특히 언어 예술적 측면에서 시의 작법을 향상시키는 데 기여했다는 점 등이다.

목월은 일본 제국주의 시대에 태어나 8·15 해방, 6·26 전쟁을 다 겪고 세상을 떠난 시인이다. 그러므로 그의 시사적 의의를 검토할 때 시와 시대적 배경과의 관계를 간과할 수 없을 것이다. 즉, 그는 일제 치하에서도 끝까지 지조를 지키며 단 한편의 친일 문장도 남기지 않은 영광된 작가17)이기도 하다. 절박한 현실과 위험한 문명을 거부하고 한국시가 지향할 영원한 생명의 고향을 찾으려 했던 목월은, 언어로서 민족의 정서와 주체성을 고취한 실천 시인이라 할 수 있다.

끝으로 뚜렷한 방법론적 자각을 가지고 목월 시의 형식이나 구조를 천착한 논저들과 만날 수 있다. 이들 논저들은 몇 가지 다양한 방법론적 양

---

15) 김형필(1985), 앞의 책 참조.
16) 최창록(1970), 「청록파의 자연관과 시사적 의의」, 『어문학통권』 23호.
    정한모(1982), 「청록파의 시사적 의의」, 앞의 책.
    임종국(1983), 『친일문학론』, 평화출판사.
    조지훈(1985), 『깊은 밤 홀로깨어나』, 영언문화사.
17) 임종국(1983), 앞의 책, p.467.

상을 띠고 있지만, 공통적 특징은 텍스트의 내재적 접근 방법을 채택하여, 작품을 하나의 구조 또는 체계로 간주했다는 점이다. 따라서 이 유형의 여러 논저들은 다음과 같이 세분하여 정리할 수 있다.

① 시의 형식적 기법을 연구한 글로, 권명옥의 논문[18]은, 목월 시에 있어서 리듬의 전개 양상, 작품 구성 원리로서의 리듬의 역할, 시적 효과에 기여하는 리듬의 작용 등을 살펴 우리 국어의 언어 현상의 특질과 시에 대한 음악성 연구의 새로운 방법론을 타진하였다.
② 이미지나 상징 체계를 분석한 글이 있는데, 김형필[19]은 동시에서부터 신앙시에 이르는 시적 변모를 심상 구조와 상징 체계를 분석하여 총체적 구조와 의미를 해명하였고, 서경온[20]은 감각적 이미지의 변화를 고찰하여 木月 시의 개성을 연구하였다.
③ 美的 거리[21]를 연구한 글로 김현자[22]는 朴木月 시의 미적 조직을 살피고 감각적 세계가 구체적으로 어떻게 조응하는가, 그리고 시적 거리에 의한 태도의 변화와 대상을 파악하는 거리 의식이 실제 작품에 어떻게 나타나는가를 연구하였고, 김용희[23]는 미적 거리의 문제를 언술 행위의 과정과 언호 기호로 대별하여 고찰하였다. 이는 목월 시 연구에 새로운 방법적 접근을 시도한 것이라 할 수 있다.
④ 구조와 의미의 상관을 연구한 글로 이상호[24], 이승훈[25] 등의 논저가 있다. 이상호는 木月 시를 통하여 정신적 구조의 변모 양상을 고찰하고 있는데,

---

18) 권명옥(1983), 「목월 문학 탐구」, 앞의 책.
19) 김형필(1985), 앞의 책.
20) 서경온(1988), 「朴木月 詩 硏究」, 성신여대 석사논문.
21) 시를 형성하는 미적 요소에 대해 허버트 리드(Herbert Read)는 '미란 감각적 지각으로 형상화된 어떤 통일된 관계'라고 정의하면서 색이나 소리, 몸짓 등의 물리적 반응을 지각하고 그것을 정서나 감정의 어떤 상태와 일치시킬 때 일어나는 배열의 작업이 미감을 형성한다고 설명하고 있다. 즉 미적거리는 시인의 창조 과정에서 겪는 내적 충돌과 외적 시형식 사이의 갈등을 조절하는 장치이다. 김현자(1984), 「박목월 시의 감각과 詩的 거리」, ≪문학사상≫, 9월호, p.268 참조.
22) 김현자(1984), 앞의 책.
23) 김용희(1988), 「박목월 시의 미적 거리 연구」, 이화여대 석사논문.
24) 이상호(1983), 「갈등과 극복의 순환 구조」, 『목월 문학 탐구』, 앞의 책.
25) 이승훈(1987), 『한국시의 구조 분석』, 종로서적.

갈등의 구조와 극복의 구조로 파악하고, 상극되는 두 양상이 대립 혹은 심화의 과정을 거치면서 순환되어 나타난다는 입장을 보여주고 있다. 그리고 이승훈은 「이별가의 분석」에서 '이별가'를 각각 리듬의 구조, 계기의 구조, 대립의 구조로 나누어 분석하고 있고 「나그네 시학」에서는 목월 시를 시대적으로 초기시, 중기시, 후기시, 종교시로 나누어 각각 화자, 대상, 정서의 관계를 중심으로 그 구조적인 변모를 고찰하고 있다. 이들 연구는 구조주의 방법론을 채택하여 현대시의 새로운 해석을 시도하고 있다는 점에서 중요한 의의를 지닌 논의라고 할 수 있다.

⑤ 공간 이론을 적용한 논문으로 박운용[26], 엄경희[27] 등의 업적이 있다. 박용운의 글은 구름, 달, 비와 눈, 바람, 별빛 등 자연 공간을 중심으로 시에 나타난 상상력의 질서를 밝히고, 그에 따른 정서의 변용 과정을 분석하는 데 관심을 기울이고 있으며, 엄경희는 주로 朴木月 시에 나타난 '길' 이미지를 분석함으로써 시인의 의식 현상의 변모 과정과 시적 공간의 특성을 밝히고 있다. 이들 논문 역시 木月 시의 공간 구조적 비밀을 밝히는 데 큰 성과를 거두고 있다.

이상 박목월과 그의 시 작품에 대한 연구사를 정리해 보았다. 그리고 그가 써 놓은 방대한 시의 분량만큼이나, 많은 논의가 있음을 살필 수 있다. 그런데 많은 연구 업적에도 불구하고 대부분의 논의들이 대동소이한 방법론과 해석을 반복하고 있는 듯한 아쉬움도 있다. 기존 연구들 거의가 박목월 시를 시집이 출간된 순서에 따라 정신적 혹은 내면적 변모과정을 탐색하고 있는 것이다. 게다가 연구 범위 또한 전기시에 그 대상이 한정되어 있는 실정이다. 이렇듯 문학 연구 방법론의 외재적 접근 방법을 통하여 주제 분석 및 상황 비평적 천착에 그치고 있는 것이다.

물론 목월이 생애 40여 년 동안 끊임없이 왕성한 시작 활동을 했고, 그 때문에 500여 편에 이르는 방대한 작품의 분량을 내놓았음으로 해서, 시집별이나 작품 단위별 연구에 한정될 수밖에 없는 어려움도 있다. 그러나 그의 후기시는 물론이거니와 동요 시집인 『동시집』(1946) 『산새알 물새

---

26) 박운용(1984), 「朴木月詩의 自然空間硏究」(上・中・完), ≪심상≫, 3・5・6월호.
27) 엄경희(1990), 「박목월 시의 공간의식 연구」, 이화여대 석사논문.

알』(1962), 그리고 유고시집인『크고 부드러운 손』(1979) 『소금이 빛나는 아침에』(1987)까지 포함한 전면적인 연구가 충분히 행해져야 할 것이다. 그래서 다각적이고도 포괄적인 총체적 평가가 목월 시에 선명하게 내려져야 할 줄로 믿는다.

2. 연구의 방법

문학 연구가 언어학과 긴밀한 관계를 지니게 된 것은, 문학의 무한한 내용적 존재물을 유한한 언어소로 기술하고자 하는 절실한 욕구에서 비롯한다. 오늘날 미적 진술의 모든 영역에서 논의의 초점이 되고 있는 기호학은 소쉬르(F. de Saussure)의 언어학적 작업에 힘입은 바 크다.[28] 소쉬르의 업적은 문학 연구의 대상을 실질 세계로부터 분리하여 의미의 구조 체인 텍스트로 옮겨 놓았던 것이다. 1920년대 초 몇몇 러시아 형식주의자들은[29] 소쉬르의 언어 연구에 고무되어, 문학 그 자체를 자연 언어와 동일한 통시적 체계로 보고, 개체적 문학 작품을 형식적 규약 속에서 서로 기능적으로 연관된 공시적 체계로 보았다. 즉, 문학 작품의 문학성을 철저히 분석하고 시, 소설 작품 등을 형식적 구조적으로 설명함으로서 체코와 폴란드를 거쳐 프랑스의 구조주의와 미국의 신비평 형성에 영향을 주었다.

이밖에도 야콥슨(Roman Jokobson)은 은유와 환유를 이항대립의 관계에

---

28) Ferdinand de Saussure(1966). *Course in General Linguistics*, ed. Charles Bally and Albert Sechehaye,(N.Y:Philosophical Library)
29) 주로 모스크바 언어학회 회원인 페트르 부슬라에프(pëfr Buslaev), 페트르 보가티레프(pëtr Bogatyrev), 로만 야콥슨(Roman Jakobson), 비노쿠르 (G. O. Vinokur) 등으로 그들은 러시아 방언학과 민속학의 문제들을 위시하여 언어학적 자료 수집, 일상 담론, 시적 담론에 관련된 방법론의 토론을 중점적으로 연구하였음.

있는 양극적 특징으로 파악하고 선택과 결합이라는 언어기호 형성 과정을 성립시켰다. 이러한 이론에 입각한 야콥슨의 가장 두드러진 공식은 언어에 대한 시적 기능의 정의이다. 즉 시적 기능은 등가 관계를 만들어내는 수단으로서, 선택의 양식과 결합의 양식이라는 두 측면에 의존한다는 것이다.[30] 이때 등가 관계란 모든 시적인 텍스트의 특징을 이루는 음소, 운율, 어휘, 문법 구조, 액센트 등에 대한 반복 재귀 등을 말한다.

옐름스레(Louis Hjelmslev)는 『언어이론 서설』에서 언어가 목적이 아니라 수단으로 사용될 경우 그 자율성을 상실하게 된다고 말한다. 그러므로 언어학은 자족적 통일체, 자족적 구조체로 파악해야 한다고 주장하고 있다.[31] 이러한 이론이 문학 연구에 그대로 적용되어 문학은 자연 언어의 집성물이 아니라 언어 이외의 개별적 기호체계에 속해있다는 학설을 가능케 하였다. 나아가 언어의 이차 체계를 도식화하기에 이르렀다.

즉 옐름스레는 앞서 소쉬르가 명명한 기호 표현(signifant, 언어의 음성 부분)과 기호 의미(singifie, 청각 현상)는 언어 이외의 다른 기호 체계를 설명하는 데 무리가 있음을 지적하고 이를 보완하여 기호 체계를 설명하였다. 그는 기호 체계를 기호 표현(expression)과 기호 내용(content)으로 나누고 다시 그것을 세분하여 형식(form)과 실질(substance)로 나누고 있다. 이때 표현과 내용 사이에서 생겨나는 관계를 의미 작용이라 한다. 이탈리아의 기호학자 에코(Umberto Eco)는 옐름스레의 표현과 내용의 관계를 정식화 하고 있기도 하다.[32]

---

30) D.W. 포케마, 엘루드쿤네·입쉬(1983), 『現代文學理論의 조류』 윤지관 (역), 학민사, pp.99~100. 참조.
31) Louis Hjelmslev(1961), *Prolegomena to a Theory of Language* (Madison:University of Wisconsin) pp.12~15. 참조.
32) Umnerto Eco(1979), 기호학의 이론, 서우석 (역), 문학과 지성사, pp.61~62.

   (취지 purport)
  내용 content 실질 substance   형식_____
     형식 form_____ 표현 expression 성질_____

바르뜨는 문학 언어는 제1차 대상 언어에 작용하는 제2차 언술이며, 어떤 메타 언어라 할지라도 다시 제1차 언어의 위치에 놓여지고 또다시 메타 언어에 의해 질문이 제기될 수 있다고 인정한다.[33] 즉 메타 언어란 내용 면이 하나의 기호 표현 체계로 되어있는 체계이며, 문학을 기호 체계로 보려고 할 때 언어의 이차 모델 형성 체계와 함께 가장 중요한 이론의 바탕이 된다. 언어를 일차, 이차로 구분하여 모델로 체계화한 사람은 소련의 타르투 대학 교수이며 소련 기호학자들 그룹의 지도적 이론가인 로트만(Yu, Lotman)이다.

문학의 영역에서 가장 구체적인 조직 단위는 텍스트 단위이고, 그것은 그 조직 체계에 의해서만 판독될 수 있다. 이때 텍스트는 문학의 이차적 모델 체계를 겉으로 나타낸다. 이처럼 문학을 기호 체계로 보려고 할 때 가장 분명하게 구분해야 할 것이 일차적 모델 체계 언어와 이차적 모델 체계 언어이다.

언어와 문학은 인간 세상의 가장 복잡한 체계이다. 더군다나 자연 언어의 음성 체계는 수백 종으로 구분된다. 때문에 음성의 배열 규칙은 매우 복잡하다. 일정한 언어 내의 최소 의미 변별 단위는 음소(phoneme)이다. 음소는 그 언어의 기능적 음성 체계 내의 불변체적 요소이며 그것의 모든 이음(homonymy)들은 그 변체들이다. 다시 말하여 문학은 바로 음성, 일차 언어의 기호 표현을 그 자료로 삼고 있다. 그러나 일차 언어가 이차

(취지)

---

33) R.Barthes, (1983), *Element of semiology*, Translated from the French by Annette Lavers and colin smith, HILL and WANG, N.Y. pp.92~94.

3. Connotation	sa=rhetoric	se=ikeology
2. Denotation:		sé
Metalanguage		
1. Real system	sa sé	

언어로 코드를 전환하게 되면 다차원적 모형을 형성하게 된다. 이 다차원적 모형이 체계적인 불변체들 사이를 구체화하여, 변별적 특징을 나타내 주고 그것에 의해 대립 또는 상호 관련된 요소들을 구성한다. 때문에 음성 중심적 일차 언어가 이차 체계의 언어로 변환될 때 문학의 공간성이 야기된다.

이어령은 그의 논문에서 다음과 같이 말하고 있다.34)

> 예술의 二次 모델 형성 체계의 그 모델은 공간을 통해서 나타나며, 공간적 관계의 언어는 理實의 의미 부여(기호 내용)의 주요한 수단의 하나가 된다. 文學만이 아니라 文化를 기술하는 二次 言語의 의미들은 공간 형식을 통해서 그 "世界像"(world view)을 형성하게 된다.

공간기호론은 문학 언어인 이차적 언어를 대상으로 메타 언어의 체계를 구축하자는 이론이다. 엄밀한 의미에서 기호체계와 공간체계는 다르다. 우리가 문학을 기호체계화 한다는 것은 그 구조체를 탐색하는 작업이다. 그러나 구조체를 탐색하는 과정에서 필연적으로 부딪치는 것이 공간이다. 따라서 기호체계 이론과 공간체계 이론은 밀접한 관계에 놓여 있다. 때문에 공간기호론의 이론 정립은 타당하고 필연적일 수밖에 없다.

하지만 토포로프, 주네트, 바르뜨, 그레마스, 슐츠 등의 노력에도 불구하고 공간 개념을 하나의 이차적 언어로 체계화하고 작품에 적용하는 실천적 비평의 단계에는 아직도 이르지 못한 평편이다.35) 때문에 이 저술은 그 장황하고 산발적인 이론들을 발판으로 하여 공간기호체계를 언어의 변별적 특징과 같은 이항대립으로 체계화하여 이론의 가능성을 고찰해 보는 데 그 주안점을 두고자 한다.

---

34) 이어령(1986), 「文學空間의 記號論的 硏究」, 단국대학교 박사학위논문, p.13.
35) 이어령(1986), 앞의 책, p.15.

Ⅱ. 시 「윤사월(閏四月)」의 공간기호론적 분석

1. 수직축과 이항대립 체계

하이데거(M.Heidegger)는 인간과 공간은 분리할 수 없으며, 공간이란 외적인 대상물도 아니며 내적인 체험도 아니고, 인간과 공간은 따로 분리하여 생각할 수 없는 것이라고 역설한 바 있다.[1] 즉, 실존은 공간적이라는 의미이다. 인간은 환경 가운데서 삶의 관계를 맺고 행동을 해나간다. 따라서 행동은 인간이 의미 작용을 갖는 지향을 형성한다. 다시 말하면 인간이 행하는 대부분의 행위는 공간적 측면을 지니고 있다는 것이다. 때문에 인간의 삶을 바로 이해하려면 공간적 제 관계를 이해하고, 그것을 하나의 공간 개념으로 통일시켜야 할 것이다.

우리는 종종 미개 문명의 언어에서 상과 하, 전과 후, 좌와 우라는 공간적 관계를 표현하고 있는 용어를 발견한다. 그러한 용어는 인간들이 놓여있는 환경에 따른 것으로 세계 속에서의 인간의 위치를 표현하고 있는 것이다. 때문에 공간의 인식은 추상적인 것이 아니라 대상이나 장소에 따

---

[1] Martin HeideggerI(1954), *Bauen Wohnen Denken*, Vortahe und Aufsatze, Ⅱ, pfulingen, p.31.

른 구체적인 정립이었다. 이렇듯 인간은 옛날부터 공간에서 행위하고, 공간을 지각하며, 공간 속에 존재하고, 공간에 대하여 사고해 왔으며 나아가 이 세계 구조를 현실의 세계상으로 표현하기 위하여 공간을 창조하여 온 것이다.

따라서 상대성이론의 출현은 하나로 단일화된 공간 개념을 여러 가지 공간으로 나눠지게 하였다. 즉 인간 공간은 환경에 대한 인간의 체험을 지각하는 곳이기 때문에 하나의 복합적인 과정으로서, 거기에는 여러 가지 변화항이 포함되어져 있다는 것이다. 이후 많은 이론가들에 의해 공간에 관한 몇몇 기본적 연구가 정리되었다. 그중 두드러진 연구서는 하이데거의 『존재와 시간』(1960)[2] 『짓는 것·사는 것·생각하는 것』(1954) 그리고 뽕띠(Merleau pony)의 『지각 현상학』(1962) 볼로우(Otto Friedrich Bollnow)의 『인간과 공간』(1963) 바슐라르(Gaston Bachelard)의 『공간의 시학』 등이 있다.

바슐라르와 볼로우의 공간 연구는 모두가 현상학적으로 체험된 공간을 기저로 삼고 있으며 수직과 수평을 중요한 공간 단위로 설정하고 있다. 그런데 볼로우는 수평 左/右, 前/後는 고정된 불변의 방향이 아니라 인간이 방향을 바꾸면 금방 그 방향이 달라지는 데 반하여, 수직 上/下의 방향은 고정된 불변의 장소로서 인간이 아무리 방향을 바꾸어도 여전히 上은 上이고 下는 下의 방향을 고수하고 있다고 말한다.[3] 또한 케스너(Erich Kastner)도 천국과 지옥의 존재를 이미 오랫동안 믿은 적이 없는 사람에게도 上方이라는 두 개의 단어를 바꾸어 놓을 수 없다[4]고 말하고 있다.

이렇듯 수직축은 인간의 자의에 의한 것이 아니라 중력의 방향에 의해 본래적, 객관적으로 주어진 것이다. 따라서 수직축의 上方은 공간의 신성

---

[2] 원저출판 1927임.
[3] O.F Bollnow(1963), *Mens und Raum*, (Stuttgart:Kohlhamner), pp.43~45.
[4] E.Kastner(1960), *Olberge, Weinberge*, Frankfurt, p.95.

한 영역으로, 그리고 下方은 공간의 속된 영역으로 간주되어 上/下의 두 요소가 대립 체계를 형성한다. 즉 자연 현상의 天과 地가 자연스럽게 '上(天)/下(地)'라는 기호 현상의 실재체(entities)로 바뀌게 된다. 이러한 수직 上/下의 변별적 특징을 판별하여 의미 작용을 분석하면 그 문학텍스트 코드를 정확하게 해독할 수 있다.

여기서 박목월의 초기 대표시 「윤사월」을 모델로 수직 上/下의 이항대립 체계를 분석하여 그의 시 세계를 탐색해 보기로 한다.

    1 松花가루 날리는
    2 외딴 봉오리

    3 윤사월 해 길다
    4 꾀꼬리 울면

    5 산지기 외딴 집
    6 눈 먼 처녀사

    7 문설주에 귀 대이고
    8 엿듣고 있다.

—「閏四月」 전문

먼저 우리는 위의 시에서 어느 외딴 산봉우리에 소나무가 서 있고 그 나무 주위를 꾀꼬리가 날고 있으며, 산 아래는 산지기 집이 자리하고 있는 서경을 연상할 수 있다. 그리고 全文을 통해서 볼 때 크게 자연 공간〔1,2,3,4〕과 인간 공간〔5,6,7,8〕으로 분절되는데, 각 자연 공간은 수직축〔1,2,3,4,5,6〕을 인간 공간은 수평축〔5,6,7,8〕의 기호체계를 구축하고 있다. 즉, 시 「윤사월」에서 수직축 공간은 '上(하늘)/下(집)'의 이항대립 체계를 형성하고, 다시 '上(하늘)/中(산·나무)/下(집)'의 삼원구조로 확충되는 기호체계를 구축하고 있는 것이다. 이것을 도표로 나타내면 다음과 같다.

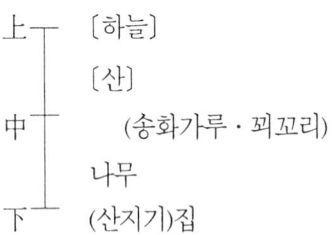

집은 땅위에 위치한다. '하늘/땅'은 수직 공간의 극과 극으로 땅이 인간의 생활 공간이라면 하늘은 땅으로부터 멀리 떨어진 접근할 수 없는 공간이다. 그래서 '하늘/땅'이 '聖/俗'을 계시한다는 원시 문화의 믿음은 오늘날까지 인간의 정신 생활을 지배해 왔다. 그리고 우주 창조의 모티브나 또는 많은 신화에서 땅(여성·어머니)은 하늘(남성·아버지)의 반려자로서 등장하고 있는데, 이 시속에서 집에 머물고 있는 '눈먼 처녀'(여성)와 연결된다. 따라서 시 「윤사월」의 '하늘/집' 이항대립은 각각 聖/俗, 이상/현실, 자연/인공으로 변별적 특징을 이루고 있으며, 화자는 속, 현실 인공의 공간 속에 존재하고 있음을 알 수 있다.

그런데 이 시의 시적 화자는 모습을 드러내지 않고 숨어있다. 그래서 이 시는 마치 서경만을 우리에게 보여주고 있는 것처럼 느껴진다. 동시에 그 서경은 객관화된 것이기도 하다. 즉 함축적 화자의 시선이 먼 외딴 산봉오리 공간 [1,2]에서 출발하여 산지기 외딴 집 공간 [5,6]으로 그리고 눈먼 처녀의 방안 [7,8]으로 이어져 마침내는 눈먼 처녀의 인체 내부공간으로 침투한다. 함축적 독자 또한 화자의 시선을 따라 각각 외딴 산봉우리에서 산지기 외딴 집으로 그리고 눈먼 처녀의 방인 제한된 공간으로 들어오게 된다.

이렇듯 이 시의 시점은 원경(외딴 봉오리)에서부터 중경(산지기 외딴

집)으로 그리고 근경(눈먼 처녀의 방)으로 근접화 하면서 수직적으로 공간을 이동하고 있음을 살필 수 있다. 즉 이것은 上(원경 1,2)→中(중경 3,4)→下(근경 5,6,7,8)의 수직 이동으로 해석할 수 있는 것이다.

이상 수직축 공간의 이동 기호체계를 도표화하면 다음과 같다.

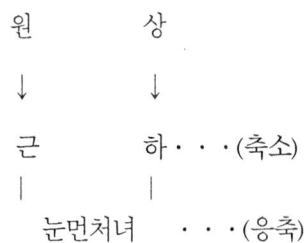

2. 수평축과 이항대립 체계

우주의 총체적 공간은 7개의 영역으로 구분된다. 즉 크게는 天과 地의 영역으로 분할되고 다시 地의 영역은 東·西·南·北·中央이라는 5개의 영역으로 나뉜다.[5] 이들 각 영역들은 서로 차이를 나타내주고 있으며 의미 작용을 하고 있다는 점에서 공간의 기호 현상을 보여준다고 할 수 있다. 이러한 우주 총체적 공간 중 天(上)과 地(下)는 수직축의 공간이고 地(下)의 영역 중 東·西·南·北·中央의 5개 영역이 수평축 공간에 해당한다.

이렇듯 수평축의 공간 분절은 수직축에 비교하여 매우 복잡하다. 그리고 수직축은 고정된 불변의 영역이지만, 수평축은 인간이 방향을 바꾼 데

---
5) 李昌彬,「理學原論」, 五行配屬表, p.30. 참조.

에 따라서 즉시 방위가 달라진다. 수평축은 地(下)의 영역에 속해 있는 것이기 때문에 때로는 하방 공간의 전체로서 수직 구조에 포함되어 버리기도 한다.

그런데 우주 공간의 주인공은 인간이다. 인간이 자연 환경을 영위하면서 살아가고 있기 때문에, 우주 공간도 어느덧 인간을 중심으로 구분하는 습관이 붙었다. 즉 인간 개인의 신체를 기준으로 하여 左와 右, 前과 後로 구분하기에 이른 것이다. 이때 東・西・南・北・中央의 방위 개념이 실제체를 지닌 에틱(etic) 차원의 것이라면, 인간의 신체를 중심으로 한 左와 右, 前과 後의 방위는 이항대립의 구조적 실제체로서 에믹(emic)的 차원에 속하는 단위이다.6)

방향 분류	東East	西West	中央Center	南South	北North
五位	左(왼쪽) Left	右(오른쪽) Right	中央 Center	前(앞) Front	後(뒤) Back
五刑	木(나무) Tree	金(쇠) Metal	中央 Center	火(화) Fire	水(물) Water
五時	朝(아침) Morning	夕(저녁) Evening	四季 4End-Time	晝(낮) Day	夜(밤) Night

6) J.Middleton(1967), *Myht and Cosmos*, University of Texas Press, Austin and London, pp.172~176

Table 1. MAPUCHE SYMBOLIC ATTACHMENTS TO RIGHT AND LEFT HAND

Left	Right
evil	good
death	life
night	day
sickness	health
wedufe(evil spirits)	ancestral spirits
sorcerer	shaman
underworld(renu)	afterworld(wenumapu)

前과 後 역시 대립과 차이의 구조적 관계를 형성한다. 스스로의 목적과 자기가 갖는 환경의 이미지에 의해 前이란 전진을, 後란 후퇴를 의미한다. 또한 前=과거, 後=미래라는 시간 분절 등을 위시하여 수평 분절이 가능하기도 하다. 이와 같이 인간의 신체를 중심으로 한 수평축의 공간 분절은 左/右, 前/後로 분절되며 이항대립적 의미 작용을 하고 있는 것이다.
　그런데 바슐라르는 『공간의 시학』에서 실존적 공간에 있어 주거의 기본적 공간을 上/下의 수직축과 內/外의 구심성을 주축으로 한 수평축으로

kai kai	fren fren
hunger	rulness

Table 2. OTHER MAPUCHE RIGHT-LEFT ASSOCIATIONS

Left	Right
west	east
north	south
winter	summer
cold	warm
moon	sun
(water)	blood
speech	ritual langunage
ocean	land
below	above
blue	yellow
black	white
laymab	priest
sin	expiation(ritual)
(outside)	ceremonial field

Table 3. MAPUCHE INFERIOR SUPERIOR AND LEFT-RIGHT HAND ASSOCIATIONS

Left	Right
woman/child	man
kona	lonko
junior	senior
subordinate	deminant lineage
gift-receiver	gift-giver
wife-receiver	wife-giver
incest	marriage(with MBD)
winka	Mapuche
reservation	ritual congreegation

분할하고 "현대인은 하나의 공간 층에서 거처하는 인간이다"라고 말한 바 있다.[7] 장소와 그것을 둘러싼 상황이 상호 작용할 때 內와 外의 공간이 형성된다. 그리고 이 內/外 공간의 위상 기하학적 관계야말로 실존적 공간의 기본적 양상이다. 때문에 문학 텍스트의 공간기호 체계에 있어서도 중요한 의미 작용을 시사해준다. 따라서 그 이항대립의 변별적 성격을 판별하여 의미 작용을 분석하면, 그 문학 텍스트 코드를 정확하게 해독할 수 있는 것이다.

이미 수직축 공간에서 고찰한 바 있듯, 시 「윤사월」의 1~6행까지의 공간기호 체계는 '原→近', '上→下'로 수직 축소 운동을 하여 제 5행의 산지기 외딴 집에 이르면 문설주를 사이로 하여 수평공간을 형성한다. 즉 '內部(눈먼 처녀의 방)/中間(문설주)/外部(밖)'의 공간기호 체계가 형성되는 것이다. 그리고 7,8행에 이르면 수직 공간의 축소 운동이 눈먼 처녀의 내면으로 집결, 응축되고 있음을 볼 수 있다.

       5 산지기 외딴집
       6 눈 먼 처녀사
       7 문설주에 귀 대이고
       8 엿듣고 있다.

                              ―「閏四月」 부분

따라서 위의 시에서 엿볼 수 있듯 「윤사월」의 수평축 공간은 '內部(눈먼 처녀의 방)/外部(밖)'의 이항대립 체계가 형성된다.

그런데 그 눈먼 처녀는 "문설주에 귀대고/엿듣고 있다." 이를 통해 수평공간이 內部(눈먼 처녀의 방)→外部(밖)으로 이동됨을 알 수 있다. 방이 눕거나 앉아있는 공간이라면 방을 나와 "문설주에 귀 대이고/엿듣고 있

---

[7] G.Bachelard(1957), *La Poetique de lespace*, presses Universitaires de France, Paris:The Orion press, N.Y,pp.31~13. 참조.

다"는 행위는 그 눈먼 처녀가 서 있음을 쉽게 연상시켜준다. '서있다'는 것은 '앉아있다'는 행위의 바로 전 단계이다. 즉 사람이 행동하는 순서는 '눕다→앉다→서다→걷다'로 이행된다. 어린아이의 완전한 걷기 진행도 이와 똑같다. '눕다(뒤집다)→앉다(기다)→서다→걷다'로 단계적인 구분을 할 수 있는 것이다.

이렇듯 서 있는 것은 걷기의 바로 전 단계로 걷기 위한 준비 단계라고 할 수 있다. 눈먼 처녀는 방안의 공간에서 방 밖의 공간으로 나가려 하고 있는 것이다. 따라서 '문설주에 귀대이고, 엿듣고 있다'는 것은 보행을 위한 정지이며 출발의 발 돋음이라 해석할 수 있다.

이것은 의미 공간으로도 풀이될 수 있다. 제목 '윤사월'에서 우리는 계절적으로 봄을 감지할 수 있는 것이다. N. 프라이(Frye)는 시란 결국 제2의 자연이다.[8]라고 정의하고 자연과 이미지의 순환을 구조적으로 적절하게 설명하고 있는데,[9] 이 이론에 의거하면 일년의 주기인 4계절을 나누어 각각 사람의 행위 주기와 대입해 볼 수 있는 것이다. 즉 '봄=서다/여름=걷다(뛰다)/가을=앉다/겨울=눕다'로 각각 짝 지울 수 있다. 또한 '겨울=눈먼 처녀의 방/봄=문설주/여름=바깥'으로도 각각 대입해 볼 수 있는 것이다.

이렇듯 수평축 '內/外' 공간의 이행대립인 '눈먼 처녀의 방/밖'은 '눈먼 처녀의 방-겨울-눕다/밖-여름-걷다'로 변별되며 눈먼 처녀는 그 경

---

8) N. Frye(1873), *Anatomy of Criticism*, Princeton University press, p.82.
9) N. 프라이(1982), 『비평의 해부』, 임철규(역), 한길사, pp.223~224.

일년의 주기	봄	여름	가을	겨울
하루의 주기	아침	(오후)낮	저녁	밤
물의 주기	비	샘물	강	바다(눈)
삶의 주기	청년	장년	노년	죽음

계공간인 '문설주-봄-서다'의 위치에 있다고 볼 수 있다.

겨울은 한 해의 네 철 가운데 마지막 철이며 입동부터 입춘 전까지의 절기로 기상학으로는 12, 1, 2월을 북반구의 겨울로 치는, 날씨가 매우 춥고 낮이 짧으며 밤이 긴 겨울잠의 계절이다. 반면 여름은 입하부터 입추까지의 절기로 기상학으로는 6, 7, 8월을 북반구의 여름으로 치고, 날씨가 매우 더우며 낮이 길고 밤이 짧은 성장의 계절이다. 따라서 수평 '內/外' 공간의 이항대립은 각각 인공/자연, 휴지/활동, 침묵/대화, 단절/소통, 구속/자유, 죽음/삶 등의 변별적 의미작용을 생성한다.

이상 고찰한 수직축과 수평축 공간의 기호 체계를 도표화하면 다음과 같다.

〔수직축 공간〕

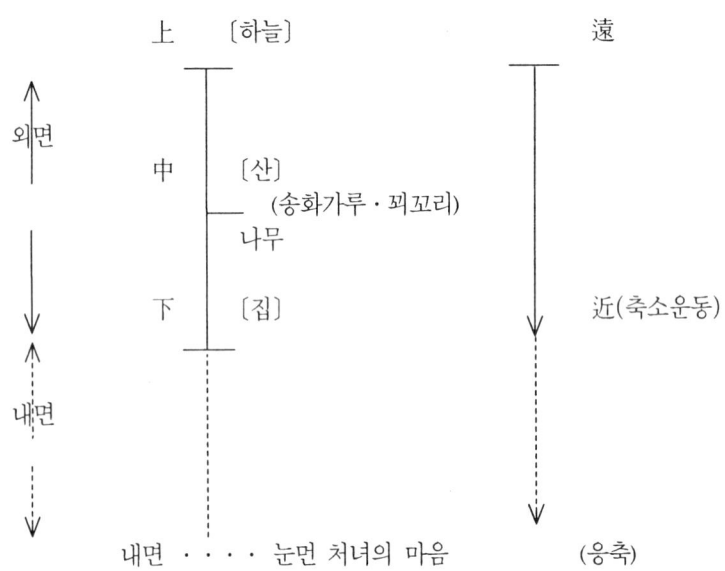

[수평축 공간]

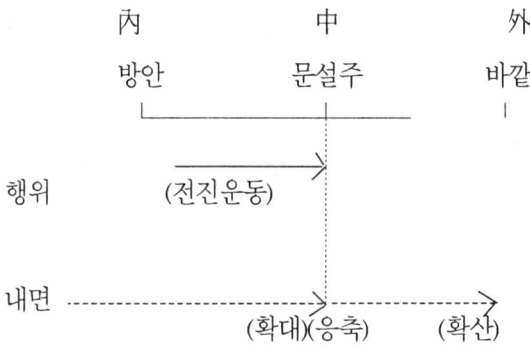

3. 매개항과 공간기호의 의미

 문학 텍스트에 있어서 공간의 변별적 특징은 수직과 수평의 대립 구조에서 생성된다. 그리고 수직의 대립 체계를 분석해 보면 上/下의 공간 영역으로 대립되며 수평의 대립 체계는 左/右, 前/後, 內/外의 공간 영역으로 대립된다. 이와 같이 수직과 수평은 서로 대립된 요소에 의해 형성된 하나의 텍스트인 것이다. 따라서 문학 텍스트에 있어서 매개항(Mediation)은 이항대립의 그 양극적 요소의 중간에 위치한다. 그래서 양극적 요소를 연결시켜주기도 하고 분리시켜 주기도 하는 역동적인 의미 변환의 기능을 담당하고 있다. 그리고 이항대립 체계의 중간에 매개항이 자리할 때 삼원구조의 공간기호 체계가 성립되는 것이다. 이어령은 그의 논문에서 다음과 같이 언급한다.10)

---

10) 이어령(1986), 앞의 책, pp.103~104.

上/下의 對立은 宇宙를 하늘과 땅으로 區分하고 그 對立體系에 의해 텍스트를 生成해 간다. 그러나 그런 일이 이루어지면 다음엔 간격을 좁히고 거기에 하나의 사다리와 같은 媒介物을 假說하려는 꾸준한 노력을 試圖한다. 모든 記號의 形成은 未分節 상태의 連續體(카오스)가 離散的 單位의 질서(코스모스)로 바뀌는 것을 意味하는 것이지만 그 코드가 너무 강력해지고 自動化되면 그것은 이른바 노모스(nomos) 상태가 되어 인간의 상상력이나 자유로운 창조적인 활동을 구속하게 된다. 그러므로 다시 記號의 해체, 또는 記號의 再生産이 必要하게 되고 그러한 欲求는 보통 移項對立사이의 媒介物을 통해 調整된다.

위의 언급에서 시사해 준 바와 같이 수직공간의 매개항은 上과 下를 이어주는 중간항을 형성하게 되고, 수평공간의 매개항은 左와 右, 前과 後, 內와 外를 이어주는 중간항을 형성하게 된다. 이것이 매개항과 삼원구조이다. 그래서 각각 수직공간의 上→下, 수평공간의 左→右, 內→外의 공간운동 체계가 형성된다.

시의 모든 변이태는 이상과 같은 수직 수평의 공간기호 체계를 불변항으로 해서 생성되는 것이므로, 매개항을 중심으로 삼원구조의 변형 텍스트를 관찰하면 시인의 창작 세계가 어떤 공간을 구축하고 있는지를 탐색할 수 있다.

시 「윤사월」의 수직축 공간은 '하늘/집'으로 이항대립 체계를 형성하고 '하늘/산·나무·집'의 삼원구조로 확충된다. 여기서 산과 나무가 매개항의 언표가 된다.

모든 세계 종교의 우주산, 우주수의 상징이 된 산과 나무는 우주론적 텍스트에 있어서 다같이 하늘(上)과 땅(下)을 연결하는 매개 기능을 나타내고 있다. 산과 나무는 下方의 지표에 있으면서도 上方을 향해 높이 솟아 있는 수직성 때문에 下方→上方으로 향하는 초월의 과정에 비유되는 것이다.

그러나 엄밀히 논하자면 산과 나무의 기호 기능은 다르다. 인간의 가시 현상에서, 산은 고정된 불변체로 포착되는 반면, 나무는 성장하는 유동체로 포착된다. 그런데 시 「윤사월」에서는 산의 '봉오리'가 등장하고 있다. 하나의 텍스트가 생성되면 또 다시 기호의 해체 혹은 기호의 재생성 등이 시도되듯, 매개항 역시 최소의 단위가지 공간이 재분절 된다.[11] 때문에 산은 하늘과 땅의 중간에 위치하는 매개항이지만, 그 산을 다시 최소의 단위까지 재분절해 보면 '봉오리'는 산의 上方에 해당한다. 이렇듯 '봉오리'는 산부위의 상방(上方)으로, 그 끝이 하늘과 맞닿은 극한점에 있음으로써, 산의 부동성을 허물어뜨리고 솟아오르는 입체성을 함축하고 있다.

그런데 그 봉오리는 '외딴 봉오리'이다. 산은 본래가 인간이 그들의 생활 공간을 떠나 올라가야만 하는 격리된 거리를 갖고 있는데다가, 시 「윤사월」에서는 '외딴 봉오리'로 나타내고 있기 때문에, 그 '외딴'에서 더욱 가중된 먼, 단절된 거리감을 준다. 따라서 이 시의 수직축 매개항인 산은 현실로부터 단절된 공간에서 上方, 하늘과 맞닿는 극한점까지 솟아오르고 있음을 살필 수 있는 것이다.

산의 부동성과 고정성을 허물어뜨리는 또 하나의 언표로서 나무가 등장한다. 나무는 성장하는 생명체로 下方→上方, 上方→下方의 운동을 하면서 우주를 분할하고 동시에 그것을 연결해줌으로써 정태적인 공간 구조에 역동적인 운동을 한다. 시 「윤사월」에서의 산봉오리는 '松花가루 날리는/ 외딴 봉오리'이다. 여기서 화자는 산과 나무의 장소성을 유표화하고 있음을 볼 수 있는데, 산과 나무가 이질적 장소에 있는 것이 아니라

---

11) 이어령(1986), 앞의 책, pp.103~104, 참조.

$$上(하늘) \begin{pmatrix} 上 \\ 中 \\ 下 \end{pmatrix} 中(산) \begin{pmatrix} 上 \\ 中 \\ 下 \end{pmatrix} 下(인간) \begin{pmatrix} 上 \\ 中 \\ 下 \end{pmatrix}$$

동질적 장소에 있음을 엿볼 수 있는 것이다. 때문에 나무의 생명력은 산에게까지 입체감을 주고, 따라서 시 속의 수직축 매개항 산과 나무는 다같이 上方을 향해 움직이며 솟구치는 운동성을 지니는 것으로 판독될 수 있다.

산과 나무의 上方으로 높이 솟는 수직 운동은 '松花가루'와 '꾀꼬리'라는 시인의 특별한 시적 장치(device)의 상징물에 의해서 용해된다. '松花가루 분말'과 '꾀꼬리 울음'은 공간의 모든 경계를 허물어뜨리고 확산된다. 또한 '松花가루 날리는' '꾀꼬리 울면'에서 '날리다' '울다'라는 동사를 가려낼 수 있다. 그런데 꾀꼬리는 날개 달린 조류로 공중을 날아다니는 의미를 동시에 지닌다. 동서양을 막론하고 새는 하늘과 땅의 관계를 맺고 있는 상징으로서 하늘의 전달자, 예언자 그리고 가벼움, 자유를 의미해 왔다. 따라서 이 시에서는 '날다'가 대표적 동사로 사용되고 있음을 엿볼 수 있다. '날다'의 행위는 동·서·남·북·중앙의 총체적 공간을 넘나드는 곧 구축된 공간의 경계를 해체하는 행위로 해석할 수 있는 것이다.

그리고 음운론적으로 살펴보더라도 송화가루 날리는 외딴 봉우리에서 〔H〕 계열의 후음(喉音)을 사용하고 있음을 본다. 두음 현상으로서 〔H〕, 〔i〕 계열의 음은 밝은 이미지, 긍정적 이미지인 동시에 부동음으로써 '떠있다' '가볍다'의 의미를 부여해 준다. 때문에 송화가루 분말이 흩날리는 정경이 한층 더 선명하게 머리 속에 그려지는 것이다. 따라서 그 '떠있음' '가벼움'은 느릿느릿한 사선 운동과 아울러 천천히 번지는 확산 운동을 머리 속에 그려준다. 이러한 운동은 '산지기 외딴집'에 번져 '문설주에 귀대이고 엿듣고 있는' 눈먼 처녀의 내면에까지 파고 들고 있음을 볼 수 있다.

그런데 시 「윤사월」의 수직축 매개항에서는 독특한 색채가 지각되고 있다. '산'과 '나무'의 초록 색깔을 전반적인 바탕으로 하여 '松花가루'의 하얀 분말 그리고 '꾀꼬리'의 연두, 초록, 노랑의 알록달록한 색깔 등이다.

　색채는 물리학적 입장에서 시각에 감응되는 광선의 파동에 지나지 않지만, 인간에게는 감정과 감동의 원천이다.12) 그리고 色이란 마음에 작용한다.13)라고 정의할 수 있다. 따라서 시의 형태는 하나의 기호체계이며 그 기호의 구조를 판독하면 인간 의식의 현상을 탐색할 수 있는 본 연구의 방법론을 적용한다면, 시가 표현하는 색채이미지는 감정이나 정서의 상징이라고 정의할 수 있다. 따라서 시에 있어서 색채는 시인의 직접적인 마음이요 정신일 것이다.
　이 시에 나타난 바탕색 초록은 위안, 친애, 젊음, 따뜻이 감싸줌, 신선, 생장, 초여름, 야외, 자연, 우아, 새싹을 연상 상징시켜주며 하얀색은 순수, 청결, 순박, 순결, 신성, 정직, 白衣, 백지, 雪, 설탕, 흰모래, 미학, 문학 등을 연상 상징하고 있다.14)
　박목월의 초기시에 있어서 자연은 분리할 수 없는 하나로 결합되어 있다. 자연과 시인의 정서가 일체화되어 있고 그 자연은 색깔이 초록을 기조로 하고 있기도 한다. 초록은 도약을 위한 준비 상태인 생명의 탄생이요 의지이다.
　칸딘스키는 '흰색은 죽은 것이 아닌 가능성으로 차있는 침묵이다. 그것은 젊음을 가진 무이다.'15)라고 언급한다. 송화가루 분말의 하얀색은 봄에서 여름으로 이행 그 가능성을 암시한다. 즉, 공간을 선회하면서 흩날리는 분말은 바로 봄의 확산인 것이다. 그 가능성에 속세를 볼 수 있는 눈뜬 처녀가 아닌 눈먼 처녀에게서 느낄 수 있는 순수, 순결, 백지 등은 감각 세계에서 내면 세계로의 이행을 의미하며 그 내면 세계의 끝없는

---

12) 韓國美術研究會 편(1985),「繪畵에 있어서 상징적 언어성 고찰」,『美術學報』Ⅰ, p.135.
13) Louis cheskin(1976), *Colors what they can do for you*, 洪鐘鳴(역), 신아각, p.63.
14) 채수영(1987),『한국현대시의 색체의식연구』, 집문당, p.32.
15) 칸딘스키(1985),『예술에 있어서 정신적인 것에 대하여』, 권영필(역), p.83.

공간 확산을 보여주고 있다. 더불어 '외딴 봉오리', '산지기 외딴집'의 고요하고 조용한 깊은 단절성은 내부의 공간으로 이어지는데 그 공간은 이렇듯 무한한 전 우주적 확산으로의 이행을 생성하고 있는 것이다.

'초록색'과 '하얀색' 그리고 공간을 나는 꾀꼬리의 연두색, 초록색, 노랑색은 다 같이 밝음의 색채이다. 칸딘스키는 초록은 자연이 일년 중에 질풍노도의 계절인 봄을 견디어내고 자기 만족적인 평온 속에 침잠해 있는 여름의 지배적인 색깔로 초록에 노랑을 혼합시키면(연두색) 능동적인 힘을 얻게 되며, 초록이 노랑으로 상승하면 생기를 얻고, 젊고 기쁨에 차게 된다고 말했다.[16]

이렇듯 수직축 매개항에서 보여주는 초록색, 하얀색, 연두색, 노랑색 등은 그 대비가 선명하고 시각에 밝은 영상을 주며, 또한 함께 어우러진 조화는 평온, 생기, 젊음, 기쁨을 전 우주공간으로 확산시키고 있다.

이상의 수직축 매개항의 분석을 종합해보면, 매개항 산과 나무는 그 하방(下方)을 단단히 땅(집)에 고정시키고, 땅(집)으로부터 하늘로 높이 솟아 이마(산봉우리)와 팔(하늘로 치켜든 가지)이 하늘에 맞닿고 있음을 볼 수 있다. 이것은 하늘과 땅을 연결시켜주는 모양새로서, 수직축의 이항대립 체계인 '하늘/땅(집)'의 聖/俗, 이상/현실, 자연/인공의 모든 대립된 것들의 융합 통일이다. 그리고 이 융합 통일의 하나됨은 다시 松花가루와 꾀꼬리에 의해 모든 공간의 경계를 해체하고 번져나가 결국 전부가 된다. 그리하여 이 함께 어우러진 전부는 온 우주공간을 평온, 생기, 기쁨으로 가득 채운다.

이러한 시「윤사월」의 수직축 매개항의 의미론적 기호체계를 도표화하면 다음과 같다

---

16) 칸딘스키(1985), 앞의 책, P.81. 참조.

분절 층위 \ 수직축	上	中 (매개항)	下
공 간	〔하늘〕	산·〔나무〕	집〔땅〕
시 간	여름	윤사월	겨울
의미작용	聖공·이상·자연	융합·통일	俗·현실·인공
상 징 물	←------ 송화가루·꾀꼬리 ------→ ←------(공간해체)------→ ←------평온·생기·기쁨------→		

시「윤사월」의 5행부터 화자는 인간 현장으로 공간을 이동한다. 인간 현장에는 '외딴 봉우리'와 같은 '산지기 외딴 집'이 있다. 다음 7,8행의 "문설주에 귀 대이고/엿듣고 있다"에서 문설주에 의해 삼원구조의 수평 공간 체계로 변환한다. 삼원구조의 공간 즉, '안(內)/문설주(경계)/밖(外)'이 이 시에서 각각 독립된 공간의 물질적 요소로 그 기능을 발휘하고 있다. 이때 '문설주'는 안(內)도 밖(外)도 아닌 중간의 매개항이 되는 것이다.

바슐라르는 『공간의 시학』에서 집의 구조를 분절하고 그 공간체계에 각각 의미 작용을 생성해 내고 있는데[17] 수직축으로는 內/外 양극으로 나누어 각각 '內/門·窓/外'의 삼원구조를 성립시키고 있다.

그러나 한국의 건축 구조 공간은 서구의 그것과 같은 뾰족한 다락방이나 땅속 깊이 묻혀 있는 지하실 공간이 결여되어 있다. 그래서 집의 길이는 주로 수평적으로 구성된다. 즉 안방, 건너방, 문간방 등의 명칭 자체에서 보여주듯 수평공간 코드를 형성하고 있다. 그래서 이 수평축의 집을 나가고 들어오는 경계를 나타내는 것으로 기둥, 벽, 문, 창 등이 그 의미

---

17) G. Bachselard(1985), *La poetique lespace*, Quadrige/PUF, pp.34~35, 참조.

작용을 한다. 집은 벽과 기둥으로 되어 있으며 그것은 근본적으로 안과 밖을 나누기 위해 존재하는 것이기 때문이다.

'문설주(門)'는 이쪽과 저쪽의 공간을 구분 짓는 물체이다. 인간은 기둥을 만들어 하나의 제한된 공간을 구분한다. 문의 가장 중요한 목적과 용도는 드나듦이다. 눈먼 처녀는 밀폐된 내부(內)에서 열려진 바깥(外)으로 나가려 하고 있다. 이것은 수평축 '內/外'의 內공간인 인공, 휴지, 침묵, 단절, 구속, 죽음으로부터 벗어나 자연, 활동, 대화, 소통, 자유, 삶 등의 공간으로 나아감을 의미한다. 좁은 공간에서 넓은 세계, 안쪽의 어둠에서 바깥의 밝음으로 향하는 눈 먼 처녀의 생명적 욕구인 것이다. 바깥의 세계는 봄으로부터 여름에로의 이행을 추진하고 있는 대자연이 있다. '외딴 산봉우리' 아래 '외딴집'에 눈이 먼 채 칩거한 그 단절과 고독의 허물을 벗고 바야흐로 문을 열고 자연과의 연대감을 갖고자 하는 그 출발점에 선 찰나이다.

즉, 눈먼 처녀는 '문안(집안)→문설주→바깥(자연)'이라는 수평적 공간의 그 경계인 중간항 '문설주'에 서서 꾀꼬리 울음소리를 엿듣고, 그와 동시에 자연의 열기는 그녀의 내면 세계에 확산되고 있는 것이다. 공간 확산의 상징물인 송화가루와 꾀꼬리는 수직축 공간의 모든 경계를 허물고 수평축에까지 이르러 또한 수평축의 모든 경계도 해체시켜 부정적 요소를 용해시킨다. 이것은 수직과 수평이 하나가 되고 전부가 되는 총체적 공간의 구축이며 동시에 공간의 해체, 無化이기도 하다. 그리하여 이미 수직축 공간에서 살펴 본바와 같이 전 우주 공간이 평온, 생기, 기쁨으로 가득 찬다. 이는 좁은 공간에서 넓은 공간으로 전진해 가는 '눈먼 처녀'의 행동과 연결되며, 여름의 기운이 전 우주 공간으로 확산되는 자연 현상과도 동일한 의미 작용을 지닌다고 볼 수 있다.

이러한 시 「윤사월」의 수평축 매개항에 나타나는 공간기호의 체계는 다음과 같이 도표화할 수 있다.

수평축 분절 층위	上	中 (매개항)	下
공간 분절	문안(집안)	문설주	문밖(자연)
시간 분절	겨울	윤사월	여름
의미 작용	인공, 휴지, 침묵 단절, 구속, 죽음	경계	자연, 활동, 대화 소통, 자유, 삶
상 징 물	⟵------- 송화가루·꾀꼬리 -------⟶ ⟵------------ (공간해체) ------------⟶ ⟵------- 평온·생기·기쁨 -------⟶		

 의미론적 구조는 텍스트의 단어들과 구들의 내포를 철저하게 분류하고 패턴들을 찾음으로써 독자가 성취하는 어떤 것이다.[18] 하나의 기호는 언제나 어떤 의미를 전달하고자 하는 의도의 표적인 것이다. 리파떼르(Michael Riffaterre)는 시의 본질과 그 판독 과정을 논의하면서 문학 현상은 독자와 텍스트 사이의 변증법이라 거듭 강조하고 있다.[19] 하나의 텍스트는 그 나름의 구조적 체계를 지니고 있다. 즉, 관계의 망(network)으로 형성하면서 역동적으로 의미를 생성하는 구조적 실체이다.
 시의 특징적 자질이 형식과 의미의 통일성이라면 텍스트 내의 모든 기호는 어떤 것이건 미메시스(mimesis)의 지속적인 수정을 표현 혹은 반영한 것이다. 때문에 시의 기호학은 시의 문법 체계가 어떤 것인지 정확히 인식하여 그 시에 대한, 이해, 해석, 평가를 바르게 규명하자는 노력이기도 하다.

---

18) 로보트 숄즈(1988), 「기호학적 해석」, 유재천(역), 현대문학사, p.73.
19) 미카엘 리파떼르(1989), 『시의 기호학』, 유재천(역), 민음사, p.14.

소쉬르는 기호의 자의성을 처음으로 주장하고 기호를 기호 표현(sihnificant)과 기호 의미(signifie)로 되어 있는 이중적 실체로 파악하였다. 그리고 이러한 명제의 추론을 위하여 통합(symtagm)과 계합(paradigm)의 개념과 랑그(langue)와 빠롤(parole)의 범주를 제시한다.

기호 표현은 의미 작용(Signification)체계 내에서 의미를 지니며 본래 청각적인 것이므로 시간 안에서만 전개되고 그 특징이 형성된다. 때문에 기호 의미는 감각으로 감지할 수 없는 의미론적 기축(基軸)을 지닌다. 따라서 시「閏四月」의 공간기호의 의미론적 층위를 고찰하여 기호론적 독해를 시도해 보면 다음과 같다.

       1 松花가루 날리는
       2 외딴 봉우리
       3 윤사월 해 길다
       4 꾀꼬리 울면

위 시에서 '松花가루'라는 물질적 기호 단위는 이 시의 표제에서 볼 수 있는 '윤사월'이라는 시간적 배경을 긍정적으로 표현하는 언표이다. '松花가루'라는 분말은 '가볍다'라는 무게성과 함께 봄을 연상시킨다. 그래서 '무겁다'라는 겨울의 무게와 자연스럽게 대립되면서 두 개의 대립체를 형성한다. 즉 송화가루는 수직과 수평이라는 총체적 공간의 공간 해체, 공간 확산의 상징물로서 上/下, 內/外의 이항대립적 변별 특징을 동시에 지니면서, 우선 '가벼움/무거움'의 무게를 비롯하여 평온/불안, 생기/시듦, 기쁨/슬픔 등의 이항대립 체계를 형성하고 있다.

'松花가루'의 가루는 가벼운 분말이기 때문에 사선 운동을 하면서 바람에 날려 지상에 도착할 것이다. 봄이라는 계절은 가볍고 부풀은 감정의 무게를 지닌 가치 체계의 의미를 생성한다. 따라서 여름=가벼움, 겨울=

무거움, 가벼움=사선운동(수평운동), 무거움=직선운동, 사선(수평)운동=늦은 속도(여유를 지님), 수직운동=빠른 속도(조급함) 등의 동위소(isotopy)를 형성한다.

또한 '날다'라는 동사 행위는 공간 분절에서 上方에로의 수평 운동을 연상시켜주며 봄과 더불어 꽃가루 날리는 서경을 연상케 한다. 여기서 '날다'(하늘)의 동사항은 '걷다'(땅)와 대립항을 형성하며 '上方(산봉우리, 송화가루 날리다)/下方(산지기 외딴집, 눈먼 처녀 문설주에 서 있다)와 동위를 형성하고 있음을 알 수 있다.

그리고 '외딴 봉우리'에서 '외딴'은 '북쩍거림'과 대립되면서 시끄러움과 소음으로 가득찬 세속을 따나 깊고 호젓한 그리고 고요하고 적막한 공간과 연결된다. 이는 곧 '외딴=단절성' '북쩍거림=연결성'과의 동위소를 형성해 준다. 외딴 곳은 먼 곳, 조용한 곳은 박목월 초기시에서 두드러지게 나타나는 그의 막연한 동경의 지향성이기도 하다.[20] '외딴 곳'의 이미지는 현실을 떠난, 속세와 단절된 내부 공간으로 시인의 내면적 정서의 표상과 관련된다.

'윤사월'은 다시 '비윤사월'과 대립된다. 윤사월은 계절적으로 정확히 환산하면 늦봄 또는 이른 여름이다. 따라서 '윤사월(늦봄)/비윤사월(늦겨울)'로 체계화된다. 또한 '해길다/해짧다'의 대립은 '해길다=늦봄' '해짧다=늦겨울'과 동위소를 이루며, 나아가 '해든 시간(낮)/해진 시간(밤)'과도 대립된다. 또한 '윤사월의 해 길다'는 공간이 시간으로 변환되는 체계를 구축하고 있기도 하다.

그리고 '꾀꼬리 울면'에서 행위의 주체가 드디어 나타난다. 꾀꼬리는

---

20) 朴運用(1984), 앞의 책.
　　김현자(1984), 앞의 책.
　　김용희(1985), 앞의 책.
　　엄경희(1990), 앞의 책.

여름새에 속하는 철새로서, 우리 나라에는 대략 4월 하순(늦봄)에 그 모습을 드러낸다. 암컷은 머리가 연두색이고 몸은 초록색을 띤 황금색으로 초록색 계열에 속하고, 수컷은 온몸이 노랑색으로 암수가 다 밝은색 계열의 색깔을 지닌다. 또한 꾀꼬리는 주로 높은 가지에만 잘 앉고 혼자서 사는 버릇이 있다. 따라서 현실과 단절된 외딴 산속에 꾀꼬리의 울음은 그 반향이 넓게 메아리 칠 것이다. 이러한 꾀꼬리는 여름새로서 '여름새/겨울새'와 대립된다고 할 수 있다. 또한 '울다'는 일상 생활에서의 울음의 의미를 지닌 것이 아니라, 여기에서는 새가 노래한다, 새가 지저귄다의 표현으로 간주해야 할 것이다. 때문에 울다는 노래하다=지저귄다=말하다와 동위소를 이루며 '울다(소리내다)/침묵하다'와 대립된다고 하겠다. 이렇듯 1, 2, 3행의 시각이 4행에 와서 청각으로 변환되는 현상을 초래하고 있다.

     5 산지기 외딴 집
     6 눈 먼 처녀사
     7 문설주에 귀 대이고
     8 엿듣고 있다.

5행부터 화자는 인간 현장으로 공간을 이동한다. '외딴 봉우리'와 같은 '산지기 외딴 집'이 있다. 이 '외딴 집' 역시 인간의 일상성과 단절되어 있으며 역시 '북쩍거림'과 대립되며 인간이 일상적 삶과 동떨어진 조용한 공간이다. 그리고 이미 언급한 바와 같이 시인 자신의 내부 공간으로 내면적 정서의 표상이라 할 수 있다.

  내면적 정서의 표상인 단절성 내지 고독감은 다음 6행인 '눈먼 처녀'로 표현된다. 여기서 '눈 먼(盲)/눈 뜬(光)'의 대립 체계가 형성된다. '눈 먼=어두움=검정색' 그리고 '눈 뜬=밝음=하얀색'과 동위소를 형성한다. 이

詩의 전체적인 수직공간의 기호체계가 上方에서 下方으로의 공간 축소를 형성하고 있는 것처럼, 색체 기호 역시 하얀색(송화가루)(上方)→검정색(눈 먼)(下方)으로 이행하면서 공간이 축소되고 있다.

검정색은 허무, 절망, 정지, 침묵, 견실, 부정, 죄, 주검, 암흑, 불안, 밤, 흑장미, 탄(炭) 등을 연상시키고 상징한다.21) 학문적으로 색(color of light)을 지각하는 데는 빛(光)과 물체(事物) 그리고 눈(眼)이 기본적으로 필요하다. 그런데 이 시의 처녀는 눈이 멀었다. 눈이 멀었다는 것은 색을 지각할 능력을 상실한 여인을 의미하며, 그녀는 온통 어둠 속에 묻혀있는 것이다. 검은색은 외적으로 가장 음향이 없는 색이다. 그렇기 때문에 검은색과 비교하면 어떠한 다른 색깔도, 말하자면 가장 약한 음향을 가진 색깔일지라도 더 강하고 더 명확한 음향으로 울리는 것이다.22) 따라서 꾀꼬리 울음소리는 더욱 크게 그녀의 청각을 두드리고, 이른 여름은 그녀의 내면 속으로 확산되면서 전 우주적인 확산을 의미하고 있다. 이것은 칸딘스키의 색채 대립의 도표에서도 엿볼 수 있다.23) 따라서 시 「윤사월」에

---

21) 박도양(1983), 『用色彩學』, 이우출판사, p.74.
22) 칸딘스키(1985), 앞의 책, pp.83~84.
23) 칸딘스키(1985), 앞의 책, p.90.
　칸딘스키는 색채의 대립을 다음과 같이 정리하고 있다.

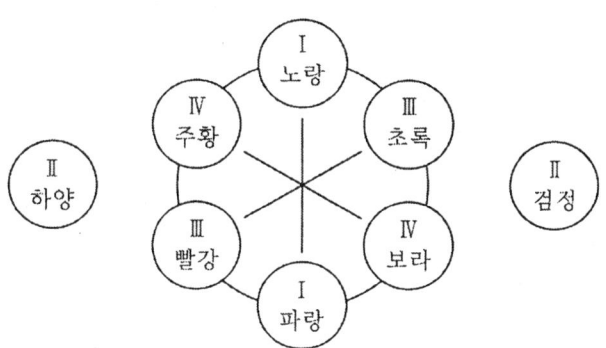

서 보여주는 색채를 삼원구조로 도표화하면 다음과 같다.

上	하양	松花가루	봄(여름)	순수, 청결, 소박, 순결, 신성
中	초록(연두)	산, 꾀꼬리, 나무	봄(여름)	생기, 기쁨, 이지, 안식, 여름
下	검정	눈먼 처녀	겨울	허무, 절망, 정지, 침묵, 암흑, 불안

이상 분석한 시 「윤사월」의 공간기호 체계를 종합해 보면 수직축은 '上(하늘)/下(집)(땅)'의 이항대립 체계를 형성하고 '上(하늘)/中(산·나무)/下(집)(땅)'의 삼원구조로 확충된다. 수직축 매개항인 산과 나무는 그 下方을 단단히 땅(집)에 고정하고 땅(집)으로부터 하늘로 높이 솟아 이마(산봉우리)와 팔(하늘로 치켜든 가지)이 하늘에 맞닿고 있다. 이것은 하늘과 땅을 연결시켜주는 것으로 聖/俗, 이상/현실, 자연/인공의 모든 이항대립을 융합 통일시켜 하나가 됨이다. 이 하나됨은 다시 이 시속에서 공간 확산, 공간 해체의 상징물로 등장한 송화가루와 꾀꼬리에 의해 모든 공간의 경계를 허물고 전부가 된다.

수평축 공간기호 체계는 '內(집안)/外(집밖)'의 이항대립 체계를 형성하고 '內(집안)/中(문설주)/外(집밖)'의 삼원구조로 확충된다. 눈먼 처녀는 外공간의 허물을 벗고 수평축의 경계 공간인 문설주에 나와 꾀꼬리 울음소리를 엿듣고 있다. 꾀꼬리와 더불어 송화가루는 수직축 공간으로부터 번지고 확산되어 수평축 공간에까지 이른 것이다. 그리하여 인공/자연, 휴지/활동, 침묵/대화, 단절/소통. 구속/자유, 죽음/삶 등의 모든 이항대립의 경계를 해체 용해시킨다.

　양극 사이에 있는 색환으로서의 대립 = 탄생과 죽음 사이에 있는 原色의 생활
　　(로마 숫자는 대립의 쌍을 의미한다.)

이렇듯 이 시의 공간기호 체계는 수직축과 수평축의 총체적 공간의 구축이며 동시에 수직축과 수평축이 융합, 통일, 용해되어 하나가 되고 전부가 되는 공간의 해체, 확산, 무화(無化)의 탈구축으로 귀결된다고 하겠다. 더불어 시각(松花가루)과 청각(꾀꼬리 울음)도 함께 조화된, 그리하여 이 어우러진 조화는 온 우주 공간을 평온, 생기, 기쁨으로 가득 채운다.

그러므로 시 「윤사월」은 하나의 서경적인 그림으로 늦봄을 묘사하고 있다고 설명하는 것보다, 그것을 공간기호의 체계에 의해 구축하고 있다는 해석이 가능해진다. 따라서 공간의 기호 표현과 기호 의미에 의해 생성되는 의미 작용을 살펴보면, 시 「윤사월」의 공간 구조와 윤사월(늦봄)이라는 시간(계절)은 서로 양면적인 등가 관계로 맺어있음을 엿볼 수 있다.

즉 땅으로부터 높이 솟은 산과 나무의 하늘과 맞닿음은 윤사월(시간)의 절정을 의미하고, 그 계절의 절정은 동시에 여름의 이행과 연결된다. 이러한 대자연의 기운은 송화가루와 꾀꼬리에 의해 上→下, 遠→近으로 공간이 이동 축소되면서 산지기 외딴집에까지 번진다. 그리고 눈먼 처녀의 내면으로 응축된다. 이것은 표층적 진술과 심층적 의미 사이의 거리가 유지되는 장면[24]으로써 표층적으로는 응축이지만 눈먼 처녀의 심층에서는 내적 공간의 무한한 확산이 일어난다. 다시 말하여 그 표층적인 '여름의 시작' 신호에서 심층적인 '인생의 여름'을 느낀 것이다.

이와 같이 공간기호 체계의 이항대립과 매개항에 의해 판독되는 시적 의미 작용은 자연 언어의 지시적 의미보다 훨씬 복합적이고 다의적인 텍스트를 형성하고 있는 것이다. 따라서 시 「윤사월」에 있어서, 수직축과 수평축의 모든 경계를 해체하고 전 우주공간으로 확산하는 여름의 공간기호는 聖, 이상, 자연, 활동, 대화, 소통, 자유, 평온, 생기, 기쁨 등 온갖

---

[24] 오세영(1984), 「形式的 기교미와 自然의 인식」, 《문학사상》, 8월호.

의미 작용을 생성하고 있다. 이렇듯 공간기호 체계 자체가 바로 시적 의미이며 동시에 주제가 된다고 할 수 있다.

이상 고찰한 시 「閏四月」의 공간기호론적 의미 체계를 총정리 하여 도표화하면 다음과 같다.

층위	공간 분절	上	中	下
공간적	수직	[하늘]	산 [나무]	집(땅)
	수평	집밖	문설주	집안
시간적	시제	[미래]	현재 진행	[과거]
	계절	[여름]	윤사월	[겨울]
색체		하양	초록	검정(盲)
감각		청각		시각
무게		가벼움		무거움
행위		[걷다·뛰다·流動]	서다	[앉다·눕다·不動]
의미론적		聖·이상·자연 활동·대화·소통 자유·삶		俗·현실·인공 휴지·침묵·단절 구속·죽음
상징물		←---------- 松花가루·꾀꼬리 ----------→ ←---------- (공간해체·확산·無化) ----------→ ←---------- 평온·생기·기쁨 ----------→		

Ⅲ. 문화 매개항의 공간기호

　우주의 총체적 영역(domain)은 산맥, 바다, 사막 등 하나의 선분과 같은 연속적인 사물에 의해 어떤 구역(area)으로 분할된다. 그래서 하나의 장소를 형성한다. 그러므로 장소를 획득하거나 만든다는 것은, 영역을 여러 개로 나누어 구조화하고 실존적 공간을 구축하는 것이라 할 수 있다. 이미 앞에서 살펴 본 바와 같이 그 우주 공간 구축 체계에는 두 가지 주축이 있는데 바로 수직축과 수평축이다.
　영역을 분할하여 구역을 만든 다거나, 개인의 실존적 거주처에 벽을 세워 장소를 나눈다는 발상은, 모두 자기가 살고 있는 세계 혹은 장소를 무질서한 혼돈 가운데서 질서 있는 공간으로 설계하고자 하는 인간의 보편적인 욕구의 한 표현이다.[1] 그리고 그 공간 질서를 체계화하는 데는 반드시 하나의 중심점과 관련을 맺어 포괄적인 공간 질서가 결정된다.[2] 이 중심점이 바로 文學 텍스트에 있어서 수직축의 上/下, 수평축의 左/右, 前/後, 그리고 內/外 공간의 중심점이며 동시에 매개항이 되는 것이다.

---

1) W. Muller(1961), *Dieheilige* Stadt, Stuttgart, p.227.
2) C. N. schulz(1971), 앞의 책, p.22.

이와 같이 수직축과 수평축 그리고 內/外 공간의 이항대립은 매개항을 통하여 다시 조정되며 좀더 세밀화되어 공간기호 체계를 한층 더 견고하게 해준다. 그리고 공간의 이항대립 체계 한 중간에 매개항이 자리하여 각각 수직의 '上/중간(매개항)/下', 수평축의 '左/중간(매개항)/右', '前/중간(매개항)/後', 그리고 '內/중간(경제 매개항)/外'의 공간 체계를 형성할 때, 공간 기호의 삼원구조가 생성된다. 로트만은 『文化類型學』에서 수직 삼원구조를 上(天)/中(地)/下(地下界)로 도표화하고 있다.[3]

어떤 구조가 두 용어 사이의 관계로 규정되어질 때 이것을 이항(Binary)이라고 한다. 따라서 이항대립에 의한 현상 파악은 인간 심성의 특성 중의 하나가 되는 것이다. 매개항은 이러한 양극적 요소들(two ploar elements) 사이의 의사 소통 수단 또는 매체로서 작용한다. 이러한 중재를 통해 매개항은 그 이항대립되는 양극적 요소들을 극대화하기도 하고 극소화하기도 한다. 또한 분리시켜 주기도 하고 결합시켜 주기도 한다. 로트만은 그 양극 사이에 중간 구조의 영역이 생기면 그 구조의 요소들은 단일성(unvalent)이 아니라 양의성(ambivalent)을 띠게 된다고 말한다.[4] 즉 매개항에 의해 단일적 기호가 양의적 기호로 바뀌게 됨을 시사하고 있는 것이다.

수직공간에서 매개항은 上/下의 중간 지점에 자리하고 上→下로 하강하거나 下→上으로 상승하는 운동체를 통해 그 특징을 드러낸다. 문화 매개항의 텍스트에 있어서 이러한 수직축의 매개항은 대부분 층계·사다리·밧줄 등을 기본적 모델로 하고 있다. 즉 '上(하늘)/中(층계·사다리·밧줄)/下(땅)'의 공간기호체계를 구축하고 있는 것이다.

수평축 공간에서 매개항은 左와 右, 前과 後의 중간 지점에 자리하고

---

3) Yu, Lotman(1975), on the Metalanguge of a Typological Description of Culture, *Semiotica*, p.110.
4) Yu. Lotman(1977), The Dynamic Model of a Semiotic system, *Semiotica*, p.201.

각각 左右, 前後를 분리시키거나 결합시키는 중개 역할을 담당한다. 內外 공간에 있어서도 역시 매개항이 그 중간에 위치하여 內와 外를 분리시키거나 결합시키는 중개 역할을 담당한다. 문학 텍스트에 있어 左/右, 前/後, 內/外의 수평공간을 수평으로 이어주고 있는 매개항에는 주로 벽, 창, 문 등이 그 매체로 등장한다.

지각이 자발적이라는 점에서 본다면 인간의 공간은 주체를 軸으로 하여 중심화되어 있다.[5] 수평축의 공간 분절을 에틱 차원에서 살펴보자면, 천체의 운행 방향에 따라 우주의 총체적 공간이 중심점을 사이로 하여 각각 東·西의 두 방위로 나뉜다. 그러나 東·西의 수평 방위보다 에믹 차원에서 사람을 주체로 한 신체 중심으로 공간 구조를 살피면, 左/右, 前/後, 內/外의 공간 분절이 二次 체계의 공간 언어를 형성하는 데 유효한 의미 작용을 하고 있는 것이다.

주체를 축으로 할 때 인간의 공간은 거주처인 집이 된다. 집(home)이라는 말은 누구라도 그 사람 개인적 공간에는 중심이 있다는 것을 의미한다. 그리고 집 바깥으로 나가는 것(外)과 집안으로 들어오는(內) 두 개의 인간 행위가 대립된다. 또한 집은 벽과 창, 문으로 이루어져 있으며 그것은 근본적으로 안과 밖을 나누기 위한 존재물들이다.

인간은 벽을 쌓아서 하나의 제한된 공간, 예를 들면 집을 만들고 방을 구분한다. 그리고 또다시 그 벽을 뚫고 창과 문을 만든다. 때문에 엄밀히 논한다면 벽과 창, 문은 성격이 다르다. 즉 벽은 이쪽과 저쪽을 갈라놓는, 공간을 구분 짓는 물체이고, 반면에 창이나 문은 벽에 대한 배반으로 이쪽과 저쪽을 차단하지만 동시에 연결해 주는 경계의 의미를 지니고 있는 것이다.

때문에 영역에서 '벽'이라는 문학 공간기호 매개항은 근본적으로 左/

---

5) C. B. Schulz(1977), 앞의 책, p.18. 참조.

右, 前/後, 內/外를 확실히 구분지어 수평공간을 이항대립으로 체계화해 주고 있다고 볼 수 있다. 그러나 '문'과 '창'의 매개항은 결합하고 동시에 분리할 수 있다. '문'과 '창'은 실제로 닫혀 있던가 열려 있는 상태에 있음에도 불구하고 심리적으로는 어떤 '문'과 '창'도 열려질 수 있는 상태에 있고 또 항상 열려져 있으면서도 동시에 닫혀져 있는 매개항의 의미작용을 한다.

　문학 텍스트의 수직축 수평축의 공간 분절에 관해 이어령은 로트만(Yu.Lotman), 슐츠(C.N Schulz), 볼노우(O.F. Bollnow), 바슐라르(G.Bachelard), 레비-스트로스(C.Levi-Strauss), 바르뜨(R. Barthes), 엘리아데(M.Eliade), 리치(E.Leach, Edmund) 등의 이론을 총망라하여 고찰 연구하고, 다시 그 이론들을 적용 수정하여 정리하고 있다.6)

---

6)

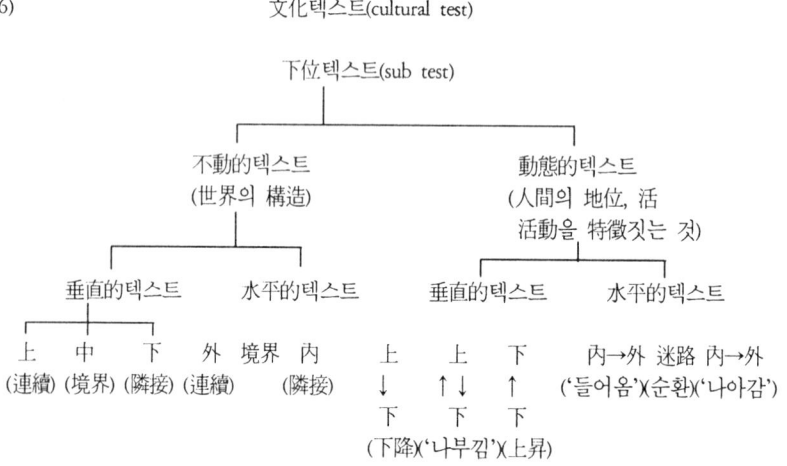

1. 수직공간의 기호체계

1) 이상과 현실의 사이공간 — 층층계

목월 시집 『靑鹿集』 『山桃花』 『蘭・其他』 『晴曇』 『경상도의 가랑잎』, 『어머니』 『砂礫箕』 『크고 부드러운 손』 등에 있어서 가장 많이 나타나는 수직공간 체계의 문화 매개항은 층층계이다. 그런데 층층계는 상과 하를 연결하는 사물로서 사다리, 밧줄, 기둥 등과 동일한 상관 관계를 성립하는 상징물이기도 하다. 때문에 목월 시에 나타난 매개 기호인 사다리, 밧줄, 기둥, 비행기 등을 포함하여 층층계의 매개항을 살펴보기로 한다.

    敵産家屋 구석에 짤막한 층층계……
    그 二層에서
    나는 밤이 깊도록 글을 쓴다.
    써도써도 가랑잎처럼 쌓이는
    空虛感.
    이것은 來日이면
    紙幣가 된다.
    어느것은 어린것의 公納金.
    어느것은 가난한 柴糧代.
    어느것은 늘 가벼운 나의 用錢.
    밤 한시, 혹은
    두시, 用便을 하려고
    아래층으로 내려가면
    아래층은 單間房.
    온 家族은 잠이 깊다.
    서글픈 것의
    저 無心한 平安함.

아아 나는 다시
二層으로 올라간다.
(사닥다리를 밟고 原稿紙위에서
曲藝師들은 지쳐 내려오는데……)
나는 날마다
生活의 막다른 골목 끝에 놓인
이 짤막한 층층계를 올라와서
샛까만 유리창에
수척한 얼굴을 만난다.
그것은 너무나 어처구니 없는
'아버지'라는 것이다.

　　　　*

나의 어린것들은
倭놈들이 남기고간 다다미 방에서
날무처럼 포름쪽족 얼어있구나.

　　　　　　　　　　　　—「층층계」 전문

　　1
詩를 쓰는,
이 아래층에서는 아낙네들이
契를 모은다.
목이 마려워
물을 마시려 내려가는
층층대는 아홉 칸.
열어 하나가 不足한,
발바닥으로
地上에 下降한다.

　　2
열에 하나가 不足한,
발바닥으로

生活을 疾走한다.
달려도 달려도 열에
하나가 不足한
그것은
꼴인 없는 白熱競走.

  3
열에 하나가 不足한
계단을 오르면
上層은
공기가 희박했다.

         —「上 下」전문

 1차체계 언어에 있어서 층층계는 어떤 사물과 사물을 수직으로 연결해 주는 지시 대상을 갖고 있다. 그런데 층층대가 2차모델 형성 체계로 변이하면서 그 지시적 의미가 없어지고 공간 언어로 전환된다. 다시 말하여 공간기호 체계 안으로 들어온 층층대는 그 체계의 자율적인 구조 내에서 변별 특징을 보여주고 의미 작용을 할 수 있는 것이다. "敵産家屋 구석에 짤막한 층층계…/그 이층에서"「층층계」, "시를 쓰는/이 아래층에서는 아낙네들이"「上 下」의 시적 진술이 바로 그 공간의 변별적 특징을 단적으로 나타내주고 있다.

 층층대는 이층(上)과 아래층(下)의 가운데 공간이며, 이층(上)과 아래층(下)의 이항대립 체계가 생성해낸 바로 그 경계 속에서 존재하고 있는 것이다. 그러므로 층층대가 지시하고 있는 것은 사물의 성질이 아니라, 자기 자신의 중간적인 위치 그 양의적 공간의 특징이다. 때문에 층층대는 역시 물질로서가 아닌 목월의 새로운 심상으로서의 매개적 공간기호가 되는 것이다.

 시「층층계」는 화자의 현실 생활을 반영한 자기 표출이다. 박목월은 이 시에서 시인이면서 동시에 아버지로 등장한다. 그리고 「上 下」 역시 화자의 현실 생활을 적나라하게 보여주고 있으며, 목월은 이 시에서 시인이면서 동시에 남편의 역할을 나타내주고 있다. 이렇듯 시인과 화자의 동일성은 '이층/아래층'이라는 긴장된 공간 대립을 형성한다. 따라서 이층은 시인의 정신적인 공간으로 밤이 깊도록 글을 쓰는 공간(「층층계」)이요, 시를 쓰는 공간(「上 下」)이며, 반면 아래층은 아버지, 남편으로서의 공간으로 단간방에 온 가족이 깊이 잠든 생활 공간(「층층계」), 그리고 아낙네들이 계를 모으는 생활 공간(「上 下」)이다.

그런데 원고지(시)가 화폐의 교환 수단이 된다는 데서 시인의 내면 세계에 '공허감'과 '목마름'의 갈등이 발생한다.

   써도 써도 가랑잎처럼 쌓이는/空虛感/이것은 來日이면/紙幣가 된다.
                      ―「층층계」

   詩를 쓰는/이 아래층에서는 아낙네들이/契를 모은다.
                      ―「上 下」

이 '공허감'과 '목마름'은 시인을 끊임없이 아래층으로 하강시킨다. 시인은 "사닥다리를 밟고 원고지위에서/곡예사들은 지쳐 내려오는데…"「(층층계)」, "목이 마려워/물을 마시려 내려가는"(「上 下」) 등의 싯구에서처럼 아래로 내려온다.

이처럼 시인은 이층(上)과 아래층(下)의 사잇공간인 층층계에서 공허감과 목마름으로 갈등하는 존재이다. 시 「층층계」에서 볼 수 있듯, 시인에게서 새벽의 시간들은 밤과 아침을 연결해주는 매개적 시간이기도 하지만, '원고지'라는 시인의 꿈과 이상들이 '지폐'라는 물질과 현실로 교환 변질되어지는 시간이기도 하다. 시인의 얼굴은 곡예사의 날렵함 속에서도 수척한 아버지의 피곤을 지니는 양면성을 보여준다. 층층계는 이러한 양면성이 공간화, 사물화된 구체적인 물상인 것이다.

시「上 下」에서도 시인은 이층에서나 아래층에서 다같이 만족과 안정을 얻지 못하고 있음을 본다. 즉 '열에 하나가 不足한 발바닥'과 '열에 하나가 不足한 계단'은 서로 대응 관계를 이룬다. '발바닥'은 현실을 질주해야 할 가장 필수적인 신체 도구이고 '계단'은 시를 쓰러 올라갈 때 필요한 구체적 물상이다. 그런데 '발바닥'이나 '계단' 모두가 '열에 하나가 不足'하다. 이 숫자처럼 시인은 정신적으로나 물질적으로 모두 不足함을 느끼고 있음을 간파할 수 있다. 이렇듯 층층계(계단)를 밟고 하강하거나 층층계를 사이로 하여 오르락 내리락 하는 시인의 모습은 목월 시에 자주 선 보인다. 예를 들면 다음과 같은 시가 있다.

> 층층계를 내려간다.
> 講義의 畢한
> 허전한 어깨위로
> 너무나 깊은 가을의 궁창
> 透明한 伽籃
> 호주머니를 더듬어
> 담배를 피워문다.
> 등뒤로
> 보라빛으로 사라지는
> 그것은
> 消滅의 모습
> 조용한 溶解
> 지금의 時間 그 흐름
> 연기를
> 구름을
> 지금은
> 九月의 마지막 層階 위에
> 나의 하루의

잠시의 猶豫를
　　나는 층층계를 내려간다.
　　99…98…97…96…

　　발에 밟히는
　　逆流하는 층층계가 끝나면

　　地上.
　　寂寞의 領土를
　　下降은 계속된다.
　　희게 乾燥한
　　0.1…0.2…0.3…0.4……
　　數價가 불어날수록
　　알맹이가 줄어드는 世界를.

　　　　　　　　　　　　　—「連續」전문

　　사람들은
　　地下路를 거쳐간다.
　　地下로 통한 길에서
　　무엇을 잃었는지
　　무엇을 얻은지도 모르고
　　계단을 내려가서
　　다른 入口의 계단을
　　올라간다.
　　그리고
　　方向을 바꾸어
　　저편 길로 걸어간다.
　　地下의 써늘한
　　宿命的인 정적감이
　　무엇을 뜻하는지 모른다.
　　인생이 무엇임을
　　짐작하는 자만이
　　문득 겁에 질린 얼굴로

죽음보다 어두운 入口를
되돌아보고 발밑을
살핀다.

― 「다른 入口」 전문

  시 「連續」에서 '강의를 한다'는 행위 역시 「층층계」, 「上 下」 등에서 글(시)을 쓰는 행위와 마찬가지로 정신적인 작업이다. 그러나 그 정신적인 작업이 화폐와의 교통 수단이 될 때, 이미 그 가치는 지치고 힘들고 피곤한 육체적 노동 작업으로 전락하고 마는 것이다. 그래서 시 「連續」에서처럼 강의를 마치고 층층계를 내려가는 화자의 어깨는 허전하기만 한 것이다. 시인이 층층계를 내려가면서 담배를 피워 무는 행위는, 시속에서 각각 '내려간다=낙하·하강'을 '담배를 피워 문다=소멸·용해'와 상관된다. 즉 시인이 낙하, 하강, 소멸, 용해를 통해 현실을 초월하고자 함이다. 그래서 층층계가 끝나고 지상에 내려섰지만 시인은 '寂寞의 領土' 속으로 하강을 계속한다.

  시인의 이러한 낙하의 상상력은 모든 사물이 소멸, 용해되면서 자기 자신조차도 세계 속에 소멸, 용해되려는 투명한 존재 초월의 욕구라 할 수 있다. 또한 지하에로의 낙하는 천상에로의 비상과 똑같은 행위이기도 하다.[7] 그리고 그는 "數價가 불어날수록/알맹이가 줄어드는 世界를" 인지한다. 즉 '類價=물질', '알맹이=정신'으로 조응되는 것으로, 물질적 풍요는 정신적 빈곤을 의미하는 시인의 현실 인식인 것이다.

  이러한 시인의 현실 인식은 아버지로서의 현실 공간을 직시하게 되고, 또다시 이층에로의 상승을 계속해서 강요받는다. 시인으로서의 역할, 아버지로서의 역할은 반복된다. 이것은 마치 시 「다른 入口」에서의 "무엇을 얻은 지도 모르고/계단을 내려가서/다른 入口의 계단을/올라간다./그리고

---

[7] N. 프라이, 앞의 책, p.457, 참조.

방향을 바꾸어/저편 길로 걸어간다."의 오르락 내리락 하는 즉, 화자의 내면 의식의 갈등이기도 하다.

　이러한 오르내림의 반복 행위는 정신적으로도, 물질적으로도 충족치 못하다. 때문에 항상 공허하고 부족하다. 이러한 정신적 공허감과 물질적 부족함은 木月시에서 '아홉(9)'이라는 숫자로 표현되기도 한다. 시「上 下」에서 "층층대는 아홉칸/열에 하나가 부족한" 그리고「連續」에서의 "9월의 마지막 층계 위에" "99…98…97…96…" 등의 싯구가 바로 그것이다. 이 밖에도 아홉(9)이라는 숫자는 목월 詩에서 가장 빈번히 등장하고 있음을 본다.[8]

　이러한 이층과 아래층을 오르내리는 화자의 정신적 공허감과 물질적 부족함은 때로는 극도의 피로와 권태에 몰려 이층과 아래층을 망각의 공간으로 만들기도 한다. 즉 정신적으로도 육체적으로도 완전히 지쳐 침잠해가는 시인의 모습을 엿볼 수가 있는데 예를 들면 목월 시「樂器」등이다.

　　　　　좁은 계단으로
　　　　　이층에 오르면 그
　　　　　구석방이나
　　　　　書庫 구석에 딩구는
　　　　　잊혀진 樂器.
　　　　　양말짝이나 休紙나
　　　　　빈 약병 틈에
　　　　　울려줌으로 울리게 되는

---

8) '아홉마리 강아지' '19½'「家庭」
　'9할은 잡음'「電話」
　'9시 55분에서 10시 사이를'「수요일의 사과」
　'윗 길을 다라가면/동으로 구만리…'「갈림길에서」
　'정각 9시'「江邊四路」
　'강릉 구백리'「機上吟」등

樂器의 沈默.
누구나 한번은
악기에 매혹된다.
피아노의 장엄한 소리나
첼로의 남성적 트레모나
달밤의 하모니카나
사랑이나 죽음이나.
결국 그것은
망각되어진다.
좁은 계단을 아래층으로
내려오면 그
후미진 광 속이나
식모방 구석이나
뚜껑이 닫혀진 채로
녹이 슨 채로
잊혀진 樂器.
울려줌으로 울리게 되는
그것의 沈默
풍화된 오늘의 허망 속에서
영영 차갑게.

— 「樂器」 전문

　언어에 의해서 우리의 마음속에 떠오른 감각적 이미지가 바로 정신적 심상이다. 우리의 외적 및 내적 감각 기관에 자극을 가했을 때 감각(sensation)이라는 정신 현상이 생기는 것이다. 그리고 우리의 감각 기관 중 청각에 의하여 시인은 함축적 화자와 독자를 텍스트에 형상화시키고 시적 분위기를 전환시킨다. 그런데 위의 시 「악기」에서는 시각적 세계 속에 청각적 세계가 그대로 응집되어 침묵하고 있다. 이층이나 아래층이나 악기는 울리지 않고 잊혀져 있고 망각되어 있다. 그래서 정신과 함께 육체(물질)가 '풍화된 오늘의 허망' 속에 있는 것이다.

그러나 목월은 금방 그 극도의 정신적, 물질적 피로와 권태를 물리치고자 부단히 성실하게 노력한다. 이제 '사닥다리'를 타고 나무 위에 올라 나뭇가지를 정리한다. 아래 시 「十月 上旬」 등에서 가위를 들고 여름가지를 정리하는 시각적 세계 속에는 가위질하는 '차가운금속성'의 청각 세계가 울려 퍼진다. 이는 시 「악기」에서 보여준 그 침묵의 망각으로부터의 깨어남이기도 하다.

> 理髮을 했다.
> 가위도 가을을 말한다.
> 귓가로 둘러 가며
> 차가운 金屬性.
> 여름의 가지를 정리한다.
> 지난 여름은
> 위대하였습니다.
> 이것은 위대한 詩人의 詩句.
> 사람마다 여름이
> 풍성할 수 없다.
> 결실이 가난한 果樹일수록
> 일찍 정리한다.
> 果樹園에는
> 사닥다리를 타고
> 쓸모없는 가지를 剪枝하는
> 가위도 가을을 말한다.
> 귓가로 둘러 가며
> 차가운 金屬性
> 거울에도 가을이 우울하다.
> 果樹 가지 사이로
> 걸레조각 같은 사이로
> 나는 목덜미가 서늘했다.
>
> ―「十月 上旬」 전문

이상에서 이차모델 형성 체계의 공간 언어로 전환된 층층계의 변별적 특징을 살펴보았다. 따라서 층층계(계단·사다리)가 매개항의 기능을 담당하고 있는 시 「층층계」, 「上 下」, 「連續」, 「다른 入口」, 「악기」, 「十月 上旬」 등의 구조 체계는 '이층/아래층'이라는 이항대립의 이원 구조를 형성하고 있으며, 다시 '이층/층층계'(사다리)/아래층의 삼원구조로 확충된 공간기호 체계를 형성하고 있음을 엿볼 수 있었다.

위에서 탐색한 박목월 시를 도표화하면 다음과 같다. 도표 1은 매개항 (층층계·사다리)의 의미 작용이고 도표 2는 삼원구조의 변별적 특징이다.

[도표 1]

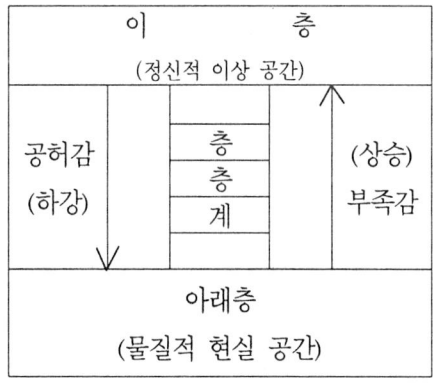

[도표 2]

긍정항	매개항	부정항
이층(상방)	중 간	아래층(하방)
시인·교수	층층계	아 버 지
원고지·시·강의	층층계	화 폐
문 화 적	공허감	물 질 적
정 신 적		육 체 적
이 상 적	부족함	현 실 적

2) 지상과 천상의 연결 공간 —사다리·밧줄·비행기

 앞서 언급한 바 있지만 목월 시의 매개항인 '층층계'의 시적 언술은 상방과 하방의 공간을 차이화 하는 데 있다. 즉 시의 공간기호 체계에 있어서의 상방과 하방은 각각 정신과 육체, 문화와 물질, 이상과 현실의 이항대립 관계를 형성하고 있으며, 그 매개 공간인 층층계는 정신적 공허감과 물질적 부족감이 교차되는 사이공간이다. 그런데 목월의 또 다른 시에서 나타난 매개항의 '층계' '사다리' '밧줄' '비행기' 등은 하늘과 땅의 공간을 이항대립시켜 각각 의미를 창출해 내고 있음을 본다.

     1 층층다리를
       층층이 밟고오르면
       靑雲橋 돌층층계가
       뒤로 물러가고

     2 구름과 塔과 山이
       나란히 내려오는데
       大雄殿 肉重한 처마가
       내려오는데

3 내려오는
　서라벌의 빛나는 穹蒼.
　그 하늘위로
　하얗게 솟아오르고
　七色伽藍의 우람한 光芒.

4 수리수리 마하수리
　수수리
　사바하

5 아아 저것은 바람소리
　그리고 오늘은
　나를 실어가는 구름의 彩.

―「靑雲橋」전문

　시「靑雲橋」제 1연에서는 화자가 현실적 물상인 "층층다리를/층층이 밟고 오르면" 어느새 "靑雲橋 동층층계가/뒤로 물러" 간다. 돌층층계가 뒤로 물러간다는 것은 현실적 물상으로서의 층층다리가 사라지고 화자의 심상에 존재하는 층층다리가 출현한다는 것이다. 즉 현실적 물상이 정신적 물상으로 변환되는 것이다. 그리고 화자는 심상의 돌층층계를 계속 올라간다. '구름과 塔과 山'의 높이 까지 그리고 '大雄殿 처마'에까지 올라간다.

　제 2연의 '구름과 塔과 山이/나란히 내려온' 또한 '大雄殿 肉重한 처마가 내려온', 만큼 역동적으로 시인은 심상의 돌층층계를 밟고 구름, 탑, 산, 대웅전의 처마에까지 올라간 것이다. 다시 말하면 화자는 지상으로부터 그만큼 상승해 있다. 그래서 결국 화자는 '빛나는 穹蒼'의 공간까지 올라간다. 시인의 심상속의 돌층층계는 땅으로부터 솟아올라 하늘에까지 연결되어 있는 것이다. 그리하여 제 4연의 불경은 바람소리가 되어 우주

Ⅲ. 문화 매개항의 공간기호　67

의 온 공간에 확산되고, 화자는 구름에 실려가는 존재의 무화를 느끼게 된 것이다.

>1 달빛이 하얀 숲길……
> 어머니를 따라
> 절에 갔다.
>
>2 어느 절이었을까?
> 기억에 없다.
>
>3 다만
> 달빛이 하연 돌층게를 오르면
> 흔들리는 꽃초롱……
>
>4 불빛을 받은 어머니의 옆얼굴만 선명하다.
>
>5 돌아오는 길에는
> 어머니 등에 업혀 왔었다.
> 어머니 등에 업혀 바라보는
> 아아
> 높고 푸른 보름달
> 집에 돌아온
> 기억은 없다.
> 엄마 등에서 잠이 든게지.
> 다만
> 항라적삼의 까슬하고 미끈한 감각만
> 아직도 새롭다.
>
>   ―「달빛이 하얀 숲길」 전문

위의 시 「달빛이 하얀 숲길」에서, 제 1연 "어머니를 따라/절에 갔다" 그리고 제 5연 "돌아오는 길에는/어머니 등에 업혀 왔었다."의 시적 언술에서 제 1연의 '절에 갈 때와' 제 5연 '집에 돌아올 때'의 시적 상황은 서로 대응 관계에 놓인다. 즉 제 1연에서는 화자가 땅에 발을 딛고 절에 간 것이고, 제 5연에서는 땅으로부터 상승하여 어머니 등에 업혀온 것이다. 이것은 땅(俗)으로부터 하늘(聖)에로의 상승을 의미하는데, 그 매개적 기능을 담당한 구체적 물상이 돌층계이다.

제 3연에서 화자가 '하얀 돌층계를 오르면'서 땅으로부터 분리된다. 이것은 동시에 속성(俗城)에서의 벗어남이다. 이처럼 돌층계는 속성에서 성성(聖城)에로의 입문이며 땅과 하늘을 이어주는 매개물이다. 화자가 돌층계를 오르면 '꽃초롱'이 흔들린다. 聖物의 靜에서 動으로의 가벼운 움직임, 그것은 내면으로 이어지는 聖에 대한 화자의 마음의 동요이다. 聖에로의 동요는 '어머니의 옆얼굴'의 선명함 만큼, 그러니까 '옆얼굴'(羊面)의 터득이다. 그러나 돌아오는 길 화자는 '어머니의 등에 업혀' '높고 푸른 보름달'을 바라본다. 보름달은 둥근 것의 완성미 그 자체로, 드디어 화자가 聖的인 것을 완전히 터득함을 내포하고 있는 것이다.

오늘날 세계적으로 가장 보편적인 주기도문은 '하늘에 계신 우리 아버지……'로 시작된다. 이것은 신의 거주처가 '하늘'이라는 것을 가장 잘 표현한 증거이기도 하다. 그런데 하늘의 궁창은, 인간의 생활 공간에 속하는 그 어떤 것보다도 훨씬 멀리 떨어진 어떤 것이다. 때문에 인간이 접근하기가 어려운 공간이다. 이러한 '높은 곳'은 당연히 신의 속성을 지닌다. 그래서 하늘은 모든 종교적 복합체 가운데서 초월적인 것을 계속해서 계시한다.

산은 하늘에 가장 가까운 곳이므로 하늘과 땅이 만나는 지점으로 상징된다. 그리스의 올림포스 산처럼 모든 신화에는 성스러운 산이 있고, 아담이 창조되어 묻힌 골고다 언덕은 그리스도교인 들에게 있어 세계의 중심이었다. 그런데 신전, 성스러운 탑 등도 우주산과 동일한 개념을 지닌 영역으로써 신의 거주처 인 성역인 것이다. 이러한 신들의 거주처에 도달하고자 인간들이 주로 나무, 사다리(계단), 밧줄 등을 이용했다는 모티브가 전 대륙에 광범위하게 널려 있다.9) 무엇보다도 천사들이 오르내렸다는 야곱의 사다리 [28:12]는 너무나도 유명하다. 그리고 이집트의 『죽은 사람의 글』에서는 태양신 레(Ra · Re)가 사다리를 타고 하늘로 올라갔는데, 그가 사용한 사다리를 아스켓 · 펫(asket per)이라 하였다고 한다.10) 이 아스켙이라는 말은 즉 '계단'이라는 의미와 동일하다.

朴木月의 시 「靑雲橋」와 「달빛이 하얀 숲길」은 모두 층계를 사이공간으로 하여 聖城과 俗城이 서로 이항대립 체계를 형성하고 있다. 물론 여기서 층계(사다리)는 물질로서가 아닌 시인의 새로운 이미지로서의 매개적 공간기호이다. 시 「靑雲橋」에서 "층층다리를/층층이 밟고 오르면" 또는 "그 하늘위로/하얗게 솟아오르는"의 시구에서의 동사 '오르다' 그리고 「달빛이 하얀 숲길」에서의 "다만/빛이 하얀 돌층계를 오르면"의 싯구에서의 동사 '오르다'는 다같이 수직적 행동 동사로 화자가 높은 곳을 향하여 수직으로 오르고 있음을 나타낸다.

그래서 화자는 '구름과 탑과 산'이 있는(「淸雲橋」), '달' (「달빛이 하얀 숲길」)이 있는 신의 영역에로 오른다. 『문학의 상징 주제사전』에서는 다음과 같이 탑을 정의하고 있다.11)

그 탑은 그 기초가 넓고 땅에 견고하게 뿌리 박힌 기반을 가진 원뿔모양

---

9) 사다리를 통해 하늘로 올라가는 것 - 이집트, 아프리카, 오세아니아, Werner(1916), *Africa Mythology,* Boston, p.136. Chadwick(1930), *The Grouth of Literature,* Cambridge wol. iii, p.273.
   밧줄을 통해 하늘로 올라가는 것 - 오세아니아, 아프리카, 남아메리카, 북아메리카,. Werner.A(1916), 앞의 책, p.135. Muller.W(1918), *Egytian Mythology,* Boston, p.176.
10) Weill(1936), Le champ des roseaux etle champ des offrand dans la religion runeraire et la religion generale, paris, p.52.
11) 이지자 · 올리비에리 · 스크트릭(1989), 『문학의 상징 · 주제사전』, 장영수(역), 청하, p.321, (방점은 필자).

을 흔히 보여주고 있다. 인간들은 땅에 디딘 두 발이 그들의 조건에 의해 일어서고 해방됨으로서, 그들 자신의 힘과 그들 자신의 지식을 믿고 있는 것이다. 그들은 그들이 내적인 정신 원리를 유형화한 재료 속에서 그것을 찾아내고 있다. 이런 점에서, 탑의 중요성은 화살의 중요성과 반대로, 하늘과 신을 향한 순수한 솟아오름에 있다 하겠다.……

이렇듯 화자는 층층다리(돌층계)를 통하여 마치 '야곱의 사다리'에서 천사들이 천상과 지상을 오르내리듯, 신의 거주처인 성역으로 나아갔던 것이다. 그런데 화자는 「달빛이 하얀 숲길」에서 "돌아오는 길에는/어머니 등에 업혀 왔었다./어머니 등에 업혀 바라보는/아이/높고 푸른 보름달"이라고 읊는다. 여기서 화자가 업힌 어머니의 그 '등'은 척추 즉 등뼈로서 신체 공간의 중심적 기호이다. 엘리아데는 『성과 속』에서 신체 기호인 등뼈에 대해 다음과 같이 말한다.12)

　　… 궁극적으로 분석해 볼 때, 신체는 우주와 마찬가지로 하나의 '상황', 개개인이 받아들이는 존재 조건의 체계인 것이다. 등뼈는 우주의 기둥(skambba) 혹은 메루산(山)과 동일시되며, 호흡은 바람이요, 배꼽이나 심장은 세계의 중심과 동일시된다.

또한 이어령도 그의 논문에서 인간의 몸은 '우주의 거울'로서 우주 삼계의 체계를 그대로 반영시키고 있다고 언급하고, 즉 하늘과 머리(天), 산과 가슴(中), 땅과 복부(또는 다리)(地)를 각각 류화(類比) 관계로 설명하고 있다.13)

이렇듯 인간의 신체 공간에 있어서 등뼈는 우주의 기둥으로 우주의 축

---

12) M.Eliade(1959), "The Sacred and the Profane", *The Nature of Religion*, N.Y:Harcourt, Brace&World, p.96.
13) 이어령(1986), 앞의 책, p.253~261. 참조.

을 상징한다. 따라서 '어머니의 등'은 '돌층계'와 등가 관계에 있으며, 똑같은 의미 작용을 하고 있다고 볼 수 있다. 즉 그의 시 「달빛이 하양 숲길」에서 수직 매개 공간인 '돌층계'나 '어머니의 등'은 다같이 땅(속역)으로부터 하늘(성역)로 오르는 디딤돌의 역할을 담당하고 있는 것이다. 박목월의 텍스트에서 매개 공간으로 '기둥'이 등장하기도 하는데 대부분 종교와 관련된 시들이다. 다음의 시가 그 예라 할 수 있다.

> 하루에도 나는
> 몇 번이나 소금 기둥이 된다.
> 롯의 아내여
> 뒤를 돌아보지 않으려고
> 다짐하면서
> 믿음이 약한 자여
> 세상의 유혹에 이끌려서
> 나는
> 뒤를 돌아본다.
> 뒤를 돌아보았자
> 硫黃과 불의 비가 퍼붓는
> 타오르는 소돔과 고모라
> 나의 어리석은 미련이여.
> 나는 하루에도
> 하루에도 몇 차례나
> 뒤를 돌아보고 소금기둥이 된다.
> 신문지로 만든 冠에
> 마음이 유혹되고
> 잿더미로 화하는
> 재물에 미련을 가지게 되고
> 오늘의 불 앞에
> 마음이 흔들리고
> 뱀의 혀의
> 꾀임에 빠져

뒤를 돌아본다.
거듭
믿음이 약한 자여
오로지 주를 향한 생명의 길을
앞만 보고 걸어가자.
걸어갈 수 있는
믿음을 가지자.

—「돌아보지 말자」 전문

위의 시 「돌아보지 말자」에서도 '성역/속역'의 이항대립 체계에 있어서 그 매개항으로 '기둥'이 등장하여 '성역/기둥/속역'이라는 삼원공간 기호 체계를 생성하고 있다. 그런데 우선 위의 시는 창세기(19장,~16절)의 '소돔과 고모라성'의 멸망을 텍스트의 내용으로 삼고 있음을 본다. 여호와께서 소돔과 고모라성의 타락이 극에 달한 것을 보고 롯과 그의 가족들만을 남기고 유황과 불을 비같이 내려 멸했다는 이야기이다. 이때 여호와께서 도망갈 때 돌아보거나 들에 머무르지 말라고 명하셨는데 롯의 아내는 뒤를 돌아보고 '소금기둥'으로 化(화)한다.

뒤를 돌아보면 '硫黃과 불의 비가 퍼붓는다.' 불은 죄의 표시로 나타난 지옥의 타는 불인 불순한 불로, 그 부정적 형태는 파괴와 타락을 상징한다. 믿음이 약한 자는 뒤를 돌아보고 "신문지로 만든 冠에/마음이 유혹되고/잿더미로 화하는/재물에 미련을 가지게 된다." 또한 뒤를 돌아봄은 "오늘의 불앞에/마음이 흔들리고/뱀의 혀의/꾀임에 빠짐"이다. '오늘의 불'은 앞의 '불의 비'와는 다른 정신적 빛으로 나타나는 순수한 불이다. 그 불 앞에 '마음이 흔들리는' 것은 일찍이 에덴의 동산에서 뱀에게 유혹 당한 이브의 그 흔들림과 같은 것으로, 천상의 질서를 파괴함이며 세속적인 것에 대한 탐욕이다.

이렇듯, 이 시는 기본적인 면에서 세속적 탐욕과 신성 지향 정신의 두

가지 대립된 정신의 양태가 갈등을 이루면서 펼쳐진다. 실상, 인간의 삶이 '육신/정신', '물질/영혼'의 이중 구조로 이루어져 있다는 모순된 존재 자체가 이미 그러한 갈등을 예시하고 있는 것이다.

이 시의 매개항 '소금기둥'은 인간의 본질을 가장 잘 함축하고 있는 상징물이다. "하루에도 몇 차례나/뒤를 돌아보고 소금기둥이 되는" 것이 바로 인간의 모습으로 인간이 인간일 수 있는 확실한 증거이다. 절대자인 하느님의 피조물인 인간은, 인간이기 때문에 온갖 세속적인 것에 유혹 당하고 타락하고 미련을 갖는 것이다.

인생은 '현실/이상' '추/미' '악/선' '거짓/진실' 등의 두 가지 대립된 양상의 갈등 속에서 전개된다. 이때, 비록 '소금기둥'이 '현실, 추악, 거짓'에 대한 응징의 표상이라 하더라도, 그것은 동시에 '이상, 미, 선, 진실'로 거듭 날 수 있는 가능성을 내포하고 있다. '소금기둥'은 세속의 온갖 유혹과 타락을 딛고 일어설 수 있는 힘과 의지의 화신인 것이다.

따라서 위의 시에서 '소금과 고모라성'의 멸망은 재탄생으로의 발판이 되고, 세속적인 권세와 재물에 대한 미련은 새롭게 다져지는 믿음의 세계로 연결될 것이다. 그래서 "오로지 주를 향한 생명의 길을/앞만 보고 걸어갈 수 있는" 믿음의 완성을 성취할 것이다. 그런데 등장한 매개항은 그냥 기둥이 아니고 '소금기둥'이다. 또한 목월은 '소금'이라는 질료에 특별한 이미지를 부여하고 있음도 발견된다. 이것은 그의 두 번 째 출간한 유고 시집의 표제인 『소금이 빛나는 아침에』에서도 쉽게 포착된다.

소금은 우리 인간 세상에서 가장 기본적이고 소중한 물질이지만 가장 평범하게 존재하는 단단한 결정체이다. 바슐라르는 『대지와 의지의 몽상』에서 '소금은 질료의 핵심으로 만물을 생성 보존하는 접착체요 유지체이며, 존재를 그 중심으로 끌어당기는 집중의 원리이다.'[14]라고 말하고

---

14) 바슐라르(1982), 앞의 책, pp.378~386. 참조.

있는데, 따라서 위의 시에서 이미 '소금기둥'은 '앞만 보고 가다/ 뒤돌아 보다'의 대립된 행위 체계에서 화자가 신앙심을 높은 경지에까지 끌어올리려는 수련 과정의 공간으로 해석된 바 있다. 그의 이러한 성역에로 향하고자 하는 소금으로 절인 믿음의 다짐은 「돌아보지 말자」의 싯구에서처럼 '흔들리는 마음'을 결정체화하고 일찍이 아담을 유혹했던 '뱀의 꾀임'에도 넘어가지 않게 된다. 그리하여 그의 유고시집에 실린 시 「소금이 빛나는 새날 아침」에서 나타나듯, 마침내 소금은 빛이 나게 되고 화자가 성역(천당)으로 들어갈 수 있는 '순금의 열쇠'를 획득하게 된다.

> 발밑이 뜨는 上昇感.
> 참으로
> 누구에게나
> 열쇠는 쥐어지고
> 누구나
> 문을 열 수 있다.
> 미나리내 풍기는
> 새봄의 햇살 속에서
> 정결한 손바닥에 빛나는
> 순금의 열쇠.
> ―「소금이 빛나는 새날 아침에」 부분

'소금이 빛나는 새날 아침'이란 시간대는, 소금의 '거듭남'으로, 즉 세속의 모든 권세와 재물의 유혹과 미련에서 벗어나 투명함을 획득한 시간이다. 이 시간은 인간의 '발 밑'이 뜨고 위로 상승한다. 신체공간 기호체계 중 인간의 '발 밑'은 수직과 수평에 있어서 다 같이 가장 下方에 속한 것으로 세속적 삶의 표상이 된다. 이 시에서 그러한 '발 밑이 뜨는 上昇感'이란 俗의 영역에서 聖의 영역에로의 솟아오름이다. 이것은 바로 세속적인 온갖 탐욕을 버리고 자유로워진 시인 정신의 모습인 것이다.

목월의 이러한 성역에로의 희구는 '비행기'를 매개항으로 하여 나타나기도 한다.

> 一萬피이트 上空에서
> 나는
> 神의 손가락 끝에 맺히는
> 한 방울의 물이 된다.
> 기체는 흔들리고
> 날개 밑으로
> 地上에는
> 작은 그림자 하나.
> 눈으로 얼룩진 산줄기를
> 재빠르게 타고 넘는다.
> 그 안에
> 내가 있었다.
>
> ―「雲上에서」전문

비행기는 실질과 기호 모두가 상승적 매개 공간의 기능을 갖고 있다. 때문에 기호 형식과 기호 의미가 서로 같은 유계성을 지닌다. 시「雲上에서」의 이항대립적 변별 특징은 '천상/지상'이며 그 매개체가 '비행기'이다. 엘리아데는『종교 형태론』에서 다음과 같이 말한다.15)

> …승천, 산이나 계단을 오르는 것, 대기에로의 비행 등은 항상 인간 조건의 초월, 상층의 우주에로의 침투를 의미한다. 공중에 오르는 것은 그 자체가 聖別과 신성화를 의미한다.

예문에서 보여주는 바와 같이, 인간이 날기 위해 날개를 가진다는 것은 인간의 조건을 추월하는 상징적 표현 형식이 된다. 목월의 시「돌아보

---
15) 멜시아 엘리아데(1982),「宗敎形態論」, 이은봉(역), 형설출판사, p.135.

지 말자」에서처럼 화자의 뒤돌아보지 않고, 앞만 보고 걷는 신앙의 정진은 '인공의 날개'를 달기에 이른 것이다. 화자는 그 인공의 날개를 펴고 지상을 이륙하여 '일만피이트 상공'에 떴다. 그 '높은 곳'은 곧, 신의 거주처이다. 그곳에서 화자는 '한 방울의 물'이라는 자기 존재를 깨닫는다.

화자의 신앙심은 단단한 '믿음의 밧줄'(「거리에서」)로 지상과 천상을 연결하고, 화자의 시간과 공간 전반에, 그리고 화자의 전신에 융해된다. 그리하여 화자는 이제 죽음 앞에서도 초연할 수 있는 경지에 다다른다.

> 진실로
> 당신이 뉘심을
> 존身으로 깨닫게 하여 주시고
> 오로지
> 순간마다
> 당신을 확인하는 생활이 되게
> 믿음의 밧줄로
> 날마다 새로 마련된
> 첫날의 광명 속에서
> 오늘을 맞는
> 그 신선한 흥분으로
> 하늘을 보게 된다.
> ―「거리에서」 부분

1 뭐락카노, 저 편 강슭기에서
　니 뭐락카노, 바람에 불려서

2 이승 아니믄 저승으로 떠나는 뱃머리에서
　나의 목소리도 바람에 날려서

3 뭐락카노 뭐락카노
　썩어서 동아밧줄은 삭아내리는데

Ⅲ. 문화 매개항의 공간기호　77

4 하직은 말자 하직 말자
　　　인연은 갈밭을 건너는 바람

　　5 뭐락카노 뭐락카노 뭐락카노
　　　니 흰 옷자라기만 펄럭거리고……

　　6 오냐. 오냐. 오냐.
　　　이승 아니믄 저승에서라도……

　　7 이승 아니믄 저승에서라도
　　　인연은 갈밭을 건너는 바람

　　8 뭐락카노, 저 편 강기슭에서
　　　니 음성은 바람에 불러서

　　9 오냐. 오냐. 오냐.
　　　나의 목소리도 바람에 날려서.

—「離別歌」전문

　죽음은 이 세상의 인간적 상태를 초월하여 저 세상에로의 이행을 의미한다. 종교에서는 죽은 후, 사람의 혼이 신의 심판을 받고자 신이 계신 하늘로 올라가는 것으로 설명한다. 그래서 죽은 사람의 혼은 산길을 뚜벅뚜벅 올라가거나, 나무나 혹은 밧줄을 타고 하늘로 올라가는 것으로 표현된다. 가령 인도의 『죽은 사람의 글』을 보면, 인도 최초의 죽은 사람인 야마(Yama)는 많은 사람들에게 죽음의 길을 보이기 위해서 높은 도로를 통과하고 있다.[16]
　시 「이별가」는 이승과 저승이라는 공간이 이항대립 체계를 이루면서

---

16) M.Elade(1951), *Le Chamanismet les techniques de letasxe*, paris, pp.184~185. 참조.

다시 '이승/동아밧줄/저승'이라는 삼원공간 기호체계로 확충된다. 그런데 매개체인 동아밧줄은 '이승/저승'을 연결시키고 있음은 물론, '나/너(인간과 인간)' '이 편/저 편'의 공간도 연결시켜주고 있다. 즉 이승에 있는 나는 강 이 편인 뱃머리에 서 있고, 저승으로 가는 너는 강 저편 기슭으로 가고 있다.

그리고 이 시 「이별가」는 전 9연 18행으로 되어있는데, 전반부(1~5연)에서의 '뭐락카노'는 후반부의 '오냐'와 대립적 화법 관계를 구성하고 있다. 여기서 '뭐락카노'는 의문을 제기하는 부정적 화법으로 화자의 내면적 독백이며, '오냐'(6~9연)는 스스로 제기했던 그 의문에 해답을 얻는 긍정적 화법으로 화자의 자기 정리이다. 또한 제 4연에서 '하직을 말자 하직을 말자'는 '인연은 갈밭을 건너는 바람'과 화자의 대립적 행위를 시사해준다. 즉 싯구 '하직을 말자'의 두 번 반복은 속세에 미련을 둔 이별에 대한 거부이며, '인연은 갈밭을 지니는 바람'은 신의 존재를 인식하고 이별을 수용하는 화자의 내면 의식의 변모인 것이다.

이렇듯 죽음에 대한 내면적 독백에 해답을 얻은 화자는, 이승과 저승을 연결시켜주고 있는 동아밧줄이 썩어서 삭아내려 너와 나의 지상적 인연이 끝남을 조용히 받아들인다. 화자는 그 지상적 인연이 끝난다는 것이, 곧 천상적 삶과 새롭게 인연을 맺는 것임을 깨달은 것이다.

시 「이별가」의 대립적 양상과 더불어 '강'과 '바람' 역시 양가적(ambivalent) 특징을 지닌다. '강'은 공간 영역에 있어 이쪽과 저쪽의 영역을 구분지어 주지만, 강 깊숙한 밑에서 그 물은 이쪽과 저쪽 땅 모두를 두루두루 적셔주어 비옥하게 만들고 있다. 또한 '바람'은 이쪽과 저쪽의 공간을 소통시켜 주지만 동시에 전 공간에 확산된다. 그래서 시 「이별가」에서도 화자의 목소리가 무화(無化) 되어버리는 현상을 본다.

이상에서 살펴본 박목월 시를 삼원구조의 공간기호 체계로 도표화하면 다음과 같다.

항 시제목	긍정항(+)	매개항	부정항(-)
「青雲橋」	천 상	층층다리	지 상
「달빛이 하얀 숲길」	천 상	돌층계(어머니 등)	지 상
「돌아보지 말자」	주님의 세계	소금기둥	인간의 세계
「雲上에서」	천 상	비행기	지 상
「거리에서」	주님의 세계	밧 줄	인간의 세계
「離別歌」	저 승	동아밧줄	이 승
의미 작용	聖 域	속역으로부터 성역에로의 발판	俗 域

2. 수평공간의 기호체계

1) 열림과 닫힘의 공간 — 문

지금까지 우리는 목월의 시 분석을 통해서 문화 매개항의 수직공간 텍스트를 탐구해 왔다. 그리고 목월 시의 수직축 텍스트는 '하늘(上)/땅(下)'의 이항대립으로 형성된 이원구조와, 그 두 공간을 매개하는 중간항과 더불어 그것이 다시 삼원구조로 확충되고 있음을 살폈다. 그리하여 수직 텍스트의 의미 작용을 추출해 보았다. 그러면 이제 박목월 시 공간의 수평축 텍스트를 탐색해 보기로 한다.

이미 언급한 바 있지만 문학 공간 텍스트의 수평축은 수직축에 비교하여 그 공간 분절이 복잡하고 유동적이다. 왜냐하면 수직축의 '上/下'의 이원구조와, '上/中/下'의 삼원구조는 고정된 불변의 공간이지만, 수평축의 동(右), 서(左), 남(後), 북(前), 그리고 안(內), 밖(外)의 공간은 인간이 방향을 바꾸면 따라서 금방 방위가 달라지기 때문이다. 그리고 수평축은 땅(下)의 영역에 속해 있는 것이기에 때로는 하방 공간의 전체로서 수직 구조에 포함되어 버리기도 한다. 때문에 문학적 텍스트에 있어서 수평축의 공간 분절은 동서남북의 방위를 단위로 하기는 어렵다. 즉 방위는 일차적인 대상 언어의 체계로서 실질의 의미를 지니고 있을 뿐, 세계의 상을 기술하는 이차체계 텍스트의 공간을 기술하기가 어렵다는 것이다. 따라서 문학 공간기호 영역에서는 방위의 단위적 공간 분절이 아닌, 안(內)과 밖(外)의 공간 분절이 중요한 의미 작용을 생성해 낸다고 볼 수 있다.

　박목월의 시집 『靑鹿集』, 『山桃花』, 『蘭·其他』, 『晴雲』, 『경상도 가랑잎』, 『어머니』, 『砂礫質』, 『無順』, 『크고 부드러운 손』에 실린 총 428편의 시 가운데 수평축의 매개체 역시 수직축과 마찬가지로 시 편수가 많은 만큼 그 종류가 다양하여 약 30종에 달한다. 즉 인간의 거주 공간인 집, 문(대문, 문고리, 장지문, 문설주), 방, 창, 벽(담)을 비롯하여, 생활 현장의 품목인 옷, 커튼, 신발, 전화, 시계, 버스 그리고 신체와 관련된 코, 팔, 다리, 생활 환경과 관련된 강, 배, 그물, 밧줄 이밖에 나무, 돌, 길, 연자방아 등이 선을 보이고 있다.

　이렇듯 다양한 시 텍스트 공간의 매개체 중 빈번하게 등장하고 있는 것은 '문'이다. 따라서 본 글에서는 '문'을 필두로 하여 대체적으로 자주 등장하는 '집', '방', '창' 등을 통하여 공간기호체계 안에서의 수평적 매개항의 기능을 논의해 보고자 한다.

　　　자하문
　　　동대문
　　　門 밖으로 나가는 길에
　　　달아오르는 해.
　　　앞산머리의 부끄러운 이마.
　　　오오냐.

자하문
동대문
문안으로 들어오는 길에
기우는 햇발.
앞산머리의 어두운 이마.
오오냐, 오오냐.

—「춘분」전문

대문을 나선다.
먹고 마시는 것을
위하여.
바쁜 걸음으로
대문을 나서는
이를 긍휼히 여기소서.
집으로 돌아온다.
하루를
몇 개의 은전과 바꾸고
지쳐서 어깨가 축 늘어져
문을 들어서는
이를 긍휼히 여기소서.
주림도 갈증도
당신이 베풀어 주신 것.
주여.
우리의 출입이
당신으로 말미암아
당신에게로 돌아가는 것.
당신이 열어 주심으로
문이 열리고
당신이 닫아주심으로
문이 닫기는 오늘의
우리들의 출입.

—「우리들의 出入」부분

로트만은 수평적 문화 공간을 안(內)/밖(外)으로 나누어 기초적인 분절 단위로 삼고 있다.17) '집'은 근본적으로 안/밖의 공간을 구분하기 위해 존재하는 것이며 '벽'은 집의 공간을 구분하기 위해 존재한다. 그리고 '문'과 '창'은 그 벽을 뚫고 존재하는 것으로 벽에 대한 일종의 배반이다. 그래서 닫혀있을 때는 벽이 되지만 열렸을 때는 통로가 된다. 슐즈는 '문'에 대해서 다음과 같이 말한다.18)

> 문은 닫거나 열거나 할 수 있다. 이렇듯 문은 결합하기도 하고 분리할 수도 있으며, 실제로는 닫혀 있던가 열려있던가 하는 상태에 있다. 그런데 심리적으로는 어떤 문도 열려질 수 있고 또 항상 열려져 있으면서 동시에 닫혀 있다.

목월의 시 「춘분」, 「우리들의 出入」에서 보여주듯 '문'은 현실 생활 공간을 '안/밖'으로 연결해주는 수평적 매개물이다. 「춘분」에서는 자하문 동대문 밖으로 아침에 나갔다가 그 문안으로 저녁에 들어오는 화자의 일상적인 삶의 모습을 관망할 수 있고, 「우리들의 出入」에서도 역시 생계를 위하여 대문을 드나드는 화자의 모습을 볼 수 있다. 그런데 시 「춘분」에서 '오오냐'의 현상적 화자의 육성은 시적 분위기를 회화적 영상에서 청각적 영상으로 전환시킨다. 그리고 '오오냐'는 긍정하여 대답하는 소리로 자하문 동대문의 '문 밖/문 안'의 공간, 그리고 '아침/저녁'의 시간을 다 함께 포용하고, 나아가 '부끄러움'과 '어두움'까지도 받아들이는 청각적 소리기호인 것이다. 시 「우리들의 出入」도 역시 마찬가지이다. 이 시에서 화자의 직접 화법의 기도문은 '나가고(문 밖) 들어오는(문 안)' 출입을 다 같이 긍정적인 자세로 받아들이고 있다.

---

17) Yu Lotman(1975), 앞의 책, p.114.
18) C.N. Schulz(1971), 앞의 책, p.23.

바슐라르는 『공간 시학』에서 지하실과 1층 그리고 지붕밑 방으로 조직된 집은 수직성을 보여주는 것으로 우주적으로 확장되어 대지에서 하늘까지 이르지만, 반면에 수평성만 있고 수직성이 없는 도시의 집은 우주성이 없고 내면적인 삶도 없이 다만 세계 속의 인간 상황, 현대인의 상황만을 보여줄 따름이라고 말한다.19) 마찬가지로 박목월 시 공간에 있어서 '문'의 매개항은 '안/밖'의 공간을 연결해주는 경계공간의 기능을 담당하여 '안(內)/문/밖(外)'의 삼원구조로 확충되는 기호체계를 형성하고 있지만, 그 '문'은 인간의 일상 생활사인 수평적 삶, 즉 나가고(出)(外), 들어오는(入)(內) 그 경계 이미지를 지니고 있는 것이다.

> 펄럭하고 문이 열렸다.
> 하루 종일 나의 등 뒤에서
> 펄럭펄럭 문이 열리는 것은
> 不安한 일이었다.
> 라는 것은
> 찢어진 봉창문 같은 나의 生活이
> 펄럭거리기 때문이다.
> 펄럭하고 문이 열렸다.
> 또한 쾅하고 닫겼다.
> 라는 것은
> 자식들이 어리기 때문이다.
> 문을 열고 닫는 鍊習이
> 그들의 생활이기 때문이다.
> 그 소란스러운 成長
> 그 무질서한 설레임
> 언제나 열릴 수 있는 문을 연다는 것은
> 즐거운 일이었다.
> 하지만 모든 문이 언제나 열리는 것은 아니다.
> 펄럭하고 문이 열렸다.

---

19) G. Bachelard(1983), *La Poétique de L'Espace*, Paris : P.U.F. pp.35~43. 참조.

펄럭하고 문이 열릴 수 있는 것은 부모의 애정을 뜻한다.
꽝하고 문이 닫겼다.
잠긴 문의 등이 마르는 침묵과 고독을
그들은 모르기 때문이다.
펄럭하고 문이 열렸다.
하루 종일 펄럭펄럭 문이 열리는 것은
不安한 일이었다.
하지만 그것은 축복일 수 있다.
열리지 않은 문의 등이 마르는 고독과 절망을
나는 알고 있기 때문이다.

― 「門」 전문

그의 눈에는
실오라기도 밧줄로 뵈는가.
사과꾸러미를 꾸려 들고
밤에 찾아 왔다.
그의 눈에는
朴木月도 밧줄로 뵈는가.
수척한 얼굴이
큰절을 하고,
밥만 먹을 수 있다면
아무데고……
아무데고 밥자리가 없는
人口 四百萬의 사람 사는 곳인가.
두드려도 열어 줄
門이 없는
職場마다 든든한 鐵門.
아무데도 밥만 먹을 수 있다면…
아무데도 통하지 않는
朴木月의 명함도
명함 구실을 하는가.
정성스럽게 紹介文을 썼지만
일어서서 손을 잡는

나의 손은 손이 아닌가.
弟子 한 사람 끌어 올리지 못하는
검은 물결에
누가 밧줄을 던져 주나.
진실로 누가 던져 주나.
울부짖는 아우성
나는 밧줄이 못 되나.
어질고 총명한 청년이 破船하는데
내게 가져온 사과를
누가 먹어 다오.

— 「名啣」 전문

위의 시 「門」과 「明啣」에서는 다같이 '열린 문'과 '열리지 않는 문'이 공간의 이항대립 체계를 이루고 있다. 그리고 '열린 문/문/열리지 않는 문'의 삼원구조 공간기호 체계로 확충된다. 그런데 여기서 '열린 문'은 바깥(外)과 소통하는 생활로 시 「門」에서는 '즐거움' '부모의 애정' '축복'으로 나타나고 시 「名啣」에서는 직장에 소속되어 경제적 생활이 안정됨을 의미한다. 반면 '열리지 않는 문'은 바깥(外)과 차단된 생활로 시 「門」에서는 '침묵', '고독', '절망'으로 나타나고 시 「名啣」에서는 실직자로서 경제적 생활의 불안정을 뜻한다.

그러므로 목월의 시속에 '열리지 않는 문'은 곧 '차단'이며 '벽'과 동일한 의미를 생성하고 있다. 그가 시 텍스트에 차용하고 있는 매개 언어 '벽'은 한결같이 공간을 차단하는 의미 작용을 지니고 있다.

저마다 에고의 담을 쌓고
겨울 빗발은 처음부터
우리들의 內面을 적신다.
사랑이여.
길로 향하여 열려있는

通用門의 그 틈서리로
보이는 것은
안채의 壁이 젖고 있는
旣囚의 벽돌빛깔이다.

— 「틈서리」 부분

듣지 않고도
그는 안다는 것이다.
안다는데 더 할말이 없다.
그는
위대한 분.
위대한 분은 다 壁이다.
귀를 깎아 버려라.
귀를 깎아 버려라.
위대한 자가 된다.
위대한 자는 자기만 말을 해야 한다.
위대함으로써 오만한 人間性.

— 「權威에 대하여」 부분

 위의 시 「틈서리」, 「權威에 대하여」에서 보여주듯 '벽(담)'은 인간과 인간, 인간과 사회의 '소통'을 차단하는 상징물로서 '에고'요 '귀를 깎아버림'의 그 고립과 단절을 의미하고 있는 것이다.
 바슐라르가 『공간 시학』에서 언급한 바처럼, 수직성이 없고 다만 수평성만 있는 박목월의 시 텍스트 속에 등장한 집은 인간의 일상적 상황만을 연출하고 있는 공간이다. 때문에 매개항인 '문'의 공간 역시 인간이 생활 현장으로 나가고(外) 들어오는(內), 그 경계를 가르는 매개적 기능을 담당하고 있을 따름이다. 따라서 목월의 시 「춘분」이나 「우리들의 出入」을 통하여 우리는 화자가 인간의 일상 생활, 즉 그것이 내포하고 있는 행위와 동작의 반복을 긍정적으로 받아들이는 성실한 삶의 태도를 탐색해

낼 수 있다. 다음은 이상에서 살펴 본 매개항 '문'의 도표이다.

시 제목 \ 항	긍정항(+)	매개항	부정항(-)
「春分」 「우리들의 出入」 「門」 「名啣」	자하문·동대문 안 대문 안 열린문 열린문	문 대문 문 문	문 밖 문 밖 열리지 않는 문 열리지 않는 문
의미 작용	정상적인 생활인 즐거움, 부모의 애정 축복, 직장인	밖(활동)과 안(정지)의 경계	비정상적 생활인 침묵, 고독, 절망 실직자

2) 빛남과 어두움의 공간 ― 집(담)·창·방

바슐라르는 '추억의 집'과 '몽환의 집'을 환기시키는 가운데, 고향의 집은 고향을 떠나 여기 저기를 방황하는 인간 속에서 근원적인 주제(un theme fondamental)가 되며, 고향의 집에 대한 추억은 현실 시간을 초월하여 추억의 섬(1'llot du souvenir)으로 존재한다고 말한다.[20] 그리고 휴식의 이미지, 내면성의 이미지들 근저에는 동일한 몽환적 뿌리가 있는데, 그 뿌리가 곧 모성(maternite)이며, 이들 이미지들은 어머니에게로의 회귀를 지향하고 있다고 한다.[21]

박목월 시 텍스트에 있어서 집, 방, 창 등의 매개물들은 일반적으로 바슐라르의 언급처럼 '추억의 섬' '어머니에게로의 회귀'의 그 몽환적 뿌리와 유계성을 지니고 있음을 알 수 있다.

---

20) G. Bacheland(1977), *La Terreet les Reveries du Repos*, paris : Jose, p.95~97. 참조.
21) ――――― (1983), 앞의 책, pp.26~33, 참조.

집에는
어머니와
어머니의 옥색 고무신.
훈훈한
안방에
은은한 미닫이.
찬장에는
가분한
찻잔과
빼닫이에 가득한 숟갈.
곱게 그을린
남비는 부엌에
푸푸 소리 부는
뜸지는 밥솥.
내 방에는
내 의자
초록빛 의자.
책꽂이에 단정한
책들.
뜰에는
장미 가지에 장미꽃.
바둑이는
제 버릇대로
집안을 서성거리고,
때가 되면
절로 불이 켜지는
집안에는
익숙하게 열리는 문과
낯익은 자리에
낯익은 물건들,
참으로 때가 되면
불이 켜지는 전등에는
환한 불빛과

안온한 방과.

  　　　　　　　　　　　　　　　　　　　　―「집에는」 전문

  다정하게 포개진 접시들.
  윤나는 남비.
  방마다 불이 켜지고
  제자리에 놓인
  포근한 의자.
  안락의자.
  어머니가 계시는 집안에는
  빛나는 유리창과
  차옥차옥 챙겨진 내의
  새하얀 베갯잇에
  네잎 크로우버.
  아늑하고
  그득했다.

  　　　　　　　　　　　　　　　　　　　　―「家庭」 전문

위의 시 「집에서」와 「가정」은 다같이 집 안(內), 즉 '어머니가 계시는 집'을 표현하고 있다. 어머니가 계신 집안(內)은

　　'때가 되면/절로 불이 켜지는'　　　　　　　···'불'
　　'환한 불빛'　　　　　　　　　　　　　　　···'빛'
　　'훈훈한 안방' '안온한 방'　　　　　　　　···'열기'
　　　　　　　　　　　　　　　　　― 이상, 「집에는」

　　'방마다 불이 켜지고'　　　　　　　　　　···'불'
　　'빛나는 유리창'　　　　　　　　　　　　　···'빛'
　　'포근한 의자/안락 의자' '아늑하고/그득했다'[22)] ···'열'
　　　　　　　　　　　　　　　　　― 이상, 「가정」

이렇듯 '불' '빛' '열' 즉 '밝음'이 있는 공간이다. 그런데 어머니가 계신 집안(內)은 동시에 어머니가 계시지 않은[집 밖(外)]의 언표를 시사해준다. 집(담)을 경계로 하여 집 밖(外)은 어머니가 계시지 않은 공간으로 불, 빛, 열이 없는 '어두움'의 공간인 것이다. 따라서 '집 안(內)=어머니가 계시는 공간=밝음의 공간/집 밖(外)=어머니가 계시지 않은 공간=어두운 공간'의 이항대립 체계가 형성된다.

바슐라르는 밤에 불이 켜진 집은 밤의 공격을 빛으로 맞서며, 아무리 밤의 어두움이 집안으로 침입하려해도 그 어두움의 공격이 강하면 강할수록 불빛의 저항 역시 강하다고 역설한다.23) 시 「집에는」 「家庭」에서의 불켜진 밝은 집은, 집 밖(外)의 공격을 물리칠 수 있는 힘과 용기를 갖춘 절대의 피난처이기도 한 것이다.

이러한 밝음의 공간은 또한 질서 있고, 정리 정돈이 잘 된 공간이기도 하다. "찬장에는/가분한/찻잔과/빼닫이에 가득한 숟갈" "내 방에는/내 의자/초록빛 의자/책꽂이에 단정한 책들"(「집에는」)에서 보여주듯 그리고 "제자리에 놓인/포근한 의자" "차옥차옥 챙겨진 내의/새하얀 베갯잇에 네 잎 크로우버"(「家庭」)에서처럼 질서정연하고 잘 정돈된 어머니의 품(le giron maternel), 어머니의 태(le sein matenel)24)를 보여주고 있는 것이다. 따라서 '질서/무질서', '정돈/혼돈'이라는 대립체계를 형성한다.

대부분 목월 시의 수평적 공간에 있어서 '밝음/어두움'의 이항대립체계는 고향의 부모님(주로 어머니)과 연계되어 나타나며, 화자는 항상 밝음에 그 가치를 부여하고 있다.

    아버지도 어머니도 돌아오시지 않는

---

22) 방점은 필자가 첨가하였음.
23) G. Bachelard(1977), 앞의 책, p.112.
24) ──────, 위의 책, p.122.

텅 빈 집에
보라빛으로 물들이는 해질무렵 장지문.
어두워 드는 뜰
어린 누이의 포도빛 불안한 눈.
컴컴한 부엌
끄스름이 오르는 두터운 처마.
不在라는 말의 뜻은 그후에 알았지만
잿빛으로 잠기는 장지문
눈물로 흐려지는 문살.

— 「어두워 드는 뜰」 전문

흩어진 原稿마다
'어머니에의 祈禱'라는
題目이 붙어있는
오후 四時
햇볕이 다사로운 房안에는
지줄거리는 공기.
귀가
징하게 울리는 고요한 방안에
전화기도 입을 다물고
연보라빛 전기스탠드도
눈을 감고
어머니의 생각에 잠겨 있는
그 포근한 연보라 빛 默想.

— 「어느날」 전문

겨울 밤이었다.
뒷골목 판자집 곁을 지나다.
불이 환한 창.
나는
부모를 저버린 방탕한 아들도
떠돌아 다니는 나그네도 아니지만
발이 멎게 된다.

―눈물겹도록 행복한
―눈물겹도록 따뜻한
불이 환한 창.
―어머니.
하고 창문을 두드리고 싶은
아아
세상에
불이 환한 조그만 창에
무르익는 행복

— 「불켜진 窓」 전문

위의 시는 다같이 '집안/집밖'이 이항대립 체계를 형성하고 있으며 '집안/집(담)/집밖'의 삼원구조로 확충된다.

시 「어두워 드는 뜰」에서처럼 '아버지 어머니가 계시지 않은 집'은 어두움이 찾아드는 공간이다. 그런데 어머니의 생각에 잠겨 있는 방안은 빛이 들어 따뜻한 공간이며(「어느날」), '불이 환한 창'은 언제나 고향의 어머니를 연상시킨다. (「불켜진 窓」).

리샤르는(J-Pierre Richard)는 밤의 공포는 근본적으로 빛의 부재에서 오는 것이며, 밤은 고통과 죽음과 같은 부정적인 이미지를 보여주며 그것들은 일종의 공포를 느끼게 한다고 말하고 있는데[25] 시 「어두워 드는 뜰」에서의 아버지 어머니의 부재는 곧 빛의 부재이며, 따라서 불, 열, 빛은 어머니와 동일한 이미지를 지닌다고 할 수 있다. 때문에 시 「어느날」, 「불이켜진 窓」에서처럼 불, 빛, 열이 존재하는 곳에는 항상 어머니가 존재한다. 그래서 빛이 부재하는 어두움 속에서 '어린 누이의 포도빛 불안한 눈' '눈물로 흐려지는 문살'(「어두워 드는 뜰」)이, 그 어두움의 이미지와 조응 관계를 맺고 있는 것이다.

어떤 물질에 대한 시인의 태도는 텍스트의 공간기호 체계와 밀접한 관

---

25) R.p.Richard(1964), *Onze edueds sur la poesie moderne*, Paris, Seuil, p.161.

계를 지닌다. 바슐라르와 엘리아데는 물질적 원소와 상상력을 접합시켜, 물질의 특성이 인간의 심리 작용과 어떤 유계성을 형성하는가를 시사함으로써 문학 텍스트 연구에 다대한 영향을 준 인물이다. 바슐라르는 물질의 4원소인 불, 물, 공기, 흙의 질료를 통해 문학 현상의 역동적 상상력에 대한 새로운 지평을 열어준 가운데 불의 원소를 잘 분석하고 있다. 즉 불은 어떤 물질보다 대립된 감정을 잘 나타내고 있으며 인간 심리의 힘과 용기, 열정과 잠재력을 선명하게 드러내준다고 언급한다.[26] 이러한 바슐라르의 형이상학은 인간은 낯선 세계에 던져지기 이전에 집이라는 요람에 맡겨져 있었고, 그 집의 요람 속에는 온기(Chaleur)가 있어 인간을 감싸주었기 때문에, 인간이 고향의 집을 깊이 몽상할 때면 그 최초의 열기와 온화함에 젖게 된다고 설명하고 있는 것이다.[27]

엘리아데는 바슐라르와는 좀 다른 각도에서 소우주와 대우주의 대응 관계로서의 물질적 오중주 즉 물, 불, 나무, 금, 흙 등에 대해 언급하고 있는 가운데, 불은 각각 '불순한 불'과 '순수한 불'로 나누고 '불순한 불'이란 악의 표시로 나타난 지옥의 타는 불이고, '순수한 불'은 정신적인 빛으로 나타나는 정신의 구현이라고 말한다.[28] 따라서 불을 이상화하는 데서 빛의 개념으로, 그리고 승화시키는 데서 열의 개념을 지니게 된다고 말한다.[29]

이상의 고찰을 종합하여 박목월, 시공간의 '집 밖(外)/집(담)/집 안(內)'의 삼원구조 기호체계의 의미 작용을 살펴보면 다음과 같이 정리할 수 있다.

첫째, 목월 시에 등장하는 집의 공간은 시간을 초월하여 존재하는 고향의 집으로, 시인의 근원적인 주제가 되며 그 뿌리는 모성에 있다.

---

26) G. Bachelard(1949), *La Psychanalysedu Feu*, Paris : Gallimard, pp.148~149.
27) G. Bachlard(1942), *Leau et les Reves*, Paris : Jose-Corti, p.7.
28) M. Eliad(1977), *Forgerons et Alchimies*, Paris, Flammarion, p.32.
29) M. Eliad(1977), 위의 책, p.146.

둘째, '집 밖(外)/집 안(內)' 공간의 이항대립 체계에 있어서, 집 밖(外)은 어머니가 계시지 않은 '어두움'의 공간이며 무질서와 혼돈의 공간이고, 집 안(內)은 어머니가 계시는 '밝은 공간'이며 질서와 정돈의 공간이다.

셋째, 집 안(內)의 공간에 있어서 불켜진 집, 창, 방은 집 밖(外)의 공격을 물리칠 수 있는 힘과 용기를 갖춘 절대의 피난처인데 반하여, 집 안(內)을 공간 중 어두움의 공간은 빛의 부재요, 어머니의 부재를 뜻하며, 고통과 공포가 수반된 부정적 공간이다.

넷째, 불, 빛, 열은 곧 어머니와 동일한 이미지를 지닌 것으로 시인의 정신적 구현이며, 그 정신적 구현을 이상화하고 승화시키는 의미의 확산을 가져다준다.

지금까지 고찰해온 박목월 시 공간의 수평축 매개항인 '집, 방, 창 등의 공간기호 체계를 도표화하면 다음과 같다.

시 제목 \ 항	긍정항(+)	매개항	부정항(−)
「집에는」 「家 庭」 「어두워드는 뜰」 「어느날」	집 안(內) 방 안(內) 집 안(內) 방 안(內)	집 방 집(담) 방	집 밖(外) 방 밖(外) 집 밖(外) 방 밖(外)
의미 작용	어머니가 계시는 공간 질서 · 정돈 밝음(불 · 빛 · 열) 포근함 · 그윽함 따뜻함 · 행복함	←경계→	어머니가 계시지 않은 공간 무질서 · 혼돈 어두움 텅빔 · 불안함 끄스름 · 눈물

3) 출발과 도착의 이동공간 — 신발 · 버스

우리는 앞에서 목월 시에 있어서 '문' '집' '방' '창' 등을 매개항으로 한 수평공간의 기호체계와 그 의미 작용을 살펴보았다. 다음은 '신발' '버스' 등의 이동 매개 기호를 살펴보기로 한다.

카발라(Kabbalah)30)의 중요한 저작인 『조하르』(zohar)31)에서는 인간의 '모습은 모든 형태를 요약하고 있다'고 했으며, 그 뒤 아그리파(Agrippa von Nettesheim)도 그의 저서 『신비철학』에서, 카발라를 바탕으로 하는 신과 우주와의 관계를 논하면서 인간의 벌거벗은 몸을 소우주의 상징인 다섯 개의 각을 가진 별 속에 그려 넣었다.32)

우주와 인간과의 관계를 대우주와 소우주의 상관 관계에 두고, 등가적 이미지, 즉 동일한 구조의 의미를 부여한 것은 동서고금을 통하여 다같이 일치된 공간론이다. 그리고 오늘날 공간기호 체계에 있어서도 인간의 신체 체계는 그 중심적 단위를 이루고 있다.

우주의 전체적 차원에서 보면, 인간은 '하늘/산(나무)/인간' 또는 '하늘/땅(인간)/물(지하)'의 공간 분절을 통하여 '下'나 또는 '中'의 공간에 위치하게 되지만, 인간의 차원에서 다시 그 공간을 분절할 때는 독자적으로 세분된

---

30) 카발라 : 중세 유대교의 신비주의・헤브라이語로 '전승'을 의미한다. 그 교리는 구약성서 창세기의 천지창조의 이야기나 에스겔서의 신의 현현 이야기를 둘러싼 탈무드의 신비주의적인 것으로 인간은 신의 협력자로서 창조되어 천상계와 지상계를 연결한다고 하였다.
31) 『조하르』 : 1300년경에 그리나다에서 모세(Molse de Leon)에 의해 씌여진 것으로 보이는 유태교의 秘敎的 경전. 아랍어로 씌여진 『모세오경』에 대한 주석으로 『탈무드』와 비견할 만한 영향을 유태교에 끼쳤다.
32) 아그리파의 『신비철학』에 그려진 오각별 모양의 소우주 인간

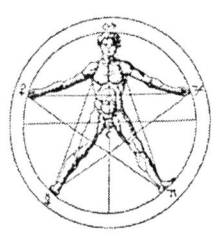

공간 분절 체계를 형성하게 된다. 즉 '머리(두부)/몸통(흉부)/복부(또는 다리, 성기)'의 분절이 그것이다. 이렇듯 공간의 분절에 있어서 수직의 上/中/下의 공간 코드나 수평의 前/後, 左/右, 內/外의 공간 코드는 불변하여 고정되어 있는 기호체계가 아니다. 수직과 수평의 공간 코드는 다시 그 공간의 다른 차원 내에서 세분되어 공간적 은유와 무수한 변이태를 산출하는 것이다. 이어령은 그의 논문에서 신체 구조를 세분하고 있다.[33]

　이상에서 우리는 우주와 인간은 서로 대우주와 소우주라는 상관 관계에 있으며 총체적 공간에서의 인간은 '下' 또는 '中'의 공간에 위치하며 신체적 공간에서는 각각 더 작은 단위로 공간이 세분되고 있음을 살펴보았다. 그리하여 아그리파의 오각형 별모양의 소우주 인간에서나 이어령이 세분화한 신체 공간의 위치에서 다같이 인간의 신체 중 '다리'는 '下'의 공간에 속하고 있음을 고찰했다. 물론 '다리' 또한 '上(무릎 윗 부분)/中(무릎 아랫 부분)/下(발)'로 공간 분절이 가능하다. 지금까지의 이론을 통하여 박목월 시의 수평축 공간에서 다루고자 하는 매개물의 하나인 '신발'은 인간의 그 다리 끝에 위치한 발과 관련된 사물로 역시 '下'의 공간코드에 위치한다고 볼 수 있을 것이다.

　　　　地上에는
　　　　아홉 켤레의 신발
　　　　아니 玄關에는 아니 들간에는
　　　　아니 어느 詩人의 家庭에는
　　　　열 電燈이 켜질 무렵을
　　　　文數가 다른 아홉 켤레의 신발을
　　　　내 신발은

---

33) 이어령(1986), 앞의 책, p.252, 참조.

신체	상 두(頭) 중 胸(腹) 하 腹(또는 다리, 성기)	머리 (얼굴)	상 이마 눈 중 코 하 입	코	상 코뿌리 중 콧날 하 코끝

十九文半.
눈과 얼음의 길을 걸어,
그들 옆에 벗으면
六文三의 코가 납짝한
귀염둥아 귀염둥아
우리 막내둥아
微笑하는
내 얼굴을 보아라
얼음과 눈으로 壁을 짜올린
여기는
地上.
憐憫한 삶의 길이여.
내 신발은 十九文半.

아랫목에 모인
아홉 마리의 강아지야
강아지 같은 것들아.
屈辱과 굶주림과 추운 길을 걸어
내가 왔다.
아버지가 왔다.
아니 十九文半의 신발이 왔다.
아니 地上에는
아버지라는 어설픈 것이
存在한다.
미소하는
내 얼굴을 보아라.

—「家庭」전문

Y셔츠를 입고 넥타이를 매고
안 포키트에 手帖을 넣고
오른 편 호주머니에 담배를 넣고
지갑을 확인하고 모자를 쓰고
外出을 한다. 구두를 신고

玄關을 나온다. 구두를 신고.
비단 나뿐만 아니다.
아침 일곱시에서 여덟시 사이
아침 여덟시에서 아홉시 사이
버스는 滿員이다. 어느 路線이나.
外出을 한다. 일이 있건 없건.
이것은 市民들의 習慣
궂은 날이나 맑은 날이나
時間 時間 하고 말을 더듬으며
外出을 한다. 구두를 신고.
도대체 이것은 무슨 소동이냐.
그 自身은 침대에 누워 있는데
그 自身은 침대에 누워 있는데
外出을 누가 하느냐, 구두를 누가 신고.
會社마다 玄關이 붐빈다.
반쯤 눈을 감은 자가
반쯤 눈을 뜬 자가
도시락을 들고 事務用 가방을 들고
外出을 한다. 그 자신은 누워 있는데
外出을 한다. 手帖을 간직한 채.
Y셔츠를 입고 넥타이를 매고
안 포키트에 手帖을 넣고
오른 편 호주머니에 담배를 넣고
그 자신은 침대에 누워 있는데
外出을 한다. 구두를 신고.

— 「外出」 전문

위의 시 「家庭」, 「外出」은 다같이 '집 안(內)/집 밖(外)'공간의 이항대립 체계를 구성하고 있으며 '집 안(內)/신발(중간)/집 밖(外)'의 삼원구조 기호 체계로 확충된다. '신발'은 인간이 집(內)에서 집 밖(外)으로 나갈 때 착용하는 필수품으로 현관에 위치한다. 그런데 건축 공간에서 현관이란 출발

Ⅲ. 문화 매개항의 공간기호 99

과 동시에 도착이 서로 교차되는 공간이다. 마치 버스와 종점, 기차와 역, 배와 항구, 편지와 우체국 등과 같은 상관 관계를 지닌다. 때문에 현관은 집 안(內)공간에 위치하면서도 바깥(外)공간으로 이어진 장소인 것이다. 그리고 신발은 인간의 발바닥에 붙어 인간이 가는 곳이라면 어디든지 따라 다녀야만 하는 피동의 이동물인 것이다. 그러므로 신발을 인간의 신체 공간에 대치시키면, 시인의 집 밖(外)의 생활을 표상하는 상징물이 된다.

> 내가 왔다.
> 아버지가 왔다.
> 아니 十九文半의 신발이 왔다.
>
> ―「家庭」부분

위의 싯구에서는 '나=시인=주체아=본래적 자아'로 상관되며, '아버지=객체아=사회적 자아'로 상관되고, '十九文半=사회적 자아=사물화된 자아'로 연결된다. 즉 나(시인)는 나이기도 하지만 식솔들의 필수품이기도 하다. 그 사물화된 생필품이 십구문반이라는 신발이다. 그런데 "아니 지상에는/아버지라는 어설픈 것이/존재한다"고 표현하고 있다. 다시 말하자면 '지상=아버지=어설픈 것'으로 연결된다. 그리고 그 '어설픈 것'이란 작고 부족한 십구문반이란 신발이다. 그러므로 '신발이 활동하는 집 밖(外)'의 공간은 '눈과 얼음의 길'이며 '굴욕과 굶주림과 추운 길'일 수밖에 없다.

이렇듯 집 밖(外) 공간 코드는 눈과 얼음의 '차갑고' '무거운' 그리고 굴욕과 굶주림은 '추운'의 의미 작용을 내포하고 있는 반면, 집 안(內)공간은 "아랫목에 모인/아홉 마리의 강아지야/강아지 같은 것들아"에서 보여주는 것처럼 아랫목이란 '열기'와 많은 자식들의 신체에서 발산하는 따사로운 '체온'이 있는 곳이다. 홀(E.T. Hall)은 『숨겨진 차원』에서 피부는 접촉의 가장 주된 기관으로 상승과 하락이 가장 민감하고 전도열과 방열도 피부가 느끼며, 따라서 일정한 공간에 열기는 높아진다고 한다.[34) 싯구에서

한 방에 그것도 아랫목에만 아홉 명이나 되는 가족이 몰려있다는 것은 집 안(內)공간의 열기가 배가되고 있음을 나타낸다. 그 열기는 "미소하는/내 얼굴을 보아라"에서의 '미소'와 결합하여 공간적으로 상승 확산된다. 따라서 시 「가정」의 '밖(外)/안(內)' 공간의 이항대립 체계는 긴장감이 고조된다고 할 수 있다.

김화영은 『문학상상력의 연구』에서, 눈은 물과 돌과 빛 사이에 떠있는 돌연하고 덧없는 한순간이다. 눈은 물이면서도 단단하고 단단하면서도 이제 곧 빛으로 변할 듯 순수하고 가볍다고 말한다.35) 그런데 시 「가정」에서는 "얼음과 눈은 벽을 짜올린/여기는/지상"인 것이다. 즉 '얼음+눈=지상'이다. 그런데 얼음은 눈의 속성과는 달리 단단한 응고체로서 지상에서의 시간성을 연장시켜 준다. 말하자면 눈은 빛으로 변하여 공간에 확산되고 얼음은 단단한 덩어리로써 시간을 지킨다고 할 수 있다. 따라서 시 「가정」에서는 필수품인 아버지로서의 사회적 자아가 공간적으로, 시간적으로 화자를 얽매이고 있는 의미의 표출을 읽을 수 있는 것이다. 그리고 시 「가정」은 '집 밖→집 안→현관→방 안→아랫목'으로 공간이 이동 축소되면서 결국 아버지로서의 화자와 가정이 일체화된 삶의 공간을 만들어 내는 것이다.

시 「외출」은 상호 모순되는 이중의 감정 구조로써 '객체아(사회적 자아)/주체아(본래적 자아)'가 내적 이항대립 체계를 형성하고 있다. 싯구 "그 자신은 침대에 누워 있는데/외출을 한다. 구두를 신고"에서 보여주듯 '객체아=외출하는 그=물리적 현실', '주체아=침대에 누워있는 그=정신적 이상'으로 연결된다. 그런데 외출하는 그는 Y셔츠, 넥타이로 외면을 장식하고 수첩, 담배, 지갑, 모자 등 소지품을 지참하고 구두를 신고 나가는 '가식'의 그이다. 그렇다면 '침대에 누워 있는 그'는 치장한 옷을 벗고 소지품도 소유하지 않으며 구두도 신지 않은 '참된' 그일 것이다. 따라서

---
34) 에드워드 T.홀 (1984), 『숨겨진 차원』, 김지명(역), 정음사, pp.62~65. 참조.
35) 김화영(1982), 앞의 책, p.413.

'외출하는 그'와 침대에 누워 있는 그 사이에는 서로 '가식/참됨'이라는 긴장 관계가 형성된다.

그런데 외출하는 자는 '반쯤 눈을 감은 자'이며 동시에 '반쯤 눈을 뜬 자'이다. 이것은 박목월 텍스트에 자주 등장하는 시적 진술로 '집 밖(外)(가식)/집 안(內·참됨)'의 대립된 공간을 반쯤씩 바라보는 시선이다. 여기서 '눈을 감다'와 '눈을 뜨다'는 서로 대응된 행위이지만 그 행위가 '반쯤'과 결부되어 결국 하나의 고정된 형태를 생성하고 있다. 그것은 '외출하는 그(가식)'와 '침대에 누어 있는 그(참됨)'가 하나로 통일됨이다. 따라서 '집 밖(外)/집 안(內)'의 이항대립 공간 사이에 존재하는 구두는 이동 매체로서 '가식/참됨' '현실/이상' '노동/휴식'의 긴장에 균형을 주는 매개항으로서 작용한다.

이와 같이 박목월 시의 수평축 공간의 매개물로 등장하는 '신발'은 대부분 '집 안(內)/ 집 밖(外)'을 연결해주는 기능을 담당하고 있으며 집 안(內)에서는 '정지' '휴식', 집 밖(外)에서는 '노동' '활동'의 의미를 생성한다.

이상 분석한 시 「가정」「외출」의 의미론적 층위를 도표화하면 다음과 같다.

삼원구조 체계 의미 층위	바깥(外) 공간	매개 공간	안(內) 공간
시 간	낮		밤
행 위	동적(외출하다)	← 신발(이동) →	정적(들어오다)
자 아	사회적 자아(아버지)		본래적 자아(나)
감 각	차가움		따뜻함
정 서	눈 물		미소
가 치	물질·현실		정신·이상

다음은 목월의 시 텍스트에 있어서 수평축의 또 하나의 경계적 기호를 이루고 있는 '버스'와 '종점'의 이동적 매개 공간을 살펴보기로 한다.

> 서울 변두리의
> 어느 停留所에는
> 霧下의 아침을
> 기다리는 사람들로
> 例를 이루었다
> 月曆은 三月이지만
> 다리 欄干 사이로 보이는
> 부연 骨走路
> 삭막한 風景.
> 버스는 오고
> 우울한 冬服을
> 실어 나른다
> 그 편으로
> 해가 익어 온다.
>
> ―「風景(解冬)」전문

신발과 현관의 관계와 같이 버스 또한 종점과 유계성을 갖고 있는 이동매체 공간기호에 해당한다. 그리고 버스를 교통 수단의 코드로 정리하면 대중 교통 수단의 매체 코드에 놓인다. 위의 시「風景(解冬)」에서처럼 버스는 '변두리'의 시민들이 '열을 이루고 기다리는' 교통 매체인 것으로 무게가 무겁다. 이러한 무거움은 시「풍경(해동)」에서 '우울한 동복'으로 표현된다. 이는 '삭막한 풍경'이 아닐 수 없다. 즉 승용차와 버스의 코드를 체계화하면 각각 '상류층/중·하층' '도심/변두리' '부/빈' '편안/불편' '안온/삭막' '가벼움/무거움' 등의 이항대립 체계가 형성되는 것이다. 따라서 이 시에서 '동복을 입은 자아'는 시「가정」에서의 '신발 신은 자아'와 동일한 것으로서, 두꺼운 동복을 걸치고 현실 생활의 굴레에 무겁게 눌려

있는 자아이기도 하다. 이것은 바로 '가식/허위' 사이에 갈등하는 시인 의
식의 표출인 것이다.

  어딜 가나,
  나는 元曉路行 버스를 기다린다.
  어디서나 나는
  元曉路行 버스를 타고
  돌아온다.
  릴케의 時句를 빌리면,
  깊은 밤
  별이 찬란하게 빛나는 누리안에서
  孤獨한 空間으로
  혼자 떨어져가는
  그 땅덩이에서
  나는
  湖口策을 마련하기 위하여
  하루 종일 거리를 서성거렸고
  때로는
  사람을 訪問하고
  외로운 친구와 더불어
  盞을 나누고
  밤이 되면
  어디서나 나는
  元曉路行 버스를 기다린다.

  이 갸륵하고 측은한 回歸心
  元曉路에는
  終點 가까이
  家庭이 있다.
  서로 등을 붙이고
  하루밤을 지내는 측은한 和曉들.
  어둑한 버스 안에서

나는 늘 마음이 가라앉았다.
릴케의 詩句를 빌리면,
이처럼 떨어지는 모든 것을
소중하게 받아 주시는
끝없는 부드러운 그 손을
내가 느끼기 때문이다.

― 「回歸心」 전문

'버스'는 길의 이쪽과 저쪽을 수평으로 달린다. '버스'는 길의 이쪽과 저쪽을 연결해주는 이동 매체물인 것이다. 따라서 길은 이쪽과 저쪽의 출발인 동시에 도착의 통로가 된다. "버스는 오고/우울한 동복을/실어나른다"(「풍경」,「해동」) "어딜 가나/나는 원효로행 버스를 기다린다./어디서나 나는/원효로행 버스를 타고/돌아온다." 「회귀심」의 시적 진술, '오고' '실어나른다' '어딜가나' '기다린다' '어디서나' '돌아온다'의 전진과 후퇴의 양의성을 표시하는 동작어에서 나타나듯, '버스'의 출발과 도착의 공간은 고정되어있는 것이 아니며, 길 또한 이쪽과 저쪽이 공간이 고정되어 있는 것이 아니다. 이렇듯 수평축의 공간 분절은 사람의 움직임의 방향에 따라서 움직인다.

시 「회귀심」에서 화자는 어딜 가나 원효로행 버스를 기다리고, 어디서나 원효로행 버스를 타고 돌아온다. 이러한 화자의 회귀심은 엘리아데가 언급한 '원초적 행위'(prim ordial acts)와 관련을 맺는다.[36] 즉 "나는/糊口策을 마련하기 위하여/하루종일 거리를 서성거렸고/때로는/사람을 訪問하고/외로운 친구와 더불어/盞을 나누고"의 피곤하고 고달픈 생활 현장에서 가장 안전한 도피처가 집의 공간인 것이다. 집에는 서로 등을 붙이고 하룻밤을 지내는 가족의 화목함이 있다. 다시 말하자면 집은 자기 해방과 구제의 공간으로, 화자의 회귀심은 본시 출발한 지점으로 되돌아가고 싶

---

36) M.엘리아데(1976), 「宇宙와 歷史」, 정진홍(역), 현대사상사, pp.15~16. 참조.

은 마음, 본래의 자리로 되돌아와 다시 출발하고픈 내면의 회귀심이다. 이것은 또한 근원적인 존재론을 보여주는 행위로 화자의 실재성(reality), 곧 자기 확인(identity)을 얻게 되는 행동인 것이다.

"어둑한 버스 안에서/나는 늘 마음이 가라앉았다."에서 '어둑한 버스 안'은 모태 공간의 어두움[37]이고, 버스의 흔들림은 어린 시절 요람의 흔들림과 같다. 바슐라르는 의식과 무의식을 총괄하는 구체적인 형이상[38]에서, 인간은 세계에 던져지기 이전에 집의 요람에 맡겨져 따스한 온기(chaleur)속에 있었기 때문에 고향의 집을 깊이 몽상할 때는 그 최초의 열기와 온화한 물질에 참여하게 된다고 말하면서, 그 열기와 온기는 바로 모성(maternite)이라고[39] 밝힌다. 따라서 화자의 '버스 안에서 마음 가라앉음'은 바로 고향에로의 회귀심, 어머니에게로의 회귀이다. 나아가 고향, 어머니의 태(le sein maternel) 어머니의 품(le giron maternel)[40]을 가장 가까이 접할 수 있는 곳이 가족이 거주하는 집의 공간인 것이다.

> 눈오는 밤이래서
> 門牌가 가벼워졌다.
>
> 元曉路三街
> 電車終點
>
> 손끝의 따스한 것
> 제대로 풀리면,
>
> 나는

---

37) Gilbert Durand(1969), *Les Structures Anthropologigues de L'imaginaire*, Paris : Bordas, p.128.
38) G. Bachelard(1977), 앞의 책, pp.122~123. 참조.
   une Metaphysique complete, englobant la conscience et l'inconscient
39) G. Bachelard(1983), 앞의 책, pp.26~27. 참조.
40) G. Bachelard(1977), 앞의 책, p.122.

하얀 그림자가 되어서

終點위에서
눈을 맞는다.

通行禁止
저편 시간 위에

싸락눈은 가볍게
온다.

— 「終點에서」 전문

   이동 매개항인 '버스'의 경계 영역은 '종점'이다. 종점은 일반적으로 바깥(外) 공간과 대립된 안(內) 공간이지만 종점의 의미론적 공간은 끊임없이 도착과 출발이 반복되는 비정착성으로 되어있다. 도심의 한복판을 뚫고 나간 길과 같이 종점의 공간은 문지방과 같은 경계 기능의 양의성을 지니고 있다. 때문에 종점은 이쪽(집)과 저쪽(생활 공간)의 출발점인 동시에 도착점이며 타는 곳이고 내리는 곳이다.

   시 「종점에서」는 도착과 출발이 교차되는 전차 종점(內/外 공간)의 현실생활 공간 위에 눈이 내림으로서 현장을 자연 공간화하고 있다. 동사 '가벼워졌다' 형용사 '가볍게'에서 볼 수 있듯, 눈은 모든 활력적인 삶의 현장의 무게를 가볍게 한다. 종점은 출발과 도착이 교차되는 공간이지만, 그것은 낮의 시간에 행해지는 것으로 통행 금지의 시간에는 모든 활동이 정지된다. 버스는 물론 모든 사물이 정지하는 통행금지의 시간, 모든 사물 위에 눈이 쌓이는 공간, 이것들은 모든 존재의 부재, 공허한 무의 공간을 창조한다. 출발과 도착으로 들끓었던 인파, 그 삶의 떠들썩한 소리에 섞여 있었던 나(객체아)는 '통행금지 저편 시간 위에' '하얀 그림자'(주체아)로 변신한 것이다.

이러한 눈이 내리는 자연 공간과 통행 금지의 정지, 적막, 침묵의 시간은 화자의 존재와 삶에 대한 새로운 인식, 그리고 삶의 의미에 대한 자기 정리라는 의미 작용을 생성하고 있다.

이상 분석한 것을 도표화하면 다음과 같다.

삼원구조 체계 의미 층위	바깥(外) 공간	매개 공간	안(內) 공간
시 간	낮(통행금지 이전)		밤(통행금지 이후)
행 위	활 동		정지·휴식
자 아	객체아(아버지)	← → 버스(이동)	주체아(나)
무 게	무거움		가벼움
소 리	떠들썩한 소리		침 묵
가 치	현실·육체		자연·정신

Ⅳ. 자연 매개항의 공간기호

1. 수직공간의 기호체계

1) 상승지향의 공간 — 나무

　우주 공간 한 쪽에는 카오스(Chaos), 다른 한 쪽에는 코스모스(Cosmos)가 있다. 카오스는 낯설고 혼돈에 찬 공간이며 코스모스는 사람이 살고 있는 조직된 지역이다. 종교적 측면에서의 우주 창생의 모멘트는 우주 공간에 경계선을 확정하고 질서를 정립한다는 의미에서의 세계 창건이다. 따라서 우주 공간이 코스모스로 전달될 때 수직축과 수평축이 구축된다.
　이처럼 수직축과 수평축은 엄격히 구분되는데, 휠리이트(P.Wheelwright)는 수직축이란 신화 종교적 차원에서 인간이 소유할 수 없는 자유로운 초현실 공간이고, 수평축은 세속적인 체험의 차원에서 사물과의 만남, 즉 우리들의 상식적인 매일매일의 사고를 이루는 현실적 공간이라 설명하고 있다.[1] 다시 말하자면 수직과 수평의 관계 양상은 자연/문화, 물질/정신,

현실/초현실로 대립된다고 할 수 있는 변별적 특징이기도 하다. 그중 수직축은 우주 공간을 '上(하늘)/下(땅)'으로 나누고 그 대립 체계에 의해 텍스트를 형성해 간다. 또한 '上(하늘)/下(땅)'을 분리시켜 주거나, '上(하늘)/下(땅)'을 연결해 주는 중간적 영역이 있는데 그것이 바로 매개항이다. 그리하여 '上(하늘)/中(중간)/下(땅)'의 공간기호 체계를 구축할 때 삼원구조 체계라는 기호가 생성된다.

박목월 시에 있어서 자연물의 수직축 매개항은 주로 나무·강·길 등으로 나타난다. 목월 시의 매개항 가운데 가장 자주 등장하는 것은 '나무'이다. 나무를 실질의 의미로 보면 일상 생활의 차원 또는 식물학적인 차원 등으로 상정할 수 있다. 그러나 공간기호 체계의 한 텍스트로 해독하게 되면 '上(하늘)/下(땅)'으로 이항대립되는 우주공간을 수직으로 연결시켜주고 있는 매개적 역할을 담당하며 매우 중요한 의미 작용을 한다.

나무는 종교적 차원에서 중요한 의미를 지닌다. 인류를 구원하러 내려오신 중개자 구세주는 성요셉의 목수집에 태어났으며 프리메이슨단의 언어로 목수는 세계의 대건축가를 지칭한다. 또 그리스어 'hyle'는 나무를 가리키는데, 이는 곧 세계 최초의 물질의 근본 성분을 뜻한다. 실제로 골(Gaule)의 참나무, 이슬람의 올리브, 독일의 물푸레나무, 아폴로의 월계수, 중국의 버들, 일본의 대나무 등은 헬레니즘(Hellenism) 이전의 문화들이 숭배하였던 나무이기도 하다.

이렇듯 나무는 돌, 물과 함께 고대의 소우주를 구성한다. 오스트레일리아 원주민의 토템 중심은 나무나 돌이 위치한 곳이고, 우리 나라의 단군 신화에서도 신단수는 성스러운 매개자적 나무로, 하늘의 환웅과 땅의 웅녀를 결합시켜 주고 있다.

---

1) Philip Wheelwright(1962), 'Poetry, Myth, and Reality', *The Modern Critical Spectrum*, eds. by G.J and N.Goldberg, prentice-Hall, Inc., Englewood Cliffs, pp.306~315. 참조.

이와 같이 나무는 우주의 한가운데 또는 그것을 대신하는 어떤 중심에 수직으로 위치하여 하늘과 땅을 소통할 수 있도록 도와주는 성스러운 매개자적 역할을 담당하고 있는 것이다.

목월의 시 가운데 하늘과 땅의 공간을 이어주는 매개적 기능을 나타내는 나무는 대략 두 가지 측면의 의미 작용을 지닌다. 그중 하나가 상방지향적인 매개항으로서의 의미 작용인데 텍스트적 특성을 추출하자면 다음과 같다.

    1 내가
      지금 몇 坪의 土地를 마련하는 뜻을
      그는 모른다.

    2 내가
      지금 몇 그루의 나무를 崇尙하는 뜻을
      그는 모른다.

    3 그리고
      쓰지 않는 내 가슴 속 詩를
      그는 모른다.

    4 이 秘意로 말미암아
      내 生活의 變化를 하물며
      그는 모른다.

    5 내가 마련하는 土地는 나의 肉身.
      영원히 쇠하지 않을

    6 내가 崇尙하는 나무는 나의 영혼.
      늘 成長하는

    7 그리고 쓰지 않는 나의 詩는

神께 펴 뵈일, 나의 音樂

8 이
  깊은 底意로
  내 生活은 밑바닥부터 準備되고

9 나는
  침묵을 배운다. 환하게 지줄거리는 것을
  한 가닥씩 끄고

10 나는
  찬란한
  完全한 밤을
  기다린다.

―「秘意」전문

  이 시는 10연 28행의 긴 시이다. 1~4연의 시적 진술에서 화자는 세 가지 저의(底意)를 간직하고 있음을 본다. 첫째가 토지를 마련하는 일이고, 둘째가 나무를 숭상하는 일, 셋째가 가슴속 시를 쓰는 일이다. 그리고 5~7연까지는 그 세 가지 저의에 대한 용도를 밝힌다. 즉 토지는 '영원히 쇠하지 않을' 육신을 거둠에, 나무는 '늘 成長하는' 화자의 영혼으로, 시는 '神께 펴 뵈일' 음악으로 각각 소용하려 하고 있다.

  그런데 이 시 1~4연까지 각 연의 끝행이 '그는 모른다'라는 똑같은 말로 끝을 맺고 있다. 언뜻 보기에는 단순한 동어 반복인 것 같지만 '그는 모른다'는 것은 동시에 '나는 안다'라는 의미를 함축하고 있는 것이다. 따라서 그(타인)와 나의 대립 관계가 형성된다. 그래서 시적 청자들은 타인들이 모르는 비밀스런 의지로 생활의 변화를 맞고 있는 화자를 만나게 되는 것이다.

  그리고 다시 5~10연까지에서 시적 화자는 나무를 매개로 하여 나의 변화를 시도하고 있음을 보여준다. '土地는 나의 肉身' '나무는 나의 영혼' '쓰지 않는 나의 詩는 神께 펴 뵈일 나의 音樂'이라 읊조린다. 이 시구를 통해 토지와 육체, 나무와 영혼, 시와 음악은 각각 동위소의 관계를 이루고 있음을 알 수 있다. 더불어 나의 영혼은 신의 곁으로 나아가고자, 즉 수직적 상승을 염원하고 있음도 간파할 수 있다.

따라서 '육체(토지)/신(천상)'은 이항대립 관계를 형성하며, '육체(토지)/영혼(나무)/신(천상)'이라는 삼원구조의 공간기호 체계가 형성된다. 즉, 나무는 공간기호의 텍스트 속에서 '인간(땅)/신(하늘)'을 연결해 주는 매개항으로 그 양극적 이항대립 체계를 한층 더 견고하게 해준다.

이 시에서 '모른다'는 동사는 각각 1연부터 4연에 걸쳐 진술된다. 이는 내적 감각이 가라앉은 상태의 동사[2]이며, 이를 통해 볼 때 시적 화자는 침착하고 차분한 지적 상태에서 판단하여, 그 누구도 모른다는 절대 자기 확신의 단정을 내리고 있음을 알 수 있다.

      나는
      침묵을 배운다. 환하게 지줄거리는 것을
      한 가닥씩 끄고

      나는
      찬란한
      완전한 밤을
      기다린다.

그리고 '배운다'는 동사는 자동적 행동을 나타내고 '기다린다'는 동사는 멈추는 행동을 나타내는데, 특히 '기다린다'는 동사는 '무엇을 위하여' 기다리는 그래서 의미를 확대시키는 동사이다. 이렇듯 서술형 어미의 '모

---

[2] Noveau Bescherell(1966), *l'Art de conjuguer*, Hatier 안에 수록된 8000개의 동사 참조.

른다' '배운다' '기다린다'의 통사론적 해석은 신에게로 나아가고자 스스로 준비하고 있는, 즉 상방지향의 의미 작용을 내포하고 있는 것이다.

이러한 상승지향의 비의(秘義)는 밑둥까지 볼 수 있는 알몸의, 밤의 나무이다.

> 발코니에서 건너다 보는 숲에
> 밤의 나무는 적막하다.
> 밑둥까지 볼 수 있는 알몸의
> 밤의 나무는 고독하다.
>
> 밤일수록 떠 보이는
> 나무와 나무 사이의 간격.
> 앙상한 팔과 마른 손가락으로
> 허공을 휘젓는 나무
>
> 죽음보다 깊이 잠든 수녀원의
> 눈도 내리지 않는, 냉랭한 子正에
> 밑둥까지 드러낸 알몸은 차갑다.
> 나무와 나무 사이의 간격은 두렵다.
>
> ― 「露臺에서」 전문

흔히 방, 거리, 도시 등으로 제한되어 있는 우리의 현실 공간을 떠나 높은 곳으로 올라간다는 것은 우주를 바라보기 시작함과 동시에 그 우주의 중심에 서 있는 자신을 발견하는 행위이다.[3] 이것은 일상적 생활의 변화로서 하늘로 솟고자 하는 존재론적 상승이다. 즉 俗으로부터 聖에로의 이행이라 할 수 있다. 시「露臺에서」화자는 발코니에 올라가 있다. 땅보다 높고 하늘보다는 낮은 공중의 중간 지점, 그 발코니에서 화자는

---

3) 김화영(1982), 『文學想像力의 硏究』, 문학사상사, p.262. 참조.

숲을 건너다보고 있다. 그런데 발코니와 숲의 나무는 같은 높이에 있다. 즉, 화자가 '내려다 보는 숲의 나무'나 '올려다 보는 숲의 나무'가 아니라 '건너다 보는 숲의 나무'이기 때문이다. 따라서 '나무'를 중심으로 할 때는 '하늘(上)/나무(中)/땅(下)'의, 그리고 발코니(화자)를 중심으로 할 때는 '하늘(上)/발코니·화자(中)/땅(下)'의 삼원구조 공간기호 체계가 성립된다.

이 시에서 화자는 관찰자로 자처하고 있지만 발코니는 화자의 내면 세계의 공간이고, 나무는 곧 화자의 자화상이다. 왜냐하면 이 시의 시간적 배경인 子正이 그 어두움으로 숲을 덮어 인간의 시력을 무력하게 만들어 버리지 못하고, 오히려 숲의 장막이 걷히고 나무의 '밑둥까지' 볼 수 있게 하고 있기 때문이다. 이것은 화자의 내면적 눈(目)의 자기 응시이며, 화자가 나무에다 자기 자신을 투사하고 있는, 즉 화자와 나무는 등가 관계에 있다고 할 수 있다.

'죽음보다 깊이 잠든 수녀원'의 '냉랭한 子正'의 시간은 화자(나무)에게 '正午'와 대립되는 시간 의식이다. 즉 각각 '正午-활동-소음-현실-물질' 그리고 '子正-정지-침묵-이상-정신'과 조응되는 시간이기도 하다. 이러한 공간(발코니-내면 세계, 중간 지점)과 시간(子正-정지-침묵-이상-정신)에 화자(나무)는 '밑둥까지 드러낸 알몸'이다. 이 모습은 화자의 본연 그 자체이며, 이 행위는 겸허하고 진솔한 자기 성찰이다.

"밤일수록 떠 보이는/나무와 나무 사이의 간격"에서 밤은 시인의 정신적 시간으로, 즉 정신적으로 나무(자신)를 바라볼수록 나무와 나무 사이의 간격이 떠(멀어) 보인다는 것이다. 정신적으로 내 자신을 응시할수록 나(현실 속의 나)와 또 하나의 나(정신 속의 나)의 사이에는 커다란 거리감이 있음을 성찰한 것이다. 때문에 시인은 "앙상한 팔과 마른 손가락으로/허공을 휘젓는"다. 이러한 행위는 나무(시인)와 나무(또 하나의 나) 사이의 간격을 두려워함이다. 즉 정신과 현실의 괴리를 두려워하는 행위이기도 하다.

이렇듯 화자는 수직적으로 올라서서(발코니) 수평적으로 바라다보는(나무) 존재론적 성찰을 통해 '정신/물질' '이상/현실'의 커다란 괴리를 느끼고 두려움의 반응을 보인다. 두려워하는 행위는 자기 반성과 더 나은 방향에로의 가능성을 함축한다. 화자는 나무(나)와 나무(또 하나의 나)의 간격을 융합하여 통일하고자 하는 상방 지향의 열려진 공간(발코니)에 위치하고 있는 것이다.

    1 가는 눈발이 무시로 내리는 地方.
    2 사람들은 가난했다.
    3 빈 주머니를 덜렁거리며
    4 生活周邊을 맴도는 그들의
    5 허전한 발자국.
    6 마른 풀 한 줌의 日常.
    7 밤이면
    8 얼음조각에 부서지는 별빛을 밟고
    9 삐걱거리는 겨울의 물지게.
    10 다만
    11 마을어귀에
    12 古木 한 그루
    13 언 땅에 뿌리를 펴고
    14 그 참음의 象徵
    15 그 意志의 化身.
    16 사람들은 가난했다.
    17 모가 날카롭게 빛나는 눈발이 무시로 내리는
    18 땅위에
    19 가난한 탓으로 처절하게 아름다운
    20 그들의 겨울.
    21 그들의 信仰.

―「겨울의 日常」 전문

「겨울의 日常」의 시적 공간을 조감해 보면 시적 언술은 1~9행, 9~15행, 15~21행 세 의미 단락을 이룬다. 이것의 의미를 살펴보면 '물질적으로 가난한 이웃 사람들(1~9행)과 정신적으로 가난한 고목나무(10~15행)'의 겨울의 일상을 볼 수 있고, 그리고 마침내 화자의 정신적 사유 공간에서 물질적으로 가난한 이웃들의 삶의 방법을 '처절한 아름다움'으로 긍정하는(16~21행) 포용을 감지할 수 있다. 따라서 이 시는 '〔하늘〕(上)/땅(下)' 체계와 '〔하늘〕(上)/古木나무(中)/땅(下)'의 삼원공간 기호체계를 구축한다.

생활고에 시달리는 사람들은 상방에서 하방으로 하강한 눈과 별을 정신적으로 명상할 여유가 없다. 그들의 낮과 밤은 물질적 추구에 매달려 있는 동일한 시간이다. 그들은 낮에는 "빈 주머니를 덜렁거리며/生活周邊을 맴돌며" 밤에도 "얼음조각(눈의 결정)에 부서지는 별빛을 밟고" 수평운동을 할 따름이다. 즉 밤의 시간, 사람들은 등에 '물지게'를 지고 수평으로 뻗은 물통으로 양팔펴기 운동을 하고 있는 것이다. 그런데 그 운동은 '삐걱거린다'. 이것은 딱딱한 물건끼리 닿아서 거칠게 맞갈릴 때 나는 소리로 불안정, 불균형에서 오는 마찰음이다. 말하자면 이웃 사람들은 눈이나 별과 거칠게 맞갈리는 육체적 물질적 생활을 하고 있다는 것이다. 때문에 천상에서 지상으로 내려온 별빛을 신체 부위의 가장 밑바닥인 발로 '밟아버린다'. 그들은 천상 즉, 눈과 별의 의미를 조용히 명상할 정신적 여유가 없는 것이다.

이렇듯, 이웃 사람들의 일상이 물질적 가난에서 벗어나고자 급급하는 것이라면, 고목나무의 일상은 정신적 가난에서 벗어서나고자 노력하는 것이다. 10행의 부사 '다만'에서도 이웃 사람들과 고목나무의 삶이 변별됨을 읽을 수 있다. 즉 '다만'은 앞의 말을 받아서 조건부로 말할 때 그 말 머리에 쓰이는 말인 것이다. 따라서 이웃 사람들과는 달리 고목나무는 '언 땅'에 뿌리펴기의 수직운동을 하고 있다. 그 운동은 '참음의 象徵', '意志의 化身'의 경지이다. 고목나무의 이러한 경지는 천상에서 지상으로 하강한 눈과 별의 참 의미를 안다. 그래서 눈(雪)이 '모가 날카롭게' 녹지 않고 빛으로 化하여 상승함도 본다. 그리고 이웃들의 '가난함'을 '아름다움'으로 승화시킨다. 말하자면 '가난함=아름다움' '부자=추함'으로 의미가 조응된다.

『창세기』(2:9)에는 에덴 동산의 한 가운데 생명의 나무와 선악을 구별할 줄 아는 지혜의 나무가 서 있다. 그리고 하나님은 아담에게 결코 지혜의 나무 열매를 먹으면 안 된다고 말씀하신다. 그러나 결국 아담은 선악과를 따먹고 생명의 나무를 잃는다. 이처럼 생명의 나무는 마치 바빌로니아의 영웅 길가메쉬(Gilgamesh)의 불사의 풀4) 또는 진시황의 불로초처럼 획득하기 힘들다. 그리고 생명의 나무는 접근하기 힘든 장소 즉 땅 끝, 바다 밑, 어둠의 나라, 매우 높은 산꼭대기, 또는 중심에 있다. 엘리아데는 다음과 같이 말한다.5)

    그러므로 '중심'은 현저하게 성역(聖域)이다. 즉 절대적인 실재의 영역인 것이다. 따라서 절대적인 실재를 나타내는 모든 다른 상징들(생명과 죽지 않는 나무, 젊음의 샘 등)은 중심에 위치하고 있다. 그런데 그 중심에 이르는 길은 '험난한 길'(durohana)이다. 그리고 그 길이 그처럼 험하다고 하는 사실은 실재에 이르는 매 단계에서 그대로 실증된다. 사원에 있는 오르기 힘든

---

4) 길가메쉬(Gilgamesh)
    고대 바벨론의 영웅. 본래 수켈 신화의 영웅이었는데, 그에 대한 전설은 주전 4000년에까지 거슬러 올라간다. 그는 유프라테스강 하류에 있던 어떤 도시의 왕으로 있으면서 시민을 혹사하여 도시의 성벽을 쌓았다. 그는 어떠한 신도 겁내지 않았다. 그래서 신들은 그와 겨루어 이길 수 있는 힘이 센 엥기도우를 보내어 씨름을 하게 하였다. 그런데 이들은 만나자 서로 힘(野性)과 아름다움(文化)에 놀라 형제간 같이 친해져 버렸다. 신들은 다시 천우(天牛)를 보내어 그를 죽이려 했으나 그와 엥기도우에 의하여 패하고 만다. 얼마 후 엥기도우가 천명(天命)에 따라 죽게 되자, 길가메쉬도 죽음을 깨닫고, 영원히 살 수 있는 길을 찾아 세상 끝까지 돌아다닌다. 마침내 '생명의 풀'을 손에 넣기는 하였으나, '냉천'(冷泉)의 뱀에게 이 영초를 빼앗기고 영생의 희망이 끊어지고 만다.
5) M.엘리아데(1976), 『宇宙와 歷史』, 정진홍(역), 현대사상사, pp.35~36. 참조.

나선형의 계단(Borobudur에 있는 것과 같은), 성지 순례(메카, Hardwar, 예루살렘 등), 황금 양털(the Golden fleece), 황금의 사과(the Golden Apples), 불로초(the Herb of Life) 등을 찾으려고 영웅적인 모험을 감행하는 위험이 가득 찬 항해, 미로(迷路)에서의 방황, 자아(the self)에 이르는 길, 그리고 자기 부재의 '중심'에 이르는 길을 찾는 탐구자의 고난 등에서 발견할 수 있는 고난의 정도가 그 실제적인 예들이다.

「路臺에서」의 나무는 '밑둥까지 드러낸 알몸', 본연 그 자체이다. 그리고 적막하고 고독한 밤의 나무이다. 그 나무는 「겨울의 日常」에서처럼 언 땅에 뿌리를 편 고목으로써, '참음의 상징'이요 '의지의 화신'이다. 엘리아데의 언급처럼 목월의 나무는 위험이 가득 찬 항해, 미로에서의 방황, 자아에 이르는 길, 그리고 자기 부재의 중심에 이르는 길을 찾는 탐구자의 고난 등의 매개적 역할을 담당한다. 즉, 俗으로부터 聖에로의 이행에 있어서의 매개항이다. 이는 또한 G.바슐라르의 『대지와 의지의 몽상』에서도 잘 나타나 있다.6)

시 「겨울의 日常」에서 언 땅에 뿌리를 펴려는 그 '참음'과 '의지'의 수직 운동은 바로 바슐라르의 언급처럼 화강암의 토양에서 뿌리를 내리려는 떡갈나무의 '단단함의 축적'과 같다.

이러한 목월의 '참음의 象徵'이요 '意志의 化身'인 나무는 이제 자아 분열을 일으켜 나와 또 하나의 나로 이항대립 체계를 형성하고 있다.

字畫마다

---

6) 바슐라르(1982), 『大地와 意志의 夢想』, 민희식(역), 삼성출판사, pp.228~229.
　떡갈나무는 바위 틈 사이에서 화강암의 토양에 자라는 산악의 존재이다. 떡갈나무는 땅 속에서 나오기 위해, 그의 밑둥을 비틀어 꼰다. '비옥하고' 부드러운 부식토 위가 아니고, 자신을 그 위에 지탱하기 위해 그것은 비틀려진 것이다. 단단함의 축적, 즉 매듭진 줄기에 기댄다. 그것은 지속하기 위해 단단해진다. 그것이 단단해질 수 있는 것은 고유한 비약을 방해하고 녹색의 부드러운 식물성이 지니는 태만한 본능을 흡수하고 본래의 자기로 돌아올 때이다.

큼직하게 움이트는

朴・木・月.
― 밤에 자라나는 이름아.
가난한 뜰의
藤床기둥을 감아
하룻밤 푸근히 꿈속에

쉬는 포도넝쿨
― 오해를 말라.
박목월은
당신이 아는 그 성명이 아닐세.
하루의 직업이 끝난

그날밤에
잠자리에 들기 전을
가만히 혼자서 꺼내보는
꿈의 通鑑證에
印刷된 이름.
그것은 朴木月안의 朴木月
고독이 기르는 수목의 이름이다.

― 「春宵」 전문

시를 담화의 일종으로 볼 때, 화자・청자・화제의 삼 요소가 성립된다. R.야콥슨은 언어 기능의 각도에 따라 화자・메시지・청자 사이의 관계를 바탕으로 하여 수평설을 세우고 담화시의 3요소를 각각 화자지향・청자지향・화제지향이라는 유형으로 분류하고 있다.[7] 그러나 서정시는 단순

---

7) R.야콥슨의 언어기능의 수평설은 다음 도표와 같다.

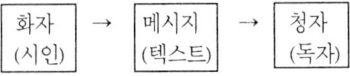

히 화자·메시지·청자의 관계로 끝나지 않고 더욱 세분된다.8)

따라서 일인칭 화자는 작품의 이면에 숨은 함축적 화자와 표면에 나타나는 현상적 화자로 구분되며, 이들 함축적 화자와 현상적 화자가 바로 실제 시인과 구분되는 시적 자아이다. 또한 마찬가지로 이인칭 청자도 각각 함축적 청자와 현상적 청자로 나누어지며 이 양자는 실제 독자와 구분된다.

목월 시 「春宵」에서는 화자 박목월을 실제 시인 박목월과 구별하여 하나의 허구적이고 극적 인물로 등장시키고 있다. 카이저는 이러한 서정적 표현을 배역시(Roll engedichte)라고 했는데9) 즉, 경험적 자아와 시적 자아가 분리된 화자의 양면성을 보여주고 있다. 사회학은 이 자아 분리를 주체아(I)와 객체아(me)로 기술하기도 한다.10)

이 시는 목월이라는 이름 자체가 '달빛 아래 나무'라는 의미를 지니기도 하지만, 목월이란 시인의 이름은 낮의 시간 현실 공간에서 독자들에게 한 시인을 자칭하는 고유명사로 일반화되어 있다. 그런데 밤의 시간, 정신 공간에서 시인은 자신의 이름에 의미를 부여한다. 이는 자기 창조 작업으로 '고독이 기르는' 또 하나의 수목 朴木月이다. 그리하여 朴木月이

---

8) 화자지향(일인칭 '나'의 지향) : 감탄, 전조 등의 표현 경향
청자지향(이인칭 '너'의 지향) : 명령, 요청, 권고, 애원, 질문, 의심 등의 표현 경향
화자지향(탈인칭 '그·그녀·그것'의 지향) : 소개, 사고 등의 사실적 명시적 표현 경향.

실제시인 → [함축적 시인 → 현상적 화자 → 현상적 청자 → 함축적 독자] → 실제독자

9) W. Kayeser(1982), *Das sprachliche kunstwerk Eine Einfuhrung in die Literaturwissenschaft*. 김윤수(역), 대방출판사, p.296.
10) George h. Mead(1970), *Mind, Self and Society*, ed. by Charles W.Morris, The Univ of chicago press, pp.195~197. 참조.

란 이름은 그 한 자 한 자마다에서 '큼직하게 움이 트는' 나무로 변신된다. 이와 같이 기호가 그 의미를 만들어 가는 상상력의 변용 과정에서 우리는 시인의 상상력이 식물적 상승지향을 나타내고 있음을 알 수 있다.

이렇듯 시 「춘소」에서는 시인 내부의 자아가 주체아와 객체아로 각각 분열되면서, 각자 '개인/사회' '내적/외적' '창조적/관습적'인 대립체계를 형성한다. 즉 이 시는 구체적으로 '이상 공간/현실 공간'이 대립되고 나무는 밤에 큼직하게 움이트는 고독한 자의 정신적 기둥이 되는 매개항인 것이다. 따라서 '[하늘]/수목/땅'의 삼원구조 공간기호 체계가 생성된다.

텍스트 속에서 목월의 나무는 하늘의 정점에까지 솟아 올라가고 있다. '秘意'로 숭상했던 나무(「秘意」), 본연 그 자체인 밑등까지 드러낸 알몸의 나무 (「노대에서」)는 언 땅에 뿌리를 편 참음과 의지의 화신 「겨울의 日常」으로, 그리고 자아 분열한 자신의 내적 자화상인 또 하나의 박목월이 기르는 수목 「春宵」은 지상의 하방공간인 현실적이고 물질적인 공간으로부터 벗어나, 상방 공간인 정신적이고 이상적인 공간으로 향하려는 행위의 지표적 기호(indexical sign)가 되는 것이다.

그러한 목월의 나무는 이제 '반쯤, 아랫도리의 꽃이 무너진' 나무가 된다.

   나는
   나무가 된다.
   반쯤, 아랫도리의 꽃이 무너진
   그
   索莫한 무게를
   나는 안다.

                  ─「전신」 부분

시인의 식물적 상상력은 또다시 화자를 나무로 변신하게 한다. 하늘로 상승하려는 시인의 상상력은 지상의 무게를 거부하고 그것을 떨쳐버린다. 즉, 그의 나무는 열매가 풍성하고 꽃이 가득한 나무가 아니다. '반쯤, 아랫도리의 꽃이 무너진' 그래서 더욱 수직적인 나무이고자 하는 것이다. 그러나 시인이 자신의 무게를 벗고 지상의 풍성함을 떨쳐버릴수록 수직 상승은 외로울 수밖에 없다. 꽃도 열매도 무너져 지상의 무게에서 벗어나는 대신 홀로 서야만 하는 그 '索莫한 무게'를 담당해야 하기 때문이다. 곧, 현실적 무게를 떨쳐 버릴수록 정신적 무게는 더해 가는 것이다. 그래서 나무는 수직적 상승의 나무이면서도 적막한 나무로 자리하는 것이다.

나무는 부동성이라는 면에서 볼 때 수평적인 움직임은 없다. 단지, 수직의 깊이인 뿌리에 의해서 하방의 지하 세계와 연결되어 있으며, 하늘로 높이 쳐든 가지에 의해 상방의 하늘과 연결되어 있다. 따라서 나무를 다시 하위 구분으로 공간 분절하면 수직적 계층 체계가 형성된다.[11]

그리고 나무의 아랫 부분은 나무의 공간기호 체계에 있어서 하방의 공간에 위치하게 된다. 곧 '하늘/땅'의 매개 영역의 기호 기능을 지니고 있는 나무에서 아랫도리가 무너진다는 것은 수직성에서 하방적 요소인 俗, 현실, 물질 등이 배제됨을 의미한다.

그리하여 목월의 나무는 드디어 하늘 높이 솟는다.

   遠景은 눈물겨운 조용한 眺望
   山은 아름답고
   江은 너그럽다.

   안타까운 길을 얼마나 이처럼
   멀리 와서 겨우

---

11) 上(하늘)
     ┌ 上 - 가지, 잎, 꽃(윗 부분)
  中(나무)┤ 中 - 줄기(중간 부분)
     └ 下 - 뿌리(아랫 부분)
  下(땅)

마음 가라앉고, 밤은 길고
그리고 물러서서
바라보는 버릇을 배운 것일까.

모든 것과
正面으로 맞서서

그러나 한가락 微笑를
머금고.

구름과 꽃과 바람의 은은한 속삭임과
궂은 것의 흐느끼는 하소연과
지줄대는 것의 흥겨운 노래를
이제는 다만 다소곳이 들어만 주는 편.

山은 아름답다
江은 너그럽고
그리고 나는 遠景속의 한 그루 가죽나무.
찬놀하늘에 높이 솟았다.

—「遠景」전문

잠이 오지 않는 밤이 잦다.
이른 새벽에 깨어 울곤 했다.
나이는 들수록
恨은 짙고
새삼스러이 虛無한 것이
또한 많다.

이런 새벽에는
차라리 近 祈禱가 서글프다.
먼산마루의 한 그루 樹木처럼

잠잠히 앉았을뿐……
눈물이 近祈禱처럼 흐른다.

―「뻐꾹새」일부

    시「遠景」에서 보여주듯 목월의 나무는 드디어 "안타까운 길을 얼마나 이처럼/멀리 와서 겨우" 구름과 꽃과 바람, 궂은 것(비·눈), 지줄대는 것(새·물) 등 온갖 자연의 소리를 다소곳이 들어줄 수 있게 된다. 그것은 '遠景속의 한 그루 가죽나무'이며, 시「뻐꾹새」에 등장하는 '먼 산마루의 한 그루 樹木'이다.
    시의 고유한 목적은 자기 표현이다. 따라서 시속에 표현된 사물은 주관적으로 윤색된 세계이다. 그런데 목월은 나무를 원경 즉, 먼 거리에 두고 뒤로 물러나 있다. 시적 거리란 사적이고 공리적인 관심을 버리는 허심탄회한 마음 상태에로의 내면적 거리인 것이다. 이런 마음의 상태를 초연, 관조라 한다. 이처럼 멀리 있는 사물의 아름다움, 아득한 것에의 그리움이야말로 이 시인이 지향하는 중심 이미지이다. '正面으로 맞서'지만 '한가락 微笑를 머금고' 거리를 두려는 시인 의식인 것이다. 즉, 원경의 조망 속에 있는 나무는 "마음은 가라앉고, 밤은 길고/그리고 물러서서/바라보는 버릇을 배운" 시적 화자이다. 그리하여 멀고 아득한 풍경 속에서 시인 자신이 '한 그루의 가죽나무'로 일어날 때, 자기 자신마저도 하나의 먼 사물로서 풍경이 되고자 하는 시인의 자기 멸각을 읽을 수 있다.
    시인의 식물적 상상력이 변용된 한 그루의 가죽나무, 한 그루의 수목은 하늘에 높이 솟아오르고자 하는 시인의 멀고 높은 것에로의 지향 의식이다. 다시 말하여, 이 의식은 우주 공간을 총체적으로 조망하여 포용하려는 의지로, 총체적 공간의 재인식과 더불어 변모된 나무, 곧 聖의 공간을 획득한 나무의 상징이기도 하다.
    이 나무를 기호 체계화하면 각각「遠景」에서는 '산/나무/강'의 공간 체계가 형성되고, 「뻐꾹새」에서는 '하늘/나무/땅'이라는 공간 체계가 생성된다.

이상에서 분석한 박목월의 시를, 다시 나무를 매개로 한 각 이항대립의 변별적 특징(도표 1)과 함께 두드러지게 나타나는 시간의 이항대립 체계(도표 2)를 도표화하면 다음과 같다.

(도표 1)

공간 시 제목	상방적	매 개	하방적
「秘 意」	신(천상)	나무	육체(토지)
「露臺에서」	하늘·지붕(성역)	나무·발코니	땅(세속)
「겨울의 日常」	하늘(정신)	나무	땅(물질)
「春 宵」	하늘(이상) (또 하나의 박목월)	나무	땅(현실) (박목월)
「轉 身」	하늘	나무	땅
「遠 景」	산	나무	강
「뻐꾹새」	하늘(정신)	나무	땅(물질)
	聖 정신·이상	나무	俗 물질·현실

(도표 2)

시 제목 \ 공간	긍 정(+)	부 정(−)
「秘 意」	완전한 밤(자정)	정 오
「露臺에서」	자 정	정 오
「겨울의 日常」	밤	낮
「春 宵」	밤	낮
「轉 身」	미 래	과 거
「遠 景」	밤	낮
「뻐꾹새」	밤	낮
	聖	俗

2. 상승과 하강의 공간 − 우주수·거꾸로 선 나무

우주 공간은 일정한 리듬을 지닌다. 그래서 우주 공간이 하나의 살아 있는 유기체이며 주기적으로 그 자신을 갱신한다는 사실은 의심할 여지가 없다. 그리고 하나의 자연 대상으로서 나무는, 세속적 경험의 차원에서는 탄생과 죽음을 보여주지만, 종교적 비전에서 볼 때는 다른 의미를 내포한다. 즉 식물의 리듬 가운데서 일반적으로 갱생, 영원 불멸한 젊음, 건강, 분열 등의 모든 관념을 해독하게 하는 것이다. 그래서 나무는 끊임없이 재생하고 있는 살아있는 우주를 표상한다.

인간과 우주를 일체화시키고 있는 모든 종교 현상이 원형과 반복이라는 구조로 이루어지고 있다는 관점을 가진 엘리아데는, 성목(聖木)에 대해

다음과 같이 말한다.[12)]

> 聖木이 종교적 대상이 되는 것은 나무의 힘 때문이며, 그 나무가 聖을 계시하는 상징이 되기 때문이다. 그러나 이 힘은 존재론에 의하여 효력을 지니게 된다. 다시 말하자면 나무가 성스러운 힘을 지녔다는 것은 수직으로 서 있고 성장하며 잎이 시들었다가 다시 피어나며, 끊임없이 재생하고 또 우유빛 수액을 주기 때문이다. 나무는 부동 자세로 있음으로써 '힘' 그 자신의 성장 재생에 의하여 고대의 종교 의식에 있어서 우주 전체임을 반복하고 있다.

이렇듯 고대의 종교 의식에 있어서 나무는 세계였고, 나무가 세계라는 것은 그 재생의 속성이 세계의 리듬을 요약하여 상징하기 때문이다. 이렇듯, 우주수는 그 자체가 표현하는 것이 우주가 표현하는 것을 완전하게 재생산하고 있는 것이다.

목월 시에 있어서 수직공간의 매개항으로 나무가 많이 등장하고 있는 것은 앞서 언급한 바 있다. 또한 매개항으로써 나무의 의미 작용을 살펴본 결과 그 첫째가 상방지향 즉 성역, 정신, 이상을 추구하고 있음도 이미 앞장에서 탐색해본 바 있다. 그런데 목월 시의 '나무'는 둘째로 우주수로서의 의미 작용을 하고 있음도 드러난다.

> 濡城에서 鳥致院으로 가는 어느 들판에 우두커니 서 있는 한 그루 늙은 나무를 만났다. 修道僧일까. 默重하게 서 있었다.
> 다음 날은 鳥致院에서 公州로 가는 어느 가난한 마을 어귀에 그들은 떼를 져 몰려 있었다. 멍청하게 몰려 있는 그들은 어설픈 過客일까. 몹시 추워 보였다.
> 公州에서 溫陽으로 廻하는 뒷길 어느 산마루에 그들은 멀리 서 있었다. 하늘門을 지키는 把守兵일까, 외로와 보였다.
> 溫陽에서 서울로 돌아오자, 놀랍게도 그들은 이미 내 안에 뿌리를 펴고

---

12) M. Eliade(1957), *Patterns in Comparative Religion*, Bew Yord, p.166.

있었다. 默重한 그들의. 沈鬱한 그들의. 아아 고독한 모습. 그 후로 나는 뽑아낼 수 없는 몇 그루의 나무를 기르게 되었다.

— 「나무」 전문

서정시의 정신은 자아와 세계의 동일성(identity)에 있다. 자아와 세계의 동일성은 시인이 몽상하고 갈망하는 상상력의 작용에서 기인한다. 때문에 서정적 자아는 주관과 객관, 이성과 감성의 구분이 일어나지 않는 상태의 것13)이기도 하다.

박목월의 시 「나무」에서의 그 나무가 바로 자아와 더불어 동일성을 이루고 있다. 이 시는 '하늘/나무/땅'의 삼원공간 기호체계를 구축하고 있는데, 각각 하늘은 內 공간과 땅은 外 공간과 조응되어 '內 공간/外 공간'이라는 이항대립 체계를 형성한다. 그리고 마지막 연에 와서 외부 공간은 내부 공간과 일체화되고 있다.

외부 공간인 유성~조치원, 조치원~공주, 공주~온양, 온양~서울에 우두커니, 묵중하게, 떼를 지어, 멍청하게 서 있던 나무는 화자의 의식지향에 의해 각각 수도승, 과객, 파수병으로 이미지화 되어 그대로 화자의 내면에 존재하고 있다. 그러다가 결국 '뽑아낼 수 없는 몇 그루의 나무'로 뿌리를 내린 것이다. 이렇듯 나무를 내면 공간화한 것은 시인의 상상력이 만들어낸 상상력의 공간이면서 정신의 우주에 해당한다. 이것은 주체(화자)와 객체(나무)와의 일체감이며 동화(assimilation)이다. 다시 말하자면, 화자가 우주수를 자신의 내부로 끌어들여 그것을 내적으로 인격화한 우주수의 자아화이다. 때문에 「나무」에서는 시각이 촉각으로 융합되고, 원거리→근거리→내면의 융합이라는 감각 기능을 보여주고 있다.

다음의 시 「감람나무」에서는 '고개숙인 나무'가 등장한다.

---

13) 조동일(1973), 『고전문학을 찾아서』, 문학과지성사, p.190.

- 시편 一二八 편 -

어린 감람나무여.
주께서
몸소 거닐으신
가릴리
축복받은 땅에
주의
발자국이 살아있는
바닷가으로
안수를 받으려고
고개를 숙인 나무여
세상에는
감람나무보다
더 많은 어린이들이
자라고 있지만
그들의
뒤통수에
머물러 있는
주의
크고 따뜻한 손.
세상의
모든 수목은
하나님의 뜻으로
자라나지만
어린 감람나무여
어린 감람나무여
주의 말씀으로 태어난
순결한 핏줄로
지금
환하게 웃는
어린이들 입에 물리는
오월의

금빛 열매여!

― 「감람나무」 전문

'거꾸로 선 나무'는 그 뿌리가 하늘로 뻗고, 그 가지가 지표 전체로 뻗고 있는 모양으로 마치 태양 광선이 내려 비추이는 것과 같은 이미지이다. 오래된 문헌, 문학 작품, 그림, 민속 등에 자주 등장하는 카타 우파니샤드(Kathaupanisad)[14]에는 다음과 같은 기록이 있다.(Vi. 1)

> 뿌리가 하늘로 올라가고 가지가 밑으로 자라는 영원한 무화가수는 순수하고, 부라만(Braman)이며, 소위 불사라고 일컫는 것이다. 모든 세계는 그 위에 있다.

또한 바가바드기타(Bhagavadgita)[15]에서도 그 뿌리는 위로 하고, 그 가지를 아래로 하고 있는 파괴할 수 없는 무화가나무의 우주수가 등장하고 있다.(XV. 1~3) 그리고 이슬람 전통의 '행복의 나무'[16], 단테의 『신곡』에 등장하는 '위에서부터 생기를 흡수하는 나무'[17], 아이슬란드와 핀랜드의 '거꾸로 선 나무를 제단 근처에 놓기,[18] 또 거꾸로 선 카발라(Kabbalah)의 나무[19] 등 얼마든지 있다.

---

14) 우파니샤드(優婆尼沙土) : 크샤트리야족의 철학 사상을 나타내는 聖典 一群, 인도의 직관 철학과 종교의 원천이며, 啓示書인 폐타(吠陀)를 이어받은 브라만 문학 말기의 작품으로, 아라냐카(Aranyaka : 森林書)의 일부라고도 함. 우주의 중심 생명인 梵과 개인의 중심 생명인 我와의 궁극적 일치 등의 사상을 내세우고 있음.
15) 바가바드기타(Bhagavadgita) : 힌두교의 3대 경전 중 하나로 至高者의 노래라는 뜻. 고대 인도의 대서사시 「마하바라타(Mahabharata)」 가운데 제 6권 「비스파르바(Bhisma-parva)」의 제 23~40장에 있는 철학적 종교적인 700句의 시를 말한다.
16) Wensinck(1921), "Tree and Bird as cosmological symbols in Western Asiz", *Verhandelingen dernkoninklijke Akademie von Wettenschappen*, amsterdam, Vol. xxii. p.33.
17) In questa quinta soglia/Dell'albero che vive della cima,/e fruta sempre, e mainonperde foglia.(Paradiso, XVIII, 28)
18) Holmberg-Harva(1922~3), *Der Baum des Lebens*, AASF, Helsinki, XV, p.54.

이상 언급한 나무들은 우주수로서 세계를 상징하고 있을 뿐만 아니라, 하강 운동으로서 창조를 명료하게 드러내고 있다. 즉, 우주와 '거꾸로 선 나무'는 동일성 관계에 있는 것이다.

박목월의 시 「감람나무」에서 바닷물에 안수를 받으려고 '고개를 숙인 나무'는 바로 '거꾸로 선 나무'이다. 고개를 숙인 나무는 바다에 맞닿고 있어, 그 뿌리를 하늘로 하고 있다. 이것은 하늘과 바다의 합일이라는 공간의 일치를 나타낸다. 다시 말하여 '하늘/나무/바다'의 공간기호 체계는, 하늘과 나무의 뿌리가 맞닿고, 나무의 이마와 바다가 맞닿아 완전히 일체화된 공간으로 변이된 것이다.

목월의 기독교적 세계관은 그의 시에 있어서 귀결점이라 할 수 있다. 그는 시작 활동 말기에 이르러 주로 신 앞에 선 인간의 모습을 노래하고 있다. 그중 시 「감람나무」는 신의 은총과 구원 그리고 영원의 완성을 성취한 인간의 모습을 보여준다.

먼저 "세상에는/감람나무보다/더 많은 어린이들이/자라나고 있지만" 그리고 "세상의/모든 수목은/하느님의 뜻으로/자라나지만"의 시적 진술에서, 시인이 우주 공간에 존재하는 모든 인간을 신의 피조물로 인식하고 있음을 볼 수 있다. 그리고 신의 존재를 긍정하고 신 앞에 나아가는 사람(감람나무)과 그와 반대로 신의 존재를 부정하고 인간의 세계에 머물러 있는 사람(수목)이 서로 대응을 이루고 있음을 엿 볼 수 있다.

신의 세계로 나아가는 의식이 안수이다. 물은 운명적인 원죄를 비롯하여 이 세상에서 지은 모든 죄를 씻어준다. '주의 크고 따뜻한 손'은 영원으로 인도해주는 은총과 구원의 손길이다. 안수를 받고 거듭난 생명이

---

19) 카발라(Kabbalah): 중세 유대교의 신비주의, 헤브라이語로 전승을 의미한다. 구약성서 『창세기』의 천지 창조의 이야기나 『에스겔서』의 神顯現의 이야기를 둘러싼 탈무드의 신비주의적 교리로 말미암아, 실천적 카발라는 박해가 심했던 13세기 독일에서, 이론적 카발라는 비교적 평온했던 14세기의 스페인에서 성행하였다. 나뭇가지는 천지 창조를 나타낸다고 한다.

'어린 감람나무'이다. 어린 감람나무는 신과 '순결한 핏줄로' 연결된다. 곧, 신과 인간과의 결합이다. 그리하여 마침내 감람나무들은 '금빛 열매'를 입에 문다. 금빛의 '지고함'과 열매의 '둥근 것'은 둥근 것의 완성미 또는 누렇게 완전히 익은 열매를 상징한다. 그리고 그것이 '입에 물렸다'는 것은 은총, 구원, 영원의 완성을 성취함을 의미한다. '상징'이나 '흐름'과 같은 감각적 심상을 사용함으로써 우리가 연속적 흐름으로 경험하는 지속적 시간을 공간의 차원에서 변화시키고 있는 것이다.

이렇듯 감람나무의 고개를 숙인 하강 운동은 주의 크고 따뜻한 손에 의하여 금빛으로 전환되면서 전체 우주 공간을 동화시킨다. 나무는 물(안수)→물(안수)과 불(크고 따뜻한 손)→불(금빛 열매)로 이행하면서 우주 공간을 우주수화한 것이다.

2. 수평공간의 기호체계

1) 자기 응시의 공간 ─ 강

이미 언급한 바 있듯, 수평축은 세속적 체험의 차원에서 사물과의 만남, 곧 우리들의 상식적인 매일 매일의 사고를 이루는 현실적 공간이다. 박목월 텍스트에서 자연 매개항의 수평공간 상징물로는 江, 길 등을 수 있다. 목월의 시인 의식은 이러한 매개물을 통하여 시간을 공간화[20]하고 있음을 본다. 江은 항상 수평적으로 끊임없이 운동한다. 물의 이미지는 불변성이나 견고성을 갖고 있지 않다. 때문에 江물은 언제나 과거와 현재 미래로 이어지는 변화와 지속의 표상이다. 목월은 江물 앞에서 자신을 응

---
[20] 한스 마이어호프(1987), 「문학과 시간현상학」, 김준오(역), 삼영사, p.30.

시한다. 江은 시인의 거울인 것이다.

> 가을 빗줄기에 비쳐 오는 江 건너 불빛
>
> — 이 蕭瑟 境地의 對句를 마련하지 못한 채, 年五十, 半白의 年齒에 市井을 徘徊하며 衣食에 급급하다. 다만 江건너에서 멀리 어려오는 불빛을 對岸에서 흘러오는 한오리 應答인냥.
>
> 어둠속에서 이마를 적시는 가을 나무.
>
> ―「對岸」 전문

시 「對岸」은 江을 사이로 하여 '건너쪽/이쪽'으로 공간이 이항대립되면서 '건너쪽/江/이쪽'의 수평축 삼원공간 기호체계를 형성하고 있다. 이 시를 통하여, 우선 江 건너에서 불빛이 비쳐오나 江 이쪽에 있는 화자가 '對句를 마련하지 못하고' 있음을 본다.

그 이유는 물질 생활에 매달리느라 미처 정신적인 것을 생각할 여유가 없기 때문이다. 시인에게 있어서 현실의 절박한 생활은 '市井을 徘徊하며 衣食에 급급해' 하는 소시민적 삶을 강요당하고 있다. 이러한 삶 속에서 시인은 江물을 바라본다. 江물이 쉼 없이 흐르듯, 시인의 끝없이 추구하는 정신의 세계는 '江건너 불빛'으로 상징된다. 그러나 '건너'라는 시어 그리고 '멀리'라는 부사에서 나타나 있듯 건너 쪽과 이쪽의 거리는 아득하고 멀다.

현실 공간이 '가을 빗줄기'가 내리는 쓸쓸하고 차가운 공간일수록 江 건너 쪽의 불빛에 대한 열망은 더욱 강화된다. '가을 빗줄기'가 강 건너의 불빛을 안고 있다면, '가을나무'는 어둠을 포용한다는 점에서 서로 대응되고 있다.

여기서 시인의 상상력은 '가을나무'라는 식물로 구체화된다. 나무는 수직 공간 체계의 부동적 텍스트에서는 '上/下'를 연결하는 긍정적 매개물이지만, 수평 공간 체계의 동태적 텍스트에서는 한 곳에 붙박혀 벗어나지 못하는 그 뿌리의 부동성 때문에 부정적 의미를 함축한다. 따라서 江 이쪽에 뿌리를 내린 채 江 건너 쪽의 불빛을 바라보는 '가을 나무'의 이미지는 江을 건널 수 없는 절망의 깊이를 상기시켜주고 있다. 그 '가을나무'의 형상은 시인의 모습인 것이다.

그러나 가을나무는 하늘에서 수직으로 하강하는 빗줄기에 젖는다. 비는 공간을 역동시키는 기호로 기능한다. 비는 가을나무의 이마를 적셔 메마름의 갈증을 해소시켜 준다. 나무를 수직으로 공간 분절 하면 이마는 그 상방에 해당하며 정신, 이상, 뽈 등 긍정적 의미를 함축한다. 따라서 비가 나무의 이마를 적신다는 것은 시인의 정신 정화 작업의 일환으로 해석할 수도 있다.

물은 싹을 눈뜨게 하고 샘을 넘치게 한다. 물은 인간의 사고 가운데서 가장 큰 가치 부여 작용을 하는 물질 중에 하나다.[21] 빗줄기는 가을나무의 이마를 적셔, 江의 건널 수 없는 절망의 깊이를 중화시킨다. 비록 가을나무(시인)는 붙박혀 있고 쓸쓸하고 처량한 것으로서의 모습이지만, 江을 바라보는 자기 응시를 통하여, 그리고 내리는 비에 의해 자기 정화를 시도하고 있는 것이다. 그리하여 '江 건너쪽/이쪽'이 내포하고 있는 '정신/물질'의 긴장과 갈등을 이완시키고자 하는 시인 정신을 엿볼 수 있다.

    장갑을 벗으며
    강 건너 돌을 생각한다.
    해질 무렵에 돌아와
    눅눅한 장갑을 벗으며
    왜랄 것도 없이

---

21) 가스똥 바슐라르(1986), 『물과 꿈』, 이가림(역), 문예출판사, p.24.

강 건너
저편 기슭의
돌을 생각한다.
知天命의
해질무렵에 집으로 돌아와
눅눅한 그것을
벗으며
왜랄 것도 없이
춥고 어두운 강을 건너
황량한 들판에 내팽개쳐진
한 덩이 돌을
생각한다.
장갑을 벗고나면
나의 손이 너무나
희어서 두렵다.
때가 절지 않는
깨끗한 손
거짓말같이 말끔하다.
그 손에
그물로 던져진 별자리 아래
내팽개쳐진
강 건너
한 덩이 돌.

―「江 건너 돌(돌의 詩③)」 전문

   위의 시 역시 「對岸」과 같이 '건너'라는 시어에 의해 공간이 수평으로 분절되고 있다. 江을 경계로 하여 두 대상 '돌/화자'가 이항대립 체계를 이루고 다시 '돌/江/화자'의 삼원공간 구조체계로 확충된다.
   화자는 하루의 일과를 마치고 해질 무렵 집으로 돌아와 '눅눅한 장갑'을 벗는다. 장갑을 벗고 나면 때가 절지 않은 희고 깨끗한 손이 된다. 이러한 화자의 일상은 '해 뜬 시간/해 진 시간'이라는 시간 구조의 대응 관계를 형성한다. 각각 '해 뜬 시간=장갑을 낌=눅눅함' 그리고 '해 진 시간=장갑을 벗음=건조함'이 조응한다. 이러한 기호 표현과 기호 의미 사이의 의미 작용은 해 뜬 시간은 물질적인 노동의 수고로움, 생의 고달픔이 행해지는 시간이고, 반면 해 진 시간은 정신적인 실존적 의식의 눈을 뜨는 시간으로 풀이된다.

화자는 해 진 시간 실존적 의식의 눈을 뜨고 江물을 마주하고 江 건너 쪽의 돌을 생각한다. 江 건너 쪽은 '건너'라는 시어를 통해 벌써 江 건너 쪽과 이쪽의 먼 거리감을 인지시킨다. 그리고 이 시의 매개 공간인 江은 화자의 마음을 표상하는 기호로 작용하고 있는데, '춥고 어두운 곳'으로 표현되고 있다. 즉, 江 건너 쪽은 거리가 멀고도 건너기 힘든 곳이라는 의미를 생성하고 있는 것이다.

그러나 화자는 江물이 끊임없이 흐르듯 체념하지 않는 의지로 江 건너 쪽을 동경한다. 이 시에서는 '생각한다'라는 서술어가 세 번 되풀이되고 있는데 이것은 화자가 대상과의 거리를 극복하려는 의지의 표출인 것이다. 이것을 미루어 시인의 자아가 돌과의 동일성을 추구하고 있음을 알 수 있다.[22]

그 돌은 江 건너 '황량한 들판에 내팽개쳐져' 있다. 그곳은 현실적인 노동의 굴레에 둘러싸여 있는 이쪽 공간과 대조되는 곳으로, 인공이 가미되지 않은 넓고 고독한 공간이다. 화자가 돌과의 동일성을 추구한다는 것은 '황량한 들판에 내팽개쳐진 돌'의 모습에서 '살벌한 생활 현장에 내팽개쳐진 자신'의 모습을 본 것과 다름 아니다.

화자는 눅눅한 장갑을 벗고 江 건너 돌을 생각한다. 이것은 눅눅한 장갑의 무게에서 건조한 돌에로의 변환을 구체화한 의지적 진술로, 물기를 덜어내고 건조해지고자 하는 시인 의식이다. 시 제목「江 건너 돌」자체

---

[22] 김현자(1984),「박목월 시의 감각과 시적 거리」, 《문학사상》, 9월호.

에서 이미 물기(무게)에서 건조함(가벼움)에로의 이행 과정을 함축하고 있기도 하다.

그런데 장갑이 눅눅해진 것은, 고된 노동의 시간 동안 외부로부터 묻은 먼지나 기름 등에, 인간의 신체 내부로부터 흘러나온 분비액이 혼합된 데 기인한다. 그리고 돌은 대지의 밑바닥에서 지질의 내적 충동에 의해 굳어진 물질이 지표위로 돌출한 것이다.23) 즉, 화자는 인체 안의 분비물을 밖으로 뿜어내고, 대지 밑바닥으로부터 돌을 솟아오르게 하고 있는 것이다. 이것은 內→外, 下→上으로 코드를 전환시키고 있는, 다시 말하여 안에서 밖으로 끌어내고 아래서 위로 상승하게 하는 것, 그 기호 자체가 시인의 행동이며 꿈이라는 표출이다.

이러한 시인의 의식은 둘째 연에서 빛과 동일화된다. 그 눅눅한 장갑을 벗으면 깨끗한 손이 된다. '장갑을 벗은 손'은 화자의 정신 안 속 깊이 감춰진 소중한 진실을 의미한 것이다. "장갑을 벗고 나면/나의 손이/너무나/희어서 두렵다"에서의 '두려움'은 흰 것의 정결한 정신과 마주치는 순간에 사로잡히게 되는 두려움의 격정이다. 즉, 희고 깨끗한 손을 감춰야만 하는 데서 유발하는 자책과 부끄러움으로서의 두려움이라 할 수 있다. "그 손에/그물로 던져진 별자리 아래"의 표현에서 손이 별과 맞닿고 성좌가 그물로 은유되고 있음을 볼 수 있다. 이것은 손과 별이 동일화되면서, 화자의 양 손가락이 활짝 펼쳐지고 성좌 또한 그물처럼 총총히 펼쳐져 별빛이 온누리에 찬란하게 빛나고 있음을 상상하게 한다.

그리하여 '황량한 들판에 내팽개쳐진 강 건너 한 덩이 돌'은 그 빛을 받아서 또한 빛을 발하게 된다. 돌이 빛을 발하게 된다는 것은 어둠, 두꺼움의 무게를 완전히 제거하고 투명함에로의 코드 전환이다.

돌의 투명화는 황량한 들판에 내팽개쳐진 그 적막과 고독을 뛰어넘어

---

23) 김화영(1982), 앞의 책, p.338.

유유히 날 수 있는 자유의 동력을 획득함이다. 이것은 또한 돌과 동일화된 화자가 지상의 구속과 현실의 무게로부터 자유로워져서 정신의 유연화를 획득함이기도 하다. 이러한 정신의 유연화와 투명화의 획득이 바로 빛으로의 승화인 것이다.

이상 분석한 시 「對岸」, 「江 건너 돌」의 이항대립적 변별 특징을 살펴보면, '江 이쪽'(화자의 공간)은 일상의 굴레에 무겁게 눌려 있는 물질적 공간이며 '江 건너쪽'(대상의 공간)은 시인 본연의 생명, 숨겨져 있던 자아를 찾는 정신적 공간으로 변별된다. 그리고 시인 의식은 '江 건너 불빛'을 동경하고 '江 건너 돌'과 동일화를 추구하고 있음을 볼 수 있다. 이때 매개항인 江은, 시인이 자기 응시를 통해 이항대립된 의미 공간의 긴장과 갈등을 이완하도록 하고, 나아가 시인 의식의 지향과 추구함을 완성시키는 데 촉매제로 작용하고 있다 할 것이다.

2) 만남과 이별, 그리움의 공간 — 길

아무리 넓고 쾌적한 길이라 할지라도 거주할 수 있는 공간은 아니다. 거리에는 누구나 멈추었다 떠나는 통과, 이동, 소요를 위해 움직이도록 운명지어진 곳이다.[24] 길은 가야만 하는 사람의 통로이다. 사람이 가지 않고 길에 정체해 있는 것은 코드의 위반이다. 이렇듯 길은 만남과 이별, 얻음과 잃음, 구함과 포기 등의 대립들이 한 공간에 서로 잇닿아 있기 때문에 경계를 지울 수 없는 속성을 지니고 있다. 따라서 길의 기호는 방향이나 목표와 관계없이 이동성, 비정착성, 비거주성을 나타내는 의미 작용을 한다.

---

24) 이어령(1986), 앞의 책, p.440.

> 1 마주 보고 인사를 한다.
> 2 路上에서 우연히 만나
> 3 돌아서면 서로 寂寥한 목덜미
> 4 宇宙의 반이 反轉하고
> 5 길을 건너면 方向이 달라진다.
> 6 저편으로 그는 가고
> 7 이편으로 나는 가고
> 8 동서로 하늘 끝이 아득한데
> 9 문득 그가 돌아본다.
> 10 하나의 宇宙가 反轉하고
> 11 寂寥한 목덜미가 向을 바꾸며
> 12 오냐, 情이 갸륵하구나.
>
> ─「路上」전문

　시「路上」에서는 길을 사이로 하여 '저편/이편' 이항대립 체계를 이루고 있으며, 다시 '저편/길(路上)/이편'의 수평축 삼원공간 구조체계로 확충된다. 그리고 각각 저편에는 '그'가 이편에는 '나'가 존재한다.

　수평축에서 길의 이동은 추상적인 이미지가 아니고 실제로 인물이 등장하여 공간을 오고 가고 또 횡단하는 것이므로 서사적 텍스트의 특징을 내포하게 된다. 시「노상」역시 서사적 텍스트의 구조를 지닌다. 즉 1,2행에서 '그'와 '나'는 노상에서 우연히 만나 마주보고 인사를 한다. 그리고 3~7행까지는 서로 돌아서서 '그'는 저편으로 가고 '나'는 이편으로 간다. 4행의 "宇宙의 반이 반전하고"에서의 '반'은 서로 '나누어짐'을 나타내준다. 8행은 반으로 나누어진 '그'와 '나'의 거리적 상황이 제시되고 있는데, 각각 동쪽 끝과 서쪽 끝의 거리만큼 극과 극으로 분리되어 있다. 다음 9~12행은 '그'와 '나'가 극과 극의 거리에서 서로를 돌아다본다. 즉, 10행의 "하나의 宇宙가 反轉하고"에서의 '하나'는 서로 '합쳐짐'을 나타내고 있음이다.

이것이 바로 서사적 텍스트의 구조로, 만남(1, 2행)과 이별(3~7행) 그리고 그리움(9~12행)이라는 현실적이며 통합적인 의미의 전개이다. 인생은 과거와 현재 그리고 미래라는 시간의 흐름 속에서 끊임없이 갈등하고 긴장을 이루며 전개되어 간다는 점에서 '길'의 속성과 유사한 것이다. 말하자면 표층적 언표인 길은 심층적으로 '인생의 길'을 의미하고 있는 것이다. 인생은 우연히 어떤 가문에 태어나(탄생), 뭇사람들과 함께 살다가(만남·성장) 서로 헤어질 수도 있고(이별·죽음) 또 살아가노라면 때로 그리워질 수도 있는(그리움·추모) 인과율의 실존적 표출로 해석할 수 있다.

8, 9행의 "동서로 하늘 끝이 아득한데/문득 그가 돌아본다"에서 서술어 '돌아본다'는 다가와서 마주하는 것이 아니라 그 자리에서 뒤로 고개를 돌리어 보는 행위이다. 그리고, 10행 "하나의 宇宙가 反轉하고"의 지구회전은 시간의 흐름을 나타내 주고 있다. 이를 통해 현재 '그'와 '나'는 동과 서, 극과 극의 거리에 있으면서 단지 고개만 돌린 것으로 만남과 이별에 대한 그리움, 추억이 자리하고 있음을 알 수 있다.

이렇듯 이 시는 인생이란 무엇일까, 하는 지속적인 감정이 겪고 있는 갈등의 표출이면서 동시에 인생의 본질적인 모습을 보여준다. 즉, 인생의 길은 끊임없이 만남과 이별 그리고 그리움에 대한 지속과 중단, 변화의 감정이 교차하는 가운데 흘러가고 있다는 화자의 사유가 내포되어 있는 것이다. 나아가 이별의 필연성, 죽음의 필연성 그것은 비단 '그'와 '나'의 것만이 아니라 인간의 숙명에 해당하는 것이라는 시인 의식을 엿볼 수 있다. 따라서 '오냐'의 긍정적 독백은 허무의 초극으로, 화자가 인생의 비극적 존재 의식을 수용하려는 초극의 의지를 표출한 것으로 해석할 수 있다.

갈밭속을 간다.
젊은 詩人과 함께
가노라면
나는 혼자였다.
누구나
갈밭 속에서는 일쑤
同行을 놓치기 마련이었다.
成兄
成兄
아무리 그를 불러도
나의 音聲은
內面으로 되돌아오고
이미 나는
갈대 안에 있었다.
바람이 부는 것도 아닌데
갈밭은
어석어석 흔들린다.
갈잎에는 갈잎의 바람
白髮에는 白髮의 바람
젊은 詩人은
저 편 기슭에서 나를 부른다.
하지만 이미 나는
應答할 수 없었다.
나의 音聲
內面으로 되돌아오고
어쩔 수 없이 나도
흔들리고 있었다.

—「同行」전문

시「路上」에서 이미 살펴본 바처럼, 길은 긍정과 부정의 긴장된 양의성을 지니면서 의미를 전환시키고 있는데, 시「同行」에서도 길을 통하여 인생의 모습을 존재론적으로 제시한다.

시 「동행」은 갈밭길을 사이로 하여 수평공간이 저편 기슭과 이편으로 분리 고립되어 존재와 존재 사이에 적막한 간격을 준다. 저편 기슭에는 젊은 시인 성형(成兄)이 존재하고 이편에는 화자가 존재한다. 이러한 공간 분절을 기호 체계화 하면 '저편 기슭/이편'의 이항대립 체계와 '저편 기슭/갈밭(길)/이편'의 삼원공간 구조의 기호체계가 성립된다.

갈밭은 오솔길과 변별되는 길로, 동행할 수 없고 혼자서 가야되는 길이다. 화자도 '젊은 詩人과 함께' 갈밭을 갔지만 '가노라면' 혼자가 되었다. 갈숲은 사람의 사방을 에워싸고 미로의 상황을 만든다. 사람은 보행을 방해 당하고 미로 속을 헤매이게 된다. "成兄/成兄/아무리 그를 불러도/나의 音聲은/內面으로 되돌아오고"에서 화자가 아무리 애를 써도 대상과의 거리를 좁힐 수 없는 그래서 끝내 혼자이어야만 하는 단절된 거리 의식이다.

이 시에서 '갈대'는 성형과 화자의 사이를 단절시키는 상관물로 기능한다. 화자가 成兄을 부르지만 갈대의 '어석어석'한 소리에 의해 차단되고 화자의 음성은 "內面으로 되돌아오고" 만다. 갈대는 시각뿐만 아니라 청각마저도 차단시키고 있는 것이다. 갈대의 '어석어석'한 'ㅅ'소리는 갈대의 메마름을 표상한 음상으로 바스라지고 떨어져나가는 분리의 잡음이기도 하다. "갈잎에는 갈잎의 바람/白髮에는 白髮의 바람"에서는 자연과 인간까지도 단절되고 있다.

성형(成兄)과 화자의 서로 '부르는 소리'와 '응답할 수 없는' 대응 구조는 인간과 인간 사이의 운명적 거리감과 이별의 원리를 제시하고 있으며, "어쩔 수 없이 나도/흔들리고 있었다"에서, 이제는 갈대와 화자가 다 같이 흔들린다. 이것은 화자가 '흔들림'으로서의 생의 모습을 깨닫고 있음이다.

시 「同行」도 갈밭길을 통해 시간의 흐름 위를 살아가는 인생의 길이 의미화된다. 즉 1~3행은 만남(동행), 4~7행까지는 이별, 그리고 8~끝행까지는 그리움과 더불어 단절, 죽음에 대한 시인의 실존적 자각이 제시된 것이다.

　결국 이 시 분석을 종합해 보면 화자의 사유는 두 가지로 파악된다. 그 첫째는 너와 나와의 관계인데, 너는 너일 수밖에 없고 나는 나일 수밖에 없는 단독자적 존재로서의 실존적 자각이다. 둘째는 인생의 의미로서, 덧없는 인생을 갈대에 비유하고 있다. 사람이 함께 사는 모습은 '갈밭의 풍경'과 유사하다. 그 갈밭의 갈대가 주는 의미는 약한 것, 허무한 것으로서의 인생을 표상하고 있다 할 것이다. 다음 시 「갈림길에서」는 귀환하고 있는 화자를 만난다.

　　　갈림길에서
　　　어머니는 기다리고 계셨다.

　　　비단자락 날리듯
　　　감기는 바람.
　　　어디로 가는 것일까
　　　하얗게 떠 있는 낮달.
　　　밀밭머리
　　　갈림길에서
　　　어머니는
　　　기다리고 계셨다.

　　　윗길을 따라가면
　　　東으로 구만리

　　　아랫길은
　　　강기슭에 따라 西로 구만리
　　　어머니의 날리는 치맛자락

　　　멀리서
　　　달려오는 아들을
　　　기다리고 계셨다.

위의 시에서는 갈림길을 사이로 하여 '윗길(東)/아랫길(西)'이 수평축의 이항대립 체계를 이룬다. 그리하여 '윗길(東)/갈림길/아랫길(西)'의 삼원 공간기호 체계로 확충된다.

갈림길에서 화자가 걸음을 멈추고 어디로 갈까 망설이고 있을 때, 사랑하는 아들이 길을 잃을까봐 어머니는 갈림길에서 기다리고 계셨다. 시어 '비단자락' '바람' '낮달' '치맛자락' 그리고 '~것일까' 등은 모두 선이 불분명한 것으로 길의 불확실성을 암시하고 있다.

"하얗게 떠 있는 낮달"에서 화자는 낮의 시간 태양 속에서 달을 보고 있음을 알 수 있다. 이것은 시인의 역동적 공간 구축 작업으로 대낮 공간의 요소들에 달이 작용하여 그것들을 밤 공간의 이미지로 탈바꿈시키고 있음이다. 목월 텍스트에서 밤 공간은 화자의 정신적 상념이 펼쳐지는 공간이다.

이 시에서 서술형 어미 '~계셨다'의 반복은 과거 시제로, 화자가 과거 어린 날 아들의 길잡이였던 어머니를 회상하고 있음을 엿볼 수 있는 것이다. 그리고 바람은 '비단자락 날리듯' 감미롭고 보드랍게 불어와 마치 어머니가 자식의 몸을 포근히 감싸주듯 감김으로서 화자로 하여금 어머니에 대한 그리움을 더욱 간절하게 하는 촉매제의 기능을 하고 있다.

달은 시적 세계에서 형식적 존재이기에 앞서 물질이며 꿈꾸는 사람에게 스며드는 하나의 흐름이다.25) 박목월 텍스트에서 달은 흔히 여성 또는 어머니에 비유되고 있으며 흐름과 변화의 이미지로서는 그리움 또는 방랑 의식을 표상하고 있다. 그런데 그 달은 '하얗게' 떠 있다. 여기서 '하얗다'라는 시어의 의미는 다음과 같이 풀이될 수 있다. 즉, 대낮의 태양에 짓눌려 빛을 발하지 못하게 된 달로서, 시인 의식의 밑바닥에 떠 있는 어머니의 모습이라고 할 수 있다.

---

25) 가스똥 바슐라르(1986), 『물과 꿈』, 이가림(역), 문예출판사, p.174.

이로 미루어 화자가 낮의 시간에 '하얗게 뜬 달'을 본 것은 타향의 지친 노동 시간에 어머니의 모습을 떠올린 것으로, 망향의 감정을 표출한 것이라 해석할 수 있다. 어머니는 바로 화자에게 있어서 현실 생활을 이끌어가는 힘의 원천이며 고달픔을 극복하게 하는 구원의 표상인 것이다.

> 아랫길은
> 강기슭을 따라 西로 구만리
> 어머니의 날리는 치맛자락

어머니는 '윗 길/아랫 길' 중에서 아랫 길로 화자를 인도한다. 윗길은 밖으로 열려진 미래의 길이고, 아랫 길은 안으로 닫혀진 과거의 길로서 고향으로 가는 길이다. 귀로의 구조를 수직축의 부동적 텍스트에서 살펴보면 의미 작용이 되는 대상물을 제시하는 것으로 나타나지만, 수평축의 동태적 텍스트에서는 인물의 직접적인 귀환 행위로 나타난다. 이 시에서 화자 역시 직접적으로 갈림길→외길(아랫 길·西쪽)→고향으로 향한다. 이것은 공간의 축소로 外→內공간에로의 귀환이다.

윗 길은 동쪽, 낮, 〔해〕 등의 언표와 상동 관계를 맺고 있으며 아랫 길은 서쪽, 〔밤〕, 달, 강 등의 언표와 상동 관계를 맺고 있다. 이 언표에 대한 기호 의미는 각각 윗 길은 타향으로서 물질적 현실 공간으로 그리고 아랫 길은 어머니가 계신 정신적 근원 공간으로 판독할 수 있다.

귀환의 길은 "강기슭을 따라 西로 구만리"이다. 강은 물의 이미지를 지닌다. 무의식의 세계에서 모든 물은 젖이다. 그리고 강은 모든 인간에게 있어서 모성적 상징 가운데 가장 크고 변하지 않은 것의 하나이다.[26] 여기에서 화자의 귀환은 근원적인 육신과 영혼의 고향인 어머니에게로의 귀환을 의미한다고 할 수 있다. 따라서 이 시에서 어머니는 화자의 육체

---

26) 가스똥 바슐라르(1986), 앞의 책, pp.164~167 참조.

적 성신적 고향으로서 영원한 것이며 그리움의 대상 등으로 나타나고 있다 할 것이다. 그리하여 일단 길을 잡은 시인 의식은 고향으로 질주한다. '달려오는 아들' '기다리는 어머니'에서 순진무구한 어린애의 행동과 포근한 어머니의 모습을 볼 수 있다. 이것은 화자의 동심 세계로의 몰입이기도 하다.

이렇듯 시인은 타향의 공간을 돌아다니고 있으면서도 변화와 지속으로서의 흐름을 상징하는 길에서 끊임없이 고향의 공간을 그리워하면서 살아가고 있음을 엿볼 수 있다.

3) 휴식과 노동의 공간 ― 직선로와 우회로

앞에서 만남과 이별 그리고 그리움이라는 대립들이 서로 잇닿아 있는 길 공간이 생성하는 의미 작용을 살펴보았다. 계속해서 목월의 동태적 텍스트의 또 하나의 특징을 이루고 있는 길 공간을 살펴보기로 한다. 길은 사람들의 통로이다. 사람들이 가지 않고 길에 정체해 있는 것은 코드의 위반이다. 목월의 텍스트에서는 화자가 때때로 우회로를 통과하고 있음을 본다. 우회로는 직선로와 변별되는 길로 직선과 곡선으로 설명될 수 있다.

직선과 곡선은 근본적으로 가장 대립되는 한 쌍의 선이다. 직선은 곧바로 뻗어 차가움과 무한한 움직임의 가능성을 지닌 선이다. 곡선은 원래 직선이지만, 측면의 계속적인 억누름에 의해서 그의 길로부터 벗어나게 된 선으로, 이 억누름이 크면 클수록 직선으로부터 벗어나는 이탈도 커진다.[27]

---

[27] 칸딘스키(1983), 『점·선·면』, 차봉희(역), 열화당 미술신서 35, p.45, p.70 참조.

쿳션에 몸을 맡기고
담배를 피워문다.
달리는 택시 안에서.
퍼런 물빛과
冠岳山을 바라볼 수 있는
생활의 迂廻路
江邊四路에서
어제와 다른 오늘의 바람.
생활의 소용돌이 속으로
휘말리기 二十分前이다.
十分前이다.
五分前이다.
인터체인지를 왼편으로 돌던 뚝섬.
생활의 소용돌이 속으로
휘말리기 三分前이다.
二分前이다.
나는 꽃송이를 마련하는
목련가지의 마음을 생각하며.
正刻 九시.
날카롭게 울리는 오늘의 벨소리를
듣는다.

— 「江邊四路」 전문

　시 「강변사로」는 인터체인지를 중심으로 하여 각각 '迂廻路/왼편'이 수평으로 이항대립 체계를 형성하고, '迂廻路/인터체인지/왼편'의 삼원공간 구조기호 체계로 확충된다. 그 우회로는 "퍼런 물빛과 冠岳山을 바라볼 수 있는" 공간이고, 왼편은 뚝섬으로 '생활의 소용돌이' 공간이다.
　"쿳션에 몸을 맡기고/담배를 피워 문" 시적 화자는 바쁜 출근길에 여유를 보이며 생활의 날카로움 속에서 한 걸음 뒤로 물러난 듯하다. 그러나 강변사로 즉, 네 갈래 길을 경계로 하여 화자의 생활 질서는 역동된다.

네 갈래 길은 동서남북으로부터 사람들이 와서 모이고 또다시 동서남북으로 뿔뿔이 떠나는 만남과 이별, 출발과 정지가 한 공간에서 이루어지는 곳이다. 때문에 그 시끄러운 소용돌이 속에는 언제나 텅 빈 부재, 그 공허와 적막이 함께 존재하는 곳이기도 하다.

생활의 번잡한 현실 속으로 들어가는 입구인 '江邊四路'에서 시적 화자는 초조한 시간재기를 시작한 것이다. 카운트다운의 긴장된 시간재기 속에서 '正刻 九時'의 날카로운 벨소리는 화자의 모습을 역동시킨다. 화자가 여유 있는 태도를 바꾸고, 현실 생활 공간으로 들어간 모습을 첨예화시키는 효과를 지니기도 한다.

이렇듯 우회로(迂廻路)는 화자가 생활의 고달픔을 잠시 유보시켜 우회하는 여유의 공간으로 '쿳션에 몸을 맡기고' '담배를 피워물고' '冠岳山을 바라 볼 수 있는' 휴식의 공간이며 "꽃송이를 마련하는/목련가지의 마음을 생각하는" 자연과의 교감 시간이다. 즉 우회로는 바쁘게 돌아가는 일상의 노동 생활로부터 될 수 있는 한 멀리 떠나 있음으로써 직선로와 대립을 이루는 행동의 궤적을 나타내는 것이다. 이러한 직선로와 우회로의 변별적 의미는 '조급/여유' '긴장/이완' '노동/휴식' '문화/자연' 등으로 해석할 수 있으며 매개 공간인 인터체인지는 만남과 이별, 충만과 공허, 출발과 정지 등의 양가성을 지닌다고 할 수 있다.

    病院으로 가는 긴 迂廻路
    달빛이 깔렸다.
    밤은 에테르로 풀리고
    확대되어 가는 아내의 눈에
    달빛이 깔린 긴 迂廻路
    그 속을 내가 걷는다.
    흔들리는 남편의 모습.
    手術은 무사히 끝났다.

> 메스를 가아제로 닦고…
> 응결하는 피
> 병원으로 가는 긴 迂廻路.
> 달빛 속을 내가 걷는다.
> 흔들리는 남편의 모습.
> 昏睡 속에서 피어오르는
> 아내의 微笑. (밤은 에테르로 풀리고)
> 긴 迂廻路를
> 흔들리는 아내의 모습
> 하얀 螺旋通路를
> 내가 내려간다.
>
> ─「迂廻路」전문

   시「우회로」는 '〔집〕/迂廻路/病院'의 수평축 삼원공간 기호체계가 형성된다. 이 시는 특히 과거와 현재를 동시간 상에 놓고 구성한 새로운 조형의 시로써, 마음 조이며 걱정했던 아내의 수술이 무사히 끝난 뒤 한숨 돌리는 화자가 긴 우회로를 통하여 병원으로 가고 있는 상태를 형상화하고 있다.

   시「강변사로」에서의 그 우회로와 마찬가지로 이 시에서도 우회로는 초조와 불안의 긴장을 이완시켜주는 여유, 휴식, 자연, 상념의 공간으로 의미화된다. 화자는 우회하여 병원으로 가고 있다. 그리고 그 우회로에는 '달빛이 깔려' 있고 밤은 에테르(마취약)로 풀린다. '달'과 '밤'에 의해 공간의 경계가 서서히 풀어지면서 현재의 시간대는 역동된다. 즉, 지나간 일들의 기억이 되살아나고 과거와 현재의 시간 이동이 시작되는 것이다.

   화자는 '달'에서 지난 시간에 수술을 마치고 들여다 본 '아내의 눈'을 떠올린다. 달은 아내를 표상하는 동시에 남편과 아내를 연결해주는 정서적 매개물로서 작용한다. 화자는 '흔들리는 의식' 속에서 수술대의 '메스'와 '가아제' '피'를 기억해 내며 과거의 의식 속으로 빠져든다. 시적 진술에서 "달빛이 깔린 긴 迂廻路/그 속에 내가 걷는다"로 심화된 것은, 화자 의식이 아내에게 서서히 몰입되고 있음을 보여주고 있으며, 마침내 남편과 아내가 일체화되어 남편과 같이 아내도 흔들리는 모습이 된다.

 이 시의 전체적 이미지는 '흐르는 것(달)' '가는 것(길)'과 함께 '흔들리는 남편의 모습' '흔들리는 아내의 모습' 그리고 "하얀 螺旋通路를/내가 내려간다"의 시적 진술을 통해 '흐르는 것' '가는 것' '흔들림'과 '떨어짐'으로서의 유동성을 보인다. 나선통로는 화자의 흔들리는 심리 상태를 형상화한 것으로 '내려간다'라는 부정적 시어와 함께 하강적 정감을 관류하고 있다. 이러한 '흔들림'과 '떨어짐'의 마음에 대한 비유적 인식은 바로 인간의 시간적 존재성과 그것의 허망함이다. 즉, 화자는 아내의 수술로 인해 불안한 실존과 덧없는 인생을 사유한 것이다.

 이와 같이 시인은 자신의 내면 의식과 상념의 교차를 현실의 날카로움에서 한 걸음 물러난 긴 '迂廻路'라는 2차적 공간과 정서적 매개물인 달, 그리고 모든 공간의 경계를 허물고 마취제처럼 퍼지는 밤 기운의 몽환적 분위기를 통해 확대시키고 있다. 그리고 이러한 공간적 시간적인 의식의 확대 속에서 시인은 인생을 '흔들림'과 '떨어짐'의 존재로 사유하고 있음을 엿 볼 수 있다.

 이상 분석한 박목월의 자연 공간 텍스트 가운데 수평축 매개항의 기능을 담당하고 있는 '강' '길' 두 기호는, 다같이 지속과 중단 그리고 변화라는 흐름의 원리에 기초를 두고 있음을 알 수 있다.

 매개항 '江'은 화자의 자기 응시 공간으로 이를 통하여 일상의 굴레에 무겁게 눌려 있는 자아를 정화하고 시인 본연의 생명, 숨겨져 있던 자아를 찾아서 시인 의식의 지향과 추구함을 완성시키고 있다.

 매개항 '길'은 만남과 이별 그리고 그리움이라는 대립들이 서로 잇닿아 있는 의미 공간이라는 점에서 인생의 모습, 인생의 역정을 그대로 은

유하고 있다. 특히 시 「갈림길에서」는 그리움이 귀환의 공간 구조를 띠고 나타나는데 고향, 어머니, 동심에로의 귀환을 지향하는 시인 의식은 근원에로의 회귀심으로 이어지고 있음을 엿볼 수 있다. 그리고 길의 매개항 '迂廻路'는 생활의 고달픔, 번잡함을 잠시 유보시켜 우회하는 공간으로, 여유와 휴식, 자연과의 교감, 정신적 사유의 통로로 나타나 있다. 특히 시 「우회로」에서는 인생의 의미를 '흐르는 것(달)' '가는 것(길)'과 더불어 '흔들림'과 '떨어짐'으로서 파악하고, 인간의 시간적 존재성과 그 허망함을 사유하고 있는 것으로 드러난다.

3. 수직과 수평의 중심 공간기호

지금까지 박목월 시 공간의 수직축과 수평축을 분리하여, 각각 그 매개항과 삼원구조의 기호체계를 밝혀 그 의미작용을 탐색해 왔다. 그러나 엄밀히 말하자면, 모든 시 텍스트들의 공간기호는 수직과 수평의 총체적 공간에 의해 우주상 혹은 세계상을 형성하고, 그 예술적 의미를 산출하게 된다. 즉, 문학 공간적 텍스트들은 총체성과 관련했을 때 의미의 정수를 획득할 수 있는 것이다. 때문에 목월 시 공간의 총체적 기호를 살펴보아야 할 것이다. 따라서 본 장에서는 목월 시 작품 중에서 수직축과 수평축의 공간기호체계가 복합적으로 나타난 작품을 채택하여, 그 메시지가 주는 의미작용을 판독하기로 한다.

> 水平으로 양팔을 벌리고
> 渾身의 集中으로 밸런스를 잡는다.
> 水平臺 위에서
> 라는 것은
> 그것으로 나는 垂直的

자세를 가다듬는다.
너와의 관계를 유지하면서
그것은
결코 독선도 自我陶醉도 하물며
中庸的인 體操練習이 아니다.
사회는 시궁창의 범람하는
수렁이 아니며, 우리는 이른바
고독의 不毛地에 팽개쳐진
말뼈다귀가 아니다.
어린 날의 水平臺에서
그 연한 毛髮을 태운 빛나는
태양을 상기한다.
라는 것은
引力의, 和親力의, 地上에서
모든 人間은 양팔을 벌리고
水平臺에서
밸런스를 잡는다.
라는 것은 그것으로
人間은 人間으로서의
垂直的인 자세를 바로 잡는다.

— 「밸런스」 전반부

시 「밸런스」에는 지상으로부터 높이 올라간 수평대 위에 인간이 양팔을 벌리고 서서 혼신의 집중으로 밸런스를 잡는 모습을 상상할 수 있다. 이때의 공간기호 체계는 인간의 신체공간 기호체계에 따라 수직축으로는 '머리(上)/몸통(中)/다리(下)'의 삼원구조, 수평축으로는 '오른쪽 팔/ 몸통/왼쪽 팔'의 삼원구조가 형성된다. 이것은 몸통을 중심으로 하여 수직축과 수평축이 교차되고 있는 공간기호 체계이다. 그리고 몸통이 그 중심을 상징한다. 신체공간 기호체계에 있어서 인간의 신체 중 심장과 배꼽이 위치한 몸통 부분이 세계의 중심과 동일한 의미를 지니고 있다는 것은 이미 앞에서 언급한 바 있다.

그런데 위의 싯구, "라는 것은/그것으로 나는 수직적/자세를 가다듬는다" 그리고 "라는 것은 그것으로/인간은 인간으로서의/수직적인 자세를 바로잡는다"에서 바로 '수평대'는 불안하고 위험한 인생의 삶의 장소임을 간파할 수 있다. 따라서 '밸런스를 잡는다'는 것은 수직적 자세를 가다듬고 바로 잡는, 즉 생의 균형을 잡는다는 의미가 된다. 그 생의 균형은 '수직으로서의 자세'이고 수직이란 문학 텍스트에서 '상(上)/하(下)'에 관계하는 성스러운 공간이다. 때문에 "결코 독선도 자아도취도 하물며/중용적인 체조연습이 아니다." 오직 '빛나는 태양을 상가하며' '引力의 和親力의' 행위인 것이다.

>하얀 楕圓形으로 빠져나간
>사랑은, 그렇다하여
>장대 끝에 맴도는 접시의
>曲藝가 아니다.
>너와의 관계를 유지하면서
>때로는 달리는 말엉덩이에서
>양팔을 벌리고
>水平을 취하지만 혹은
>아세틸렌 불빛에 얼룩진
>천막의 허공에서 흔들리는
>그네줄 위에서 水平을 취하지만
>그것은 曲藝가 아니다.
>어느 曲藝師도 渾身의 集中으로
>조화를 도모하려는 그런 뜻에서
>本質的으로 曲藝일 수 없다.
>물론 누구나 마지막에는
>두손으로 허공을 잡으며
>떨어지게 된다. 水平臺 위에서

하늘의 錘가 한 변으로 기울면
하지만 그것은
넘어지는 것이 아니다.
영원으로 출렁거리는
파도를 타려는 또 하나의
水平姿勢이다. 양팔을 벌리고
라는 것은 눕는 것이
가장 편안한 水平姿勢이기 때문이다.
어린 날의 두 다리를 뻗고
잠드는 감미로운 망각과
휴식의 손에 쥐어진
꽃.

— 「밸런스」 후반부

    그 수평대 위에서 수직적 자세를 가다듬는 행위는 '장대 끝에 맴도는 접시의' '달리는 말 엉덩이에서의' '흔들리는 그네줄 위에서의' 그것처럼 어려운 균형 잡기이다. 그 혼신의 집중으로 밸런스를 잡았을 때 영원으로 출렁이는 파도를 타게 된다. 릭 브르와(Luc Benoist)는, 수면은 우주적인 것에서 개인적인 것으로 또는 그 정반대의 전이가 일어나는 천상의 빛이 반사되는 곳이라고 말한다.[28] 또한 바슐라르는 몽상은 서로 결합하고 서로 유착하는 것으로, 하늘에 존재하는 것과 물에 존재하는 것은 결합한다고[29] 언급하고 있으며, 그리고『大地와 意志의 夢想』에서는 상상적 추락은 공간을 창조하고 심연을 더 깊게 한다고 말한다.[30]

    따라서 위의 시「밸런스」에서의 '허공을 잡으며 떨어지는 추락'은 수직과 수평의 중심 공간의 창조를 의미하며, '출렁거리는 파도타기'는 '하늘로 비상하기'의 행위, 곧 '추락'은 '비상'의 의미 작용을 표출하고 있는

---

28) 릭 브로와(1988),『징표・상징・신화』, 윤정선(역), 탐구당, p.93.
29) G. 바슐라르(1989),『몽상의 詩學』, 김현(역), 기린원, p.229.
30) 바슐라르(1982), 앞의 책, pp.412~419. 참조.

것으로 볼 수 있다. 그리하여 가장 완결된 수평적 균형 자세인 두 다리를 뻗고 양 팔을 벌리고 눕는 자세에 이른다. 엘리아데는 『聖과 俗』에서, 모든 어머니는 생명의 탄생이라는 신비를 성취함에 있어 대지로부터 지도를 받는다고 언급하면서 따라서 출산과 분만은 대지에 의해 수행된 모범적 행위의 소우주적 표현법으로써, 분만 후 아기를 땅위에 눕히는 것은 대지와의 실질적인 동일성을 함축하고 있으며 새롭게 태어남을 상징한다[31]고 말한다.

이렇듯 화자가 두 다리를 뻗고 양 팔을 벌리고 눕는 자세는, 대지와의 실질적인 동일성을 획득하고 새롭게 탄생된 소우주적 표현이라 할 수 있다. 따라서 대지는 또한 하늘과 유착된 의미 작용을 함축하고 있기 때문에 화자의 자세는 하늘과의 실질적인 동일성을 획득한 완결된 자세이기도 하다. 마침내 "어린 날의 두 다리를 뻗고/잠드는 감미로운 망각과/휴식의 손에 쥐어진/꽃"에서처럼, 이 자세는 수평으로 뻗은 손에 한 송이의 꽃을 쥐게 한다. 그 꽃은 빛나는 태양을 향한 꽃이다. 꽃은 발현의 개화로서 아름다움의 상징인 동시에 순결함, 새로움의 상징이요[32] 곧, 새로운 생명의 탄생을 의미하는 것이다.

이렇듯 목월 시의 수평과 수직이 교차되는 총체적 공간에서의 수평과 수직의 중심잡기란, 생의 중심잡기와 연계되고 나아가 세계론적, 우주론적 중심잡기의 의미를 생성한다. 다음은 목월의 시 「中心에서」이다.

    구름이 날개를 적시는
    땅끝에서
    바다가 얼어붙는
    不毛地의

---

31) M. 엘리아데(1988), 『성과 속』, 이동하(역), 학민사, pp.109~110. 참조.
32) 이지자·올리비에리·스크트릭 공저, 『문학의 상징·주제사전』, 장영수(역), 1989, p.184.

이편 땅끝까지
그 중심에서
나의 발길이 채이는
한 덩이의 돌.
거품으로 이는 垂直의 연꽃
꼭지에서
硫黃과 불의 바닥까지
그 중심에서
나의 발길에 채이는
한 덩이의 돌
바람과
고래의 길에서
水脈으로 사라지는
水菊의 오늘의 줄기에
또는 해와 달의
그 중심에서
나의 발길이 채이는
한 덩이의 돌.
사랑이여
사랑이여
사랑이여
한 가닥의 핏발로 뻗치는
억겁의 순간
순간.
나의 발길에
툭 채이는
한 덩이의 돌

—「中心에서(돌의 詩 ①)」 전문

시 「中心에서」의 삼원구조 공간기호 체계를 살펴보면 수평축으로는 '이편 땅 끝/돌/저편 땅 끝' 그리고 수직축으로는 '연꽃의 꼭지(上)/돌(中)/지하의 불바닥(下)'의 체계를 형성하고 있으며, 수직과 수평이 교차되는 총체적 공간으로 나아간다. 이때 수평축은 '불모지(바다가 얼어붙은 불모지)/옥토(구름이 날개를 적시는 땅)'의 이항대립 체계를 구축하고 수직축은 '연꽃(上)/유황과 불의 바닥(下)'이라는 이항대립 체계를 구축하고 있다. 따라서, 이는 '돌'을 중심축으로 하여 수평과 수직이 교차되고 있는 공간기호 체계를 드러내고 있음을 알 수 있다.

그런데 수평축의 '이편 땅 끝/저편 땅 끝'은 공간의 무한성을 내포하고 있으며, 수직축 역시 "거품으로 이는 垂直의 연꽃"에서 '거품이 인다'는 것은 액체가 기체화되어 상승 확산됨을 의미하기 때문에 무한한 공간으로 연결된다. 그 무한한 공간은 따라서 무한한 시간과 대응된다. 시간에 있어서 순간은 지속을 형성한다는 의미에서 연속적이며 연속은 또한 무한함으로 이어진다. 위의 시 「中心에서」의 동물(고래)과 식물(수맥)의 재생의 반복, 해와 달의 순환의 반복은 시간의 지속이며, 그 지속은 억겁의 순간이라는 시간의 연속으로 영원한, 무한한 시간성을 나타내주고 있다.

엘리아데는 『宗敎 形態論』에서 梵天(Brahma)은 아브자자(연꽃에서 태어난 것)라 불려지며, 물로부터 나오는 연꽃이 표현하는 것은 우주의 과정 그 자체로 顯現한 것, 우주의 창조를 표현한다고 말한다.[33] 따라서 '垂直의 연꽃'은 바로 '우주의 창조 과정'을 표현하고 있다고 볼 수 있다.

그리고 바슐라르는 『大地와 意志의 夢想』에서, 단단한 물질은 인간 의지의 위대한 교육자[34] 라고 말하고 이어서 돌에 달라붙어서 애를 쓰는 사람의 얼굴은 이미 돌 그 자체이며, 반대로 인간의 노력을 그처럼 자주 받은 바위는 인간 그 자체로 말하자면 바위는 인간의 노력을 구현시키는 것이라고[35] 언급한다. 이와 같이 '나'(화자)의 발길에 채인 '돌'에서의 '나'는 곧 '돌'과 동일성 관계에 놓인다. 따라서 '나=돌=우주의 중심'이

---

33) M. 엘리아데(1982), 앞의 책, p.311 참조.
34) 바슐라르(1982), 앞의 책, p.215.
35) 바슐라르(1982), 위의 책, pp.322~323 참조.

라는 상관 관계가 형성된다.

이와 같이 무한한 공간과 무한한 시간의 그 중심에 위치한 돌은 하늘, 땅, 지하의 수직축과, 이편 땅 끝과 저편 땅 끝의 수평축이 교차하는 그 핵으로써 우주의 총체적인 공간의 힘을 한 데 모으고 발산하는 세계의 중심, 우주의 중심이라는 의미 작용을 생성하고 있다. '나'(화자) 또한 돌과 동일성을 형성하여 우주의 중심인 성스러운 공간에 내면을 투사하고 있는 것이다.

이상 朴木月 시「밸런스」,「中心에서」 등을 통하여 텍스트의 총체적 공간기호와 그 의미 작용을 살펴보았다. 이를 통해 이 시들이 다같이 매개항을 중심으로 하여 수평축과 수직축이 교차되는 십자형의 공간을 구축하고 있음을 탐색할 수 있었다.

일반적으로 기하학적 상징인 십자형은 기독교 시대 전부터 존재하던 세계적인 상징인 십자가와 연결된다. 수평축의 가로대는 지상의 차원인 수동적인 것, 수직축은 천상의 차원인 능동적인 것을 상징한다. 수평축은 인간 개성이 모든 방향으로 연장된 공간이고, 수직축은 인간이 도달하고 싶어하는 우월한 상태들의 공간을 연결해준다. 13세기 남 프랑스 음유시인 페르 까르드날(Peire Cardenal)은 십자가에 대해 "십자가의 네 머리 중/그 하나는 창공으로/다른 하나는 심연으로 향해 있다./또 하나는 동쪽으로/다른 하나는 서쪽을 뻗어 있다"고 읊고 있다. 이것은 그대로 수직축과 수평축의 공간을 의미하는 것이다.

이렇듯 수직축과 수평축의 공간을 형성하고 있는 십자가는 그리스도교의 도상에서 '생명의 나무'로 표현되며 세계의 중심에 위치하여, 하늘과 땅 그리고 지하의 통로가 된다.36) 그리고 대지에 십자가를 세우는 것은 천지 창조 행위의 반복으로 새로운 탄생의 정당화 및 성별과 같은 것으

---

36) M.엘리아데(1982), 앞의 책, pp.322~323. 참조.

로 인간의 창조는 우주의 창조와 같다.37)

목월 시 「밸런스」, 「中心에서」나타난 수직의 이항대립 공간체계의 매개항 '몸통' '추' '돌'은 다같이 세계의 중심, 우주의 중심, 대지의 배꼽이라는 의미를 함축하고 있는 것이다. '몸통'은 하늘과 대지와의 실질적인 동일성을 획득하고 새롭게 탄생되는 소우주적 중심이고, '추'는 인생과 우주의 중심이며, '돌'은 우주의 총체적인 공간의 힘을 한 곳에 모으고, 발산하는 세계의 중심, 우주의 중심이라는 의미를 생성한다고 볼 수 있다. 위에서 분석한 것을 도식으로 나타내면 다음과 같다.

시 제목 \ 축	수직의 삼원구조	수평의 삼원구조	매개
「밸런스」	머리/몸통/다리	오른쪽 팔/몸통/왼쪽 팔	몸통
「中心에서」	연꽃/돌/유황과 불바다	저편 땅 끝/돌/이편 땅 끝	돌

---

37) M.엘리아데(1976), 앞의 책, p.33. 참조.

V. 총체적 공간기호

　이상 우리는 박목월의 문화와 자연 매개항 텍스트에 있어서 수직공간의 上/中/下, 수평공간의 內/中/外의 이항대립 및 매개항과 삼원구조, 그리고 중심 공간인 수직과 수평의 교차 공간을 분석하여 그 변별적 특징을 살펴보았다. 그래서 목월이 구축해 놓은 시 공간의 기호체계와 각각 그 층위에 따른 의미 작용을 살펴보았다. 다음은 목월 시 공간의 천체와 자연 현상물의 기호체계를 통해 총체적 공간기호를 살펴보기로 한다.
　목월의 시 전체를 하나의 텍스트로 간주해 놓고 천체와 우주 공간의 기상 현상인 자연 현상물을 살펴보면, 천체로서는 별과 달, 자연 현상물로서는 눈, 비, 안개, 바람 등이 텍스트 공간을 장식하고 있다. 이렇듯 목월은 천체와 자연 현상물을 적절하게 소재로 채택하여 그 텍스트의 의미를 뚜렷이 하고 있는 것이다. 목월의 텍스트 『靑鹿集』『山桃花』『蘭·其地』『晴曇』『경상도의 가랑잎』『어머니』『砂礫質』『無順』『크고 부드러운 손』에서 가장 많이 나타나고 있는 것이 달이며, 다음이 구름, 바람 그리고 눈, 비, 안개, 별의 순서가 된다.

이러한 천체들과 자연 현상물들은 목월 텍스트 속에서 일정한 공간의 질서를 체계화하고 있다. 즉 공간의 가장 최상단에 별이 존재한다. 그리고 지상에는 상방에서 하방으로 하강한 비, 물, 눈이 자리하는데 눈은 다시 상방으로 상승한다. 안개와 바람은 하늘과 땅의 중간에 위치하나 결국은 우주의 전 공간을 차단하거나 소통시킨다. 이러한 천체와 자연 현상물의 공간 질서를 기호화하면 '별・달(上)/안개・바람(中)/비・눈(下)'의 삼원구조가 생성된다.

1. 상방공간 — 별・달

지구상에서 보이는 천체가운데 가장 높이 떠 있는 것이 별이며, 인간이 인식하는 천체 공간 가운데 가장 먼 곳에 존재하는 것 역시 별이다. 목월의 텍스트에서도 별은 그 공간 의 최상단에 위치하고 있으며 만나기도 어렵다. 이렇듯 별은 '먼 곳'에 위치하고 있으며 '드물게' 만나는 텍스트 코드를 지니고 있는 것이다. '먼 곳'은 공간 언어이고 '드물게'는 시간 언어이다. 별은 인간이 근접할 수 없는 먼 공간, 그리고 흔히 볼 수 없는 존재물이다.

> 지금
> 숙연한 나의 손.
> 그리고
> 알라스카로 迂廻하는
> 에어라인의 그 方向으로
> 一百萬 光年의 저편에서
> 玄玄한
> 大熊座의 星雲.
>
> ―「限界」부분

靑算이 끝난 정결한 세계여.
입을 벌리면
말보다 입김이 허옇게 서리는
진실 속에서
우리들의
손이 닿을 수 없는 뒷등의
황량한 들판에
나의 子時의 北極星.

― 「나의 子時」 부분

루이 암스트롱이며
암스트롱의 트럼팻이며
영원히 돌아오지 않는
실종된 조종사며
그것을 노래한 柳致環이며.
산 자는 모두
북으로 가고
아니 죽은 자는
모두 북으로 가고
우리들의 指南針이 가리키는
子時의 北極成.

― 「吊歌」 부분

 "一百萬 光年의 저편에서/玄玄한/大熊座의 星雲"(「限界」) "우리들의/손이 닿을 수 없는 뒷등의/황량한 들판에/나의 子時의 北極星"(「나의 子時」) "우리들의 指南針이 가리키는/子時의 北極星"(「吊歌」)에서 '北極星'의 지시적 언어는 북두칠성 국자의 주둥이 쪽 별 두개의 길이만큼 수직방향으로 다섯 배 더 나아간 자리에 있는 별을 지칭한다. 그러나 북극성이 함축하고 있는 의미는 '최상단'이라는 공간이다. 즉, 북쪽은 사방 위에서 윗 쪽이며 극은 가장자리를 뜻하는 것으로, 시 「限界」에서 표현한

'一百萬 光年의 저편'에 자리하고 있다. 그리고 그 북극성은 '子時의 北極星'(「나의 子時」) (「吊歌」)으로 子時란 밤의 정점의 시간성을 지닌다. 말하자면 목월의 별은 공간적으로는 최상단에, 시간적으로는 밤의 정점에 위치한다. 또한 "산자는 모두/북으로 가고/아니 죽은 자는/모두 북으로 가고"(「吊歌」)에서 보여주듯, 그 별이 위치한 영역은 인간의 영역을 벗어난 신의 영역이기도 하다.

> 어둠 속에서 살아나는
> 아름다운 세계여.
> 숨을 죽이고
> 오늘의 연보라빛 국화송이.
> 그리고 숟가락에 어리는
> 간밤의 페가사스
> 찬란한 星座.
>
> ―「간밤의 페가사스」부분

> 地球는 돌면서 밤이 되고
> 가볍게 뿌려진 것은
> 하늘의 은모래……
> 큰 곰자리의 星雲
> 자갈돌은 제자리에서
> 얼어붙고, 地球는
> 돌면서 밤이 된다.
>
> ―「廻轉」부분

시「간밤의 페가사스」에서 "그리고/숟가락에 어리는/간밤의 페가사스/찬란한 星座" 또「廻轉」에서 "하늘의 은모래……/큰 곰자리의 星雲" 그리고「限界」에서의 "玄玄한/大熊座의 星雲"에서 '성좌' '큰 곰자리의 성운' '大熊座의 성운'처럼 별은 통일성의 체계를 갖추고 찬란한 빛을 발하며 먼 공간에 놓여있는 존재물이다. 이렇듯 목월의 텍스트에서 별은 공간적으로는 최상단에, 시적으로는 밤의 정점에 통일성을 갖추고 그 자리에 놓여 있는 절대적인 존재물인 것이다.

잠이나 자자.
돌아 누우면 언제나 황홀한
그 忘却.
그럴테지,
숭굴숭굴한
隕石.
타고 남은 것은
무엇이나 가벼워진다.
나의 詩도
그게 詩냐.
海線石보다 가벼운.
하지만
씁쓸한 대로
不平없는 나의 晝夜.
대범한
나의 偏足.
잠이나 자자.
돌아누우면 언제나
황홀한 雲霧.
나의 머리 위에 부는
허허로운 바람.
그럴테지.
타버린 것의
自己整理.
타버리고 남은 것은
무엇이나 정결하다.
타고 남은
隕石.

가벼운 돌.
　　　씀씀한 대로 大凡한
　　　내일의
　　　나의 詩,
　　　나의 老年

　　　　　　　　　　　　　　―「隕石」 전문

　위의 시 「隕石」은 화자인 '시인'과 隕石이 서로 의미적 조응을 이루면서, 인간이 잠을 자는 행위에 의미를 투사하고 있다. 즉 '시인 : 자다→망각하다→속세로부터 벗어나다', '隕石 : 타다→무게를 덜다→가벼워지다'라는 의미가 구축되며, 이것은 '청결함'과 '자기정리'라는 공통적 상태로 집중된다. '잠'은 '깨어있음'과 대립되면서 각각 '靜/動' '망각/기억' '無/有' '정신/육체' '밤/낮' 등의 변별적 의미를 산출하고 있는 것이다. 이러한 靜, 망각, 無, 정신, 밤 등은 '不平 없는 나의 晝夜' '대범한' 밤과 낮, 정신과 육체가 합일된 초극의 상태로 '씀씀한 대로'의 無와 '허허로운' 空의 공간을 생성한다.

　또한 "돌아 누우면 언제나/황홀한 雲霧/나의 머리 위로 부는/허허로운 바람"에서 '雲霧'는 현실 세계를 차단하고 성스런 세계에 펼쳐진 매개물이며, 바람은 '머리 위' 즉 상방(성스런 세계)에로의 소통을 촉진해 주는 매개물이다. 밤하늘 아늑한 공간에서 운석(隕石)이 떨어지듯, 인간은 잠을 통하여 속된 육체를 벗어나 가벼워진다. 이 속(俗)적인 것이 성(聖)적인 것으로 化(化)하는 순간이 가벼움의 성취요 달성이며 정결함이고 자기 정리의 상태인 것이다.

　　　연필을 깎는다.
　　　꼭두새벽을 가서 주는
　　　마른 향나무의
　　　깎이는 것은

그것으로 족하다.
오늘의 거품 안에서
나의 盲目的인 集中
연필을 깎는 面刀날에
어리는 星雲.
연필을 깎는다.
깎이는 것은 나의 마른 지팡이
오늘의 장님 안에서
그것은
무한으로 뻗어
銀洞系를 더듬는다.
지팡이 끝에서 빚어지는 찬란한 별자리.
오늘의 스크린에서
깨끗하게 스러진다.

자리를
털고 일어나면
연필 부스러기가
지저분했다.
바다 변두리로
날카로운 겨울의 잔뼈
午前이 말리고 있었다.

―「無爲」 전문

  시「無爲」를 공간 분절 하면 '별(천상)/연필 · 지팡이/지상'의 수직 삼원 기호체계가 성립된다. 연필과 지팡이는 등가물로서 천상과 지상을 연결해 주는 매개항이 되는 것이다. 그리고 연필을 깎는 행위는 무게를 더는 행위로 시「隕石」에서의 '不平없는 晝夜'와 마찬가지로 무아의 순수 상태, 즉 無의 내면 공간을 구축하고 '오늘의 거품'은 시「隕石」의 '허허로운'과 같은 의미로 空의 공간을 구축한다. 이러한 無와 空의 내면 공간에 마침내 찬란한 별자리가 빚어진다. '오늘의 장님'이란 정신적인 어두움의 상태를 일컬음이며, 연필(지팡이)을 깎는다는 것은 정신적 어두움으로부터 벗어나고자 하는 시인의 노력이다. 그것의 궁극적 추구는 밝음을 찾는 데 있고, 그 밝음은 별이 존재하는 공간에 있다.

별의 공간(천상)으로 나아간 후에 지상은 '연필 부스러기'만 남는다. 그것은 시인이 벗어놓은 속세의 허물이며, 잡다한 흔적들이다. 그런데 시인의 무위, 즉 無와 空의 내면적 공간은 은하계(천상)까지 확산함은 물론 바다의 변두리(지상)까지 심화된다. 다시 말하면 '연필=지팡이=시인'은 등가 관계에 있으며, 시인은 바로 우주 공간의 축인 것이다.

목월의 텍스트 속에서도 달은 언제나 시인과 가까이 있고 그리고 가득하다. 이러한 달은 목월의 시공간에 등장한 또 하나의 천체인 별과 같이, 상방 공간의 기호를 지닌다. 그런데 같은 상방에 위치하면서도 별과 달은 우선 각각 '최상방(지구로부터 먼 공간)/상방(지구와 가까운 공간)' '드물게 등장함/자주 등장함' 등으로 변별된다.

태양의 리듬이 하루하루를 나누고 우주 시간의 기준이 되고 있다면, 달의 리듬은 구체적인 시간, 즉 땅 위에서의 생명의 변이의 시간에 기준이 된다. 달은 초승달→보름달→그믐달→부재(3일밤 동안) 등 생명의 리듬을 가진 천체이다. 이런 의미에서 인간들은 달이 비, 물, 식물, 풍요 등 순환적 생성의 법칙에 지배되고 있는 우주의 모든 면을 구제하고 있다고 생각한다. 목월의 텍스트 속에서의 달도 쉬지 않고 흐른다.

    배꽃가지
    반쯤 가리고
    달이 가네.

─「달」부분

    달무리 뜨는
    달무리 뜨는

외줄기 길을
홀로 가노라
나홀로 가노라

— 「달무리」 부분

달안개 높이 오르고
청밀밭 산기슭에 밤비둘기
스스로 가슴에 고인 그리움을
아아 밤길을 간다.

— 「靑밀밭」 부분

달빛을 걸어가는 흰 고무신,
오냐 오냐 옥색 고무신

— 「달빛」 부분

구름에 달 가듯이
가는 나그네

— 「나그네」 부분

위 시에서 각각 '가노라' '간다' '걸어가는' '가는' 등은 전부 행위의 동작 동사며 현재 진행형으로 달의 흐름의 이미지를 더욱 생동감 있게 표출하고 있다. 달과 길과 보행은 조화를 이룬다. 달은 어두움을 비치는 본체인 동시에 그 흐름은 시간성과 관계한다. 그 시간성은 화자의 내면적 시간인, 즉 인생의 흐름과 조응한다. 달의 리듬은 그래도 인간 삶의 리듬인 것이다.[1]

시 「달」에서 달은 '배꽃가지'라는 생명 감각을 지닌 식물적 소재와 연결되어 있다. 달과 식물과의 관계는 지구상에 농경이 발견되기 이전부터 이미 관찰되어 왔다. 식물의 세계는 달의 리듬에 규제되는 주기에 따르고

---

1) N. 프라이(1982), 『비평의 해부』, 임철규(역), 한길사, pp.220~224 참조.

있는 것이다. 오늘날도 식물이 달의 열에 의해서 성장한다고 믿고, 달을 식물의 어머니라고 부르고 있는 지역도 있다.[2]

　인간의 일상은 매일 길이라는 통로를 통하여 출발하고 도착한다. 길은 수직공간에 있어서 하방에 속하며 수평공간에 있어서 前/後, 左/右, 內/外의 사이공간이다. 그 공간을 시적 화자는 완보하고 있고, 달도 똑같이 느릿느릿 간다. 그런데 화자는 수직공간의 하방(지상)에서 수평적 이동을 하고 있고, 달은 수직공간의 상방(천상)에서 수평적 이동을 하고 있다. 그러나 화자와 달이 각각 천상과 지상에서 서로 일치될 수 없는 평형의 수평운동을 하고 있는 것은 아니다.

　　　맘에 솟는 빈 달무리
　　　둥둥 띄우며
　　　나 홀로 가노라
　　　　　　　　　　　　　　　　　　—「달무리」부분

　　　들밖으로 달빛감고 달빛 감고
　　　사람 그림자 밤길 가고……
　　　　　　　　　　　　　　　　　　—「月夜」부분

　위의 시에서 보여주는 바와 같이 화자는 내면 공간인 마음속에, 그리고 외면 공간인 온 몸에 달빛을 감고서 길을 가고 있다. 이렇듯 달과 화자는 내면과 외면이 완전하게 합일된, 동심원적 경지에 있는 것이다.

　종교사의 초창기에 인간들은 공통적으로 천체 중 태양을 천공적 구조를 가진 지고존재자(至高存在者),(남성)로 숭앙하였고, 달은 대여신(大女神),

---

2) 이란, 브라질, 폴리네시아. 중국, 스웨덴 특히 프랑스의 농민들은 오늘날에도 초승달이 뜰 때 밭에 씨를 뿌리는 지역이 많다.

모든 살아있는 현실의 근원, 모태, 대지, 풍요로 인식하였다.[3] 오늘날에도 그 인식은 천체들의 상징으로 전해지고 설명되어 오고 있다. 목월의 텍스트에서 달도 이와 같이 주로 여성에 비유되고 있으며 특히 어머니의 이미지와 유계성을 지니고 있다.

> 한계의 母音
> 한줄의 韻律을.
> 은실모래의 細流. 하얀벼랑, 은은한 달밤을.
> 눈童子안에 한줄기의 沙汰
> 한 마리씩 떠나가는 새들.
>
> ―「心像」부분

> 달빛을 걸어가는 흰 고무신
> 오냐 오냐 옥색 고무신
>
> ―「달빛」부분

> 숱한 세월의
> 낡은 珠簾을 걷어올리소서
> 아아 환한 보름의
> 웃는 눈매
>
> ―「樂浪公主」부분

> 갈밭 마을의
> 명주 고름처럼 새하얀
> 보름밤의 오솔길.
> (………)
> 달빛에 나부끼는

---

3) M.엘리아데(1932), 앞의 책, p.149, pp.172~177 참조.

갈잎에 살아나는
하얀 어머니의 얼굴
　　　　　　　　—「갈밭 마을의 명주고름 같은」 부분

달빛이 하얀 숲길……
어머니를 따라
절에 갔다.
(………)
돌아오는 길에는
어머니 등에 업혀 왔었다.
어머니 등에 업혀 바라보는
아아
높고 푸른 보름달
　　　　　　　　—「달빛이 하얀 숲길」 부분

경주에서 나는 자랐다.
분황사 탑 위로 푸른 보름달
어머니는 아직 젊으셨다.
　　　　　　　　—「어머니의 옆모습」 부분

　위의 시에서 살필 수 있듯, 母音, 고무신, 환한 보름의 웃는 눈매, 하얀 어머니의 얼굴 등의 표현은 모두 달을 여성과 어머니에 비유하고 있는 것이다. 그런데 시 「달빛이 하얀 숲길」, 「어머니의 옆모습」 등에서 보여주는 바와 같이 어머니와 관련된 달은, 달의 변형 형태 가운데 특히 보름달로 상징되어 있다. 그리고 여성과 어머니에 비유된 달은, 신체공간 기호의 상방인 얼굴 부위에 비유되고 있다.

　　숱한 세월의

낡은 珠簾을 걷어올리소서
아아 환한 보름의
웃는 눈매
　　　　　　　　　　　　　　　—「樂浪公主」부분

잠자듯 고운 눈썹 위에
달빛이 내린다.
　　　　　　　　　　　　　　　—「귀밑 사마귀」부분

은실모래의 細流. 하얀 벼랑, 은은한 달밤은
눈瞳子안에 한줄기의 沙汰
　　　　　　　　　　　　　　　—「心像」부분

　위의 시 중에서 '눈매' '눈썹' '눈동자'는 모두 신체공간의 상방인 머리의 일부분으로 달과 등가관계를 이루고 있다. 그런데 달은 거대한 원환(圓環)이며 눈(目) 또한 작은 원환(圓環)으로 되어 있다. 다음의 예시들에서는 달이 '둥근 것'으로 비유되고 있음이 발견된다.

연필을 깎아낸 마른 향나무
고독한 향기
불을 끄니
아아
높이 靑과일 같은 달.
　　　　　　　　　　　　　　　—「深夜의 커피」부분

塔 위의
보름달
중천에 오를수록

Ⅴ. 총체적 공간기호　173

·　·　·
　靑과일 같았다.

　　　　　　　　　　　　　　　―「노래」부분

　경주에서 나는 자랐다.
　분황사 탑 위로 푸른 보름달
　(……)
　　　　·　·　·
　혀에 녹는 알사탕
　　·　·　·　·
　쏴한 박하사탕
　웬일일까. 기억에 새로운
　　　　　　　·　·　·　·
　어머니 주머니의 하얀 銀錢

　　　　　　　　　　　　　―「어머니의 옆모습」부분

눈, 눈동자를 위시하여 靑과일, 알사탕, 박하사탕, 은전 등은 모두 작은 원환이다. 바슐라르는 칼 야스퍼스(Karl Jaspers), 죠 부스케(Joe Bousquet), 라퐁테느(Jean de La Fontaine) 등의 형이상학적 사상을 예문으로 제시하면서 '존재는 둥글다'라고 원환성의 완전한 존재를 역설하고 있다.[4]

　　만일 '존재는 둥글다'라는 공식이 어떤 존재의 이미지의 원시성을 인식하도록 하는 도구가 되려면 이 조건은 필연적인 것이다. 거듭 말해서 완전한 원환의 이미지는
　　　　　·　·　·　·　·　·　·　　　　　　　　　　·　·　·　·　·　·　·
우리가 마음을 가다듬는 데 도움을 주며, 스스로의 시초의 존재성격을 되찾게 해주며, 우리의 존재가 내밀하게 내적인 것임을 확증해 준다. 왜냐하면 외면적 형상을 모두 제거해 버리고 내면으로부터 경험되어질 때 존재는 둥글지 않고는 달리 존재할 수 없는 것이다.(……)
　　그리고 언어에 대한 몽상가는 '둥그렇다'는 단어에서 무언가 고요함을 느낀다.(……)
　　시인은 한 사물이 고독해 지면 둥그렇게 되어 스스로에로 응집해 드는 존

---

4) G. 바슐라르(1983), 「원환의 현상학」, 『문학현상학』, pp.230~235.

재의 형상을 띠고 있음을 알고 있다.

일찍이 기원전 6세기에 피타고라스(Ptyhagoras)는 평면 도형 중에서 원이 가장 아름다운 것이라고 말한 바 있다. 그 뒤 플라톤(Platon)도 티메우스(Timaeus)에서 圓은 가능한 모든 형상을 그 안에 함유하고 있으며 완전한 도형인 圓은 이제까지 존재해 왔고, 또 언제나 존재할 존재 즉 신을 의미한다는 말했다.5) 목월은 거대한 달을 작은 원환으로 조응시키고 있는데 이상 원환의 이론에서 타나나고 있는 바처럼, 목월의 텍스트 속에 등장하는 달은 마음의 정화, 내적 존재의 본질, 고요함, 적막함, 고독, 아름다움, 여신 등의 의미 작용을 함축하고 있는 것이다.

또한 목월의 달은 '靑과일' '알사탕' '박하사탕' 등 주로 미각적 낱말들로 비유되고 있음을 볼 수 있다. 일반적으로 미각은 다섯 감각 중에서 감각과 대상과의 거리가 가장 짧다고 지적되고 있다. 음식은 나의 안에 들어 와서 나의 한 부분을 이루기 때문이다.6) 여기서 '靑과일' '알사탕' '박하사탕' 등은 달과 등가 관계를 이루고 있으며, 따라서 달이 화자의 내부에 침투하여 용해된, 즉 앞에서 언급한 것처럼 달과 화자가 완전히 한덩어리가 된, 동일화 경지에 있음을 다시 한번 환기시켜 준다. 또한 '靑과일'의 靑색깔이 주는 청결감, '알사탕'의 달콤함, '박하사탕'의 시원함 등은 깨끗함, 신선함, 정결함의 이미지도 함께 전달해 준다.

이렇듯 목월 텍스트 중 상방(하늘·달)과 하방(땅·시인)의 조화 합일되는 극치는 그의 초기 대표시라 일컫는 「나그네」에서 두드러진다.

   1 江나루 건너서
     밀밭 길을

---

5) 조르쥬 나타프(1987), 앞의 책, p.80.
6) 김현자, 앞의 글, p.275.

2 구름에 달 가듯이
　가는 나그네

3 길은 외줄기
　南道 三百理

4 술 익는 마을마다
　타는 저녁 놀

5 구름에 달 가듯이
　가는 나그네

―「나그네」 전문

　시「나그네」의 공간은 '하늘(달·구름)/땅(나그네·길)'으로 수직 이항 대립 체계를 이루고 있으며, '달(上)/저녁놀·술(中)/나그네(下)'의 삼원 구조 체계로 확충된다. 2연을 주목하면, 하늘에서는 달이 구름 위로 수평 행진을 하고 있고 땅에서는 나그네가 길 위로 수평 행진을 하고 있다. 그리고 '~듯이'에서 나타나듯 달의 속도만큼 꼭 같이 나그네도 가고 있다. 나그네의 행진은 달의 행진과 닮아있는 평행 수평 행진을 하고 있는 것이다. 그런데 그 행진은 제3연에서 보여주듯 '외줄기'이며 '삼백리'나 되는 길의 행진이다.

　3연이 고독한 인생 행로의 긴 여정을 공간적으로 극대화하고 있다면, 제4연은 존재론적 차원에서 그러한 인생의 행로를 긍정하고 수용하여 하늘과 땅의 화해가 시도된다. 제4연에서의 '술'과 '저녁놀'은 등가 관계를 이루고 있으며, 따라서 '술'은 '저녁놀'과 함께 '하늘(달)/땅(나그네)'의 이항대립 공간기호 체계에 있어서 매개항의 기능을 담당하고 있다. 술은 타는 불의 물이다. 그것은 액체로 입 속에 흘러들어 가지만, 가슴속에 들어간 즉시 열을 발산하며 타오른다.[7] 또한 엘리아데는 다음과 같이 말하고

있다.8)

> 성스러운 술취함은 덧없고 불완전하지만 순간적으로 神的 狀態에 참여하게 된다. 말을 바꾸면, 이 술취함은 참으로 존재하는 것 과동시에 살아있다는 역설, 충실한 실존을 가짐과 동시에 生成한다고 하는 역설, 力動的임과 동시에 靜的이라는 역설을 실현하는 것이다. 달의 形而上學的 運命은 不死이면서 살아있다는 것, 결코 終末로서의 죽음이 아니라 休息과 再生으로서의 죽음을 경험하는 것이다. 人間은 모든 儀禮, 象徵, 神話 등을 통하여 그 달의 運命과 連帶하려고 노력한다.

타는 물, 즉 술기운이 솟아오르면서 술은 저녁놀과 합일된다. 그리하여 알코올의 熱과 저녁놀의 빛이 결합하여 온 세계로 확산한다. 마치 저녁놀이 온누리를 곱게 물들이듯 온 세계로 번진다. 이것은 엘리아데의 말처럼 신적 상태에 참여하여 모든 역설을 실현시키고 달의 운명과 연대하고자 하는 시인의 내적 정신이기도 하다.

5연은 2연의 반복된 싯구가 아니다. 말하자면 2연에서는 달과 나그네가 각각 자아와 물상 간의 관계로서 합일된 수평 행진을 하고 있는 것이다. 4연의 하늘(달)과 땅(나그네)의 교감은 마침내 5연에서 物(달)과 我(나그네)의 一體, 天(달)과 地(나그네)의 合一의 완성을 보여주고 있는 것이다.

이상에서 고찰한 목월 텍스트에 나타난 천체 공간기호인 별과 달의 이항대립적 변별 특징을 종합적으로 도표화하면 다음과 같다.

---

7) G. 바슐라르(1982), 앞의 책, p.99~105 참조.
8) M. 엘리아데(1982), 앞의 책, pp.181~182 참조.

천체 변별 층위	별	달
상 징	절 대 자	여 신
공 간	수직 최상단	상 단
모 양	오(육)각형(불변)	圓(변함)
성 별	남 성	여 성
감 각	시 각	촉각·미각
행 위	정 적	동 적
감 정	차가움(경외)	따뜻함(친근)
물질적	건기(dry)	습기(wet)
정서적	싸늘함·대침묵 적막함·고독	고요함·고독 아름다움·신선함·정결함

2. 하방공간 — 비·물·눈

목월 텍스트 공간에서 비·물·눈 등의 자연 현상물은 수직축의 하방에 위치한다. 그중 비는 부정적인 성격을 띠고 공간과 시간의 극한 상황을 환기시켜주는 질료로 등장한다. 이러한 비의 수직적 추락은 공간기호체계에서 우선 현실의 극한 상황을 환기시켜주는 장식적 기능을 담당하고 있다.

  설레이는 하늘 빗발 속으로
  제각기 뿔뿔이 헤어져 돌아가면
  때로는 어둠 속에서 벗들이 부르는 소리
  때로는 물결소리에 벗들의 울음소리
          — 「갈매기 집」 부분

  오늘은

비묻은 人旺山 봉우리 같은
너를
부를 이름이 없다.

—「無題」부분

    비는 시인에게 현실 생활의 무거움을 환기시키는 질료로 등장한다. 비는 하늘에서 떨어지는 물로서, 그 수직적 추락은 수평적인 결속과 연결을 단절, 고립시킨다. 시 「갈매기 집」에서 비의 하강은 사람과 사람의 유대 관계를 갈라놓고 있다. '빗발'은 사람들을 '제각기 뿔뿔이 헤어져 돌아가게'하고 서로 떨어진 먼 거리에서 상대방을 울면서 찾게 한다. 또한 시 「無題」에서도 비는 '이름의 不在'로 나타나고 있는 것이다. 시인은 이러한 현실의 부정적 상황을 극복하려 노력한다.

비닐雨傘을 받쳐들고
사람들은
일자리로 나가고 있었다.
생활을 근심하며
인사를 하며
우산 속
모든 얼굴은 젖어 있었다.

—「素描·A」 부분

詩人이라는 말은
내 姓名 위에 늘 붙는 冠詞
이 낡은 帽子를 쓰고
나는
비 오는 거리로 헤매었다

—「某日」 부분

위의 시 「素描·A」「某日」에서 '우산'과 '모자'는 극복의 의지를 표상하는 시인 정신의 등가물이다. 이는 상방에서 하방의 공간으로 추락하는 불(비)을 차단하려는 시인의 방어물인 것이다. 그러나 상방으로부터 하방으로 추락하는 물(비)은 막을 수 없는 순리이기도 하다. 때문에 '우산'과 '모자'로 비를 차단하려는 시인의 의지는 추락하는 물을 거역하는 비극적 의지기도 하다.

시 「素描」에서 사람들은 이슬비에 젖지 않기 위해 '비닐우산'을 받쳐 들지만 여전히 "우산 속/모든 얼굴은 젖어 있었다." '비닐'이란 약하여 찢어지기 쉽고, 그 투명한 막은 내리는 비를 다 감지 할 수 있어, 사실상 비를 완전히 맞고 있는 셈이 된다. 이렇듯 사람들은 별로 제구실도 못하는 비닐우산을 들고 있기 때문에 비록 우산은 들었지만 끝없이 젖게 된다. 이러한 모순된 부정적 상황이 시인의 현실인 것이다. 이러한 비닐우산이 시 「某日」에서 '낡은 帽子'로 바뀐다. 모자는 시인이라는 정신적 고상함, 정신적 자위감이 실체화된 것이다. '비닐우산'에 비해 '낡은 모자'는 좀더 시인을 안심시켜주는 정신적 위안물이지만 여전히 그것은 "全身을 가리기에는/너무나 어줍잖은 것/또한 나만 쳐다보는/어린 것들을 덮기에는/너무나 어처구니 없는 것"으로써 제대로 현실을 받쳐주지 못한 것이다.

> 마음이 가난한 者는 福이 있나니…… 아아 그 말씀. 그 慰勞. 그런 밤일수록 눈물은 베개를 적시고, 한밤중에 줄기찬 비가 왔다.
>
> 이제 두 번 생각하지 않으리라.
> 孝子洞을 밤비를 그 祈禱를
> 아아 강물같은 그 많은 눈물이 마른 河床에
> 달빛이 어리고
> 서글픈 平安이
> 끝없다.
>
> ―「孝子洞」 부분

잠을 설쳤다.
道高溫泉의 첫날밤
베개 밑으로
골골골 흐르는 물소리
간밤에
누가 벤지도 모르는
베개를 베고
쉰의 막바지에서
등을 씻어내리는 물소리
오늘밤
가랑잎에 자리를 펴고
밤내 흘러간다.

— 「첫날밤(1)」 전문

비는 하늘에서 떨어지는 물로서 가장 강하게 물의 운동을 느끼게 한다. 비의 세기와 현실 공간의 극한 상황은 서로 역동적 관계에 있다. 비가 세게 내리면 내릴수록 현실 공간도 그만큼 극한적 상황에 놓이게 된다. 시 「孝子洞」에서는 '한밤중에 줄기찬 비가' 온다. 그 비는 하방의 경계선을 허물고 물의 숙명적 방향에 따라 밑으로 밑으로 추락한다. 또한 시인의 내면으로 깊이깊이 내려간다. 지하의 밑바닥은 시인의 마음 속 끝이다. 시인은 눈물을 흘린다. 그 눈물은 육체와 모든 혼을 짜낸 물, 정신적인 물이다.[9] 그 물은 베개를 적시고 아래로 내려간다. 그리고 마침내 시인은 상방으로부터 추락하는 물을 차단할 수 없다는 순리를 사유하기에 이른다.

시 「孝子洞」, 「첫날밤 (1)」에서 인간의 머리를 괴는 베개라는 언표가 등장한다. 그런데 신체 공간의 삼원구조 기호체계는 '머리(上)/가슴(中)/배(다리·성기(下))'로 형성된다. 이미 앞에서 논의한 바처럼, 머리는 상방의

---

9) 김화영(1982), 앞의 책, p.212. 참조.

공간에 위치하며, 따라서 '머리/배(다리·성)'의 이항적 대립 체계는 '정신/물질'이라는 의미론적 변별 특징을 지닌다. '베개'는 시인 정신의 받침대로서 시 「素描·A」, 「某日」에서 등장하는 언표 '우산' '모자'와 함께 매개항의 기능을 지닌다고 볼 수 있다. 즉, 비의 수직적 추락은 서로 분리되어 있는 공간인 상방과 지하(물·강·바다)를 이어준다. 이때 '우산(모자)'은 상방과 지하의 물을 분리, 단절, 차단시켜주는 중간항이고 베개는 소통, 연결시켜주는 중간항의 기능을 담당하고 있는 것이다.

시 「첫날밤」에서 "베개 밑으로/골골골 흐르는 물소리"는 바로 상방으로부터 추락한 물이 지하로 흐르고 있음을 의미한다. 시인의 정신적 사유는 '등을 씻어내리는 물소리'를 듣는다. 이것은 현실적 물질적 앙금인 때와 먼지를 씻어내는 작업으로 무게를 덜어내는 행위이기도 하다. 목월 텍스트에서 무게를 더는 행위야말로 하방적인 것, 지상적인 것(육체, 물질, 현실)의 소멸과 더불어 상방적인 것, 천상적인 것(영혼, 정신, 이상)의 생성을 의미하고 있는 것이다.

마침내 시인은 '우산'으로 내리는 비를 차단함으로써, 말하자면 부정하는 자세로 그 극한 상황을 극복하려는 의지가 순리를 거역하는 비극적 의지였음을 사유하게 되는 것이다.

> 競走에는
> 발이 가벼워야 한다.
> 골짜기로 달리는 물의 맨발.
> 어디서 어디로 달릴까.
> 그것은 나도 모른다.
> 그 盲目的 競走에서
> 환하게 눈을 뜨고
> 콸콸콸 가슴을 울리는
> 돌개울의 물소리.
> 무엇 때문에 달릴까.

그것은 나도 모른다.
까닭없이 열중하는 競走에
속잎 뿜어오르는 가로수로
달리는
희고 신선한 맨발.
시간의 물보라.

—「砂礫質 7 – 맨발」 전문

가을비에
碑石. 젖는
돌의 묵묵한 그것은
우리들 본연의 모습이다.
제 자신의
內面으로 침잠하여
안으로 물드는 단풍.
人間의 心性은
섬유질이다.
가늘게 올이 뻗쳐
죽음을 자각하는 자만이
참된 삶을 깨닫는다.

—「간밤의 페가사스」 부분

오늘은
비가 온다.
오기로니,
내일은 날이 들 것이다.
날이 맑기로니
우리의 적막은
우리의 것.
옷깃만 젖어서 무겁다.

—「二·三日」 부분

시 「砂礫質 7(맬밭)」에서 물의 흐름은 곧, 시간의 흐름이며 인생의 흐름이다. 인간은 시간속에 태어나서 어디서 어디로 달려야 하는 것인지도 모르면서 맹목적으로 달리다가(살아가다가) '시간의 물보라'처럼 찰라적으로 사라져 가는 존재인 것이다. 시인의 이러한 존재론적 사유는 그 극한 현실 상황의 부정적인 요소를 수용한다. 이는 상방적인 것과 하방적인 것을 모두 포용하는 자세이다. 즉, 시 「간밤의 페가사스」에서처럼 가을비에 젖는 것은 추락하는 물을 거역할 수 없는 숙명적인 인간 조건이며 시 「二·三日」에서처럼 비가 오면 개이게 마련인 것은 자연 현상의 순리인 것이다.

이제 시인은 물(강)이라는 이미지를 통해 존재의 근원을 파고 들어가 그 존재 속에서 원초적인 것과 영원적인 것을 동시에 찾아내고자 한다.

> 너를 보듬어 안고
> 구김살 없는 잠자리에서
> 몸을 섞고
> 너를 보듬어 안고
> 안개로 둘린
> 푸짐한 잠자리에
> 산머리여
> 너를 보듬어 안고
> 흥건하게
> 적셔적셔 흐르는 강물줄기에
> 해도 달도 태어나고
> 東도 西도 없는
> 잠자리에
> 너를 보듬어 안고
> 적셔적셔 흐르는 강물줄기여
> 너에게로

돌아간다.

― 「同寢」 전문

위 시 「同寢」에서 "너를 보듬어 안고" "몸을 섞고" "흥건하게/적셔적셔 흐르는 강물줄기"에서 시인과 자연은 완전히 한 덩어리가 되어 있다. 이 일체화는 '東도 西도 없는' 無의 공간이다. 폴 클로델은, 강이란 대지의 실체의 液化이며, 대지의 주름살의 가장 은밀한 곳에 뿌리를 내린 흐르는 물의 분출, 모유를 빠는 '대양'의 끌어당기기에 의한 젖의 분출이라고 말한다.[10] 우리 나라는 고대로 남녀의 행위에 있어서 남자는 능동적이고 여자는 피동적인 것으로 인식해 오고 있다. 때문에 위 시에서 '보듬어 안은' 주체는 남성이고 '보듬어 안긴' 객체는 여성으로 생각할 수 있다. 따라서 강은 여성과, 강물줄기는 젖의 분출과 등가 관계가 성립된다. 젖과 같이 영양이 되는 물, 분명히 소화되는 원소는 근원적인 음료[11]이며, 강은 바로 근원적 음료라는 이미지와 연결된다. 때문에 시인은 "강물줄기에/해도 달도 태어나고"라는 사유를 한 것이다. 강은 원초적인 것이고 해와 달은 영원적이다. 시인의 이러한 존재론적 사유는 "적셔적셔 흐르는 강물줄기여/너에게로/돌아간다"는 근원, 본래, 원초에로의 회귀를 의미하고 있는 것이다.

상방에서 하방으로 추락하는 물(비)은 '우산(모자)'으로 차단하고 극복하려는 인간의 방어적 의지에도 불구하고, '베개' 밑으로 계속 흘러 지하의 바닥에 다다른다.

*

1 물이 된다. 자기의 重量으로 물은 匍匐할 도리밖에 없다. 한 사람에게

---

10) G. 바슐라르(1986), 『물과 꿈』, 이가림(역), 문예출판사, p.176.
11) ――――(1986), p.179.

V. 총체적 공간기호 185

五十餘年은 긴 것이 아니라 무거운 것이다.
　땅에 배를 붙이고 낮은 곳으로 기어가는 물은 눈이 없다. 그것은 順理. 채우면 넘쳐 흐르고 차면 기우는 물의 進路. 눈이 없는 투명한 물의 머리는 온통 눈이다.

　2 물은 땅으로 스며든다. 흐르는 동안에 잦아져버리는 물줄기를 나는 알고 있다. 그 자연스러운 潛跡은 배울 만하다. 하지만 이튿날 아침에는 꽃잎에 現身하는 이슬방울.
　나의 詩.
　나의 죽음.
　하늘로 피어오른다. 그 날개를 가진 현란한 飛天. 그것은 헷세의 詩에서 은빛 빛나는 구름으로 人生의 無常을 現顯하고 안개로 化하여 서울거리를 덮는다. 이 轉身과 輪廻를 나는 알지만 또한 모르지만.

　　　　　　　　　　　　　　　　　　—「比喩의 물」부분

　　　어머니를
　　　어디서나 發見한다.
　　　꽃가지에 머금는 그늘에서
　　　어머니의 은근한 사랑은
　　　아른거리고
　　　바람결에도
　　　주름짓는 물상에도
　　　어머니는
　　　표정을 지으셨다.
　　　오늘은
　　　피어 오르는 물김에
　　　무지개로 빚어지려는
　　　어머니를 뵈옵고
　　　漂白된 구름에서
　　　비가 되시려는
　　　어머니를
　　　깨닫는다.

　　　　　　　　　　　　　　—「무지개를 빚으려는」전문

어머니 가슴속엔 은두레박.

하늘에서 줄을 내린 은두레박.

넘치게 물을 긷는, 사랑을 긷는

돌돌돌 울리는 도르레소리……

— 「은두레박」 부분

엘리아데는 물의 상징에 대해 다음과 같이 말하고 있다.12)

> 물에 들어가는 것은 형태 이전으로 되돌아감, 완전한 再生, 새로운 탄생으로 逆行하는 것을 상징한다. 왜냐하면 물에 들어감은 형태의 解消, 先在하고 있는 것의 무형태성으로의 回歸를 뜻하기 때문이다. 그러므로 물로부터 발생하는 것은 형태의 顯現이라는 宇宙發生的 행위를 반복하는 것을 말한다.

시 「比喩의 물」 1연 초두에서 화자는 '물이 된다'고 서술하고 있다. 이것은 화자가 물의 본질 속에 자신을 투사하고 있음을 함축하는 것으로, 엘리아데의 언급처럼 형태 이전으로 되돌아감, 완전한 재생, 새로운 탄생으로 역행하는 것을 상징한다. 그리고 '~할 도리밖에 없다.' '~운 것이다'라는 체념적 단정 서술은 물의 부정적 요소를 포용하는 의미를 내포한다. 즉, 목월 텍스트에서는 하방(지상)적인 것의 무거움은 부정적인 요소로 등장하고 있는데, 이 시 1연에서의 '자기의 重量' '무거운 것'을 포용하는 새로운 인식의 변이를 보여주고 있는 것이다.

물이 된 화자는 "땅에 배를 붙이고 낮은 곳으로 기어"간다. 이 동물적 특징으로 감각화된 표현은 물(화자)과 땅의 일체화를 나타낸다. 그리고

---

12) M.엘리아데(1982), 앞의 책, p.209.

배가 땅에 닿는다는 것은 추락의 끝, 지하의 밑바닥 공간에 이르렀음을 의미한다. 그 공간은 동시에 비상의 끝, 상방의 꼭대기 공간이기도 하다. 프라이는 다음과 같이 이야기하고 있는 것이다.13)

> 현세의 시간은 수평선이며, 무시간적인 현존(presence)은 그 수평선과 직각으로 만나는 수직선이다. 그 만나는 점이 성육화인 것이다. 장미원의 삽화와 지하철의 삽화는 각각 자연의 순환의 두 개의 반원(半圓)을 대충 그려주고 있는데, 위의 반원을 이루는 것은 경험의 세계이다. 그렇지만 우리가 장미원보다 위로 한층 더 올라가면, 또 지하철보다 아래로 한층 더 내려가면 우리는 똑같은 지점에 이르게 된다.

추락의 끝, 지하의 밑바닥 공간에 다다른 '물은 눈이 없다' 아니 '물의 머리는 온통 눈이다'. 눈은 시각 기능을 맡은 감각 기관의 하나로 눈의 부재(不在)는 어두움을 말하고 눈의 존재(存在)는 밝음을 나타낸다. 추락의 끝이 비상의 끝과 동일한 공간이듯, 그 어두움 또한 밝음과 동일한 의미를 함축하고 있다는 것이다. 이것은 공간의 무화(無化)이기도 하다. 화자는 무(無)의 공간에서 "채우면 넘쳐흐르고 차면 기우는 물의 進路" 그 순리(順理)를 관조하고 있는 것이다.

물(화자)은 2연에 와서 지하로 스며들면서 '흐르는 동안에 잦아져버린'다. 이러한 형태의 소멸을 엘리아데는, 물은 현상으로 일어난 모든 존재를 용해함으로써, 정화, 재생, 새로운 탄생의 힘을 소유하게 만든다고 말하고 있다.14) 따라서 '꽃잎에 現身하는 이슬방울'은 물의 재생이며 '하늘'로 피어오른다. 그 날개를 가진 현란한 '飛天'은 물의 상방 공간에로의 상승이다. 그리고 물이 '안개로 化하여 서울거리를 덮는다'에서도 안개는 상승한 물과 공기가 결합한 아주 작은 물방울들의 뭉텅이로써, 물의 상방 공간에로의 상승을 한층 더 확실히 보여주고 있다.

---

13) N. 프라이(1982), 앞의 책, p.457.
14) M. 엘리아데(1982), 앞의 책, p.216.

이렇듯 지하의 밑바닥에 수평적 운동을 계속하고 있던 물이 수직적으로 상승한다는 것은 화자의 말대로 '轉身과 輪廻'인 것이다. 이러한 전신과 윤회를 화자는 '알지만 또는 모르지만'의 경지에 있다. 이러한 모순어법은 1연의 '물은 눈이 없다. ……물의 머리는 온통 눈이다.'와 같은 발상으로 아는 것은 곧 모르는 것이며, 모르는 것은 곧 아는 것이라는 극과 극을 하나로 통일하는 화자의 인식 체계를 보여준다. 이러한 물과 흙의 결합, 그리고 물과 공기의 결합은 모든 상극되는 것들이 통합하여 우주만물의 생성 근원을 이룬다는 카잘리스의 기호론적 이론과도 부합한다.15)

이렇듯 정화와 재생을 거쳐 상방 공간을 향해 수직적 비상을 한 물은, 시「무지개를 빚으려는」에서 공간을 허물고 자유롭게 넘나든다. 이 시에서는 어머니가 바로 물(비)이다. 그런데 화자는 "어머니를/어디서나 發見한다."고 서술한다. '어디서나'는 우주의 전 공간을 지칭하는 장소이다.

---

15)

```
              (불)
              Feu
(열) Chaud         Sec(건조)
         AIR   TERRE
(습기) Humid
              Froid(차가움)

              Eau
              (물)
```

★(우주전체)는 △(상방)과 ▽(하방)으로 결합되어 있음을 도식화한 것으로 모든 상극되는 관계의 결합이 우주 만물의 생성 근원이 된다는 것.

M.Casalis(1976), The dry and wet, *A Semiological analysis of creation and Flood myths*, Semiotica 17:1, Mouton publisher, pp.60~64. 참조.

그리고 무지개는 공중에 떠 있는 물방울이고, 비는 상방으로부터 하방으로 추락하는 물이다. 시 「무지개를 빚으려는」에서는 어머니가 무지개로도 빚어지고 비로도 되시려 한다. 이것은 자연 현상물의 어떤 것, 그리고 공간의 어느 곳이건 똑같은 가치를 부여하고 있는 존재와 공간의 일체화로 해석할 수 있다. 시 「은두레박」에서 두레박은 상방→지하→상방으로의 운동을 반복한다. 이 반복 운동 역시 공간의 경계를 허물고 자유롭게 넘나드는 운동으로써 정화와 재생, 생성과 소멸, 근본으로의 회귀 등의 의미를 생성하고 있는 것이다.

이상 분석한 목월 텍스트의 자연 현상물인 비와 물은 프라이의 순환 구조의 상징으로 설명할 수 있으며16) 이러한 비와 눈은 다시 생명수인 지상의 눈(雪)과 연결된다. 목월 텍스트의 하방의 자연 현상물인 비와 눈 그리고 지하의 물을 공간의 질서에 따라 도표화하면 다음과 같다.

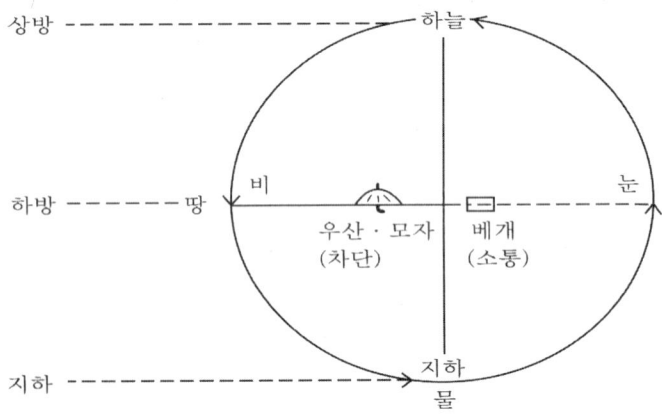

다음은 생명수이며 지상의 빛으로서의 눈이 구축하고 있는 공간기호

---

16) N. 프라이(1982), 앞의 책, pp.223~224, 참조. 프라이는 물의 주기를 비→샘→강→바다→눈→비의 상태로 회구한다고 설명하고 있다.

체계 및 그 의미 작용을 살펴보기로 한다.

천문학적 구조, 즉 지시 언어에 있어서 눈(雪)은 수증기가 공중의 빙점 이하에서 결정하여서 떨어지는 작은 얼음 조각이다. 그러나 목월 텍스트에서의 눈은 지상의 모든 속적(俗的)인 것을 덮고, 지워버리고 승천 회귀한다. 즉 수평의 전 공간의 경계를 해체시키고 수직공간의 상방을 향해 상승하는 것이다.

  電車가 끊어진 電車길 위에
  함박눈이 내렸다.
―「밤에 쓴 詩」 부분

  通禁의 鐵柵 안에서
  눈발 속에 묻혀가는
  것들을 생각한다.
―「埋沒」 부분

  終點위에서
  눈을 맞는다.

  通行禁止
  저편 시간 위에
―「終點에서」 부분

위 시에서 보여주듯 눈은 '電車가 끊어진 電車길 위에' '통금의 鐵柵 안에' '終點위 通行禁止 저편 시간 위에' 내린다. 이것은 전차가 끊긴 정지된 공간이며, 종점이라는 막다른 공간이고 통행 금지라는 막다른 시간이다. 말하자면 극한 공간과 시간에 눈은 내린다. 이러한 눈은 현실적 생활의 극한 상황을 정신적으로 승화시키려는 시인 정신의 등가물이기도 하다. 시인은 눈의 시적 매개물을 통하여 정신적 승화 작업을 계속하며 존재와 자아를 끊임없이 사유하고 있는 것이다.

> 오일 스토오브 앞에
> 의자를 당겨놓고
> 지난 겨울을 보냈다.
> 불꽃을 지켜보며……
> 밤이 되어도
> 등불은 켜지 않았다.
> 타오르는 생명의 소란스러움도
> 神性의 신비의 베일도
> 물러갔다.
> 다만 불꽃의 중심을 지켜보는
> 나의 얼굴에
> 빛과 어둠의 흐늘흐늘한
> 불꽃무늬가 얼룩졌다.
> 때로는 神의 그것과 같은
> 때로는 惡魔의 그것과 같은
> 나의 얼굴의
> 兩極의 진실은
> 우리의 것이다.
> 極의 정적은 서로 통하고
> 커튼 밖에는
> 따 끝까지 눈이 뿌렸다.

— 「兩極」 전문

　시인의 존재와 자아 탐구는 양극을 연결한다. 시 「兩極」에서의 시적 공간은 우선 '커튼 안(內)/커튼 밖(外)'의 공간으로 이항대립 체계를 구축하고 있으며, 다시 커튼 안(內)의 공간은 '불꽃의 중심'을 매개항으로 하여 각각 神性과 人性이 그 양극에 대치한다. 따라서 그 양면성인 빛/어둠, 선/악, 미/추 등의 이항대립은 인간 존재의 '聖的인 것/俗的인 것'의 대립 요소인 것이다. 인간이 정신(內)과 육체(外)라는 양면성의 존재물이듯, 인간의 속성 또한 극과 극의 양면성을 지니고 있다. 시인은 이것의 양극적 속성이 서로 대립되는 별개의 것이 아니라, 서로 연결되어 있음을 사유한다. 즉, 시인은 "나의 얼굴의/兩極의 진실은/우리의 것이다."라고 사유한 것이다. 그래서 "極의 정적은 서로 통하고/커튼 밖에는/따 끝까지 눈이 뿌렸다."에서 처럼 '눈'은 하늘과 땅을 연결해 주는 매개물로서 하늘(上)의 긍정적 이상과 땅(下)의 부정적 현실을 융화 화해시켜주고 있는 것이다.

> 通禁의 鐵柵 안에서
> 눈발 속에 묻혀가는
> 것들을 생각한다.
> 그
> 아늑한 埋沒과 부드러운
> 忘却으로 세계는
> 한결 정결해진다.
> 鐵柵조차 눈에 묻히고
> 잠이 든다.
> 모든 루울의 흰 라인은
> 베일 저편으로
> 몽롱하게 풀리고
> 드디어
> 발자국소리가 들리지 않는
> 아침이 열린다.
>
> ―「埋沒」전문

시 「埋沒」에서 '鐵柵' '우울의 흰 라인'은 '안(內)/밖(外)' '이쪽/저쪽'의 대립된 수평공간을 진술하고 있다. 그런데 이 대립 공간은 눈발에 묻혀 '잠이 들고 풀리게 된다'. 수평적 경계인 '안(內)/밖(外)' '前/後' '左/右'의 구별이 매몰되고 망각되는 것이다. '아늑한' '부드러운'의 형용사는 긍정적으로 사용되고 있으며, 따라서 화자는 '매몰'과 '망각'을 긍정적으로 받아들이고 있다고 할 수 있다. 또한 매몰은 공간 언어로서 空을 의미하고 망각은 시간 언어로서 무(無)를 의미한다.

즉, 눈은 모든 세속적인 것을 '매몰'하고 '망각'시켜 空의 공간과 無의 시간을 창조하는 시적 매개물인 것이다. 그리하여 "鐵柵조차 눈에 묻히고 / 잠이 든다". 잠은 시 「隕石」에서와 마찬가지로 세속적인 것, 육체적인 것으로부터의 분리이다. 그래서 "드디어/발자국 소리가 들리지 않는/아침이 열린다". 이러한 열림의 공간은 태초의 비분절된 카오스적 공간이다. 그 공간에는 '과거/현재/미래' '이곳/저곳' '안/밖' 그리고 '生/死'를 가르는 경계가 없다.

이렇듯 모든 지상(b)의 수평공간을 매몰과 망각의 세계로 만든 木月의 눈은 녹지 않는다. 그의 눈은 서럭서럭 오는(「描碑銘」) 또는 쇠랑쇠랑 뿌리는(「乙支路의 첫눈」) 싸락눈(「終點에서」)인 것이다. 의성·의태어는 현대시에 있어서 다른 시어와 마찬가지로 중심어 역할까지도 담당하고 있다.17) 의성어 '서럭서럭'은 단순음 'ㅅ'이 긴장음 'ㅆ'과 대응되고 또한 '사락사락'이라는 양성 모음과 대조 연상되면서, 하강하는 눈의 시원스럽고 풍성한 움직임을 감지케 한다.18) 그리고 '서럭서럭'의 'ㅅ소리'는 공기가 목안과 입안을 스치면서 나는 마찰음19)으로서 눈의 작은 육각 결정체가 녹지 않고 서로 부딪치는 생생한 음상을 환기시킨다.

또한 '쇠랑쇠랑'의 음상은 'ㅅ'과 'ㄹ' 같은 유성음을 조합하여 의도적으로 만든 조어(造語)로서, 눈을 금속음으로 환치시킨 음상징(音象徵)이다.20) 이 음상 역시 금속성처럼 날카롭고 찬 얼음 조각이 부딪치는 소리로, 눈의 그 형태가 흐트러지지 않고 생생하게 현존함을 나타내주고 있다. 즉

---

17) 김현자(1984), 앞의 책, p.42.
18) ────── , 앞의 책, p.42.
19) 노대규(1987), 『어학 서설』, 정음사, p.298.
20) 김현자(1984), 앞의 책, p.43.

눈이 상방으로부터 하방으로 시원스럽고, 풍성하게 하강하여 녹지 않은 생생한 결정체, 그대로 지상에 남아있는 모습을 환기시킨다.

이렇듯 물로 융해되지 않고 지상을 흰 빛으로 化하게 하는 목월 시의 눈은, 이제 지상으로부터 천상으로 승천 회귀한다.

> 앓고 있는 밤 사이에 눈이 내린
> 눈부신 아침이 있다.
> 보이는 것이
> 혹은 보이지 않는 것이
> 昇天하고 있었다.
> 白病院 뜰에도
> 달리는 버스 위에서도
> 교회 지붕 위에서도
> 하늘의 것은
> 하늘로 돌아가고
> 땅의 것은 땅에 남는
> 그 현란한 回歸
> 천사의 날개에 아른거리는
> 그림자의 저편으로
> 반사되는 빛의 함성
> 그 속으로
> 아기들이 달려오고 있었다.
> 내 안에서
> 파닥거리는 그것은
> 무엇일까
> 하늘의 것은 하늘로 돌아가고
> 땅의 것은 땅에 남는
> 神의 섭리
> 지금
> 보이지 않는 저편으로
> 보이는 이편으로

> 발자국이 남는다.
> 순결한 눈위로
> 천사들의
> 혹은 아기들의
> 돌아가는
> 혹은 돌아오는 맨발자국.

―「昇天」전문

　시「昇天」은 크게 '하늘/땅'으로 공간이 분절되면서 모든 것, 보이는 것이나 보이지 않는 것이건 간에 하늘의 것은 하늘로 돌아가고 땅의 것은 땅에 남는다. 하늘/땅의 공간을 연결해 주는 매개물은 '백병원' '달리는 버스' '교회지붕'이다. 하늘로 돌아가는 것은 천사들이고 땅으로 돌아오는 것은 아기들이다. 여기서 천사는 눈과, 아기는 시인과 등가 관계를 맺고 있다.

　"아기들이 달려오고 있었다" "순결한 눈 위로/천사들의/혹은 아기들의/돌아가는/혹은 돌아오는 맨발자국". 목월의 회귀는 현재의 상태에서 과거 어린시절의 순진무구한 세계로의 돌아감이다. 동심은 그의 시에 하나의 의식 매체로 작용하며 그의 의식을 재구성하는 정신적 생명체이기도 하다. 목월이 자연 현상물인 눈을 통하여 어린 시절로의 회귀를 갈망하고 있는 것은, 그 어린 시절의 시간 체험이 다양한 현실적 변화 속에서 그의 내적 질서를 회복하는 가장 가치 있는 삶을 의식하는 시간 체험이었기 때문이다. 즉, 현재의 시인은 자아를 잃어버린 상태이고 자아의 회복은 동심을 회복함으로서 이루어질 수 있다는 믿음이기도 하다.

　이렇듯 시「승천」에서의 '그 현란한 回歸'는 '神의 섭리'이며 또한 시「운석」에서의 자기 정리이다. 그리고 空과 無에로의 자기 정리는 근원으로 향한 회귀이다. 이것은 이미 앞서 언급한 바 있는 엘리아데가 역설한 원초 행위라 할 수 있다.

3. 해체공간 — 안개·바람

 이상에서 살펴본 결과 목월 시 공간에서 천체와 자연 현상물의 기호체계는 상방 공간에 속하는 별과 달이 각각 이항대립적 변별 특징을 지니고 있고, 하방 공간에 속하는 비·물·눈은 하강과 지하에로의 침투, 정화와 재생, 재생과 상승, 근원에로의 회귀 등 순환적 의미 작용을 지니고 있음을 알 수 있다.
 이렇게 해서 목월 텍스트는 목월의 시 세계를 나타내는 이차모델 형성체계의 기호를 생성하고 있는 것이다. 이와 같이 목월은 이항대립적 코드에 의해 그의 시공간을 정연하게 분절하고 구축해 가고 있지만, 반면 자기 자신이 만들어낸 시적 공간의 질서를 부수는 해체 작업을 하고 있기도 하다. 그는 그의 텍스트 공간에 매개항을 설정하여 놓는 데 그치지 않고 수직공간의 上/下, 수평공간의 內/外 등 대립 체계를 무너뜨리고 뒤바꾸는 기법을 사용하고 있는 것이다. 이어령은 이러한 공간기호의 해체에 대해 다음과 같이 말한다.[21]

> 二項對立과 그것을 뛰어넘어 原初의 全體性, 分極 이전의 退行 狀態로 回歸하려는 것은 空間의 構築 자체를 解體하려는 것이다. 上·下나 內·外의 境界的 意味가 아니라, 그 境界 자체를 消滅시킴으로써 空間의 分節을 붕괴하려는 記號의 解體이다.

 木月 텍스트에 있어서, 천체와 자연 현상물의 중간항인 안개와 바람은 공간의 해체기호를 형성하고 있다.

> 다만 太古의 신비로운 地平처럼 이슬과 안개로 풀린 愚鈍한 線으로 휘감

---
21) 이어령(1986), 앞의 책, p.494.

긴 얼굴 윤곽만이 새벽 벌판이련 듯 남았다.

이 거두지 못한 輪廓 속에 동녘하늘의 첫 햇살로 이마를 물들이고……
애띤 山은 겨우 微笑로 살아났다.

　　　　　　　　　　　— 「少 年」('―山의 生成'), 부분

가까운 것은
몽롱하고
먼 것이 선명해진다.
新聞을
펴면
흔들리는 세상.
老眼이여.
그
안개 속으로
바다에는
소나기처럼
떨어져 쏟아지는 갈매기
은은한 보라빛
기슭으로
그리고
찬보라빛
山마루로
늘
어리는
한오리 안개……
아아
마음이 渴한 서운한 그것.

山과
마주 앉으면

山은

늘 어둑한 顔色.
귀를 기울이면
늙은 川의 목소리는
잠겨있었다.

—「後日吟」부분

孝子洞終點 가까운 下宿집
窓에는
窓에 가득한 뻐꾹새 울음……
모든 것이 안개다.
사람과 사람사이의 인연도
혹은 사람의 목숨도
아아 새벽골짜기에 엷게 어린
청보라빛 아른한 실오리

그것은 이내 하늘로 피어오른다.
이것은 이내 消滅한다.
이 안개에 어려
뻐꾹새는
운다.

—「뻐꾹새」부분

위의 시 「少年(山의 生成)」에서 '안개/햇살'은 서로 이항대립 체계를 구축하고 있는데 안개는 산 밑, 찡그림, 우둔, 불확실이라는 언표와 상관 관계를 맺고 있고, 햇살은 산 이마, 미소, 총명, 확실이라는 언표와 상관 관계를 맺고 있다. 안개는 수평적으로 누워서 떠있는 것이다. 따라서 이 시에서 안개는 山 얼굴을 경계로 하여 '地坪처럼' 우둔한 선으로 떠있는 것이다. 다시 말하자면 이 시에서 안개는 산 밑, 찡그림, 우둔, 불확실이라는 부정적 의미를 동반하면서 '하늘/산/땅'의 수직 공간 삼원구조 체계 중 중간항인 '산'의 공간을 해체시킴으로써, 하늘과 땅을 차단, 분리시키고 있다.

　시「老眼」에서 노안과 안개는 서로 등가 관계에 있다. 또한 '노인의 눈'은 '젊은이의 눈'과 이항대립 체계를 형성하고 있으며, 서로 전도된 세계를 보여준다. 즉 노인의 눈은 '가까운 것은 몽롱하고, 먼 것이 선명'한 데 반하여, 젊은이의 눈은 '가까운 것은 선명한 데 먼 것이 몽롱'한 것이다. 이는 나이가 들수록 젊었을 때의 사고와 전도된 세계를 인식하고 있는 화자의 내적 사유이기도 하다. 흔히 눈은 마음의 거울로 비유되며, 세상은 작가의 정신적 영역으로 간주된다. 그런데 이 시에서는 노안으로 본 세상이 흔들리고 있다. 이것은 마음과 정신의 흔들림을 함축하고 있는 것으로 중심의 상실, 불안이라는 의미를 생성한다. 이와 같이 안개는 화자의 중심 공간을 해체시켜 내적 정신 세계를 전도케 하고 있다.

　시「後日吟」에서는 안개를 '마음이 渴한 서운한 그것'으로 표현하고 있다. 안개는 산의 얼굴을 어둑하게 하고, 목소리를 잠기게 한다. '어둑하다'에서는 어두운 색깔을, '잠기다'에서는 소리의 가라앉음을 감지할 수 있다. 이것은 각각 시각과 청각의 소멸이기도 하다. 질료적 측면에서 볼 때 안개는 움직임이 완만하고 무겁다. 따라서 '잠기다'라는 무게를 지닌 동사는 공간의 하방적 동사로, 공간적 체계에서도 하방의 기호에 속한다. 이렇듯 안개는 마음의 渴한 서운한 것, 어둡고 잠겨 있는 것의 의미로 표출되고 있으며 '하늘/산/땅'의 수직공간 삼원구조 체계에 있어서 산과 땅을 덮음으로써 해체시키고 있다.

　또한 시「뻐꾸기」에서 '모든 것이 안개다'라는 서술은 동·서·남·북·중앙이라는 총체적 공간이 안개로 차있어 공간의 분절이 해체되고 있음을 보여준다. 안개는 사람과 사람 사이를 차단하여 인연을 없앤다. 이 시에서 뻐꾹새는 객관화된 시인의 모습으로 안개가 지닌 부정적 의미, 즉 차단과 분리를 극복하고자 하는 내면의 자기 반응이다. 때문에 "안개에 어려/뻐꾹새는/운다". 이러한 안개는 분리, 차단, 소멸의 의미와 함께

동·서·남·북·중앙이라는 우주의 충체적 공간을 뒤덮음으로써 해체
하여 공간을 무화시키고 있다.

   흔들리는 다리를
   가누며 흘들리는 다리를
   사람들은 건너가고 있다.
   난간 쪽으로 열을 지어서
   다리의
   저편이 보인다는 것은
   착각이다.
   안개 속에서
   눈 앞에 확실하게 보이는 것은
   지금이라는
   좁은 시야.
   지나치고 나면 뒤도 어름하다.
   다리를 건너서
   우리가 가고 있는 곳은
   어딜까.
   지나온 것은 지나온 것이요,
   닿지 않는 것은 닿지 않는 것이다.
   그리고 지금은
   흔들리는 다리를
   가누며 흔들리는 다리를
   건너가고 있다.
   더듬거리며 저편에 보이지 않는
   안개 속에서
   물론 우리는
   저편에 닿게 될 것이다.
   흔들리는 다리가 끝나면
   하지만 누구나
   자기가 바라는 곳에 이르게 되리라고
   믿는 것은 착각이다.

대체로
전혀 생소한 곳에 이르게 된다.
그리고 마지막 난간에 의지하여
경악과 두려움으로
사방을 두리번거리게 된다.

—「假橋」 전문

시 「가교」는 수평공간의 '이편/假橋/저편'이라는 삼원구조 기호체계를 구축하고 있으며, 시간적으로는 '과거(지나온 것)/현재(가고 있는 곳)/미래(생소한 곳)'의 구조 체계를 구축하고 있다. 그런데 안개는 시간적인 '지금(현재)이라는 좁은 시야'만 제외하고 모든 공간을 덮고 있다. 그리고 화자는 '지금' 가교(흔들리는 다리)의 공간을 건너가고 있다. 그러니까 지금(현재)의 시간과 흔들리는 다리의 수평공간을 제외한 모든 공간이 안개로 덮여 해체되고 있는 것이다.

화자는 "흔들리는 다리를/가누며 흔들리는 다리를" 건너가고 있다. 1행의 '흔들리는 다리'는 사람의 다리를 지칭하는 것으로 신체 공간에 있어서 수직적 하방 공간기호에 속하고, 2행의 '가누며 흔들리는 다리'는 사물을 지칭하는 것으로 수평적 경계 공간이다. 안개는 수직의 하방 공간과 수평공간을 '흔들리게 함'으로써 교란시켜 중심을 잃게 하고, 균형을 상실하게 하고, 보행의 전진을 방해한다. 이렇듯 시 「가교」에서 안개는 이편과 저편의 공간 질서, 과거와 미래의 시간 질서를 해체시키고 있는 것이다.

김화영은 안개를 상상하면서, 사이의 차단, 접촉의 방해, 교류의 혼선, 감각 대상의 변형, 현실성의 상실, 질서의 혼동 등으로 이미지화 하고 있다.[22] 목월 텍스트에서도 안개는 이와 유사하게 무거움, 우둔함, 흔들림,

---

22) 김화영(1982), 앞의 책, pp.165~167 참조.

몽롱, 서운함, 어두움, 잠김, 상실, 분리, 소멸의 의미를 지니고 있다 할 것이다.

 그러나 앞서 목월의 시 분석을 통해 살펴본 바 있듯, 목월은 항상 의미의 부정적 측면을 허용하려는 넉넉한 마음의 자세를 준비하고 있으며, 결국 부정적인 것을 긍정적인 것으로 포용하여 승화시키고 있다. 안개의 공간기호 체계에 있어서도 한결같이 그의 그러한 자세가 의미 작용으로 표출된다.

   祖國은 兩斷되고
   休戰線은 呪偶.
   서울은 밤안개
   길이 희미하다.
   선생님 이래도 참아야 할까요.
   아암, 참아야지
   내 대답은 한결 같았다.
   그의 어깨는 지쳐 늘어지고
   다리는 절룩거려도.
   선생님, 내일을 위하여
   오늘은 참아야 할까요.
   아닐세.
   내일은 우리 것이 아닐세.
   (……)
   우리의 보람은
   오늘에 있는 것. 아무리
   그것이 괴롭더라도. 오늘의 참된 삶을 위하여
   참고 견디는 오늘의 보람.
   (……)
   아무리 忍苦의 쓴 汁이
   오늘의 盞위에 넘칠지라도
   이 거룩한 役事에
   오늘은 오늘로서 參與하는

> 國土는 兩斷되고
> 서울은 밤안개.
> 선생님 안녕히 가세요.
> 오오.
> 안개 속에 우리는 서로
> 孤獨한 影像으로 사라져 갔다.
>
> ―「同行」부분

시「동행」은 '祖國'은 "兩斷되고/休戰線은 咫個" "선생님, 내일을 위하여/오늘을 참아야 할까요"에서 나타나듯 수평공간은 '이쪽/휴전선/저쪽', 그리고 시간적으로는 '어제/오늘/내일'이라는 삼원구조 기호체계를 형성하고 있다. 그래서 시간적으로는 '오늘' 공간적으로는 '휴전선 이쪽'의 도시인 서울이 밤안개로 덮여 있다. 그런데 밤안개는 밤과 안개라는 이중적인 해체 기호의 작용을 한다. 밤 하나만으로도 공간의 경계가 무너져 버리는데 거기에 안개까지 시가지를 덮고 있는 것이다. 이러한 해체 공간에서는 너/나의 사이를 단절 고립시킨다. 이것은 "안개 속에 우리는 서로/孤獨한 影像으로 사라져 갔다"에서 잘 나타나 있다.

그런데 시「同行」은 "선생님 이래도 참아야 할까요/아암, 참아야지" "선생님 안녕히 가세요/오오." 등 대화의 극적 구성이라는 기법을 사용하고 있다. 서정시의 극적 구성이란 인물, 행위, 장면이 시 속에 내포되어 화자와 창자의 언술 행위가 직접 이어짐을 일컫는다.

이것은 시가 독자에게 명백히 전달해 주고자 하는 극적 상황을 내포하고 있다는 의미이기도 하다. 또한 이 시에서는 '아암' '오오' 등의 현상적 화자의 육성이 들린다. 이 화자의 생생한 목소리는 '오오냐' '오냐'와 동일한 계열의 소리로 다정함, 온건함을 환기시키는 의성어이다. 즉, 이 소리는 "우리의 보람은/오늘에 있는 것. 아무리/그것이 괴롭더라도, 오늘의 참된 삶을 위하여/참고 견디는 오늘의 보람."에서 보여주듯, 오늘을 참되게 살아가려 하는 삶에 대한 긍정적 관조이다. 밤안개의 부정적 측면을 참고 견디어 긍정적인 것으로 승화시키고자 하는 극복의 의지인 것이다.

한자락은 햇빛에 빛났다. 다른 자락은 그늘에 묻힌채…… 이 길쑴한 山자락에 은은한 웃음과 그윽한 눈물을 눈동자에 모으고 아아 당신은 영원한 母性.

그의 陰陽의 따뜻한 회임안에 나는 나는 눈을 뜨고 감았다. 다만 한오리 안개가 그의 神祕를 살픈 가리고 있었다. 어머니라는 말씀이 풀리지 않게 또한 굳지 않게.

仙女는 늘 昇天했다. 羽衣 한 자락이 하얗게 빛났다. 또 한 자락은 어둠에 젖은채…… 어둠에 젖은채 仙女는 또한 늘 下降했다.

초록빛 깊은 하늘에는 은드레박 오르내리는 소리가 들렸다.
―「山·素描 1」 전문

달이 휘영청 밝은 밤에

山은 안개로 풀려버렸다.

소나기가 비롯되는 夜半에

그것은 온통

音聲으로 되살아 왔다.

―「山」 전문

시 「山·素描 1」에서는 산이 어머니와 등가 관계를 이루고 있다. 그리고 그 山은 각각 '햇빛/그늘, 웃음/눈물, 양/음, (눈을)뜨다/감다, (말씀이)풀리지 않다/굳지 않다, 승천/하강, 빛/어두움, (은드레박)오르다/내리다'의 이항대립 체계를 한꺼번에 수용하고 있다. 그런데 '한오리 안개'가 '陰陽

의 따뜻한 회임'의 신비를 가려 '어머니라는 말씀이 풀리지 않게 또한 굳지 않은' 즉, 안개는 어머니와 나의 관계가 단절되지 않게 하는 질료로서 균형의 받침대 역할을 담당하고 있다. 따라서 안개는 이항대립적 체계의 부정성과 긍정성을 조화하는 균형의 의미를 함축하고 있는 것이다.

  그리고 시 「山」에서는 수직공간의 '달/산/땅'의 삼원구조 기호체계 가운데 안개가 그 중간항인 '山'의 형태를 허물어버리는 것으로 나타난다. 山은 그 형태를 해체하면서 '안개'로 변화된다. 안개는 山의 변용된 흔적이다. 이것은 한편 산이라는 무거운 사물이 안개라는 가벼움으로 변이됨을 내포하고 있기도 하다. 그런데 山은 또 다시 그 형태를 해체하여 '소나기 音聲'으로 변화한다. 소리(音聲)는 공기의 진동으로 무게를 완전히 제거한 가벼운 음파이다. 그리고 소나기는 세차게 몰아쳐 쏟아지는 비로써, 그 소리가 강하고 뚜렷함을 환기시킨다. 곧 멀리 있는 山이 안개, 소나기 音聲 등 두 번의 변이를 통해 완전히 그 형태를 해체하여 화자의 내면 속에 강하게 침투한 것이다.

  화자의 내면 속에 침투한 山은 "온통/音聲으로 되살아왔다." 시 「山」에서 밤이 그 어두움으로 공간을 해체시킬 때(소멸) 달이 그 밝음으로 다시 공간을 구축하듯(재생), 산 또한 안개로 풀려 공간이 해체되었으나(소멸) 음성으로 되살아 온 것이다(재생). 이렇듯 안개는 해체(소멸)와 구축(재생)이 맞물리는 연속적 양상을 보여주는 의미를 함축하고 있기도 하다.

  목월 텍스트에서 안개와 함께 바람도 공간 구축을 해체시키는 대표적인 자연 현상물의 하나이다. 바람은 수직공간 분절인 '上/中/下'의 삼원구조와 수평공간 분절인 '前/後' '左/右' '內/外'의 이항대립 체계를 침범하여 경계를 무너뜨리고 넘나들며 뛰어넘는 것이다.

      생선비린내
      그것이 풍기는 바닷바람은

코허리가 싯큰하게 좋았다.
(……)
바다가
비단폭처럼 날리는 것은
바람에 '갈매기집' 이
흔들리는 것은

임자, 나는 도포자라기
펄렁펄렁 바람에 날려
하늘가로 떠도는.
누가 꿈인 줄 알았을락꼬.

임자는 포란 물감.
내 도포자라기의 포란 물감.
바람은 불고
정처없이 떠도는 도포자라기.

우얄꼬. 물감은 바래지는데
우얄꼬. 도포자라기는 헐어지는데
바람은 불고
지향 없는 인연의 사람 세상

—「道袍 한 자락」 부분

바람은 기압의 변화에 따라 일어나는 공기의 흐름이다. 시 「갈매기집」에서는 바닷바람이 등장한다. 바닷바람은 물과 공기의 결합으로, 바슐라르의 상상력에 의하면 물은 지하와 관련을 맺고 공기는 하늘과 관련을 맺는다. 즉 수직공간의 4원소는 물—지하, 흙—대기, 공기—하늘, 불—천체의 순서로 배치된다. 이렇듯 바닷바람은 모든 공간의 경계를 해체하고 지하로부터 하늘까지 넘나들고 있음을 알 수 있다. '풍기다' '날리다' '흔들리다'는 전부 동작 동사로서 바람의 원활한 소통을 보여주고 있는 것이다.

"코허리가 싯큰하게 좋았다"에서 코는 신체 공간 중 사람의 얼굴을 기본으로 하여 그 중앙에 위치한다. 그리고 '싯큰하다'는 형용사는 '시근하다'의 거센말이며 '좋았다'는 긍정적 감정의 표출이다. 바람이 화자의 중심부에 강한 자극을 주고 있으며 화자는 그것을 '비단폭처럼' 기분 좋게 받아들이고 있음이다. 다시 말하여 바람은 우주 공간의 경계를 해체하고 원활히 소통하면서 화자의 중심에 자극을 가하여 자기 환기를 시켜주는 긍정적 의미의 자연 현상물임을 알 수 있다.

시 「道袍 한 자락」에서 바람은 술술 막힘 없이 온 공간의 경계를 허물고 소통되고 있음을 본다. "펄렁펄렁 바람에 날려"에서 '펄렁펄렁'은 음성모음으로 이루어진 동적 의태어로서 '팔랑팔랑'이라는 양성 모음으로 이루어진 정적(靜的) 의태어와 대조 연상되어 바람의 보다 큰 몸짓을 감지케 한다.[23] 이것은 곧, 바람이 크고 원활하게 잘 소통되고 있음이다. 그러한 바람은 '정처없이 떠돌고' '지향없다.'. 즉 목적한 방향이 없이 수직과 수평 공간 어디든지 넘나들고 있는 것이다. 그리고 바람에 날리는 '도포자라기'는 물감이 바래고 헐어진다.

즉, 이시는 '나=도포자라기→헐어지다' 그리고 '임자(부인)=포란물감→바래지다'라는 조응관계가 성립된다. '헐어지다'와 '바래지다'는 무게를 가볍게 한다. 이것은 바람에 의한 풍화 작용으로 무게를 덜어내는 작업이기도 하다. 무거운 물체는 하강하고 정적임에 반하여 가벼운 물체는 상승하며 동적(動的)이다. 이렇듯 이 시에서 바람은 큰 몸짓으로 수직과 수평의 공간 구축을 해체시키면서 전 우주 공간을 원활하게 소통하고 있음을 본다. 이와 같이 공간 구축을 해체시켜 자유로운 공간 속에서 상승하고 있는 것은 바로 화자의 내면 세계이기도 하다. 또한 바람은 시간성과 연

---

23) 김현자(1984), 앞의 책, pp.48~53 참조.

계되어 과거, 현재, 미래의 경계를 허물고 연결해 주면서 화자의 내면 세계를 일깨워주기도 한다.

> 1. 걸음을 멈추고 바람속에서/시계소리를 듣는다. 2. 세컨드 세컨드 귀에 울리는,/市廳지붕이 부옇게 바람에 불리/운다. *세컨드(Second)·秒時 3. 인사한 저 사람이 누구더라./아지랭이가 피어오르는, 疑問/그것조차 흔들리는 바람 속에서 4. 세컨드 세컨드 게으른 슬리퍼/를 끌며, 분홍 빛 自失狀態 속에/어리석어지는 생명의 한 때를 5. 오냐, 오냐, 종잡을 수 없는/대답을 바람 속에서 시계소리를/듣는다.
> ―「砂礫質 5-봄」 전문

> 蘭草는 무엇이냐, 나는 무엇이냐.
> 허막한 공간, 바람에 씻기는 한덩이 遊星 위에서
> 나의 內部에 돋아나는 蘭草
> 밤을 응시하는 蘭草의 눈, 蘭草잎새의 눈.
> 蘭草는 차라리 無仰하다.
> 차라리 水默色
> 나는 혼자다.
> ―「蘭草잎새」 부분

시 「砂礫質 5-(봄)」의 1연에서 "바람 속에서 시계소리를 듣는다"라는 것은 화자의 시간 의식을 의미하는 것으로 화자가 세월의 흐름을 감지하는 데 있어서 바람이 그 촉매제가 되고 있음을 알 수 있다. 그리고 '듣는다'에서 'ㄴ다'는 현재 진행 동작을 나타내는 어미로 화자는 현재의 시간 속에 있다. 2연의 "市廳 지붕이 부옇게 바람에 불리운다."라는 표현에서 '지붕'을 건축 공간 구조 체계로 살펴보면, 수직공간의 상방에 속한 것으로 천상, 정신, 영혼, 선, 긍정 등의 의미 작용을 생성한다. 그리고 '불리운다'는 바람에 날리움을 당한다는 의미이다. 즉 그 뿌연 시청 지붕(상방)이 바람에 날리움을 당하고 있는 것이다. 말하자면, 바람은 선명하지 않고 희끄무레한 화자의 정신에 낀 세속적인 때와 먼지를 털어주고 있는 셈이다.

　3연의 "인사한 저 사람이 누구더라"에서의 '~더라'의 서술형 어미는 이미 지난 일을 상기하며 말하는 어미로 '누구였더라' 즉, 과거의 시간을 성찰하는 화자의 고갯짓이다. '누구더라'는 '아지랭이' 공중에서 아른 아른하는 불확실한 '疑問'인 것이다. 그 과거에 대한 의문, 다시 말하여 과거 시간을 화자가 뒤돌아보게 일깨우는 촉매제가 바람이다. 바람은 화자의 내면을 흔들어 망각된 과거의 삶을 성찰하게 하여 과거와 현재를 연결 소통해주는 매개물인 것이다.

　이러한 성찰은 4연의 "게으른 슬리퍼를 끌며 분홍빛 자실장태(自失狀態) 속에 어리석게" 살아가고 있음을 화자에게 인지시켜 준다. 슬리퍼는 인간의 발바닥에 착용되는 물건으로 인간의 신체를 기준으로 하여 수직공간의 하방에 속하고, 수평공간에 있어서는 '집 밖(外)/집 안(內)'의 이항대립 체계 중 집안(內)에 속하는 물건이다. 신발이 현관 공간에서 출발과 도착을 동시에 이루어내는 매개물이라면, 슬리퍼는 집 안의 이쪽 저쪽으로 이동하는 매개물이다. 박목월 텍스트에서 수직공간의 하방은 현실, 물질, 육체, 속의 의미 작용을 생성하고 있음은 이미 앞에서 고찰한 바 있다. 이 시에서 '게으른 슬리퍼'도 현실 생활이라는 의미와 관련을 맺는다. '게으르다'는 것은 활동이 원활하지 못함을 뜻한다. 따라서 자실장태는 현실 생활에 활발하지 못하고 미온적임으로 해서 오는 자기 상실이며, 그 어리석음이다. 현실 생활에 최선을 다하지 못했다는 성실한 자책이다.

　화자의 이러한 자기 성찰은 마지막 연에서 '오냐, 오냐'의 긍정적 대답을 낳는다. 즉, 모든 것이 다 자기 잘못이라는 포용적 음성 기호이다. 과거시간의 생활, 그 부정적인 것까지 함께 수용하려는 너그러움이다. 이렇듯 바람은 과거와 현재의 시간, 현실과 물질의 공간을 해체하여 연결 소통시켜주고 있다.

시 「蘭草잎새」에서 "蘭草는 무엇이냐, 나는 무엇이냐"의 물음은 인간의 존재에 대한 사유이다. 바람은 화자의 사유를 도와 유성을 씻어준다. "바람에 씻기는 한덩이 遊星 위에서"에서 '씻기는'은 바람에게 당하는 별의 모습을 보여주고 있는 것이다. 목월 텍스트의 천체 공간기호 중 별은 수직 최상단에 위치하고 있으며, 지고 존재자, 불변의 의미를 함축하고 있다. 다시 말하여, 바람은 화자의 존재에 대한 사유가 지고(至高)의 경지에까지 이르도록 도와주고 있다.

"나의 內部에 돋아나는 蘭草"에서 나와 난초는 한 덩어리가 되고, 시인은 자아의 모습을 난초로 표상하고 있음을 알 수 있다. 나(난초)는 밤을 응시한다. 밤은 공간을 어두움으로 덮어 해체한다. 무의 공간이다. 이러한 공간은 화자의 우주적 세계 인식이기도 하다. "그리고 마침내 시인은 나 혼자다"라는 존재론적 사유를 하게 된 것이다. 이렇듯 바람은 나·난초(지상)로부터 유성(천상)에 이르기까지 모든 공간의 경계를 허물고 연결해줌으로써 화자의 존재론적 사유를 돕고 있다.

> 늦게 돌아오는 아이를 근심하는 밤의 바람 소리.
> 댓잎 같은 어버이의 情이 흐느낀다.
> 자식이 원숭까.
> 그럴 리야.
> 못난 것이 못난 것이
> 늙을수록 잔 情만 불어서
> 못난 것이 못난 것이
> 어버이 구실을 하느라고
> 귀를 막고 돌아 누울 수 없는 밤에
> 바람 소리를 듣는다.
> 寂寞한 귀여.
>
> ― 「바람 소리」 전문

뭐락카노, 저 편 강기슭에서
니 뭐락카노, 바람에 불려서

이승 아니믄 저승으로 떠나는 뱃머리에서
나의 목소리도 바람에 날려서

뭐락카노 뭐락카노
썩어서 동아밧줄은 삭아내리는데

하직을 말자 하직 말자
인연은 갈밭을 건너는 바람

뭐락카노 뭐락카노 뭐락카노
니 흰 옷자라기만 펄럭거리고……

오냐. 오냐. 오냐.
이승 아니믄 저승에서라도……

이승 아니믄 저승에서라도
인연의 갈밭을 건너는 바람

뭐락카노, 저 편 강기슭에서
니 음성은 바람에 불려서

오냐. 오냐. 오냐.
나의 목소리도 바람에 날려서.

― 「離別歌」 전문

二月에서
三月로 건너가는 바람결에는
싱그러운 미나리 냄새가 풍긴다.
海外로 나간 친구의
體溫이 느껴진다.

참으로
　　二月에서 三月로 건너가는
　　골목길에는
　　손만 대면 모든 사업이
　　다 이루어질 것만 같다.
　　東·西·南·北으로
　　틔어 있는 골목마다
　　水菊色 공기가 술렁거리고
　　뜻하지 않게 반가운 친구들
　　다음 골목에서
　　만날 것만 같다.
　　나도 모르게 약간
　　걸음걸이가 빨라지는 어제 오늘.
　　어디서나
　　분홍빛 발을 아장거리며
　　내 앞을 걸어가는
　　비둘기를 만나게 된다.
　　…… 무슨 일을 하고 싶다.
　　…… 엄청나고도 착한 일을 하고 싶다.
　　…… 나만이 할 수 있는
　　일을 하고 싶다.
　　二月에서
　　三月로 건너가는 바람 속에서
　　끊임없이 종소리가 울려오고
　　나의 겨드랑이에 날개가 돋아난다.
　　희고도 큼직한 날개가
　　양 겨드랑이에 한 개씩 돋아난다.

　　　　　　　―「三月로 건너가는 길목에서」 전문

시 「바람소리」에서는 '밤의 바람 소리'가 등장한다. 이 시 역시 「蘭草 잎새」에서처럼 밤과 바람이라는 이중적 공간해체 작업이 시도되고 있으며, '밤의 바람 소리'는 '근심하는 어버이의 情소리'와 등가를 이루고 있다. 즉, 밤의 바람은 전 우주 공간의 분절을 해체시키고 넘나들고 있으며, 그것은 화자의 내면 세계가 온통 늦게 돌아오는 아이에 대한 근심으로 가득 차 있음을 의미하는 것이다.

이렇듯 총체적 공간의 분절을 허물어뜨리는 바람은, 시 「離別歌」에서 또한 수평과 수직공간의 경계를 해체시키면서 우주 공간을 교류하고 있다. 시 「이별가」의 수평공간은 '이 편/강/저 편', 수직공간은 '이승/강(배·동아밧줄)/저승'의 삼원구조 기호체계를 구축하고 있다. 그런데 바람은 목소리를 '불리고' '날려서' 그리고 '옷자라기를 펄럭거려서' 저 편 강기슭과 이편, 이승과 저승을 연결시켜준다. 그리고 이미 시 「道袍 한 자락」에서 살펴보았듯이 '펄럭이다'는 음성 모음으로 이루어진 동적 의태어로서 바람의 보다 큰 몸짓을 감지케 한다. 이렇듯 바람은 수평과 수직공간의 벽을 허물어뜨리고 상호 소통을 돕는 자연 현상물인 것이다.

또한 시 「三月로 건너가는 길목에서」는 제목 자체에서 二月과 三月 사이의 시간적 추이를 공간적 연결항인 길목(골목길)으로 구체화시키고 있다. 이와 같은 시간의 흐름, 계절의 움직임으로 주도해 나가는 것이 '바람'이며 계절과 계절 사이를 이어준다. 그리고 "東·西·南·北으로/틔어 있는 골목마다/水菊色 공기가 술렁거리고"에서 나타나듯, 바람은 동서남북의 공간으로 확산된다. 이러한 바람은 부드럽고 따뜻하고 사랑스러운 사물로 변화되는데 '싱그러운 미나리'와 같은 풋풋한 풀 냄새와 부드러운 수국색의 공기, 그리고 사랑스러운 분홍빛의 비둘기를 만나게 한다.

그리고 바람은 은은한 '종소리'로 울리면서 마침내 나의 내면 속으로 들어와 나를 변화시킨다. 나의 겨드랑이에 돋는 '날개'는 바람이 내게 달아준 가벼움의 도구이다. 이때 나는 바람처럼, 종소리의 울림처럼 하늘로 날아오르는 존재의 가벼움을 느낀다. 그 '희고도 큼직한 날개'는 한 쪽이 아닌 양 겨드랑이에 돋아난다. 이것은 안정, 균형, 조화의 비상이다. 이와 같이 二月과 三月은 계절로 경계지워진 시간이 아니라, 이제 바람에 의해 소통되며 부드러움과 연약한 생명의 향기로움을 전해주는 경계해체의 시간이 된다.

모든 사물들이 바람에 의해 가벼움의 존재들로 바뀌어 갈 때, 나도 무거움을 털고 과거의 나 자신을 벗어날 수 있는 三月의 날개가 되는 것이다.

이상 박목월 텍스트에서 천체들과 자연 현상물의 공간 질서 그리고 공간의 해체 작업을 하고 있는 자연 현상물의 기호인, 안개와 바람을 도표화하면 다음과 같다.

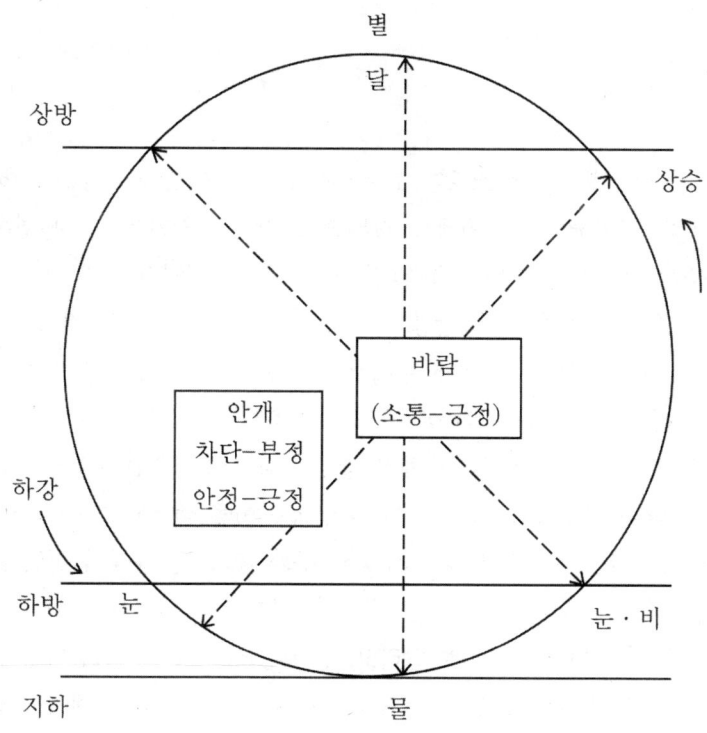

Ⅵ. 결 론

　본 연구는 박목월 텍스트를 고찰함에 있어, 매개항을 중심으로 하여 이항대립, 삼원구조 기호체계를 기본틀로 하여, 공간기호론적 방법론을 적용하여 다음과 같은 연구 분석 결과를 얻을 수 있었다.
　① Ⅱ장에서 상상력의 출발점으로 시도한 시「윤사월」의 공간기호론적 분석 결과, 수직공간은 '上(하늘)/中(산・나무)/下(집)' 수평공간은 '內(집안)/경계(문설주)/外(집 밖)'의 삼원구조 기호체계를 형성하고 있는데, 이것은 수직과 수평이 교차되는 총체적 공간 구축으로 확충된다.
　이 시의 수직공간은 '上→下' '遠→近'으로 이동 축소되고, 수평공간은 '內→外'로 이동 확산되어, 공간 구축을 무화시키고 전 우주적 공간을 형성한다. 즉 공간 확산의 상징물로 등장하는 '松花가루'와 '꾀꼬리'가 上方에서 표층적인 여름의 시작을 알리고, 下方의 눈먼 처녀는 심층적인 인생의 여름을 느낀 것이다. 따라서 기호 표현과 기호 의미의 관계에서 일어나는 이상, 자연, 활동, 자유, 평온, 생기, 기쁨 등의 의미 작용이 생성된다.

② Ⅲ장에서 고찰한 문화 매개항의 수직공간, 수평공간, 기호체계는 각각 다음과 같은 의미 작용을 생성하고 있다.

먼저 수직축 매개항인 층층계는 '이층(정신·이상)/아래층(물질·현실)'의 이항대립 체계를 형성한다. 시인은 시「층층계」「上下」「다른 入口」 등에서 층층계를 오르내리는 반복 행위를 계속한다. 이것은 이층과 아래층 어느 쪽도 충족치 못한 연유에서이다. 시인은 늘 정신적으로 공허했고, 물질적으로 부족했다. 그러나 시인은 이러한 갈등을 극복하고 층계를 밟고 下方으로부터 수직 상승한다. 그리고 성역(聖域)으로 오르기도 한다. 특히 시인은 우주의 기둥을 상징하는 어머니의 등(「달빛이 하얀 숲길」), 또는 질료의 핵심이며 존재를 그 중심으로 끌어당기는 소금기둥(「돌아보지 말자」)을 타고 성역에 오른다. 수직축의 매개항 사다리, 밧줄 등도 '上(천상)/下(지상)'를 연결해주는 매개 기호를 담당하고 있다. 그리고 비행기는 시인의 성역에로의 회구로서 시인이 단 날개이며, 인간의 조건을 초월하는 상징물임을 살필 수 있다.

수평축의 매개항으로는 문·집·창·방 그리고 신발·버스 등이 있다. 그중 門은 '열림/닫힘'의 경계적 매개항으로 현실 생활을 연결하기도 하고 가르기도 한다. 즉 열린 門(外)은 소통, 연결, 즐거움, 축복 등 생활인, 경제적 안정의 의미 작용을 생성한다. 열리지 않는 門(內)은 차단, 침묵, 고독, 절망 등 실직자, 경제적 불안정의 의미 작용을 생성하고 있다.

집·창·방의 수평축 매개항은 '內(안)/外(밖)'을 변별하는 경계적 기능을 담당하고 있다. 內(안)공간은 어머니가 계신 밝은 곳으로 질서와 정돈이 자리하고 있으며, 外(밖) 공간의 공격을 물리칠 수 있는 시인의 절대적 피난처이다. 특히 목월 詩에 등장하는 집·창·방의 內(안)공간은 시간을 초월하여 존재하는 고향과 관계하고 있으며, 시인의 근원적인 시 정신으로 그 뿌리는 모성에 있다.

수평축의 이동 매개항인 신발과 버스는 각각 현관과 종점에서 출발과 도착이 동시에 교차되며, 시인은 신발을 신고 혹은 버스를 타고 생활 공간 '이쪽/저쪽'으로 이동한다. 신발은 인간 신체의 수직 끝인 발바닥에 부착된 피동체의 이동물로 시인의 사물화된 자아를 상징한다. 그리고 버스는 시인의 고달픈 현실을 상징한다. 시인이 현관에서 신발을 신고, 종점에서 버스를 타고 나간 外(밖)의 공간은 객체아의 공간으로 현실적, 물질적 활동이 전개되는 곳이다. 그러나 시인은 어딜 가나 어디서나 항상 그 신발을 끌고 또 그 버스를 타고 출발지인 현관으로, 종점으로, 다시 회귀한다. 內(안)의 공간은 주체아의 공간으로 정신적, 이상적, 사색이 전개되는 휴식과 해방의 안주처인 것이다. 따라서 그의 회귀심은 바로 근원, 본래, 원초에로의 회귀이다.

③ Ⅳ장에서는 자연 매개항의 공간기호를 살펴보았는데, 먼저 목월 텍스트 공간의 수직축 매개항인 나무는 시인의 내적 자화상과 동일화된다. 나무는 '上(정신·이상)/下(물질·현실)'의 이항대립적 갈등 속에서 上方을 동경 지향하다가 '참음의 상징' '의지의 화신'으로 下方으로부터 상승을 시도하여 하늘 높이 솟는다. 俗으로부터 聖에로의 이행에 있어서 聖域에 들어간 나무는 遠景의 조망 속에 우주 공간을 조용하고 너그럽게 포용한다. 그것은 우주수(宇宙樹)로서 '거꾸로 선 나무'(「감람나무」)가 되기도 한다. 하늘과 나무의 뿌리가 맞닿고, 나무의 이마와 바다가 맞닿아 하늘과 땅이 완전히 일체화된 공간이 생성된다.

수평축 공간의 매개항으로는 '江' '길' 등이 박목월 텍스트를 장식하고 있는데, 이 두 매개항은 다같이 지속과 중단 그리고 변화라는 흐름의 원리에 기초를 두고 있다. 매개항 '江'은 시인의 자기 응시를 통해 일상의 굴레에 무겁게 눌려있는 물질적 공간에서 '江 건너 불빛'을 동경하고 '江 건너 돌'과의 동일화를 추구하고 있다. 그리하여 이항대립된 의미 공간의 긴장과 갈등을 이완하고, 시인 의식의 지향과 추구함을 완성시키고 있다. 특히 시 「江 건너 돌」에서는 육신의 구속과 물질의 무게 그리고 운명의 조건들을 덜어내고 극복함으로써 정신의 자유로움과 투명함을 획득한 시인 의식을 엿볼 수 있다.

'길'은 만남과 이별 그리고 그리움이라는 인생의 모습, 인생의 역정으로서의 의미 작용을 지니며, 화자는 인생의 비극적 존재 인식을 수용하려는 초극적 의지를 보이고 있다. 시「同行」에서는 인생의 의미를 덧없는 갈대에 비유하고 있으며, 시「갈림길에서」는 그리움을 고향, 어머니, 동심에로의 귀환을 통해 근원, 본래에로의 회귀심으로 표출하고 있다. 그리고 '迂廻路'는 목월 특유의 길 공간으로서 직선로와 변별적 특징을 지닌다. 우회로는 화자가 생활의 고달픔을 잠시 유보시켜 우회하는 여유, 휴식, 자연과의 교감 그리고 정신적 사유 공간으로 특히 시「迂廻路」에서는 시인이 이 공간을 걸으면서 인생의 의미를 '흐르는 것' '가는 것'과 더불어 '흔들림'과 '떨어짐'으로서 파악하고 인간의 시간적 존재성과 그 덧없음, 허망함을 사유하고 있다.

④ 수직과 수평의 중심 공간기호에서는, 이러한 수직축의 '上/下' 일체화에서 자아와 세계의 동일성, 수평축의 '內/外' 화해 균형 속에서의 근원에로의 회귀라는 의미 작용이 天·地·東·西·南·北·中央의 수직과 수평이 교차하는 총체적 공간에 다다름을 본다. 이 총체적 공간은 세계적 상징인 십자가와 연결된다. 즉, 시「밸런스」「中心에서」의 매개항인 몸통, 돌은 수직과 수평의 공간이 교차하는 그 핵으로써 우주의 총체적인 공간의 힘을 한데 모으고(응축) 발산(확산)하는 세계의 중심, 우주의 배꼽이라는 의미 작용을 생성하고 있다.

⑤ V장에서는 총체적 공간기호를 고찰해 보았다. 목월은 천체와 자연 현상물들을 적적하게 소재로 채택하여 그의 텍스트 의미를 구체화하고 있다. 즉 천체와 자연 현상물들은 정연하게 공간 질서를 형성하고 있는데, 수직 최상단에 별이 존재하고 다음 상단에 달이 존재한다. 그리고 지상에는 상방에서 하방으로 하강한 비·물·눈이 자리한다. 안개와 바람

은 상방과 하방의 중간에 위치한다. 이것을 기호체계화하면 '上(별·달)/中(안개·바람)/下(비·물·눈)'의 삼원구조가 구축된다.

별은 공간적으로는 수직 최상단인 聖域에 위치하며 시간적으로는 밤의 정점에 나타나는 통일성을 갖춘 절대적 존재물이다. 달은 주로 여성에 비유되는데, 특히 보름달은 어머니의 이미지와 유계성을 지닌다. 그리고 신체공간 기호 중 얼굴 부위에 비유되고 있으며 원환으로 조응시키고 있다. 감각적으로 靑과일, 알사탕, 박하사탕 등 미각적 낱말들로 비유하여 달과 화자가 완전히 합일된 동심원적 경지를 보여준다.

하방의 자연 현상물인 비는 부정적 성격을 띠고 공간과 시간의 극한 상황을 환기시켜 주는 질료로 등장한다. 우산과 모자는 상방에서 하방으로 추락하는 비를 차단하려는 방어물로 극복의 의지를 표상하는 시인 정신의 등가물이다. 그러나 비닐 우산과 낡은 모자는 추락하는 비를 막지 못한다. 비는 베개를 적시고 계속 하강하여 하방의 경계를 허물고 지하 밑바닥에 이르러 물이 된다. 물은 현상으로서 일어난 모든 존재를 용해 정화한다. 그리하여 시 「比喩의 물」 등에서는 수평운동을 멈추고 수직적으로 재생하여 꽃잎이 이슬방울로 현신(現身)한다.

눈은 모든 존재의 생명의 근원인 물이 재생하여 나타난 생명수의 결정체로, 녹지 않고 지상을 하얀빛으로 화하게 한다. 즉, 수평의 전 공간을 덮고 지워 空과 無로 化하게 하여 수직적으로 상승한다. 눈은 상방에서 하방으로 하강한 것으로, 눈의 상승은 근원에로의 회귀를 의미하고 있는 것이다. 「昇天」에서 시인은 현재의 상태로부터 어린시절 순진무구한 동심으로 회귀하고 있음을 볼 수 있는 것이다.

자연 현상물의 해체공간인 안개는 수평적으로 누워서 떠있는 물로 공간의 '상방/하방', 시간의 '과거/현재/미래'를 차단 분리시키고 '인간/인간' 사이를 고립 단절시킨다. 그리고 모든 사물을 잠기게 하여 무게를 준다. 시인은 안개 속에서 중심을 잃고, 균형을 상실하여 전진을 방해당하고 있다. 그러나 안개는 동시에 이항대립적 체계의 부정과 긍정성을 조화하는 균형의 받침대 역할을 담당하고 있기도 하다.

또 하나의 해체공간 기호인 바람은 전 공간과 시간의 경계를 허물고 뒤바꿔고 넘나들며 연결 소통시켜 준다. 그리고 시인의 내면을 흔들어 시인 정신에 낀 세속적인 때와 먼지를 털어주고 자기 성찰을 시도하게 하여 우주적 세계 인식에 이르도록 하는 촉매제의 기능을 보여주고 있다.

⑥ 이상 매기항을 중심으로 분석한 목월 詩 공간의 기호체계를 종합하면, 공간의 모든 기호들은 관계의 망 속에서 하나의 통합체를 형성하면서 포괄적인 시적 주제를 향하고 있는데, 그의 詩 텍스트는 대체적으로 두가지 양상을 띠고 있다.

첫째는, 수직 '上/下', 수평 '左/右' '內/外'의 공간기호가 존재의 모습을 포괄적으로 함축하면서 이항대립의 무수한 긴장이 제시된다는 점이다. 여기서 시인은 초극의 의지를 표출하여 양극의 긴장을 이완하고 화해, 융합, 합일, 조화, 균형의 자세를 터득하고 있다.

둘째는, 현상으로 존재하는 모든 것에 소멸, 낡음의 이미저리가 지속적으로 작용하여 미적 긴장을 유발시키면서 존재의 본질이란 허무한 것, 덧없는 것이라는 깨달음을 보여주고 있다.

그러나 시인은 이 두 가지 양상을 일체화, 세계화, 근원에로의 회귀, 순환이라는 존재론적 초극의 경지로 승화시킨다. 이렇듯 하나가 되고(일체화), 전부가 되고(세계화), 맞물려 둥근 것이 되고(순환), 시작이 끝이고, 끝이 시작이 되는 본래(근원에로의 회귀)가 바로 목월 텍스트의 지향점이다. 그리고 우리의 전통적 삶에서 배워온 것이기도 하다.

동양적 세계관의 가장 중요한 특징은 모든 사물과 사건들의 통일성과 공동의 상호 관계에 대한 깨달음, 곧 세계의 모든 현상을 기본적인 전일성의 현시(顯示)로서 체험하는 것이다. 목월은 모든 대립적인 것들의 양극 관계를 깨닫고, 그 대립은 서로 다른 범주에 속하는 절대적인 경험이 아니라, 단지 동일한 실재의 양면, 하나이면서 동시에 전체의 양극임을 깨달은 것이다. 그리하여 모든 이항대립된 양극적 요소를 하나의 통일체로 종합한 그 우주론적 공간에서 무위, 정적, 단순, 초연, 자적한 시인의 삶의 태도를 해독할 수 있다.

목월의 텍스트는 서정적 정신적 면에서 우리의 전통시와 밀접한 관련을 맺고 있으나, 시적 대상들은 내밀한 질서를 표출하고 있다. 즉, 그의 텍스트는 기호체계와 상징체계의 의미 공간으로 구축되어 시적 메시지를 생성하는 깊이를 지니고 있는 것이다. 따라서 본 연구의 의의는 목월 시의 매개 기호들이 생성한 다양한 의미 작용을 통해 시 텍스트의 총체적인 조명과 아울러 정확한 해석을 시도하는 데 있다. 그러나 목월은 전 생애를 통해 시작 활동을 한 큰 시인으로 미처 다루지 못한 매개 기호들이 과제로 남아있기도 하다. 아울러 그의 문학사적 의의와 시사적 위치의 정립을 위한 공간기호론적 텍스트의 연구 작업이 활발하게 진행되어 다양한 현대시 해독 방법론에 한 자리를 차지할 것을 기대해 본다.

제2부

구조와 기호의 실제

I. 돌의 공간기호론적 시학
— 박목월 텍스트 분석

1. 문제의 제기와 연구 목적

 박목월 시에서 돌은 다양한 모습을 하고 인상적으로 시적 무대를 장식하고 있다. 그 돌은 텍스트 도처에 많은 형태로 탈바꿈하면서 나타난다. 바위, 돌덩이, 돌멩이, 자갈, 모래, 돌담, 대리석, 비석 등이 돌의 이름이며 형상이고 텍스트의 질료들이다. 그 돌들은 시속에 단순한 정서의 질료로서만 존재하는 것이 아니라, 시인의 시 세계에 뜻 깊게 자리하여 시인의 시적 상상력의 출발점이 되기도 하고 중심 사상의 상징이 되기도 한다. 말하자면 돌은 바로 박목월 텍스트를 구성하는 테마이자 메타포이며 상징이고 개인적 신화라 할 수 있다.
 박목월은 1978년 지병인 고혈압으로 세상을 떠날 때까지 거의 5년을 주기로 하여 시집을 발간하면서 왕성한 시작활동을 하였다. 그의 시집으로는 『靑鹿集』(1946)을 기점으로 하여 『山桃化』(1979) 『蘭·其他』(1959) 『어머니』(1968) 『無須』(1976) 등이 생존시에 출간되었고, 그가 세상을 떠난 후 유고 시집으로 『크고 부드러운 손』(1979)과 『소금이 빛나는 아침에』(1987) 등이 출간되어 그의 시 편수는 총 490편에 달하고 있다.

이러한 박목월 시는 일찍부터 여러 측면에서 부분적인 검토가 다양하게 시도되어 왔다. 따라서 100여편 되는 적지 않은 연구의 외형을 지니고 있으며, 질적으로도 상당한 수준에 이르고 있다. 무엇보다도 두드러진 연구의 대상이 되어온 자연과 연계된 연구 작업을 위시하여 목월 특유의 시적 정신과 정서를 탐색하고 있는 연구, 형식적 기법을 통하여 목월 시의 특성을 탐구한 연구, 기독교적 세계관과 연결시켜 목월의 시적 지향성을 추적하는 연구, 동시 연구, 시사적 의의에 대한 연구 등이 있다. 그리고 근래에는 뚜렷한 방법론적 자각을 가지고 목월 시의 형식이나 구조를 천착한 논저들과도 만나게 된다.1)

목월은 생애 40여 년 동안 끊임없이 왕성한 시작활동을 했고, 500여 편에 이르는 방대한 작품의 분량을 내놓았다. 따라서 그가 써놓은 방대한 시의 분량만큼이나 많은 논의가 있는 것도 사실이다. 그러나 이 같은 많은 논의의 업적이 있음에도 불구하고 본 논자는 목월 텍스트에 대한 지평은 아직 닫히지 않았다고 생각한다. 따라서 그 텍스트에 대한 보다 넓고 깊은 고찰이 시도되어야 할 줄로 믿는다. 이러한 점에 입각하여 본 연구는 박목월 텍스트 속에서 중요한 시적 질료를 이루고 있는 돌의 시학을, 공간기호론적 방법론을 적용하여 탐색하고자 한다.

로버트 숄즈(Robert Scholes)가 "나는 텍스트를 생산한다. 그러므로 나는

---

1) 권명옥(1983), 「박목월 시의 연구」, 『목월 문학 탐구』, 민족문화사.
김용희(1988), 「박목월 시의 미적거리 연구」, 이화여대 석사논문.
김현자(1984), 「청록파 시에 나타난 의성 의태어 연구」, 『이화어문논집』 7집.
김형필(1985), 『박목월 시 연구』, 한양대 박사논문.
박운용(1984), 「박목월 시의 자연공간 연구」(土·中·完), 《심상》, 3, 5, 6월호.
엄경희(1990), 「박목월 시의 공간의식 연구」, 이화여대 석사논문.
김혜니(1990), 『박목월 시 공간의 기호론적 연구』, 이화여대 박사논문.

존재한다"[2]고 말한 바 있듯이, 텍스트는 최소의 개별 기호로부터 시작하여 인류사 전체를 총괄하는 우주적 기호에 이르기까지 무한한 범위를 포함하고 있으며 그 종류 또한 다양하다. 따라서 시문학 기호론은 시 작품 한 편 한 편이 그대로 독자적인 텍스트가 되기도 하지만 그 시 작품 전체가 관계의 망(network)으로 얽혀 있는 보다 큰 텍스트이기도 하다. 말하자면 우리가 살고 있는 우주의 시작에서부터 현재 이 순간까지 쓰여진 모든 문학 작품은 하나의 총체적 텍스트가 되는 것이다.

따라서 본 논의의 연구 목적은 돌의 총체적인 공간기호 체계를 살펴, 각 층위에 따른 의미 작용을 탐색함으로써 그 의미 구조를 판독하는 데 두기로 한다. 이와 같은 작업을 효율적으로 수행하기 위하여, 박목월 전 작품 중에서 돌의 이미지를 주 소재로 한 약 20여 편(『砂礫箕』17편, 『돌의 시』6편 등)을 연구 대상으로 하며, 특히 의미 층위별로 공간의 삼원 구조를 보여주는 「座向」「바위 안에서」「돌」「中心에서」「임」의 다섯 작품을 분석의 주 텍스트로 선정하였다. 그리하여 텍스트 공간기호의 내부와 외부의 상관 관계를 밝혀 그 상호 구조적 관계를 구명하고자 한다. 그런데 기호학의 종류와 그것의 적용 방법은 상당히 광범위하다. 때문에 본 논의는, 박목월 텍스트에 두드러지게 나타나는 돌의 이항대립과 그 속에서 작용하는 매개항의 기능을 통해 새로운 의미망을 구축하는 삼원구조의 시학을 탐색하는 데 주된 관심을 쏟기로 한다.

끝으로 목월 시 연구에 본 방법론을 채택한 이유는, 목월 시를 좀더 새롭게 체계적으로 조명하여 명확하게 판독하고자 하는 노력에서 임을 밝힌다.

---

[2] R.Scholes(1982), *Semiotics and Interprecation*, New Haven and London:Yale Univ. Press, p.3.

2. 방법론 서설

기호에 대한 성찰은 일찍이 플라톤이나 아리스토텔레스의 고대 철학에서부터 그 흔적을 찾아볼 수 있다. 그리고 기호론이라는 용어와 개념은 1690년 록크(John Loke)가 간행한 저서 『인간 오성론』(*An Essay Concerning Human Understanding*)에서 처음 발견된다.3) 그러나 이때의 기호학은 언어의 일반 이론이나 언어 철학과 확실하게 구별된 것은 아니었다.

그 이후 1914년 미국의 철학자 퍼어스(Charles Sanders Peirce)의 『철학논집』(*Collected Papers*)에서 기호와 기호론의 개념이 규정되었고, 1961년 소쉬르(Ferdinand de Saussure)의 「일반언어학강의」(*Cours de Linguistique Generale*)에서 언어기호 이론과 기호학의 성립 가능성에 대한 독창적 구상이 제시됨에 따라, 기호론이 하나의 독립 과학이 되는 획기적인 계기가 마련되었다. 그리하여 퍼어스의 기호학설은 모리스(Charles Morris)가 그의 저서 『기호 이론의 기초』(*Foundations of the Theory of Signs*)에서 계승하여 발전시켰고, 소쉬르의 기호학에 대한 구상은 뷔이상스(Eric Buyssin)가 그의 저서 『말과 언술』(*Les langages dt le discours*)에서 계승하여 발전시켜 본격적인 기호학 정립의 작업에 착수하였다.

20세기 후반에 들어서면 각각 불어권에서는 소쉬르의 기호학(sémiologie)이, 영어권에서는 모리스의 기호론(semiotic)이, 재론·검토됨과 동시에 이들 연구 업적들이 상호 교류되기에 이른다. 따라서 프리에토(Luis Prieto)가 그의 논문 『기호학』(*La Sémiologie*)4)에서 지적한 바와 같이, 현대 기호학의

---

3) 이 저서에서 그는 고대 말기 스토아 학파가 분류했던 자연학, 윤리학, 기호학의 3분과를 부활시키고, 나아가서 그 대응 관계에 의하여 철학을 자연학, 실천학, 기호학의 3부분으로 분류함으로써 기호학(semiotike)이란 용어를 학문 전반의 기본적 구분으로 나타내는 한 부분의 명칭으로 사용하였다.
4) Luis Prieto(1968), *"La Semiologie" in Le Langage*, Encyclopedie de la pleiade : sous la directin d'Andre Maftinent, Paris, Gallimard, pp.94-144 참조.

방향은 크게 두 갈래의 지류를 형성하게 되는데 즉, 전달의 기호학(sémiologie de la communication)과 의미 작용의 기호학(sémiologie de la signification)이 그것이다. 전달의 기호학은 뷔이상스, 프리에토에 이어 무냉(George Mounin)에 이르러 크게 논의가 제기되었고, 의미 작용의 기호학은 바르트(Roland Barthes)의 『신화론』(*Mythologies*)을 비롯하여 『기호학의 원리』(*Elements de sémiologie*), 『의상유행의 체계』(*Systéme de la Mode*) 등의 저서를 통하여 기초이론 및 실제가 정립되었다. 전달의 기호학은 의도적이면서도 약호성이 거의 완전할 정도로 강한 신호의 전달에만 그 대상을 국한하려 하는 반면, 의미 작용의 기호학은 약호성이 비교적 약하거나 전혀 없는 인간 문화 사상에까지 그 대상을 넓혀 의미를 읽어내려고 한 점에서 상호 차이가 있다.

그러나 에코(Umbert Eco)의 지적에 의하면 이 상호 배제적인 전달의 기호학과 의미 작용 기호학 모두가 소쉬르의 기호 개념에 의하여 성립된다.[5] 이는 즉, 기호에 의한 전달이 가능하게 되는 것은 의미를 전달하는 의미 작용을 전제로 하지 않을 수 없다는 지론이기도 하다. 다시 말하여 기호(sing)는 기호 표현(signifiant)과 기호 내용(signifié)의 두 측면으로 이루어지면, 그 측면의 연관이 의미 작용(signification)인 것이다. 하나의 문학적 텍스트는 언어에 의하여 누가 누구에게, 어떤 시간 어떤 공간(사회적 문화적 맥락)에서 언표되는 언표 작용인가 하는 데 그 공통성이 있다. 때문에 언어학과 밀접한 관계를 지니며 소쉬르가 구분해 놓은 빠롤(parole)의 기호론과 일치된다고 할 수 있다.

소련의 타르투 대학 교수이며 소련 기호학자들 그룹의 지도적 이론가인 로트만(Yurij Lotman)은 언어를 1차, 2차로 구분하여 모델로 체계화하고 있으며, 바르트 역시 문학 언어는 제1차 대상 언어에 작용하는 제2차

---

5) Umberto Eco(1979), A Theory of Semiotics, Bloomington, Indiana University Press, p.14.

언술이라고 말한 바 있다. 이에 의하면 문학 텍스트를 기호체계로 보려고 할 때 가장 분명하게 구분해야 할 것이 1차적 모델체계 언어와 2차적 모델체계 언어이다. 말하자면 문학은 바로 음성, 1차 언어의 기호 표현을 그 자료로 삼고 있다. 그러나 1차 언어가 2차 언어로 코드를 전환하게 되면 다차원적 모형을 형성하게 된다. 이 다 차원적 모형이 체계적인 불변체들 사이를 구체화하여, 변별적 특징을 나타내주고 그것에 의해 대립(opposition)또는 상관 관계(corrélation)와 같은 요소들을 구성한다. 때문에 음성 중심적 1차언어가 2차체계의 언어로 변환될 때 문학의 공간성이 야기된다. 이어령은 그의 논문에서 다음과 같이 말하고 있다.6)

> 예술의 二次모델 형성 체계의 그 모델은 공간을 통해서 나타나며, 공간적 관계의 언어는 현실의 의미 부여(기초내용)의 주요한 수단의 하나가 된다. 문학만이 아니라 문화를 기술하는 이차 언어의 의미들은 공간 형식을 통해서 그 '世界像'(world view)을 형성하게 된다.

공간기호론은 문학 언어인 2차적 언어를 대상으로 메타 언어의 체계를 구축하자는 이론이다. 엄밀한 의미에서 기호 체계와 공간 체계는 다르다. 우리가 문학을 기호 체계화한다는 것은 그 구조체를 탐색하는 작업이다. 그러나 구조체를 탐색하는 과정에서 필연적으로 부딪치는 것이 공간이다. 따라서 기호 체계 이론과 공간 체계 이론은 밀접한 관계에 놓이게 된다. 때문에 공간기호론의 이론 정립은 타당하고 필연적일 수밖에 없다.

공간기호론의 시험적 논의는 토도로프, 쥬네트, 바르트, 그레마스, 슐츠의 노력이 시도되고 있다. 그러나 공간 개념을 하나의 2차적 언어로 체계화하고 작품에 적용하는 실천적 비평의 단계에는 아직도 이르지 못한 형편이다.7) 때문에 이 논의는 그 장황하고 산발적인 이론들을 발판으로 공

---

6) 이어령(1986), 『문학공간의 기호론적 연구』, 단국대 박사학위 논문, p.13.

간기호 체계를 추출하여 이론의 가능성을 탐색해 보는 데 그 주안점을 두고자 한다.

3. 돌의 삼원구조

우주의 총체적 영역(domain)은 산맥, 바다, 사막 등 하나의 선분과 같은 연속적인 사물에 의해 어떤 구역(area)으로 분할된다. 그래서 하나의 장소를 형성한다. 그러므로 장소를 획득하거나 만든다는 것은 영역을 여러 개로 나누어 구조화하고 실존적 공간을 구축하는 것이라 할 수 있다. 이미 앞에서 살펴본 바와 같이 그 우주 공간 구축 체계는 두 가지 주축이 있는데 바로 수직축과 수평축이다.

영역을 분할하여 구역을 만든 다거나, 개인의 실존적 거주 처에 벽을 세워 장소를 나눈다는 발상은 모두 자기가 살고 있는 세계 혹은 장소를 무질서한 혼돈 가운데서 질서 있는 공간으로 설계하고자 하는 인간의 보편적인 욕구의 한 표현이다. 그리고 그 공간 질서를 체계화하는 데는 반드시 하나의 중심점과 관련을 맺어 포괄적인 공간 질서가 결정된다.[8] 이 중점이 바로 문학 텍스트에 있어서 수직축의 上/下, 수평축의 左/右 前/後, 그리고 內/外 공간의 중심점이며 동시에 매개항이 되는 것이다.

이와 같이 수직축과 수평축 그리고 내외 공간의 이항대립은 매개항을 통하여 다시 조정되며 좀더 세밀화 되어 공간기호 체계를 한층 더 견고하게 해준다. 그리고 공간의 이항대립 체계 한 중간에 매개항이 자리하여 각각 수직축의 '上/중간(매개항)/下', 수평축의 '左/중간(매개항)/右' '前/중

---

7) 이어령(1986), 앞 6), p.15.
8) Christian, Norberg, Schulz(1971), *Existance, Space & Architecture*, New York : Praeger Publishers, p.22.

간(매개항)/後', 그리고 '內/중간(경계 매개항)/外' 공간 체계를 형성할 때, 공간 기호의 삼원구조가 생성된다. 로트만은 『문화유형학』에서 수직 三元構造를 上(天)/中(地)/下(地下界)로 도표화하고 있다.[9]

박목월 텍스트에서 돌은 바위, 돌덩이, 돌멩이, 자갈, 모래, 돌담, 대리석, 비석 등의 이름으로 탈바꿈하면서 각각 무거운 돌, 침묵하는 돌, 움직이는 돌, 다듬어진 돌, 바스라지는 돌, 물기를 머금은 돌, 타는 돌 빛나는 돌 등 다양한 속성을 지니고 나타난다.

그리하여 시인의 시적 상상력의 출발점이 되기도 하며, 어떤 사상의 상징이 되기도 하면서 목월 특유의 시 세계를 구축하고 있다.

이러한 돌의 형태와 속성들은 목월 텍스트에서 일정한 언표 작용(enonciation)을 하고 있는데 대표적으로 '무거운 돌' '움직이는 돌' '가벼운 돌'의 체계로 분류된다. 그리고 각각 '무거운 돌'과 '가벼운 돌'이 서로 이항대립(Binary opposition) 구조 체계를 이루고 있는 가운데, '움직이는 돌'은 이러한 양극적 요소들(two polar elements)사이의 매개항으로 작용하고 있음을 본다. 즉, 목월 텍스트에서 돌은 '무거운 돌/움직이는 돌/가벼운 돌'이라는 수직축 삼원구조의 공간기호 체계를 형성하고 있는 것이다.

1) 무거운 돌

(1) 꿈꾸는 연금술사

목월 텍스트에서는 돌이 무게와 단단함을 지니게 될 때 부정적인 성격을 띠며 공간과 시간의 극한 상황을 환기시켜주는 질료로 등장한다. 그 대표적인 시를 그의 초기 시집인 『靑鹿集』에 실린 「임」에서 살펴볼 수

---

9) Yurij, Lotman(1975), *"On the Metalanguge of a Typological Description of Culture"*, Semiotica, p.110.

있다.

> 내ㅅ사 애달픈 꿈꾸는 사람
> 내ㅅ사 어리석은 꿈꾸는 사람
>
> 밤마다 홀로
> 눈물로 가는 바위가 있기로
>
> 기인 한밤을
> 눈물로 가는 바위가 있기로
>
> 어느날에사
> 어둡고 아득한 바위에
> 절로 임과 하늘이 비치리오
>
> ―「임」전문

감상적 정서가 짙게 드러난 이 작품은 우선 시적 화자의 속성을 '애달픔'과 '어리석음'으로 규정하면서 출발한다. 그 애달프고 어리석은 화자는 '밤마다 홀로' '기인 한밤을' 눈물로 바위를 갈고 있다. '밤마다'의 '마다'에서 매일 계속되는 행위의 끝없음과 더불어 '기인 한밤을'에서의 '기인'에서 온밤 내내 이어지는 화자의 바위 가는 노고를 연상할 수 있다. 그것도 누구와 함께가 아닌 '홀로' 바위를 가는 화자를 통해 슬픔의 정조가 더욱 구체화되고 애달픔, 외로움, 침묵의 깊이가 확산되고 있다.

그런데 화자는 어두운 밤의 시간에 단단한 무게를 지닌 바위를 그에 상응한 도구가 아닌 눈물로 갈고 있다. 가는 행위는 마찰의 행위이다. 사물과 사물이 서로 충돌하면 불이 발생한다. 그러나 물을 도구로 하여 불을 일으키려고 하는 화자의 모순된 행위는 애달프고 어리석지 않을 수 없다. 이 행위는 한 방울의 낙수로 바위에 구멍을 뚫는 작업만큼이나 어렵다. 아니 어쩌면 「오관산곡」10)처럼 전혀 불가능한 일이기까지 하다.

사람은 이상을 추구하며, 꿈을 노리며 산다. 그러나 이상과 꿈은 꼭 같지가 않다. 이상은 추구하여서 실현될 가능성을 수반한다는 점에서 꿈과 다르다. 반면 꿈은 현실이 아니란 말이다. 비현실적인 것, 초현실적인 것을 의미한다. 그러기 때문에 꿈은 허망한 가공의 환상을 가리킨다. 동시에 실현 가능성이 없는 것이다. 이런 맥락에서 이승훈의 "꿈의 실현이 불가능함을 암시하거나, 꿈꾸는 일 자체에 대한 체념을 표상한다"11)라는 언급은 타당성이 있다. 그러나 한편으로 이러한 역설과 과장은 시적 분위기에 긴장감과 생동감을 불러일으키고 있다. 눈물이라는 액체와 바위라는 고체의 두 가지 상반된 힘의 결투와 충동에서 역동적인 상상력이 일고 있기 때문이다.

시적 화자는 꿈꾸는 연금술사이다. 그는 눈물을 도구로 하여 바위를 갈아 '바위거울'을 만들고자 한다. 눈물이라는 연금술사의 도구는 꿈을 꾸면서 바위의 오톨도톨한 겉을 다듬어 단단하고 거칠고 어두운 바위를 가볍고 아름답고 빛나게 하려 한다. 그것은 연금술사의 우주적 작업으로 두 가지 상반되는 성격의 재료를 뒤섞어서 물질을 영혼으로 바꾸는 시적 세계에 다름 아니다.

시인이 하나의 세계를 창조하는 것(투명함의 획득)은 동시에 자기의 세계를 제한하는 일이다. 시인은 더 이상 갈고 다듬을 수 없는 극한에 이르기까지 바위를 갈고 닦는 작업을 계속할 것이고, 거울로 가기 위한 행로의 끝에 최후의 형상, 그것이 바로 형태가 정확하게 질료와 동일화되는 순간의 근원적인 세계이다. 즉 어둡고 무거운 바위를 밝고 가벼운 빛을

---

10) 『익재난고』 소악부에 실려있는 한역가. 오관산 밑에 사는 효자 文忠이 지었다는 노래로 '나무를 깎아 만든 닭이 울 때까지 어머님이 늙지 말기를' 바라는 내용으로 전혀 불가능한 상황 설정을 나타내 주고 있다.
11) 이승훈(1983), 「박목월의 시 세계」, 『목월 문학 탐구』, 민족문화사, p.82.

지닌 거울로 변환시키고자 하는 '바위거울'이 그 세계이다.

그리하여 시적 화자는 그 '바위거울'에 '절로 임과 하늘이' 비치기를 갈망하고 있다. 눈물(물기)이 바위(건기)와의 혼합에서 만나는 시인의 역동적 상상력이 빛의 세계로 나아가고 있는 것이다. 그 바위거울에 하늘과 임이 자연스럽게 하강한다. 이 바위거울의 반사 광선의 빛, 이것이야말로 구체적이며 추상적인 꿈꾸는 연금술사가 역동적으로 변모시킨 구상(具象)이다. 그것은 사고와 이미지의 총화이다.

(2) 俗의 하방

우주 공간에는 한쪽에는 카오스(Chaos), 다른 한쪽에는 코스모스(Cosmos)가 있다. 카오스는 낯설고 혼돈에 찬 공간이며 코스모스는 사람이 살고 있는 조직된 지역이다. 종교적 측면에서의 우주 창생의 모멘트는 우주 공간에 경계선을 확장하고 질서를 정립한다는 의미에서의 세계 창건이다. 따라서 우주 공간이 코스모스로 전이될 때 수직축과 수평축이 구축된다.

이처럼 수직축과 수평축은 엄격히 구분되는데, 휠라이트(P.Wheelwright)는 수직축이란 신화 종교적 차원에서 인간이 소유할 수 없는 자유로운 초현실 공간이고, 수평축은 세속적인 체험의 차원에서 사물과의 만남, 즉 우리들의 상식적인 매일매일의 사고를 이루는 현실적 공간이라 설명하고 있다.[12] 다시 말하자면 수직과 수평의 관계 양상은 자연/문화, 물질/정신, 현실/초 현실로 대립된다고 할 수 있는 변별적 특징이기도 하다. 그중 수직축은 우주 공간을 '上(하늘)/下(땅)'으로 나누고 그 대립 체계에 의해 텍스트를 형성해 간다. 이러한 '上(하늘)/下(땅)'을 분리시켜 주거나, '上(하

---

12) Philip Wheelwright(1962), *Poetry, Myth, and Reality, The Modern Critical Spectrum*, eds. by GJ and N. Goldberg, Prentice-Hall, Inc, Englewood Cliffs, pp.306~315 참조.

늘)/下(땅)'을 연결해 주는 중간적 영역이 있는데 그것이 바로 매개항이다. 그리하여 '上(하늘)/中(중간)/下(땅)'의 공간기호 체계를 구축할 때 삼원구조 체계라는 기호가 생성된다.

朴木月의 시「임」에 있어서 공간기호 체계는 '바위(下)/하늘·임(上)'이 이항대립을 이루고 있고, 다시 '바위(下)/꿈꾸는 사람(中)/하늘·임(上)'의 수직축 삼원구조로 확충되고 있다. 이 '上/下'은 수직 공간의 극과 극으로 인간의 생활 공간에 빗대어 말하자면 上(하늘)은 下(땅)으로부터 멀리 떨어진 접근할 수 없는 공간이다. 그래서 '땅(下)/하늘(上)'이 聖/俗'을 계시한다는 원시 문화의 믿음은 오늘날까지 인간의 정신 생활을 지배해 왔다. 따라서 시「임」의 '바위(下)/하늘·임(上)'은 각각 聖/俗, 현실/이상, 육체/영혼, 어두움/밝음, 무거움/가벼움으로 변별적 특징을 이루고 있음을 알 수 있다.

이 시의 시적 화자는 마치 시「平日時抄」에서 "時人이든 農夫이든 돌을 가는 자는 슬기롭다"라는 시구처럼 구도자적 생활 태도를 보여준다. 그리고 바위(돌)를 간다는 것은, 시「윤사월」의 산직이 외딴집의 '눈먼 처녀'처럼 무엇인가 미래의 밝음을 기다리는 태도이기도 하다. 그러나 '지금' '여기'의 바위는 어둡고 아득하고 단단한 무게를 지닌 바위이다. 꿈꾸는 연금술사가 대항해야 할 적수이다.

따라서 박목월 텍스트에서 보여주는 수직축 하방의 돌의 공간기호는 俗, 현실, 육체, 어두움, 무거움 등의 의미 작용을 생성한다고 할 수 있다. 동시에 시적 화자는, 그 하방의 돌을 무한한 먼 거리에 있는 상방의 돌로 변환시키고자 꿈꾸고 있는 것이다. 그리하여 어둡고 무겁고 고정되고 불투명한 폐쇄성으로부터 벗어나고자 하는 행위가 바로 '바위를 가는 행위이며' 이것은 하방에서 상방으로 동경하는 시인의 꿈이라고 할 수 있다.

2) 움직이는 돌

(1) 깨닫는 생활인

박목월에게 있어 詩란 문학과 사회적 현실이라는 이중적 전망을 통합할 수 있는 주요한 매개체이며, 시어의 구조 체계 그 자체가 현실 표현의 메타기호로서 분리될 수 없는 기호 표현(Se)과 기호 의미(Se)의 양면을 나타내 주고 있다.

꿈꾸는 연금술사가 투명한 거울을 만들고자 매일 밤 끊임없이 눈물로 간 그 '바위'의 언표는 현실 속으로 들어오면서 또 다른 언표를 제공해 준다. 즉 바위의 무게와 부동성을 덜어내고 작고 움직이는 돌멩이, 돌덩이, 자갈, 모래 등의 이름으로 나타나고 있는 것이다. 그리하여 목월 텍스트의 바위와 다른 '움직이는 돌'의 이미지를 표출해 준다.

    나도
    人間이 되었으면,
    아름다운 여인을
    약속한 시간이 기다리고
    膨脹한 設計와
    시작하기 전에 성공하는 事業과
    거짓 것이나마
    感情이 부푼,
    철따라 마른 옷을 입고
    길거리에서 친구를 만나면
    이빨이 곱게,
    웃으며 헤어지는,
    지금은 돌,
    더운 핏줄이 가신,
    지금은 고양이,

접시의 牛乳를 핥는,
　　　지금은 걸레,
　　　종일 구정물에 젖은,
　　　아아 지금은
　　　돌며 磨滅하는 機械 한 부분.
　　　지금은 人間 以前
　　　구멍 뚫린 구두밑창.

—「돌」부분

　위의 시 속에서의 돌은 각박한 현실 속에서의 시적 자아를 대신하고 있다. 그 돌은 '더운 핏줄이 가신' 차갑고 냉랭하게 이리저리 떼굴떼굴 굴러다니는 한 덩이의 돌인 것이다. 그리고 돌은 고양이, 걸레, 마멸하는 기계의 한 부분과 등가를 이룬 가운데 인간 이전, 인간 이하, 구멍 뚫린 구두밑창과 궤를 같이하고 있다.

　많은 시인들이 고양이에 대해서 환상적인 어떤 것, 저 높은 곳의 사자, 신비로운 응시 때문에 고양이를 보는 사람으로 하여금 의문을 떠올리게 하는 것 등을 통해 스핑크스에 비유하고 있다.[13] 그러나 시적 화자의 현실 상황은 내밀한 공간을 열고 높은 곳을 향하여 응시할 여유가 없다. 지금은 단지 물질적 생활에 급급한 '접시의 牛乳를 핥는' 고양이일 뿐이다. 물질적 충족을 위해 마를 틈조차 없이 육체적 노동에 시달려야 할 '종일 구정물에 젖은' 걸레일 뿐이다. 그리고 이러한 생활에 정신없이 매달려 살아가면서 날로 찌들고 쇠약해지는 '돌며 磨滅하는 기계의 한 부분'과 같고, 결국 이 모든 것은 인생의 밑바닥 삶에서 허우적거리는 '구멍 뚫린 구두밑창'과 같은 것이다. 결국 이 모든 것은 '人間以前'과 '人間以下'인 태아나 동물과 같은 것이다.

---

[13] 아지자·올리비에리 스크트릭 공저(1989), 『문학의 상징·주제 사전』, 장영수(옮김), 청하, p.101 참조.

그런데 시적 화자는 '지금은'이라는 현재 시제를 6번이나 계속 반복함으로써 '나중에는'이라는 미래 시제에 의문을 환기시켜주고 있다. 말하자면 지금의 시적 화자는 한 조각 빵을 얻기에 급급한 물질적 멍에를 걸머지고 있지만, 어느 날엔 가는 그 반대의 상황을 연출하겠다는 의미가 함축되어 있다고 할 수 있다. 반대의 상황이란 오늘의 물질적 차원으로부터 내일의 정신적 차원에로의 탈바꿈을 한 시적 화자의 변신을 지적함이다. 이와 같이 '나중에'의 시간은 현실적인 밑바닥 노동의 굴레에 둘러싸여 있는 화자의 '지금은'의 공간기호와 변별되는 것으로써, 시적 화자의 오늘을 극복하려는 의지의 표출이라고 할 수 있다.

이렇듯, 시적 화자의 물질적 생활로부터 정신적 생활에로의 탈바꿈은, 꿈꾸는 연금술사가 현실을 몸소 체험했을 때, 그 현실 체험을 바탕으로 하여 꿈의 실체인 허탈함을 성찰하고 비로소 획득한 깨달음이다. 이러한 실존적 자아에 대한 인식은 시 「中心에서」에서 더욱 뚜렷하게 드러난다.

> 구름이 날개를 적시는
> 따끝에서
> 바다가 얼어붙는
> 不毛地의
> 이편 따끝까지
> 그 중심에서
> 나의 발길이 채이는
> 한 덩이의 돌,
> 거품으로 이는 垂直의 연꽃
> 꼭지에서
> 硫黃과 불의 바닥까지
> 그 중심에서
> 나의 발길에 채이는
> 한 덩이의 돌,
> 바람과

>   고래의 길에서
>   水脈으로 사라지는7
>   水菊의 오늘의 줄기에
>   또는 해와 달의
>   그 중심에서
>   나의 발길이 채이는
>   한 덩이의 돌.
>   사랑이여
>   사랑이여
>   사랑이여
>   한 가닥의 핏발로 뻗치는
>   억겁의 순간
>   순간.
>   나의 발길에
>   툭 채이는
>   한 덩이의 돌
>
>   ―「中心에서」―돌의 時① 전문

   위의 시는 '돌'을 중심축으로 하여 수평과 수직이 교차되는 공간기호체계를 구축하고 있다. 즉 수평축의 '이편 땅 끝/저편 땅 끝'은 공간의 무한성을 내포하고 있으며 수직축 역시 '거품으로 이는 垂直의 연꽃'에서 '거품이 인다'는 것은 액체가 기체화되어 상승 확산됨을 의미하기 때문에 무한한 공간으로 연결된다. 그 무한한 공간은 따라서 무한한 시간과 대응된다. 시간에 있어서 순간은 지속을 형성한다는 의미에서 연속적이며 연속은 또한 무한함으로 이어진다. 또한 동물(고래)과 식물(水菊)의 재생의 반복, 해와 달의 순환의 반복은 시간의 지속이며, 그 속은 억겁의 순간이라는 시간의 연속으로 영원한, 무한한 시간성을 나타내주는 것이다.
   엘리아데는『宗敎形態論』에서 梵天(Brahma)은 아브자자(연꽃에서 태어난 것)이라 불려지며 물로부터 나오는 연꽃이 표현하는 것은 우주의 과

정 그 자체로, 顯現한 것, 우주의 창조를 표현하고 있다고 말한다.14) 따라서 '垂直의 연꽃'은 바로 '우주의 창조 과정'을 상징하고 있다고 볼 수 있다.

이러한 시간과 공간의 관계망 중심에서 시적 자아는 한 덩이 돌과 만난다. 이 시는 "나의 발길이 채이는/한 덩이의 돌"이라는 시구를 행간에 세 번 반복하다가 끝에 이르러 "나의 발길에/툭 채이는/한덩이의 돌/"의 진술로 마감하고 있는 것이다. 시적 화자의 발길에 돌이 채인다는 것은 돌에 걸린다는 것이며, 그 순간 화자가 무엇인가를 깨닫는 계기가 마련된다고 할 수 있다. 더욱이 마지막 시적 진술의 '툭' 「tuk」이라는 종성 「k」 음은 둔탁한 터짐소리로서 한 순간 갑작스런 움직임을 나타내주고 있는 것이다.15) 이것은 오랫동안 숙제로 적체되어 있던 의문점을 한순간 깨닫는 음상이다.

이와 같이 '툭' 돌에 채이는 순간 시적 화자가 문득 깨달은 것이 있는 것이다. "사랑이여/사랑이여/사랑이여" 그 깨달음의 순간을 화자는 사랑으로 표현하고 있다. 이 의미는 시간과 공간의 관계망 속에 존재하는 모든 부정적인 것들을 사랑의 힘으로 포용하고자 하는 용서와 화해의 지각일 수 있다. 그리고 생의 순리와 섭리에 대한 존재론적인 깨달음일 수도 있다.

시적 화자와 돌과의 만남은 메를로 뽕띠(M. Merleau Ponty)의 '지각의 세계'로 설명할 수 있다. 뽕띠는 전통적 심리학에 의한 세계 인식16)을 거부하면서, 세계의 본질은 생활 세계 자체에 있으며 지각 자체의 미정성

---

14) M. 엘리아데(1932), 종교현태론』, 이은봉(역), 형설출판사, p.311 참조.
15) 김현자(1984), 앞의 책, p.45 참조.
16) 전통적 심리학에 의하면 세계는 이미 결정된 확고 부동한 실체로 인식된다. 그러나 현상학자 훗설은 이러한 세계의 모습이란 관념 혹은 허구에 지나지 않는다고 보고 미정성·애매성·불확실성과 관련시켜 해석하고 있다. 이러한 인식은 그후 뽕띠에게 영향을 준다.

(indeterminateness)의 지론을 펼치고 있다. 즉 그에 의하면, 지각이란 대상과 배경의 환치를 읽게 되는 것으로 자아를 중시하는 사유가 아니라 세계에로의 입문이다. 그리고 지각이란 사물의 표상을 보는 것이 아니라 사물 자체를 보는 것으로써 사물로 통하는 '하나의 창'과 같다. 때문에 지각은 단순히 사물을 본다는 데 의미를 두는 것이 아니라 사물과 접촉하는 하나의 힘에 의미를 두는 것이며, 그 접촉은 존재 자체와의 직접적인 접촉이 되는 것이다.[17]

이렇게 볼 때, 시「中心에서」시적 화자의 '돌에 걸림'은 곧 사물과의 접촉이며, 화자를 돌의 세계로 끌고 들어감을 의미한다고 할 수 있다. 돌은 화자로 하여금 그 자신 안으로 들어와 자신의 진실한 중심에 이르도록 도와주는 매개물의 역할을 담당하고 있는 것이다.

그런데 지각 현상의 미정성이란 시선이 가는 곳의 모호성・애매성(amniguity)을 일컫는다. 이때 시선이 가는 곳과 신체의 상호 관계가 이루어지며 인간의 신체가 사물 자체에 이르게 된다. 따라서 지각의 세계는 우리 몸으로써 만나는 가장 원초적인 세계이며, 우리가 몸소 체험하고 직접 접촉하는 세계, 곧 생활 세계이다. 때문에 고정되지 않은 미정성, 모호한 애매성의 세계이다. 다시 말하여 그것은 우연성(contingeney)의 세계라 할 수 있다.

시「中心에서」"나의 발길에 툭 채이는/한 덩이 돌"에서는, 시적 화자의 목소리보다는 시선이 더욱 강조되고 있다. 이것은 화자가 대상(돌)에 몰입함을 의미한다. 우연성의 세계는 바로 시적 자아가 어느 날 우연하게 몰입하게 된 돌과의 관계에서 해명될 수 있다. 몸소 체험하고 직접 접촉하는 지각의 세계, 그것은 돌이 인간 세상에 이리저리 굴러다니면서 몸소 현실과 부딪침으로 얻어진 세계이다. 그리고 화자가 한 조각 빵을 위해

---

17) M.Merleau Ponty(1962), *Phenomenology of perception*, trans. by C. Smith, Routledge & Kegan Paul, pp.131~132 참조.

물질적 멍에를 직접 체험하고 난 후 비로소 깨닫는 세계이다. 그 세계는 인간이 태어나고, 타인과 관계를 맺고, 사라져 가는 것은 우연성에 있다는 인간 존재의 깨달음이다. 탄생과 소멸의 자연스런 과정은 피할래야 피할 수 없는 대자연의 순리인 것이다.

> 결국 地球도
> 하나의 돌 덩어리
> 絶對空間의 점 하나
> (…)
> 나는
> 진한 피 한 방울이 된다.
>
> ―『砂礫質』 -오늘- 부분

깨닫는 자아가 바라보는 지구는 대자연의 웅엄함 속에서 그 거대한 무게와 넓이를 덜어낸 '돌 한 덩이→점 하나'에 불과할 뿐이고, 자신 역시 지상에서의 무게와 넓이를 완전히 덜어낸 '피 한 방울'일 따름인 것이다.

이상과 같이 화자는 "발길에/툭 채이는/한 덩이 돌"과의 만남을 통해, 인간의 존재, 나아가 우주적 질서에 이르기까지의 그 이치를 깨닫게 된 것이다.

(2) 역동적 매개항

어떤 구조가 두 용어 사이의 관계로 규정되어질 때 이것을 이항(Binary)이라고 한다. 따라서 이항대립에 의한 현상의 파악은 인간 심성의 특성 중의 하나가 된다. 매개항은 이러한 양극적 요소들(two polar elements)사이의 의사 소통 수단 또는 매체로서 작용한다. 이러한 중재를 통해 매개항은 그 이항대립되는 양극적 요소들을 극대화하기도 하고 극소화하기도 한다. 또한 분리시켜 주기도 하고 결합시켜주기도 한다. 로트만은 그 양극 사이에 중간 구조의 영역이 생기면 그 구조의 요소들은 단일성(unvalent)이 아니라 양의성(ambivalent)을 띠게 된다고 말한다.[18] 즉 매개항에 의해 단일적 기호가 양의적 기호로 바뀌게 됨을 시사하고 있는 것이다.

수직 공간에서 매개항은 上/下의 중간 지점에 자리하고 上→下로 하강하거나 下→上으로 상승하는 운동체를 통해 그 특징을 드러낸다. 수평축 공간에서 매개항은 左와 右, 前과 後의 중간 지점에 자리하고 左右, 前後를 분리시키거나 결합시키는 중개 역할을 담당한다.

목월의 시 「돌」은 시간과 공간의 이항대립 체계를 구축하고 있다. 시간은 '지금/나중'으로 대립되어 있고, 공간은 '나=돌=고양이=걸레=마멸하는 기계 한 부분=인간 이전=인간 이하=구멍 뚫린 구두 밑창'의 이질적 사물들이 서로 유기적으로 결합한 가운데 '인간'과 대립한다. 그리하여 각각 '물질적/정신적' 공간의 의미를 생성하고 있는 것이다.

우주의 전체적 차원에서 보면, 인간은 '하늘/산(나무)/인간' 또는 공간에 위치하게 되지만, 인간의 차원에서 다시 그 공간을 분절할 때는 독자적으로 세분된 공간 분절 체계를 형성하게 된다. 즉 '머리(두부)/몸통(흉부)/복부(또는 다리·성기)'의 분절이 그것이다. 이렇듯 공간 분절에 있어서 수직의 上/中/下의 공간 코드나 수평의 前/後, 左/右, 內/外의 공간 코드는 불변하며 고정되어 있는 기호체계가 아니다. 수직과 수평의 공간 코드는 다시 그 공간의 다른 차원 내에서 세분되어 공간의 은유와 무수한 변이태를 산출하는 것이다.

물론 '다리' 또한 '上(무릎 윗 부분)/中(무릎 아랫 부분)/下(발)'로 공간 분절이 가능하다. 따라서 '구두(신발)'는 인간의 그 다리 끝에 위치한 발

---

[18] Yurij, Lotman(1977), "The Dynamic Model of a Semiotc System", Semiotica, p.201.

과 관련된 사물로 역시 '下'의 공간 코드에 속한다고 볼 수 있을 것이다. 시「돌」에서 '나' '돌' 등과 등가를 이루고 있는 '구멍 뚫린 구두 밑창'은 구두(신발)가운데서도 가장 밑 부분인 땅과 직접 맞닿는 '밑창'이다. 이 은유를 통해 우리는 화자의 '밑바닥 삶'을 추출할 수 있는 것이다.

그런데 '구두'는 인간이 집 안(內)에서 집 밖(外)으로 나갈 때, 작용하는 필수품으로 현관에 위치한다. 건축 공간에서 현관이란 출발과 동시에 도착이 서로 교차되는 공간이다. 마치 버스와 종점, 기차와 역, 배와 항구, 편지와 우체국 등과 같은 상관 관계를 지닌다. 때문에 현관은 집안(內) 공간에 위치하면서도 바깥(外) 공간으로 이어진 장소인 것이다. 그리고 구두는 인간의 발바닥에 붙어 인간이 가는 곳이라면 어디든지 따라다녀야만 하는 피동의 이동물인 것이다. 그러므로 구두는 인간의 신체 공간에 대치시키면, 시인의 집 밖(外)의 생활을 표상하는 상징물이 된다.

이와 같이 시「돌」에서, 돌이 '구멍 뚫린 구두 밑창'과 등가를 이루고 있다면, 그 돌 역시 시인의 집 밖(外)의 생활을 표상하는 상징물이라 할 수 있다. 돌은 현실 생활 속에서 어디든지 굴러다녀야만 하는 '움직이는 돌'인 것이다. 그리고 돌은 동시에 시인의 사회적 자아이며 사물화된 자아라 할 수 있을 것이다.

시「中心에서」의 삼원구조 공간기호 체계를 살펴보면 수평축으로는 '이편 땅 끝/돌/저편 땅 끝' 그리고 수직축으로는 '연꽃의 꼭지(上)/돌(中)/지하의 불바닥(下)'의 체계를 형성하고 있으며, 수직과 수평이 교차되는 총체적 공간을 지닌다. 이때 수평축은 '불모지(바다가 얼어붙은 불모지)/옥토(구름이 날개를 적시는 땅)'의 이항대립 체계를 구축한다. 따라서 이는 '돌'을 중심축으로 하여 수평과 수직이 교차되고 있는 공간기호 체계임을 알 수 있다.

그리고 '나'(화자)의 발길에 채인 '돌'에서 '나'는 곧 '돌'과 동일성 관계에 놓인다. 따라서 '나=돌=우주의 중심'이라는 상관 관계가 형성된다.

이와 같이 무한한 공간과 무한한 시간의 그 중심에 위치한 돌은 하늘, 땅, 지하의 수직축과, 이편 땅 끝과 저편 땅 끝의 수평축이 교차하는 그 핵으로써 우주의 총체적인 공간의 힘을 한데 모으고 발산하는 세계의 중심, 우주의 중심이라는 의미 작용을 생성하고 있다. '나'(화자) 또한 돌과 동일성을 형성하여 우주의 중심인 성스러운 공간에 내면을 투사하고 있는 것이다.

이상 박목월의 시 「돌」 「中心에서」를 통하여 각각 그들 시가 구축하고 있는 공간기호 체계를 살펴보았다. 그러나 그것은 시 한 편 한 편에 상응하는 구조체의 탐색이라고 할 수 있으며, 텍스트의 총체적인 관계망 속에서 돌이 구축하고 있는 기호는 또 다른 의미 작용을 생성하고 있는 것이다. 목월 텍스트의 총체적 돌의 공간기호론적 입장에서, 시 「돌」 「中心에서」 등에 나타나고 있는 돌들은, 삼원구조 가운데 즉 수직축 '하방/상방'의 이항대립 중간에 자리를 잡고, 이 둘 사이의 매개항적 구실을 하고 있는 것이다.

박목월 텍스트에서 수직축 중간항의 층위에 속하는 돌은 바위와 같이 어둡고 단단하고 무거운 것이 아니라, 돌덩이, 돌멩이, 자갈돌, 사력질(모래) 등 그 어둡고 단단하고 무게를 덜어낸 모습을 하고 현실 생활 속에 등장하고 있다. 그리하여 현실 생활 속에 어디든지 굴러다니면서 밑바닥 삶을 표상하는 상징물(「돌」), 또는 그러한 삶의 체험을 몸소 겪으면서 깨닫는 인간존재와 우주적 질서(「中心에서」) 등의 이미지를 표출한다.

이와 같이 생활 속에서 구체적 삶의 이미지를 표출하고 있는 목월 텍스트의 수직축 중방의 돌은, 이항대립되는 하방의 돌을 상방의 돌로 변환시키는 역동적 매개항을 담당한다. 이것은 시 「座向」—돌의 시②—, 「바위 안에서」 등에서 보여주는 돌의 이미지의 탈바꿈이기도 하다.

3) 가벼운 돌

(1) 자아 실현의 자유인

박목월 텍스트는 각 층위의 체계들이 대립과 상관 관계의 계층적 구조를 이루고 방대한 정보를 내적으로 조직화시키면서 지속적으로 의미를 산출해 나가고 있다. 이에 따라 목월 텍스트의 수직축 중방(中)의 돌, 즉 현실 생활 속에 불안하게 자리하면서 구체적인 삶의 이미지를 표출하고 있는 돌들은, 상방(上)에로의 역동적 변모를 꾀한다. 그리하여 시「임」에서 보여주는 바처럼 하방(下)의 '바위'와 같은 어두움, 단단함, 무거움, 부동성 등의 속성을 완전히 덜어내고 뿌리를 내리는 돌, 수직으로 선 돌(비석) 타는 돌(타오르는 돌), 빛을 머금은 돌, 물을 머금은 돌 등 '가벼운 돌'의 형상을 지니고 나타나 각각 복합적인 이미지를 드러내 준다.

> 앉으면
> 그것이 그의 자리다.
> 널리 있는 星座를 이고
> 바람에 씻기운다.
> 내 것이 없는
> 있음 속에서
> 옮아가는 별자리의
> 스치는 옷자락 소리가
> 조심스럽다
> 꽃이 핀다.
> 도라지는 도라지 빛으로
> 구름은 구름의 빛깔로
> 하지만 흐르는 물은
> 제자리로 돌아갈 뿐,
> 앉으면

> 그것이 그의 坐向이다.
> 널리 있는 星座를 이고
> 뿌리를 내리는 돌의 깊이
> 옮아가는
> 별자리의 스치는
> 옷자락 소리가 조심스럽다.

―「坐向」― 돌의 詩② 전문

　위의 시 「坐向」을 통해서 우리는 우선적으로 공간과 시간의 경계가 해체됨을 볼 수 있다. "앉으면/그것이 그의 자리다", "앉으면/그것이 그의 坐向이다"의 진술에서 '그의 자리' '그의 坐向'은 본래부터 정해져 있는 것이 아님을 간파할 수 있는 것이다. 이 진술은 또한 어떠한 자리라도 앉을 수 있다는 것으로, 「無題」에서 보여주는 "앉는 자리가 나의 자리다./자갈밭이건 모래톱이건"과 동일한 의미를 지니는 것으로, 어떠한 공간이라 하더라도 문제가 되지 않으며 모두를 수용할 수 있다는 태도이기도 하다. 이러한 태도는 "내 것이 없는/있음"의 모순 어법에서도 잘 드러나고 있는데, 공간에 대한 무집착, 무소유 의식과 함께 자유로움을 인식한 태도인 것이다.

　따라서 이러한 시적 화자의 공간에 대한 의식은, 궁극적으로 모든 사물에 대한 집착을 버리고 인간 존재의 자유로움을 획득한 세계관과 연결된다고 하겠다. 이것은 뽕띠의 우연성의 논리와 무관하지 않다. 즉 어떤 기본적인 공간을 변별한다는 일 자체가 이미 부질없다는 인식이며, 이것은 화자와 상대간의 관계가 하나의 우연성의 논리에 지나지 않음을 반증하고 있기 때문이다.

　그 우연의 양식은 혼돈과 무질서가 결코 아니다. 일단 자리를 잡는 동안은 '뿌리를 내리는 돌의 깊이'로 앉아 좌향을 정하는 것이다. 이 '뿌리를 내리는 돌'은 수평적인 삶에서 수직으로 선 돌이다. 뿌리를 내림은 시적 자아의 안정된 의식과 균형을 나타낸 것으로 앞에서 살펴본 '움직이는 돌'의 불안정함과 대조를 이룬다.

　뿌리를 내린 돌은 대자연의 공간 질서를 터득한 돌이기도 하다. '도라지는 도라지 빛'(땅), '구름은 구름의 빛깔로'(하늘) 꽃이 피고, '흐르는 물은 제자리로'(지하) 돌아간다. 땅의 것은 땅으로, 하늘의 것은 하늘로, 지하의 것은 지하로 돌아가는 영원한 회귀에 대한 자연의 공간 질서는, 존재의 소멸이 영원한 끝맺음이 아니라 제자리로 돌아가는 근원에로의 회귀라는 시인의 건강한 의식의 지향성인 것이다.

　이러한 자연의 질서는 하늘의 질서와 일체화된다. "내 것이 없는/있음 속에서/옮아가는 별자리"에서의 이곳이 저곳이고, 저곳이 이곳이라는 영원한 순환의 공간 구조 또한 시작이 끝이고, 끝이 시작이라는 영원한 시간의 순환 구조를 볼 수 있는 것이다. 이것은 공간과 시간의 경계를 해체시킴이다. 그리고 어느 곳에서든, 어느 때든 전 우주 공간과 시간을 너그럽게 수용할 수 있는 시적 화자의 건강한 우주론적 자각이다. 때문에 돌의 뿌리는 하늘과 맞닿아 땅과 하늘이 완전히 하나를 이룬 시적 관계망이 구축된다. 이러한 기호체계를 통하여 우리는 하나가 된 공간과 시간 속에서 자유로운 존재의 형상을 현현하는 자아 실현의 시적 화자를 만나 볼 수 있는 것이다.

　　　나의 뜰에는
　　　늦가을의 그늘이 내리고
　　　가랑잎이 지고 있다.
　　　이제
　　　모든 겉치레를 벗고
　　　저 안으로
　　　뿌리를 내릴 때다.
　　　참음으로
　　　고독을

별나라까지 이르게 하여
고독 안에서
맑고 투명한 영혼의
눈동자를 얻어야 할 때다.
참음으로
고독을
무한으로 넓혀
고독 안에서 마련되는
새로운 질서의
밤과
별자리와
한 밤중에서도 환하게 빛나는
빛을 얻어야 할 때다.
세속적인 그것을 위하여
열려 있는 귀를 막고
입을 봉하고
눈을 감고
인내와 고독의
바위 안에서
절대로 그분의 위하여
그분의 말씀에 따라
나의 거처가
마련되어야 할 때다.
지금
나의 뜰에는
가랑잎이 지고 있다.
잎이 지는 그 방향에서
내게로 다가오는
발자국 소리가 들려온다.

―「바위 안에서」 전문

시 「坐向」이 우주에로의 확산 운동을 통하여 시간과 공간을 무화하고 있다면, 시 「바위 안에서」는 중심부에로의 응축 운동을 통하여 시간과 공간을 무화시키고 있다. 그리하여 동일한 의미의 영원성을 지향하는 상상 작용을 볼 수 있다.

"나의 뜰에는/늦가을의 그늘이 내리고/가랑잎이 지"는에서 보여주는 바처럼, 시적 화자는 우선 '늦가을'이라는 시간 개념과 '저무는 나의 뜰'이라는 자신의 체험에 이미지를 투사하고 있음을 본다. 여기서 우리는 노년기에 처해 있는 화자의 모습을 쉽게 연상할 수 있다. 즉 '바위 안'의 공간은 화자가 노년에 지은 집으로서 俗의 '모든 겉치레를 벗고' 뿌리를 내릴 '정신의 안식처'인 것이다. 그리고 "맑고 투명한 영혼의 눈동자"와 "한밤중에도 환하게 빛나는/빛"을 얻은 공간이다.

그러나 '바위 안'의 공간에 뿌리를 내린다는 것은 '참음'이 필요하다. 그것은 마치 시 「임」에서 화자가 '눈물로 바위를 가는' 것만큼이나 힘겹다. 그리고 그 '바위 안'은 시 「돌」에서 보여주는 화자의 행위 즉 현실 생활 속에서 방황하는 그 모든 물질적 멍에를 벗고 "세속적인 그것을 위하여/열려 있는 귀를 막고/입을 봉하고/눈을 감"아야 하는 무한한 고독의 공간이기도 하다.

그러한 '바위 집'은 俗의 육체를 지키고 있는 비석과 동일한 이미지를 지닌다고 할 수 있다. 돌은 지상의 가장 단단하고 지속적인 질료로서, 인간에게 주어진 유한한 운명에 저항하여 무한히 지속하고자 하는 모든 향수를 투사할 수 있다. 돌은 모든 것이 사라진 후에 남는 최후의 자연물[19]인 것이다. 화자는 시간의 흐름 속에 소멸해 가는 인간의 존재를 비석이라는 시적 질료를 통하여 정지, 고정시키고 있다. 비석은 '수직으로 선 돌'로서 땅(下)과 하늘(上)을 수직으로 이어줌으로써 육체의 소멸을 영원한 생명으로, 시간의 단절을 억겁으로 전환시키는 역동적 매개항이기도 하

---

[19] 김화영(1982), 『문학상상력의 연구』, 문학사상사, p.352.

다. 비석은 근원적 공간이며 영원한 현재의 공간인 것이다. 이와 같이 '바위 안'의 공간은 비록 '참음'을 필요로 하고 고독한 곳이지만, 인간 존재의 소멸을 동시에 영원한 생명으로 전환시키는 재생의 공간이라고 할 수 있다.

그 '바위 안'은, 시 「임」에서 꿈꾸는 연금술사가 눈물로 갈고 닦아서 완성한 '임과 하늘이 절로 비치는' '바위거울'이기도 하다. 때문에 "맑고 투명한 영혼의 눈동자"를 얻음이요, "한 밤중에도 환하게 빛나는 /빛"을 얻음이다. 돌의 투명화는 '바위 안'의 그 적막과 고독을 뛰어넘어 유유히 날 수 있는 구속 속에서의 자유의 동력을 획득함이다. 이것은 또한 돌과 동일화된 화자가 지상의 구속과 현실의 무게로부터 자유로워져서 정신의 유연화를 획득함이기도 하다. 이와 같이 화자가 노년에 지은 '바위 집'은 지상에서 가장 튼튼하면서 빛으로 승화된 가장 가벼운 집으로 세계의 중심이며 동시에 전체인 집이라고 할 수 있다.

(2) 聖의 상방

우리는 종종 미개 문명인 언어에서 상과 하, 전과 후, 좌와 우라는 공간적 관계를 표현하고 있는 용어를 발견한다. 그러한 용어는 인간들이 놓여 있는 환경에 따른 것으로 세계 속에서의 인간의 위치를 표현하고 있는 것이다. 때문에 공간의 인식은 추상적인 것이 아니라 대상이나 장소에 따른 구체적인 정립이었다. 이렇듯 인간은 옛날부터 공간에서 행위하고, 공간을 지각하며, 공간 속에 존재하고, 공간에 대하여 사고해 왔으며 나아가 이 세계 구조를 현실의 세계상으로 표현하기 위여 공간을 창조하여 온 것이다.

따라서 시간과 공간의 다차원적 복합 개념을 제시하는 상대성 이론의 출현은, 하나로 단일화된 공간 개념을 여러 가지 공간으로 나눠지게 하였다. 즉 인간 공간은 환경에 대한 인간의 체험을 지각하는 곳이기 때문에 하나의 복합적인 과정으로서, 거기에는 여러 가지 변화항이 포함되어져 있다는 것이다. 이후 많은 이론가들에 의해 공간에 간한 몇몇 기본적 연구가 정리되었다. 그중 두드러진 연구서는 하이데거의 『존재와 시간』(1960년)[20], 『짓는 것·사는 것·생각하는 것』(1954년) 그리고 뽕띠(Merleau Ponty)의 『지각 현상학』(1962년), 볼로우(Otto Fredrich Bollnow)의 『인간과 공간』(1963), 바슐라르(Gaston Bachelard)의 『공간의 시학』 등이 있다.

바슐라르와 볼로우의 공간 연구는 모두가 현상학적으로 체험된 공간을 기저로 삼고 있으며 수직과 수평을 중요한 공간 단위로 설정하고 있다. 그런데 볼로우는 수평 左/右, 前/後는 고정된 불변의 방향이 아니라 인간이 방향을 바꾸면 금방 그 방향이 달라지는 데 반하여 수직 上/下의 방향은 고정된 불변의 장소로서 인간이 아무리 방향을 바꾸어도 여전히 上은 上이고 下는 下의 방향을 고수하고 있다고 말한다.[21] 또한 케신너(Erich Kastner)도 천국과 지옥의 존재를 이미 오랫동안 믿은 적이 없는 사람에게도 上方이라는 두 개의 단어를 바꾸어 놓을 수는 없다[22]고 말한다.

이렇듯 수직축은 인간의 자의에 의한 것이 아니라 중력의 방향에 의해 본래적, 객관적으로 주어진 것이다. 따라서 수직축의 上方은 공간의 신성한 영역으로, 그리고 下方은 공간의 속된 영역으로 간주되어 上/下의 두 요소가 대립 체계를 형성한다. 즉 자연 현상의 天과 地가 자연스럽게 '上(天)/下(地)'라는 기호 현상의 실재체(entities)로 바뀌게 된다. 이러한 수직 上/下의 변별적 특징을 판별하여 의미 작용을 분석하면 그 문학 텍스트 코드를 정확하게 해독할 수 있다.

시 「坐向」은 제목에서 표출되는 바와 같이 우선 '서다(下)/앉다(上)'로 공

---

20) 원저 출판은 1927년임.
21) O.F Bollnow(1963), *Mens und Raum*, Stuttgart : Kohlhamner, pp.43~45.
22) E.Kastner(1960), *Olberge, Weinberge*, Frankfurt, P.95.

간의 이항대립을 구축하면서 다시 '지하(뿌리·下)/돌/하늘(성좌·上)'의 삼원구조 기호체계로 확충된다.

박목월은 일찍이 그의 수필에서 다음과 같이 술회함으로써 '서다'와 '앉다'를 변별하고 있음을 본다.

> '앉음의 세계' 하지만 이것은 나의 슬픈 정신적 갈구에 불과하였다. 아무리 심령의 앉음을 회구하여도 생활이 그것을 허용치 않았다. '서서 방황함'으로 일용의 양식이 베풀어지는 것이며, 이 끝없는 '돌아다님'으로 겨우 내가 거느린 식솔을 이끌어갈 수 있었다. 앉음이 무엇임을 발견하고 그것을 깨닫게 돔은 '서서 돌아다님'이 무엇임을 알게 되는 일이었다.[23]

> 그 시기에 나의 좌우명이랄까, 생활 신조는 앉자는 것이었다. 앉는다는 것이 심신을 가다듬어 침착하게 살자는 뜻으로서, 이렇게 풀어서 설명하면 싱겁기 짝이 없는 것이지만, 나로서는 40여 년 살아온 전 생애를 걸어놓은 반성적인 것인 만큼 심각한 것이 아닐 수 없었다. 하지만 앉으려는 자세를 가짐으로써 나의 호흡을 한결 누그러뜨릴 수 있었고, 또한 생활에 대해서도 여유를 가질 수 있었으며, 대인 관계에서도 침착해질 수 있었다.[24]

위의 인용문에서 볼 수 있듯, 목월의 시적 바탕에는 두 가지의 분별되는 동사들이 놓여 있다. 그것은 '서서 돌아다니다'와 '앉다'이다. '돌아다님'이 끝없는 물질적 방황과 멍에의 공간이라면 '앉음'의 세계는 침착하게 내면을 가다듬는 성찰의 공간에 다름 아니다. 다시 말하자면 '돌아다님의 공간'에서 만나게 되는 것이 '움직이는 돌'이라면 '앉음의 세계' 위에 놓여지는 돌은 시 「座向」에서의 '뿌리를 내리는 돌'이다. 서성이며 갈등하는 존재의 머뭇거림이 하나의 자리를 찾게 될 때 자아의 돌은 뿌리를 내리며, 침착한 호흡을 내쉬게 된다. 그것은 '앉음의 세계' 위에 지어

---

23) 박목월(1979), 『구름에 달가듯이』, 삼중당, p.200.
24) ─────(1979), 『내 영혼의 숲에 내리는 별빛』, 세계문학사, p.32.

지는 정신적인 안정과 균형의 집이다.

목월의 시적 여정은 이와 같이 방황의 길 끝에 존재의 내면적 여유를 찾는 성찰에 가 닿아 있다. 그 세계는 들여다볼수록 모순뿐인 자신의 내부에서 새로운 빛을 찾으려는 안간힘이다. 그것은 곧 현실을 토대로 한 존재의 뿌리내리기인 것이다.

이렇게 이항대립 되고 나아가 삼원구조로 변별되는 공간기호 체계는 다시 모든 층위의 경계를 허물어뜨리고 총체적인 공간과 시간으로 확산된다. 즉 "앉으면/그것이 그의 자리다" "앉으면/그것이 그의 坐向이다" "내 것이 없는/있음" 등의 시적 진술에서는 '그의 자리' '그의 坐向' '내 것'은 본래부터 정해져 있는 것이 아니라 '이곳이 저곳이고, 저곳이 이곳'이라는 영원한 순환의 공간 구조를 볼 수 있다. 더불어 '내 것이 네 것이고, 네 것이 내 것'이라는 공간의 무소유와 무집착의 시인 의식을 엿볼 수 있는 것이다. 또한 '옮아가는 별자리'에서는 시작이 끝이고 끝이 시작이라는 시간의 맞물림이 영원한 순환 구조를 내포하고 있는 것이다.

시 「바위 안에서」의 기호체계는 '바위 밖/바위 안'의 공간으로 이항대립되면서, 다시 '땅/바위/하늘'이라는 삼원구조 공간기호 체계로 확충되고 있다.

"저 안으로/뿌리를 내릴 때다"에서 볼 수 있는 것처럼 이 시의 화자는 바위 속으로 들어간다. 지금은 바위 안으로 들어가 "맑고 투명한 영혼의/눈동자를 얻어야 할 때"인 것이다. 이것은 '바위 밖→바위 안'으로 공간이 축소되고, 그 축소된 공간이 다시 '눈동자'로 응축된 공간의 코드 이행이다. 즉 시적 화자의 눈동자 속으로 거대한 우주를 응축시킴과 다름 아니다. 그러나 이러한 공간의 응축은 다시 '한 밤중에서도 환하게 빛나는 빛'을 얻을 수 있는 공간의 확산과 맞물리고 있다. 말하자면 거대한 우주의 공간이 화자의 '눈동자'라는 가장 작은 의식의 초점으로 응결되고, 이것이 다시 빛나는 우주로 퍼져나가는 응축과 확산의 공간 역학이 펼쳐진 것이다. 이는 곧 공간기호의 모든 분별이 해체되어 우주와 화자가 완전하게 하나가 되어 총체성으로 나아가는 현상이라고 할 수 있다.

　별은 지구상에서 보이는 천체 가운데 가장 높이 떠 있으며, 인간이 인식하는 천체공간 가운데 가장 먼 곳에 존재한다. 목월 텍스트의 천체기호에서도 별은 그 공간의 최상단에 위치하고 있으며 만나보기도 어렵다.[25] 이렇게 별은 '먼 곳'에 위치하고 있으며 '드물게' 만나는 텍스트 코드를 지니고 있다. '먼 곳'은 공간 언어이고 '드물게'는 시간 언어이다. 따라서 시 「바위 안에서」의 별은 '별자리'라는 시적 진술과 더불어 통일성의 체계를 갖추고 찬란한 빛을 발하며 대지로부터 가장 먼 공간에 놓여 있는 절대적인 존재물이라 할 수 있다.

　이러한 별은 끊임없는 인내와 고독을 통하여 시적 화자가 획득한 것으로, 시 「임」에서의 '바위거울'의 완성이다. 바위거울은 뤽 브느와(Luc Benoist)도 언급한 바 있지만,[26] 우주적인 것에서 개인적인 것으로의 또는 그 정반대의 전이가 일어나는 천상의 빛이 반사되는 곳이기도 하다. 이것은 땅(下)과 하늘(上)이 하나됨과 다름 아니다. 그 빛나는 바위거울은 시적 화자의 빛나는 정신적 거울로서, 속된 육체의 무게를 덜어내고 성스러운 정신의 가벼움을 획득함인 것이다.

　이와 같이 박목월의 시 「坐向」「바위 안에서」를 통하여 각각 그들 시 세계가 구축하고 있는 기호체계와 그 의미 작용을 살펴보았다. 그러나 이것은 이미 앞장에서 언급한 바 있듯, 한편의 시에 구축된 관계의 망을 판독한 것에 불과하다. 따라서 목월 텍스트 속에서 돌이 구축하고 있는 기호체계는 그 코드가 다르다. 즉, 목월 텍스트의 총체적인 돌의 공간기호론적 입장에서는 시 「坐向」「바위 안에서」 등에 시적 질료로 등장하고 있는 돌들은 삼원구조 기호체계 가운데 수직축 상방의 층위에 속한다. 그

---

25) 김혜니(1990), 앞의 책, pp.163~170. 참조.
26) 뤽 브느와(1988), 『징표・상징・신화』, 윤정선(역), 탐구당, p.93. 참조.

리하여 이 상방의 돌(가벼운 돌)은 중간항의 층위에 속하는 돌(움직이는 돌)들의 역동적 작용으로 하여 하방의 돌(무거운 돌)이 지닌 어둡고 단단하고 무거운 속성을 완전히 몰아내고, 밝고 빛나는 가벼움을 획득한 돌이다.

이 상방에 속한 가벼운 돌은 우주상을 형상화한 의미의 정수를 획득한 돌이다. 그 돌은 무한한 공간과 무한한 시간의 중심에 위치하면서, 총체적인 공간의 힘을 한데 모으기도 하고, 발산하기도 하고 우주의 중심, 세계의 중심이라는 의미 작용을 생성하고 있다. 박목월 텍스트의 돌의 공간기호 체계를 도표화하면 다음과 같다.

삼원구조 의미 층위	上(하늘)	中(매개항)	下(땅)
표제	「坐向」, 「바위 안에서」	「돌」, 「중심에서」	「임」
1차 의미	가벼운 돌 (가벼움)	움직이는 돌 (가벼움+무거움)	무거운 돌 (무거움)
행위	응축·확산	유동성	부동성
2차 의미	〈聖〉 이상, 영혼, 투명함 가벼움	〈聖+俗〉 俗→聖에로의 역동적 작용	〈俗〉 현실, 육체 어두움, 무거움

4. 결 론

이 논의는 박목월 텍스트의 돌의 기호체계와 그 의미 작용을 판독하기 위해 쓰여졌다. 목월 텍스트에서의 돌은 시인의 상상력의 출발점인 동시에 종결점으로 일종의 개인적 신화를 보여준다고 할 수 있다. 그 돌은 바위, 돌덩이, 돌멩이, 자갈, 모래, 돌담, 대리석, 비석 등의 이름으로 탈바꿈하면서 각각 무거운 돌, 다듬어진 돌, 바스라지는 돌, 물기를 머금은 돌,

타는 돌, 빛나는 돌 등의 다양한 속성을 지니고 나타나 있는 것이다. 목월 텍스트의 기호체계를 볼 때, 이러한 돌은 일관되어 나타나지 않고 몇 단계로 이행하면서 굴절되어 나타난다. 즉 '무거운 돌' '움직이는 돌' '가벼운 돌'의 변별적 층위를 이루고 있는 것이다. 그리하여 각각 '무거운 돌/가벼운 돌'이 이항대립 구조 체계를 이루고 있는 가운데, '움직이는 돌'은 이러한 양극적 요소들 사이의 매개항으로 작용하고 있음을 본다.

박목월 텍스트에서 보여주는 수직축 하방의 '무거운 돌'은 시「임」에서 보여주는 바와 같이 '바위(下)/하늘・임(上)'으로 이항대립되면서, 각각 俗/聖, 현실/이상, 육체/영혼, 어두움/투명함, 무거움/가벼움의 변별적 특징을 보여준다. 시 속에서 '지금' '여기' 하방의 바위는 어둡고 아득하고 단단한 무게를 지닌 바위다. 화자는 그 하방의 돌을 투명한 돌로 변환시키고자 꿈꾸고 있는 것이다. 그 '무거운 돌'이 지니고 있는 부정성으로부터 벗어나고자 하는 행위가 바로 바위를 가는 행위이며, 이것은 하방에서 상방을 동경하는 시인의 꿈이라고 할 수 있다.

그런데 '눈물로 바위를 가는' 그 역설과 과장은 시적 분위기에 긴장감과 생동감을 불러일으킨다. 시적 화자는 눈물을 도구로 하여 바위를 갈아 '바위거울'을 만들고자 한다. 이 바위거울의 반사 광선의 빛, 이것이야말로 연금술사에 의해 역동적으로 변모된 구체적이며 추상적인 구상(具像)이다. 즉 이것은 연금술사의 우주적 작업으로 두 가지 상반된 성격의 재료를 뒤섞어서 물질을 영혼으로 바꾸는 시적 세계에 다름 아니다.

삼원구조 가운데 수직축 중방의 층위에 속하는 '움직이는돌'은 시「돌」「中心에서」를 통해 엿볼 수 있다. 이 돌은 '하방/상방'의 이항대립 중간에 자리를 잡고 이 두 공간 사이의 중간적 역할을 담당하고 있는 것이다. 그리하여 하방의 바위와 같은 어둡고 단단하고 무거운 것을 덜어내고 연금술사의 바위거울 만들기의 꿈을 완성시키기 위한 통로의 역할을 담당하는 역동적 매개항이 되고 있다.

'움직이는 돌'은 하방의 바위와 같은 무게와 부동성을 덜어내고 돌멩이, 돌덩이, 자갈, 모래 등의 이름으로 나타나고 있다. 그 돌들은 시 「돌」에서 보여주는 바, 각박한 현실 생활 속에서의 시적 자아를 대신하고 있다. 그리하여 차갑고 냉랭하게 이리저리 굴러다니고 있는 것이다. 그런데 화자는 시 「돌」 속에서 '지금은'이라는 현재 시제를 여섯 번이나 계속 반복함으로써 '나중에'라는 미래 시제에 의문을 환기시켜주고 있다. 이것은 시적 화자가 현재의 어려운 현실을 극복하고, 미래에로의 새로운 상황을 다짐하는 의미가 함축되어 있다고 볼 수 있다.

이러한 미래에 대한 변신의 다짐은 시 「中心에서」에서 자아에 대한 인식으로 나타난다. 화자의 발길에 '한 덩이 돌'이 채인 것이다. 이것은 돌에 걸린다는 것으로, 그 순간 화자에게 무엇인가를 깨닫는 계기를 마련해 준다. 그 순간, 돌은 화자를 돌의 세계로 끌고 들어가 그 자신의 진실한 중심에 이르도록 도와주는 매개자적 역할을 한 것이다. 이것을 메를로 뽕띠의 '지각의 세계'로 설명하자면, 돌과의 접촉은 화자가 몸으로써 만나는 가장 원초적인 세계이며 몸소 체험하고 직접 접촉하는 세계, 곧 생활세계라고 볼 수 있다. 다시 말하여, 화자의 인간 존재와 우주적 질서에 대한 인식은, 그 움직이는 돌처럼 인간 세상과 몸소 부딪침으로 해서 얻어진 세계요, 물질적 멍에를 직접 체험하고 난 후 비로소 깨닫는 세계인 것이다.

상방의 '가벼운 돌'은 중방의 '움직이는 돌'의 역동적 작용으로 말미암아, 하방의 무거운 돌이 지닌 모든 부정적인 속성을 완전히 몰아내고 밝고 빛나는 가벼움을 획득한 돌이다. 이러한 돌은 시 「坐向」「바위 안에서」 등에서 찾아볼 수 있다. 시 「坐向」에서는 공간에 대한 무집착, 무소유 의식과 함께 자유로움을 인식한 화자의 태도가 드러난다. 이것은 궁극적으로 모든 사물에 대한 집착을 버리고 인간 존재의 자유로움을 획득한 세계관과도 연결된다. 따라서 '뿌리를 내리는 돌'은 수평적인 삶에서 수직으로 선 돌이며 시적 자아의 안정된 의식과 균형을 나타낸 것으로, '움직이는 돌'의 불안정함과 대조를 이룬다고 할 수 있다. 뿌리를 내린 돌은 대자연의 질서를 터득한 돌이기도 하다. 그 돌은 모든 경계를 해체시키고 공간과 시간의 확산 운동을 한다. 즉, 존재의 소멸이 영원한 끝맺음이 아니라 제자리로 돌아가는 근원에로의 회귀라는 시인의 건강한 공간 의식, 그리고 시작이 끝이고 끝이 시작이라는 영원한 시간의 순환 의식이 그것이다.

시 「坐向」이 우주에로의 확산 운동을 통하여 시간과 공간을 무화시키고 있다면, 시 「바위 안에서」는 중심에로의 응축 운동을 통하여 시간과 공간을 무화시킨다. '바위 안'의 공간은 화자가 노년에 지은 집으로 뿌리를 내린 정신의 안식처인 것이다. 그리고 "맑고 투명한 영혼의/눈동자"와 "한밤중에도 환하게 빛나는/빛"을 얻은 공간으로, 시 「임」에서의 '임과 하늘이 절로 비치는' 그 '바위거울'이기도 하다.

이러한 '바위 집'은 俗의 육체를 지키고 있는 비석과 동일한 이미지를 지닌다고 할 수 있다. 비석은 '수직으로 선 돌'로서, 땅(下)과 하늘(上)을 수직으로 이어줌으로써 육체의 소멸을 영원한 생명으로, 시간의 단절을 억겁으로 전환시키는 역동적 이미지를 지니고 있기도 하다. 비석은 근원적 공간이며 영원한 현재의 공간으로 인간 존재의 소멸을 동시에 영원한 생명으로 전환시키는 재생의 공간이라 할 수 있다.

돌의 투명화는 '바위 안'의 그 적막과 고독을 뛰어넘어 유유히 날 수 있는 구속 속에서의 자유의 동력을 획득함이다. 그것은 또한 돌과 동일화된 화자가 지상의 구속과 현실의 무게로부터 자유로워져서 정신의 유연화를 획득함이기도 하다. 이와 같이 화자가 노년에 지은 '바위 집'은 지상에서 가장 튼튼하면서도 빛으로 승화된 가벼운 집으로 세계의 중심이며 동시에 전체인 집이라고 할 수 있다.

동양적 세계관의 가장 중요한 특징은, 모든 사물과 사건들의 통일성과 공동의 상호 관계에 대한 깨달음, 곧 세계의 모든 현상을 기본적인 전일성(全一性)의 현시로서 체험한다는 데 있다. 목월 텍스트가 드러내는 돌의 시학은, 폭풍우 같은 삶의 갈등과 덧없음의 세계를 거친 다음에 깃드는 고독, 침묵, 무심의 세계, 그 존재론적 초극의 공간기호 체계인 것이다.

Ⅱ. 김명배 시공간의 상상구조 연구

1. 서론

1) 들어가는 글

　문학 작품을 연구함에 있어, 연구자들의 작가 및 작품을 선정하는 성향을 관찰해 보면, 일반적으로 수많은 논자들의 논의에 의해 다각적으로 검토, 규명되어온 것들에 관심을 쏟는 경향이 많다. 이미 괄목할 만한 연구성과를 올리고 있는 기왕의 작가와 작품을 가일층 천착하여 성과의 몫을 더하는 것도 중요하겠지만, 그보다도 새로운 작가와 작품을 발굴하여 연구하는 것이 우리 문학 발전의 창조적 미래를 위하여 매우 의미 있는 작업이라 생각한다. 이러한 연구자의 목적 의식 아래, 본 논자는 항상 새로운 작가와 작품에 주목하고 있었다. 그리고 단제(丹弟) 김명배(金明培) 시인의 시집이 필자의 손에 쥐어졌다. 나의 손에 한 권의 책이 쥐어질 때, 나는 항상 그것을 '인연'이라고 생각해 왔다. 인연을 소중히 여기는 것은 나의 몸 안에 밴 오랜 습성 중의 하나이기도 하다.

의제 김명배 시인은 1972년 시 「청동색」 Ⅰ·Ⅱ·Ⅲ 「늪지대」 「비구성」 등의 작품으로 ≪현대문학≫지 추천으로 시단에 등단하였지만, 실제에 있어서는 1950년부터 활발한 시 창작의 외길을 걸어온 큰 시인이다. 그의 시 「소리 Ⅰ」만 하더라도 1957년 말 서울신문 현상 문예에 응모한 작품이며 최종심사에 이르기까지 심사위원들의 다대한 주목을 받았다. 특히 박목월 시인은 그의 독창적이면서도 탁월한 시 세계에 극찬을 아끼지 않은 바 있다. 이러한 오랜 시 창작 활동을 통하여 김명배 시인은 5권의 시집을 내놓고 있다. 즉 『청동색 음성』(제1시집, 1973) 『둘째의 공간』(제2시집, 1975) 『바람아 바람아』(제3시집, 1982) 『소리가 있는 풍경』(제4시집, 1986) 『사랑하기 없기』(제5시집, 1992) 등이 그것이다.

김명배 시에 대해 정한모는 「오도(悟道)와 감성의 조화」라는 제목 아래 "언어를 경영할 줄 알고, 간결하고 감정의 낭비가 없으며 자연을 받아들이더라도 이것을 일단 자기의 지성과 감성의 채로 걸러내어 재구성하여 표현하고 있으며, 대상에 끌려다니지 않고 대상을 자기 것으로 만들어 이를 조절하고 이끌어간다"고 언급하고 있다.[1] 그 밖에도 그의 시 세계를 조감한 몇몇 단편적인 글들이 눈에 띄기도 한다. 그러나 현재까지 그의 텍스트를 전문적으로 연구한 논문은 보이지 않는다.

시란 본질적으로 새로운 이미지들의 갈망이다.[2] 시인은 인간이 경험하는 의식 대상들을 감각적으로 표현하고 존재를 증명하고 자신의 감정을 전달하려고 하는 사람이다. 이때 상징적 이미지가 창조된다. 때문에 시에 있어서 상상력은 절대적 요건이 된다. 다시 말하여 시인의 시 세계는 시인의 의식이 생생하게 표출되는 무대이며, 그 의식은 그의 상상력에 의해

---

1) 김명배(1986), 『소리가 있는 풍경』, 혜진서관, (서문).
2) 바슐라르, 정영란 역(1993), 『공기와 꿈』, 민음사, p.12.

이미지의 형태로 시의 표면에 나타난다. 이와 같이 시인의 상상력은 과거 체험의 이미지들을 재구성하는 창조적 작업인 것이다.

 따라서 본 논문은 김명배 시인의 텍스트를 상상력의 구조체로 파악하고, 그 가운데 관계의 망으로 짜여진 공간의 질서를 탐색하고자 한다. 그리하여 공간 상상력의 구조가 내함하고 있는 의미 작용을 해독함으로써, 시인 특유의 존재 의식과 원초적 작가 의식의 지향점, 뿌리 등을 밝혀보려 한다.

 끝으로 본 연구는 어디까지나 김명배 시 세계를 연구하는 작업의 일환으로써, 하나의 작은 시론에 불과할 따름임을 밝혀둔다.

2) 논의의 전개를 위하여

 시인이 시를 쓰는 작업은 넓은 의미에서 상상력을 통하여 새로운 세계를 창조하는 언어 행위라 할 수 있다. 상상의 세계는 현실의 세계와는 동떨어진 무한한 꿈의 세계이며 신비의 세계이다. 한 시인의 감각에 의해 체험된 것들은 무의식 속에 이미지로 축적된다. 그러다가 어떤 계기가 주어지면 순간적이고도 돌발적으로 표출되면서, 신비스럽게도 사물의 존재성을 발견하는 직관(intuition) 내지 영감(inspiration)이 바로 상상력이다.

 상상력과 일련의 함수 관계를 맺고 있는 꿈, 신비, 이미지 등의 불가시적 세계에도 일종의 통일된 질서가 내재하고 있음은 주지의 사실이라 하겠다. 칸트(I. Kant)는 영국의 경험주의와 독일의 관념론을 융합하여 예술의 본질을 상상력으로 해명하는 가운데 각각 『순수이성비판』과 『판단력비판』에서 상상력의 개념을 정의하고 있다. 즉 전자에서 상상력은 인간의 감각에 지각되는 다양한 재료들을 통합하여 거기에 질서를 부여하는 통일적인 힘이라고 논의한다. 그리고 후자에서는 상상력은 자유로운 행위라 논의하면서 그 중요성을 강조한다.

이러한 칸트의 논의에서 우리는 상상력에 대한 두 가지 사실을 추출해 낼 수 있다. 하나는 상상력은 시인이 체험한 이미지들을 통합하여 재구성하는 '일정한 틀을 가진 구조체'라는 사실이며, 다른 또 하나는 상상력이란 시인의 주관적 연상 법칙에 따라 자유롭게 사물을 재생하고 만들어낼 수 있는 '창조적 작업'이라는 사실이다. 이미 칸트의 형식주의에서는 시간과 공간을 순수 직관의 형식으로 파악하고 이들의 관계를 도식론으로 제시한 바 있다.[3]

상상력의 존재 양식은 본질적으로 의미의 세계, 관념의 세계, 추상적인 세계 등 불가시적인 원관념이 이면에 숨는다. 대신 그것의 가시적이고 감각적인 보조 관념이 이미지로서 표면에 드러난다. 이로 미루어 상상력 자체에서 벌써 '이면/표현'이라는 상반된 구조가 필연적으로 공존하게 된다. 자연의 세계에 있어서 '밤/낮'의 상반됨이 질서 있게 공존하고 있듯, 인간의 세계도 '정신/육체' '삶/죽음' '이상/현실' 등이 질서있게 공존하고 있다. 마찬가지로 인간이 경험하는 의식의 대상 역시 '물질/의미' '현상/관념' '형이하학/형이상학' 등으로 구분된다. 시인이란 바로 이러한 의식의 대상들을 감각적으로 표현하고 존재를 증명하고 자신의 감정을 전달하려고 하는 사람이다. 이때 상상적인 이미지가 창조되는 것이다.

이와 같이 시인의 상상력이란 시인 자신이 체험한 소재들이 결합된 일정한 틀을 가진 구조체이며 동시에 새로운 세계를 만들어내는 창조적 작업이라 할 수 있다. 시인의 상상력은 한 시인 특유의 내적 상태에 대한 외적 기호이다.

시인에게 있어 텍스트의 통일적 구조 체계는 시인의 시적 상상 체험과

---

3) Alexander Gelly(1980), *"Metonymy, Schematism and the Space of Lirerature"*, New Lieterary History, (The Univ of Viginia), pp.470~473 참조.
   김용정(1978), 『칸트철학연구사』, 유림사, pp.121~125 참조.

긴밀한 함수 관계에 있다.

  하이데거(M. Heidegger)는 인간과 공간은 분리할 수 없으며, 공간이란 외적인 대상물도 아니며 내적인 체험도 아니고, 인간과 공간은 따로 분리하여 생각할 수 없는 것이라고 역설한 바 있다.[4] 즉 실존은 공간적이라는 의미이다. 인간은 환경 가운데서 삶의 관계를 맺고 행동을 해나간다. 따라서 행동은 인간이 의미 작용을 갖는 지향을 형성한다. 다시 말하면 인간이 행하는 대부분의 행위는 공간적 측면을 지니고 있다는 것이다. 때문에 인간의 삶을 바로 이해하려면 공간적 제 관계를 이해하고, 그것을 하나의 공간 개념으로 통일시키지 않으면 안 된다.

  우리는 종종 미개 문명의 언어에서 '上·下·前·後·左·右'라는 공간적 관계를 표현하고 있는 용어를 발견한다. 그러한 용어는 인간들이 놓여 있는 환경에 따른 것으로 세계 속에서의 인간의 위치를 표현하고 있는 것이다. 때문에 공간의 인식은 추상적인 것이 아니라 대상물이나 장소에 따른 구체적인 정립이었다. 이렇듯 인간은 옛날부터 공간에서 행위하고, 공간을 지각하며, 공간 속에 존재하고, 공간에 대하여 사고해 왔으며 나아가 이 세계 구조를 현실의 세계상으로 표현하기 위하여 공간을 창조하여 온 것이다.

  바슐라르와 볼노우의 공간 연구는 모두가 현상학적으로 체험된 공간을 기저로 삼고 있으며 수직과 수평을 중요한 공간단위로 설정하고 있다. 아리스토텔레스는 공간을 上/下, 前/後, 左/右로 구별하여 인간의 체격과 인간과 중력의 장과의 관계에 기초를 두었다. 그러나 불노우는 그 세 개의 대립항이 결코 등가가 될 수 없다고 지적하면서 上/下는 분리하여 생각해야 한다고 지적했다. 즉 左/右, 前/後는 고정된 불변의 방향이 아니라

---

4) Martint Heidegger(1954), *"Bauen Wohnen Denken,"* vortrage und Aufsatze Ⅱ, Pfullingen, p. 31.

인간이 방향을 바꾸면 금방 그 방향이 달라지는데 上과 下의 방향은 고정된 불변의 장소로 인간이 아무리 방향을 바꾸어도 여전히 上은 上이고 下는 下의 방향을 고수하고 있기 때문이다.5) 케스트너(Erich Kästner)도 천국과 지옥의 존재를 이미 오랫동안 믿은 적이 없는 사람에게도 上方과 下方이라는 두 개의 단어를 바꾸어 놓을 수는 없다.6)라고 말하고 있는 것이다.

이렇듯 수직축은 인간의 자의에 의한 것이 아니라 중력의 방향에 의해 본래적, 객관적으로 주어진 것이다. 따라서 수직축의 上方은 공간의 신성한 영역으로서 항상 간주되어 왔다. 반면 수평축은 인간의 구체적인 행동 세계를 나타낸다. 슐츠는, 어떤 의미에서는 모든 수평 방향은 이미 평등하며 무한히 확장하는 면을 구성한다. 따라서 실존적 공간을 가장 단순화한 모델은 하나의 수평면에 수직축을 꽂아 세운 것이다.7)라고 말한다.

슐츠의 말처럼 오래 전부터 수직공간은 수평공간과 대립적인 개념이 부여되어 왔다. 수직축이 문화, 초현실, 정신, 능동의 상징성을 나타낸다면 반대로 수평축은 자연, 현실, 물질, 수동을 상징한다. 이렇듯 수직과 수평 공간의 시차성은 인의의 정신 영역을 반영해 주고 있다. 따라서 수직과 수평의 대립은 자연 현상 속에 있는 객관적 실체가 아니라 기호 현상으로서 작용하고 있는 것이다. 우주의 모든 사물은 그 공간 안에서 언어와 같은 의미 작용을 하고 있는 것이다. 사물이 하나의 자연적인 비기호 영역에서 기호의 영역으로 들어오게 될 때, 비로소 그것이 언어와 마찬가지로 하나의 의미 작용을 갖게 된다는 것이다. 다시 말하여 수직과 수평은 사물과 사물의 관계에 있어서 그 대립과 차이를 나타내주는, 바로 공간이 언어가 되는 이항대립 체계의 가장 기본을 이루는 변별적 특징이

---

5) O.F. Bollnow(1963), *Mens und Raum*(Stuttgart : Kohlhmner), pp.43~45 참조.
6) E. Kästner(1960), Ölberge, Weinberge, Frankfurt, p.95.
7) C.N. Schulz(1977), *Existence, Space & Architecture*(Praeger Publishers), p.21.

다.

  따라서 본 논문은 김명배 시인의 텍스트를 일정한 틀을 가진 상상력의 구조체로 파악하고, 관계의 망으로 짜여진 공간의 질서를 파악하여, 그것이 생성하는 의미 작용을 해독하고자 함이다.

2. 시 공간의 상상구조 시학

1) 단독자의 밤, 침묵, 부동(不動)의 절대 공간 ― 내실(內室)

  시집 『청동색 음성』에 실려 있는 시 「청동색」 Ⅰ·Ⅱ·Ⅲ은 각각 「늪지대」, 「비구성」 등의 시와 함께 의제(宜弟) 김명배(金明培) 시인의 1972년 ≪현대시학≫지 추천 등단 작품이다. 그리고 주지하다시피 그가 엮어낸 5권의 시집 가운데 제1시집의 표제이기도 한 이 시는, 시인의 시 세계를 구축하는 데 간과해서는 안 될 중요한 의미를 함축하고 있기도 하다.

    1 照明이 켜진다.
      室內에서 혹은 나의 內面에서.

    2 窓이 닫힌다.
      빗방울을 몰고 오는 바람에
      窓이 닫힌다.

    3 照明이 켜진 內室에서
      머리를 푸는 古典.

    4 行間에서 음성이 살아난다.

5 靑瓷 곁에서 생각하는 刻像

6 엄숙하다.

7 깊은 洞窟로부터 울려오는
　가라앉은 청동색 음성의 深奧性

8 말씀을 듣는다.

「청동색 I」, 전문

　위의 시는 우선 시간적으로 '낮(무표)/밤' 그리고 공간적으로 '밖(室外)/안(室內)'으로 분절되면서 이항대립 체계를 구축하고 있다. 시인의 시선은 밖(室外)으로부터 안(室內)으로 수평운동을 하며 이동(밖→안)하여 와서 다시 수직 운동을 하며 뻗어나가고 있다. 실내 공간은 '하늘(무표)/집(실내)/동굴(지하)'의 수직 삼원구조로 확장되고 있는 것이다. 그리고 전 8연 13행으로 된 이 시의 유기적 질서는 제1연~3연까지는 '밖→안'에로의 수평적 공간의 시선 이동과 더불어 응축과 닫힘의 운동이 전개되어 오다가, 제4연~8연에서는 운동 방향이 수직적 공간 운동으로 변화되면서 동시에 시간과 공간 그리고 존재 의식의 확산과 열림이라는 운동성으로 탈바꿈하고 있다. 다시 말하여 전반부(1연~3연)와 후반부(4연~8연)는, 각각 '수평/수직' '응축/확산' '열림/닫힘'의 상반된 구조체를 형성하고 있는 것이다.

　제1연에서 이 시는 '조명이 켜지는 실내'라는 시각적 묘사로부터 출발한다. 특히 '조명'이라는 드라마적 언표가 시사하는 바, 실내의 공간은 일상적 현실적 주거 공간이 아닌 연극적 공간으로 주목된다. 즉 시인의 시적 상상력이 펼쳐지며 시인의 내면 의식이 연출되는 시적 무대라 할 수 있다. 마치 한 장의 스냅 사진과 같은 이미지다. 그 조명은 '실내'에서 뿐만 아니라 시인의 '내면'에도 켜진다. 시인은 불켜진 방을 내면에 지니고 있는 것이다. 따라서 밤은 낮시간 동안 어두움 속에 묻혀있던 시적 화자의 내면 의식이 밝아오는 열림의 시간이라 읽혀질 수 있다.

그런데 조명이 켜지면 동시에 '창이 닫힌다.' 거주하는 집이 감옥이 되지 않기 위하여는 그 배후의 세계 가운데로 열린 출구, 즉 그 안에 세계와 밖의 세계를 연결하는 출구를 구비하여야 한다고 불노우는 말한다.[8] 옛날부터 벽으로 집의 공간을 나누고 또 문과 창으로 內와 外의 경계를 구분 짓는다는 것은 결코 부자연스러운 일이 아니었다. 따라서 '내/외'의 공간에서 벽, 문, 창은 중요한 의미를 생성해주고 있다고 할 수 있다. 「청동색 Ⅰ」의 시에서 '창의 닫힘'은 외부와의 단절된 실내(내면)의 공간을 만들어주고 있다. 그 공간에 존재하는 시인은 고독하지 않을 수 없을 것이다.

온갖 현실적인 사물들을 덮어 지워버린 밤, 단단히 닫힌 창의 그 단절, 고독, 정적, 내밀함 속에 시인은 홀로 내면 의식의 등불을 밝히고 '머리를 푸는 고전'이 된다. 마치 키에르케고르(Kierkegaard)가 인간의 실존은 '단독자'로서 시작되어야 한다고 했듯이 시적 화자 역시 하루의 분주하고 고단한 일상에서 돌아온 저녁 시간, 모든 현실적인 것과의 연대 의식을 끊어버리고 단독자로 돌아와 본질적인 자아와 고독하게 마주하고 있는 것이다. 우주와 인간과의 관계를 대우주와 소우주의 상관 관계에 두고, 동일한 구조의 의미를 부여하고 있는 것은 동서고금을 통하여 다 같이 일치된 공간론이다. 이러한 이론에 의거하여 인간의 신체를 공간 분절하면 '上(머리·두부)/中(몸통·흉부)/下(복부·다리·성기)'의 수직 삼원구조로 나뉜다. '머리를 푼다'는 시구에서의 '머리'는 수직 上方 코드에 해당하는 것으로 문화, 초현실, 정신, 능동의 상징성을 나타내는 것으로 읽

---

8) O.F. Bollnow(1963), 앞의 책, p.154.

을 수 있다. 즉 '머리를 푼다'는 것은 시적 화자의 정신적 사유의 행위와 다름 아니다. 그리고 '고전'이라는 언표는 우리에게 고전적 정서, 회고적 정서를 환기시켜주기 위해서 선택된 시어가 아니라 사물화된 시어이다. 설명이나 의미에 있어서 고전을 느끼는 것이 아니라 고전의 사물로서 직접 느끼는 것이다. '고전'은 바로 시적 화자의 본질인 것이다.

이 시 전반부의 이와 같은 의미 작용의 운동성에서 우리는 다음과 같은 시인 의식을 해독해 낼 수 있다. 즉 시적 화자는 낮의 시간이 함축하고 있는 현실적이고 세속적인 모든 사회적 자아의 탈을 벗어버리고, 밤의 시간에 본질적 자아의 참 모습을 드러낸다. 그리하여 내면의 등불을 밝히고 단독자의 고독한 모습으로 정신적 사유에 몰입한다. 이러한 시인의 참 모습이야말로 참으로 값 있고 진중하고 빛나는 고전의 존재가 아닐 수 없다.

제4연의 "행간에서 음성이 살아난다"라는 시구를 통해 우리는 앞 행의 '머리를 푸는' 행위가 바로 정신적인 작업임을 쉽게 간파할 수 있다. 시인이 시를 쓰는 행위는 자기를 들여다보는 행위이다. 자기 응시의 깊이로 향하는 의식의 반영이며 실존적 본질에 대한 탐색 행위이다. 시인이 쓴 그 '시'는 스스로 내면을 비춰볼 수 있는 대상으로서의 언어적 거울인 것이다. 또한 '시 세계'는 시인이 현실적인 외계와의 모든 관계를 차단하고 도피해갈 수 있는 내밀한 정신적 밀실의 공간이기도 하다. 그 안으로 도피하여 침잠한 시인은 작은 종이 공간에 대우주를 응축시켜 옮겨 놓는다. 그리하여 자기만의 소우주의 왕국을 건설한다. 시를 쓰는 작은 종이의 공간이 바로 우주 공간 그 자체인 것이다. 그 우주의 공간에서는 '음성이 살아난다.' 음성(소리)은 모든 공간의 경계를 침범하여 허물어뜨리며 확산 운동을 하는 가장 강렬하고도 확실한 역동적 이미지이다. 그 역동성은 우주를 향해 수평과 수직의 경계를 하나로 흡수하여 총체적 공간을 형성한다. 이와 같이 시인이 시를 쓰는 작업은 응축된 공간에서 확산된 공간에로, 닫힘의 공간에서 열림의 공간에로의 탈출 작업이며 동시에 우주와 시의 동일화를 꾀하는 작업이기도 하다.

우주와 시의 동일화는 곧 우주와 시적 자아의 동일화를 일컬음이다. 후반부 제5연 "청자 곁에서 생각하는 각상"에서 청자와 각상은 조응 관계를 이루면서 시인 의식을 생생하게 표출하고 있다. 청자가 암시하고 있는 전통성, 창조성, 그리고 그 색깔이 환기하는 차가움, 심미, 이지, 우아함은 '각상'의 부동성, 침묵성, 고독성과 함께 서정적 자아의 의식의 지향점이다. 나아가 이 시의 원형이며 본질이요 이데아로서의 의미를 지닌다.

여기서 '각상'은 단순한 조형 예술품으로서가 아니라, 시인 내면의 충동이 외계와 접촉하면서 선택한 자기 표현의 한 양식으로 이해되어야 한다. 일반적으로 조각가는 선택된 재료를 충분히 깎아내고 다듬는 작업을 통해 최후의 형상을 완성시킨다. 마찬가지로 이 시에 등장한 '각상' 역시 시적 화자가 파내고 깎아내고 최후에 완성시킨 정신적 초상화인 것이다. '각상'은 고정화 작업을 통하여 흘러가는 시간에 대한 승리를 구현하고자 하는 '근원적인 공간'으로서, 그 공간은 영원한 현재를 말해준다.[9] 이와 같이 '각상'은 시인 스스로 우주상을 구축하기 위하여 창조한 공간이라 할 수 있다. 그리고 이것은 우주와 시적 자아의 동일화이다.

수평과 수직의 경계를 무너뜨리고 하나의 총체적 우주의 공간을 구축한 그 정점에서, 시인은 '깊은 동굴로부터 울려오는 청동색 음성'과 마주한다. '동굴'은 집의 어두운 실체 즉 집의 엄청나게 깊은 지하실과 같다. 그곳은 인간의 심연으로 무의식과 맞닿고 있다.[10]

시인이 시를 쓰는 방(내실)은 밝음과 어두움이 교차되는 공간이지만 '동굴'은 밤낮 할 것 없이 어두움으로 차있는 곳이다. 이러한 동굴은 시

---

9) 김화영(1982), 『문학상상력의 연구』, 문학사상사. p.369 참조.
10) 가스통 바슐라르, 곽광수 옮김(1990), 『空間의 시학』, 민음사, pp.132~137 참조.

인의 무의식의 공간으로 이해할 수 있다. 그리고 시인이 내면에 켠 조명은 이러한 동굴(지하실)로 내려가기 위해, 스스로 손에 든 무의식의 등잔과 같다. 동굴은 시인이 시 세계를 엮어나가는 베틀과 같은 곳으로, 동굴에서 흘러나오는 '청동색 음성'은 무의식의 소리이며 동시에 우주의 소리이다. 왜냐하면 우주와 시인은 동일화를 이루고 있기 때문이다.

　김명배 시인은 동굴, 구멍, 구석, 병, 상자 등의 집요한 공상가이기도 하다. 이것들은 그의 텍스트에 산재해 있다.

　　　유리상자 속의 人形처럼——「除夜」
　　　面會室 책상위/四合甁 속에는——「작품 B」
　　　한 컵의 빗물과/ 접시의 눈물과——「작업 A」
　　　재떨이 곁에 놓인/잉크병——「잉크병」
　　　쥐구멍/수채구멍/女子의 까만 콧구멍/家計簿에 난 銅錢구멍/
　　　날마다 우는 귓구멍/내 무덤에 생기는 여우구멍——「구멍 1」

　위의 예문에서 살펴볼 수 있듯, 동굴은 시인의 시적 이미지의 장롱이기도 하다. 그 장롱 속에서 '청동색 음성'의 가라앉고 심오한 음성이 흘러나오기도 하고, 이 세상의 온갖 이미지 즉 어둡고 칙칙하고 지저분하고 어지럽고 허기진 것들로 가득차 있다. 청동색 음성은 시인으로 하여금 하나의 새로운 세계 속으로 진입하게 하는 역동적인 힘을 지닌다. 그것은 시인의 심연으로부터 솟아 퍼지는 이미지의 '울림'이다.[11] 그 울림은 시적 세계로 열려 있으며 끝없이 펼쳐지는 시간·공간·존재의 확산과 열

---

11) 바슐라르는 '반향'과 '울림'의 현상학을 논의하는 가운데 반향은 표면적 풍요로움, 울림은 내면적 깊이로 설명하고 있다.

림 운동에 역동적인 힘을 제공해 주고 있는 것이다.
 시적 화자는 더 이상 밤, 고독, 침묵, 부동(不動)에 머물지 않는다. 그것은 시인이 주체와 객체, 우주와 자아와의 시적 교감을 통한 일체감에 충일되어 있기 때문이다.

2) 낡은 추억의 장롱 — 구석

1 가장자리를 물들이는 落照

2 벤취에서
 찬란한 畫帖을
 덮는다.

3 구석으로 몰리는 休紙
 그림자가 떨어진다

4 碑文의
 靑銅色 淸朝體
 가을, 깊은 고딕의 階段.

5 풀열매 까만 씨앗이
 흩어져 빛난다.

6 구겨져 버린 詩,
 구석으로 몰리는 休紙에
 後光이 머문다.

— 「청동색 Ⅱ」 전문

 6연 14행으로 짜여진 「청동색 Ⅱ」 역시 「청동색 Ⅰ」에서와 마찬가지로 시간적으로는 '낙조(落照)'의 시간을 경계로 하여 '낮/밤'이 이항대립되고, 공간적으로는 땅의 '한복판/구석'의 이항대립 체계를 각각 구축하고 있다. 나아가 그 구석의 공간은 역동적 매개항의 운동성을 띠며 수직공간의 '하늘/구석(비석)/땅'이라는 구조체로 확장된다.

제1연의 "가장자리를 물들이는" 이라는 시구를 통하여 우리의 시각을 자극해 오는 것은, 저녁놀이 느릿느릿 전 우주 공간에 확산되고 있는 정경이다. 그러나 눈부시게 타올라 번지는 몸짓도 찰나적일 뿐, 그 타는 놀은 '찬란한 화첩'을 덮는다. 이러한 '낙조'를 경계로 하여 낮의 시간과 공간은 완전히 덮어 지워진다.

낮의 시간과 공간이 지워지면 밤의 시간과 공간이 펼쳐진다. 그리고 시인은 땅의 '구석' 공간으로 웅크리고 들어간다. 제3연의 "구석으로 몰리는 휴지"에서 '구석'은 바로 「청동색 Ⅰ」에서 언급한 내실(방안)의 공간과 다름 아니다. 시적 화자가 그 내실(방안)을 내부 깊숙이 지니고 있듯 구석 역시 시적 화자의 존재의 간막이로서 내부 심연의 침잠을 의미한다. 구석의 주제는 침묵과 고독, 정지와 단절의 공간이다. 낙조가 서서히 온 세상을 가장자리부터 물들여가듯, 시인의 의식 또한 서서히 무의식의 출입구를 통해 심연에로 들어가고 있다. 「청동색 Ⅰ」에서 '조명이 켜진 내실'이 시인의 내밀한 시적 세계였던 것처럼, '구석' 또한 시인의 내밀한 시적 창조 세계인 것이다. 그 구석에는 온갖 낡은 추억의 잡동사니들이 자리한 공간이기도 하다. 다시 말하여 구석은 시인의 정신적 박물관으로서 낡은 추억들의 곳간이요 골동품들로 가득차 있는 절대 내밀한 공간이라 할 수 있다. 따라서 시구 "구석으로 몰리는 휴지"에서, 밤은 낮을 부인하고 휴지는 종이를 부인하고 있는 역설적 메타포를 읽을 수 있다.

시인의 내밀한 구석의 공간이 형성되면 '그림자가 떨어진다' 이 시구는 낮 시간과 공간의 완전한 종말을 나타내주고 있지만, 그 이면에는 융(C.G. Jung)이 말하고 있는 그림자(schat-ten)의 속성(gualities)과 충동

(impulses)이 도사리고 있다.

융은 인간 정신의 구조를 무의식과 의식으로 나누고 무의식의 중심에는 본연의 자기(Self)가 존재하는데, 이 '자기'는 집단적 무의식 또는 개인적 무의식으로 둘러싸여 있다고 한다. 그리고 의식의 중심에는 자아(ego)가 존재하고 있으며, 이 자아는 외계(external world)와 관계를 맺고 있다고 말한다. 이 자아가 외계와 관계를 가질 때 부딪치는 것이 그림자이다. 이와 같이 그림자란 자아의 어두운 면 즉 인간 의식에서 부끄럽게 여기는 현실적이고 세속적인 모든 것 이를테면 자기 본위, 게으름, 물질적·명예적 욕망, 거짓과 술책, 도덕적이지 못함, 조그만 죄 등이다.[12]

따라서 이 시에서 그림자란 시인이 낮의 시간과 공간에 펼쳤던 모든 현실적이고 세속적인 것으로 판독할 수 있으며, '떨어진다'의 언표를 통하여 시인이 낮의 시간과 공간에 쓰고 있던 탈(가면)을 벗어버리고 자기 동일성을 회복하고 있음을 알 수 있다. 다시 말하여 시인에게 있어서 밤의 시간, 그 구석의 공간은 자아가 본연의 자기를 실현하는 '그림자의 자각'이 완성되는 시간과 공간이기도 하다.

그 내밀한 구석의 공간에서 시인은 시를 쓴다. 제4연의 "비문의/청동색 청조체"가 바로 그것이다. 이 시구에서 보여주는 바와 같이 시인이 시를 쓰는 작업은 돌에 글자를 새기는 작업이다. 돌은 바로 종이의 대체된 질료이다. 돌의 이미지와 문자의 이미지와 결합하여 시를 건축하고 있는 것이다. 돌은 우선 무심하고 단단하고 말이 없고 움직임이 없음을 환기해준다. 돌은 절대 고독과 단절, 침묵과 부동성의 표상 바로 그것이다. 나아가 돌은 모든 것이 사라진 후에 남은 최후의 자연물로서[13] 세계의 핵이라 할 수 있다. 이러한 돌의 세계는 시인의 내밀한 피난처가 된다. 시인

---

12) 이부영(1978), 『분석심리학』, 일조각, pp.49~64 참조.
13) 김화영(1982), 앞의 책, p.352 참조.

은 육체의 유한함, 현실의 번거로움을 돌의 무한함과 고요함 속에 의해 위로받고자 하는 것이다. 그리하여 시 세계의 영원함을 획득하고자 돌 위에 문자를 새긴다.

그런데 돌에 새기는 글씨의 색깔은 청동색이고 글씨의 문체는 청조체이다. '청동색 청조체'의 시적 진술에서 'ㅊ'음은 '가을 깊은 고딕의 계단'의 시적 진술인 'ㄱ'음과 함께 각각 파찰음과 파열음이 날카로움, 차가움, 심미감 등을 환기시켜준다. 그리고 청동색, 청조체, 고딕 등의 시적 진술에서는 오래됨, 신비감, 단정함 등을 환기시켜 준다. 따라서 날카로움, 차가움, 심미감, 오래됨, 신비감, 단정함 등은 바로 시인의 시적 장면을 요약하고 있다 할 것이다.

바슐라르는 『대지와 의지의 몽상』에서 단단한 물질은 '인간 의지의 위대한 교육자'라고 말한다. 이어서 돌에 달라붙어서 애를 쓰는 사람의 얼굴은 이미 돌 그 자체이며, 반대로 인간의 노력을 그처럼 자극받는 돌은 인간 그 자체로서 말하자면 돌은 '인간의 노력을 구현시키는 것'이라 언급하고 있다.14) 여기서 돌과 돌에 달라붙어 애쓰는 사람의 관계는 시 「청동색 II」에서의 시와 시인의 관계와 똑같다. 시인이 시를 쓰는 작업은 '시인의 노력을 구현시키는 것'과 다름 아니다. 시는 시인의 내면을 비추는 언어적 거울인 것이다. 이 언어적 거울은 시인의 내면에 울림을 주고 감정에 반향한다. 시인이 시를 쓰는 작업은 시적 자아의 현실적인 먼지, 때, 얼룩, 녹 등을 제거하는 작업이기도 한 것이다.

글쓰기는 벌써 시적 화자의 바뀌어진 차원의 심리 현상을 말한다. 땅의 '한복판/구석'의 수평운동에서 이제 '하늘/구석(비문)/땅'이라는 수직운동으로 차원이 바뀐다. 바뀌어진 운동성은 이미 '비석'을 통하여 암시

---

14) 바슐라르, 민희식 역(1982), 『불의 정신분석·초의 불꽃·대지와 의지의 몽상』, 삼성출판사, p.161.

되고 있다. 비석은 '수직으로 선 돌'로서 하늘과 땅을 연결시켜주는 역동적 매개항의 시적 질료인 것이다. 그리하여 이미 언급한 바와 같이 시인의 시와 비문은 동일성 관계에 놓인다. 다시 말하여 '시=비문=우주의 중심'이라는 상관 관계가 형성된다. 무한한 공간과 무한한 시간의 그 중심에 위치한 시인의 시 세계는 땅의 한복판과 구석이 교차하는 수평축과 하늘과 땅이 교차하는 수직축의 그 핵으로써, 우주의 총체적인 공간의 힘을 한데 모으고 발산하는 세계의 중심, 우주의 중심이라는 의미 작용을 생성하고 있다.

'고딕의 계단'에서 '계단'은 시 「청동색 Ⅰ」의 '동굴'과 조응된다. 이것은 '구석'이 '내실(방안)'과 조응되는 것과 같다. 계단은 시인 의식의 내면에 구축해 놓은 낡고 오래된 이미지의 통로이다. 말하자면 시인의 시 세계를 엮어나가는 베틀과 같은 곳이다. 층계를 오르내리는 온갖 이미지의 발걸음 소리가 닫힌 공간의 응축, 침묵, 정적, 부동을 깨뜨리고 끝없이 열린 세계를 펼쳐준다. 계단의 정적을 깨뜨리는 소리가 바로 시인의 연필 굴리는 소리이다. 연필은 낡고 오래된 녹과 먼지와 이끼 사이를 오르내린다. 그러면 단절된 과거의 시간과 공간이 현재의 지평으로 솟아오른다.

드디어 시구가 쏟아져 나온다. "풀열매 까만 씨앗이/흩어져 빛난다." 여기서 씨앗은 곧 낱낱의 시어이다. 씨앗이 하나의 응집된 열로서 조그만 우주의 태양이라면, 시는 시인의 조그만 우주요 시어는 조그만 우주의 태양이다. 그리고 씨앗이 새로운 생명을 탄생시키는 역동적 힘을 지니고 있다면, 글씨는 새로운 시 세계를 구축할 역동적인 힘을 지니고 있다. 그 씨앗(시어)은 '흩어져 빛난다.' 즉 시인이 쓴 시가 빛과 결합한 것이다. 시어가 빛을 얻음은 고독한 침묵의 구석에 갇힌 공간의 한계를 뛰어넘어 열린 세계로 유유히 솟아오를 수 있는 자유의 동력을 획득함이다. 이것은 또한 시 세계와 동일화된 화자가 지상의 구속과 현실의 번거로움으로부터 자유로워져서 정신의 유연함을 획득함이기도 하다. 이러한 정신의 유연화와 투명화의 획득이 바로 빛으로의 승화인 것이다. 그리하여 닫힘에서 열림을, 열림에서 닫힘을 동시에 포괄하는 삶의 생성과 변환, 지속을 총괄하고 드디어 세계와 자아의 동일화가 성립된다.

이러한 빛의 획득은 '구겨져 버린 시'이건 '구석으로 몰리는 휴지'이건 간에 구애됨이 없는 경지로서, 다같이 '후광'이 머문다. 후광은 둥근 형상의 완성 미학이다. 시작과 끝이 맞물리는 둥근 형상은 폐쇄된 닫힌 공간인 동시에 벌써 파열된 열린 공간이다. 그것은 형태인 동시에 형상인 그것 속에 수평축의 안과 밖 수직축의 하늘과 땅으로 대립되는 경계를 포용한다. 따라서 형상을 초월하고 형상의 밑바닥에 깔린 본 형태와 변화와 생성 그 자체인 것이다.

3) 원초적 시간과 공간의 판화 ― 고향

```
1 빗방울이 생기는
  높이에서
  울리고 있다.

2 廢墟에는
  펄펄 뛰다가
  죽는 비,
  비.

3 '나포레옹'을 닮은 아이도
  '셰익스피어'를 닮은 아이도
  보이지 않는다.

4 하늘 구석구석의
  거미줄에는
  女人으로 팔려간 아이의
```

어린 밤이
  목이 매고
  떠도는

5 무수한 숨결
  빗속을 멈칫멈칫 서서
  뒤돌아보는
  바람에게
  끌려가고 있다.

6 엿가윗소리를 내면
  古物이 된 아이들이
  모여들고,
  울 때는
  제 목소리로 울 것 같다.

7 廢墟에는
  펄펄 뛰다가
  죽는 비,
  비.

8 빗방울이 생기는
  높이에서
  靑銅色 音聲이
  떨리고 있다.

—「청동색 Ⅱ」전문

　위의 시는 시인의 유년기 고향을 중심으로 한 동경을 읊은 것이다. 전 8연으로 된 이 시는 제 1, 2연과 7, 8연이 수미 상관식으로 짜여져 있다. 시간적으로는 '과거/현재'가 그리고 공간적으로는 '비'를 역동적 매개항으로 하여 '하늘/땅'이 이항대립 체계를 구축한다.

시 「청동색 Ⅲ」은 「청동색 Ⅰ」「청동색 Ⅱ」에서의 '밖→안(내실·구석)'이라는 축소지향적 공간 이동과는 색다르게 밖의 개방된 공간으로부터 출발한다. 즉 제1연 "빗방울이 생기는/높이"는 독자들의 시선을 높은 곳, 하늘의 무한한 공간으로 안내한다. 일반적으로 문학 텍스트에서 높은 곳에 올라가거나 높은 곳(하늘)을 바라본다는 것은, 일상의 공간으로부터 벗어남을 의미하며, 동시에 현실적 세계에서 상상력의 세계로 옮겨감을 의미한다. 상상력 속에서 시인은 '빗방울이 생기는 높이'라는 무한히 중대한 우주적 공간으로부터 울려오는 청동색 음성을 듣는다. 그것은 시인을 유년 시절의 고향으로 되돌려 보낸다. 시인의 넋 속에 있는 유년기의 체험은 영속적인 핵과 같다. 그 핵은 움직이지는 않지만 영원히 살아 있다.

유년 시절을 향한 시인의 꿈은 마치 굵은 비가 쏟아져 내리는 것처럼 생동감에 차 있다. 그것은 '펄펄 뛰는' 천방지축의 동심, 활력과 기쁨과 행복의 원형으로 펼쳐진다. 그러나 그 '펄펄 뛰는' 빗방울은 한 차례 지나가는 소나기일 뿐, 찰나적으로 곧 '죽는 비'가 된다. 소리에서 침묵으로, 동(動)에서 부동(不動)으로의 코드 전환이다. 이미 논의한 바 있듯이, 침묵과 부동은 시인에게 있어서 내밀한 의식 공간의 장면들이다.

역동적 매개항인 '비'는 '펄펄 뛰다가 죽는 비'로 코드 전환을 하여 깊이깊이 땅바닥으로 파고든다. 그리하여 지하수로 고인다. 마찬가지로 시인 의식도 깊이깊이 내면으로 침잠한다. 그리하여 심연의 지하실에 든다. 그 지하수는 거기에 수천 년 전부터 그렇게 사로잡혀 머물러 있는 것 같은 물이다. 무심히 평면으로 펼쳐져 있는 땅속 깊이 괸 지하수는 하나의 거대한 덩어리이다. 깊숙한 데서 도사리고 있는 암묵의 힘의 표징이다. 한없이 넓고 깊은 침묵이 시인을 사로잡으면서 시인의 내면 깊숙이 파고 들어 밤의 침묵과 고독, 단절과 부동 그리고 안식의 이미지가 된다.

현재 고향에는 어릴 때 함께 뛰놀던 '나폴레옹'을 닮은 씩씩한 아이도

'셰익스피어'를 닮은 사색적인 아이도 없다. 너 나 할 것 없이 다 떠나고 없는 텅빈 폐허와 같은 고향인 것이다. 제2연의 '폐허'는 옛 고향의 터전을 가리키는 것으로서, 시인이 인식하고 있는 현재의 고향은 부재와 결핍의 상황으로 파악된다.

제4연 "하늘 구석구석의/거미줄"에서 시인의 상상력이 하늘의 공간을 분절하여 하늘 '한복판/구석'이라는 이항대립 체계를 구축해 놓고 있음을 볼 수 있다. 이것은 시 「청동색 Ⅱ」에서 보여준 땅 '한복판/구석'의 이항 대립 체계와 대응된다. 그리고 '구석'은 땅 속 깊이 괸 그 지하수의 공간을 하늘에 옮겨 놓은 공간으로, 구석은 지하수와 등가 관계를 이루고 있다. 이러한 구석 공간은 시인의 내밀한 낡은 추억의 장롱으로 온갖 이미지들의 보관소라고 이미 논의한 바 있다. 그런데 시 「청동색 Ⅲ」에서의 구석에는 '거미줄'이 쳐 있다. 거미줄은 고독한 거주자의 보루이자 추억의 그물이다. 그 거미줄에 '여인으로 팔려간 아이'가 걸려 있다. 그 "아이의/어린 밤이/목을 매고/떠돈다." 지금 그 여인은 끌려가고 없지만, 그 여인의 넋은 언제까지나 고향에 남아 떠돌아다닌다. 이것은 시인의 넋 속에 있는 유년기 체험의 영속적인 핵으로서 원초적 이미지의 판화이다. 이 판화는 연민과 회한의 넋이 되어 시인의 내면에 고정되어 있는 것이다.

제6연에서 또 한 장면의 스냅 사진이 찍혀진다. 엿장수 가윗소리를 들으면 '고물이 된 아이들이' 즉 동네 아이들이 저마다 집에 있는 고물들을 찾아들고 나와 엿 바꿔 먹던 정경이다. 그 아이들은 지금 어디서 무얼하고 사는지 모르지만 "울 때는/제 목소리로 울 것 같다." '운다는 것'은 가장 순수한 인간적인 감정의 세계를 표현하는 몸짓이다. 그 대표적인 것은 인간이 처음 태어날 때 터뜨리는 울음이다. 시구 '제 목소리로 울 것'은 이러한 원초적 이미지를 담고 있다.

이와 같은 유년 시절의 정답던 친구들, 평화로운 고향의 장면을 침범하고 시인의 동심에 상처를 주는 시적 질료가 '바람'이다. 바람은 공기라는 원소로써 이루어진 역동적 이미지의 극한이며, 우주적 진노를 특히 잘 드러내는 이미지다.15) 바람은 김명배 텍스트에 자주 등장하는 시적 질료로서 주로 부정적 이미지를 띠고 있다.

· 바람이/골목에 버티고 서서/삿대질을 하고 있다. -「작품 C」
· 바람은/두 손을 내밀어/나를 떠밀고 -「해거름」

위의 예문에서처럼 시인의 상상력 속에 바람은 '삿대질을 하고' '떠밀고' 하는 등 부정적 의미로 표출된다. 시「청동시 Ⅲ」에서도 바람은 우주 공간의 무법자로 군림하면서, 시인 의식에 있어서 낙원의 원형인 평화로운 고향의 정경들을 침범하여 뒤흔들고 지워버린다. 그리고 강제로 '끌고 가는' 독재자의 역할을 담당하고 있다.

시「청동색 Ⅲ」의 제7연과 2연은 맞물리는 수미 상관식 구조를 띠고 있다. 이것은 맞물려 돌아가는 반복 · 순환의 구조로서 시인의 고향에 대한 의식과 상관 관계를 갖는다. 즉 시인의 무의식 속에는 고향에 대한 시간의 경계가 없다. 유년기의 체험은 시인의 넋에 지울 수 없는 흔적을 남겨, 과거 · 현재 · 미래가 지속성에 의해 한 덩어리가 되어 영원한 현재를 이루고 있는 것이다.

바슐라르는 '추억의 집'과 '몽환의 집'을 환기시키는 가운데, 고향의 집은 고향을 떠나 여기저기를 방황하는 인간 속에서 근원적 주제(un theme fondamental)가 되며, 고향의 집에 대한 추억은 현실의 시간을 초월하여 추억의 섬(I'llot du souvenir)으로 존재한다고 말한다.16) 고향이란 태어날 때부터의 애착이 드리운 사람들의 최초의 세계이자 하나의 우주이다. 그런데 우리들의 일상적이고 현실적인 삶에 얽매이다 보면 우주와의 연계

---

15) 바슐라르, 정영란 역(1993), 앞의 책, p.447 참조.
16) G. Bachelard(1977), La Terreet les Reveries du Repos, Paris : Jose, pp.95~97 참조.

성이 풀어져버리고 원초의 소중함을 망각하게 마련이다. 시인의 고향 의식은, 고향은 실재하고 있지만 이미 옛날 유년기의 고향이 아니라는 고향 상실의 의식을 표출하고 있음을 볼 수 있다. 그리고 이러한 의식은 회한의 정조로 나타나고 있다.

다시 말하면, 김명배 시 「청동색 Ⅲ」의 테마는 향수로서 원초적 시간과 공간의 회귀 의식이 밑바탕이 되고 있다. 고향은 시인에게 있어서 무시간과 연계된 영원한 동경의 표상이며, 순진무구한 이 미지들의 집적체인 항구적인 공간인 것이다. 시인의 이러한 고향 회귀 의식은, 현재의 현실적 삶에 대한 저항이며 나아가 자아와 세계와의 화해를 통해 동일성을 획득하고자 함이다. 그것은 시간과 공간의 항구성 내지 보편성을 획득함과 다름 아니다.

4) 청동색 음성의 비밀

문학 텍스트를 2차 언어 체계라 한다면, 그 읽기에서 일반 언어의 읽기보다 한층 더 심층적인 읽기를 요구하고 있다는 것을 의미한다. 심층적 읽기는 인간 의식의 밑바닥을 들추어내는 작업이다. 이와 같이 문학이란 심층 의식의 상징적 기호체계인 것이다. 때문에 문학 작품은 단순히 감상의 대상으로서 제시되는 것이 아니라, 수많은 의혹과 경이와 탐색을 수반하고 등장한다. 문학 작품은 일종의 수수께끼의 암호이며 그 암호가 풀릴 때 작품의 올바른 해석과 평가가 수반될 것이다.

'청동색 음성'은 의제 김명배 시인의 제1시집의 표제이며 시 「청동색」 Ⅰ·Ⅱ·Ⅲ 은 일찍이 시인의 등단 추천 작품이기도 하다. 따라서 '청동색 음성'의 암호 해독은 시인의 시 세계를 탐색하는 데 중요한 의미를 함축하고 있다 할 것이다. '청동색 음성'의 비밀을 캐내는 것은 곧 시인 의식의 밑바닥을 들춰내는 의미있는 작업이 아닐 수 없다.

> 깊은 洞窟로부터 울려오는
> ･････
> 가라앉은 靑銅色 음성의 深奧性
>
> ―「청동색 Ⅰ」

> 빗방울이 생기는
> 높이에서
> ･････　･･
> (靑銅色 音聲)이 울리고 있다.(떨리고 있다)
>
> ―「청동색 Ⅲ」 제1, 8연

앞에서 논의한 바와 같이 시「청동색 Ⅰ」에서의 내실(방)은 단독자, 즉 시인의 고독, 침묵, 부동의 절대 내밀한 공간이다. 나아가 그 공간은 수평과 수직이 교차하는 중심 공간이기도 하다. 중심 공간에 정위한 시인은 땅의 물질과 하늘의 정신을 한데 아우르는 총체적 우주 공간을 구축하고, 그 극한에서 "깊은 동굴로부터 울려오는/가라앉은 청동색 음성"과 만난다. 동굴은 집의 어두운 실체 즉 집의 엄청나게 깊은 지하실과 같다. 그곳은 시인의 심연으로 무의식과 맞닿고 있다. 다시 말하여 동굴은 시인의 무의식의 공간이며 시적 이미지들의 장롱이다. 따라서 동굴로부터 울려오는 청동색 음성은 시인의 무의식의 소리라 할 수 있다.

위 예문에서 볼 수 있듯 시「청동색 Ⅰ」에서는 청동색 음성이 동굴로부터 울려온다. 이것을 공간기호로 체계화하면 수직 하방(下方)의 공간에 해당된다. 그리고 시「청동색 Ⅲ」에서는 청동색 음성이 '빗방울이 생기는 높이'에서 울려온다. 또한 이것을 공간기호로 체계화하면 수직 상방(上方)의 공간에 해당한다. 이로 미루어 청동색 음성의 수직 하방과 상방의 공간에서 각각 들려오고 있음을 알 수 있다. 이는 청동색 음성은 공간의 간막이에 구애받지 않는다는 등식의 성립이다. N. 프라이가 일찍이 "추의 끝, 지하의 밑바닥 공간은 동시에 비상의 꼭대기 공간이기도 하다."[17]라고 역설한 바와 같이 청동색 음성이 울리는 하방의 공간은 동시에 상방의 공간이라는 대위법이 자연스럽게 생성된 것이다. 즉 '청동색 음성'은 모든 공간의 간막이를 허물어뜨리고 자아와 세계가 한 덩어리가 된 참으로 자유로운 공간 초월의 소리라 할 수 있다.

한편 시 「청동색 Ⅲ」은 고향이라는 공간적 특색과 함께 '추억'과 '원초적 회귀'라는 시간적 특색으로 묘사되고 있다. 시인의 무의식은 원초적 시간과 공간, 말하자면 과거로 회귀하고 있는 것이다. 그런데 시적 기법(divce)에 있어서는 현재 진행형의 시제를 차용하고 있음을 볼 수 있다.

예를 들면 '(청동색 음성이) 울리고 있다. 청동색 음성이 떨리고 있다.' 등이 그것이다. 이것은 과거가 현재의 지평으로 되솟아오르는 시적 진술이다. 시인의 무의식 속에는 시간의 경계가 없다. 시인에게 있어서 유년 시절의 고향은 무시간과 연계된 영원한 동경의 표상일 따름이다. 이처럼 '청동색 음성'은 모든 시간의 간막이를 허물어뜨리고 과거, 현재, 미래가 지속성에 의해 한 덩어리가 되어 영원한 현재를 이루고 있는 시간 초월의 소리이기도 한 것이다.

이렇듯 공간과 시간을 초월한 소리인 청동색 음성은 또한 '울다'(「청동색 Ⅰ」) '떨리다'(「청동색 Ⅱ」)에서 나타나는 바 '소리가 퍼지는' 청각 현상을 동시에 보여주고 있다. '청동색 음성'에서의 그 'ㅊ'음은 언어학상 파찰음으로 주목되고 있다. 파찰음은 파열음과 마찰음의 복합음으로 각각 '터뜨려내는 소리' '마찰하여 일어나는 소리'에 해당한다. 이러한 음은 다시 말하여 시인의 내밀한 장롱 속의 이미지들이 시인의 무의식에 부딪쳐 되돌려 퍼지고 터뜨려지고 마찰하여 울리는 소리로서, 응축으로부터

---

17) N. 프라이, 임철규 역(1982), 『비평의 해부』, 한길사, p.457.

확산에의 이미지를 함축하고 있다 할 수 있다. 앞에서 탐색한 바, 청동색 음성이 곧 시인의 무의식 소리요, 공간과 시간 초월의 소리라면 이에 조응하여 '청동색 음성'은 더불어 공간과 시간 그리고 존재의 확산을 함축하는 소리로 판독할 수 있다. 덧붙여 시적 진술 '가라앉은 청동색 음성의 심오성'(「청동색 Ⅰ」)에서 명백히 나타나 있듯이 '청동색 음성'은 어디까지나 '가라앉은 심오한' 소리라는 점을, 청동색 음성의 비밀을 캐는 데 또한 간과해서는 안 될 것이다.

   碑文의
   · · ·
   靑銅色 淸朝體

             —「청동색 Ⅱ」 부분

 위 예문을 살펴볼 때 우선 시인은 마치 조각가처럼 돌에 문자를 새기고 있음을 알 수 있다. 돌이 종이의 대치물임은 물론이다. 시인은 돌의 이미지와 문자의 이미지를 결합시켜 시를 건축하고 있는 것이다. 이때 시의 색깔이 청동색이고 문체는 청조체이다.
 이미 논의한 바 있지만, 돌에 달라붙어서 애를 쓰는 시인은 돌 그 자체로써 돌과 시인은 동일화를 이룬다. 따라서 돌이 환기해주는 항구성, 침묵성, 부동성은 바로 시인 그 자체라 할 수 있다. 그리고 시인이 돌에 달라붙어서 문자를 새기는 노력은 하방(下方, 땅)으로부터의 일탈과 상방(上方, 하늘)에로의 상승이라는 존재론적 공간 전환의 시도로 해석된다. 이때 비석은 '수직으로 선 돌'로써 하늘과 땅의 역동적 매개항의 시적 질료인 것이다.
 그런데 시인은 자신의 시 세계에 색칠을 한다. 그 색깔이 청동색이다. 일반적으로 색깔은 인간의 마음에 직접적인 영향을 미친다. 색깔 그 자체는 시적 질료에 대위법을 제공하여 무한한 가능성을 함축하고 있는 것이다. 칸딘스키는 색깔의 기본적인 표현은 색조의 따뜻함과 차가움 그리고 밝음과 어두움이라는 4개의 중요한 음향이 생겨난다고 한다.[18] 말하자면 따뜻함에서 밝거나 어두운, 그리고 차가움에서 밝거나 어두운 등의 형태가 그것이다. 청동색은 청색과 동색이 복합된 색깔로, 청색이 가져다 주는 '차가움'과 동색의 붉고 누런 기미색이 가져다 주는 '어두운' 색조를 동시에 지니고 있다. 말하자면 '차가움의 어두운' 색조이다.

일반적인 색채 이론에서 따뜻함은 밖으로 뻗어나가는 원심 운동을 하는 반면 차가움은 움츠러드는 구심 운동을 일으킨다. 구심 운동은 사람들로 하여금 빨려들어가는 느낌을 받게 한다. 특히 청색은 심화하려는 경향이 대단히 크기 때문에 색조가 깊으면 그만큼 효과도 강해지면서 인간의 내면에 더욱 특징적으로 작용한다. 즉 청색의 특징은 심화되면 될수록 그와 반비례하여 인간을 더욱 '무한의 세계'로 끌어들이고 '순수에 대한 동경'과 나아가 '초감적인 것에 대한 동경'까지 일깨워준다. 드디어 청색이 심화의 극점에 이르면 '안식'의 요소가 생겨난다. 짙고 어두운 색으로 침잠하면서 끝없이 엄숙한 상태로 무한히 침잠하게 된다. 이상이 바로 청동색이 함축하고 있는 의미 그대로이다. 요컨대 청동색은 시인이 구축한 시 세계의 바탕색으로써, 안식의 요소와 더불어 끝없이 엄숙한 상태로 무한히 침잠하는 색깔이라 할 수 있다.

청동색의 비밀을 탐색함에 있어는 색깔의 이미지뿐만 아니라 역사적 이미지, 그리고 금속성이 환기시켜 주는 이미지도 빼놓을 수 없을 것이다. '청동'에서 우리는 선사 시대인 구석기, 신석기를 지나 청동기 시대를 연상할 수 있는 것이다. 청동기 시대는 유사 이전의 시대로서, 유서 깊은, 곧 고색 창연한 태고적 이미지를 함축하고 있다. 따라서 청동색은 김명배

---

18) 칸딘스키, 권영필 역(1982), 『예술의 있어서 정신적인 것에 대하여』, 열화당.

시인의 원초적 심층 경험의 관류를 위한 매개물로서의 의미 작용을 하고 있는 것이다. 그리고 또한 청동은 구리와 주석을 합금한 금속성으로 우리에게 다가온다. 금속성에서 우리는 청동의 그 단단함, 무거움, 차디참 등의 이미지를 동시에 환기해야 함을 잊지 말아야 할 것이다.

이상 청동색 음성 내지 청동색 비밀에 대한 암호 해독을 다시 한번 간추리면 다음과 같이 종합될 수 있다. 즉 청동색 음성은 첫째, 시인의 무의식의 소리이며 둘째, 시간과 공간을 초월한 소리이고 셋째, 시간과 공간 그리고 존재의 확산을 함축하는 소리이다. 그리고 청동색은 첫째, 시인이 구축한 시 세계의 바탕색으로 안식의 요소와 더불어 끝없이 엄숙한 상태로 무한히 침잠하는 색깔이고 둘째, 시인의 원초 의식의 의장으로서, 원초적 심층경험의 관류를 위한 매개물로서의 기능을 담당하고 있으며 아울러 가라앉음, 심오함, 단단함, 무거움, 차디참 등의 이미지를 함축하고 있다 할 것이다.

5) 소리와 침묵의 변증법

의제 김명배의 제1시집에 실려 있는 시 「소리 Ⅰ」은 초기 작품으로 일찍이 1957년 말 ≪서울신문≫ 현상 문예에 응모한 작품이다. 시 「소리 Ⅰ」은 최종 심사에 이르기까지 심사 위원들의 다대한 주목을 받았으며, 특히 박목월 시인은 그의 독창적이면서도 탁월한 시 세계에 대해 칭찬을 아끼지 않았다. 이것을 계기로 하여 시인 박목월과 김명배의 시단 인연이 시작되기도 했다. 따라서 시 「소리 Ⅰ」은 시 「청동색」 Ⅰ·Ⅱ·Ⅲ 못지 않게 중요한 의의를 지니고 있음은 물론이다.

① 虛空을 요란하게 울고 있었다.
② 瞬間 부서지며 꺾이면서 彌勒마냥 서 있는 나에게 겹겹히 밀려오고 있

었다.
③ 어느덧 나는 어떤 姿勢를 가져야 할지 모르고 있었다.
④ 서로는 부딪치고 있었다.
⑤ 울리며 빛내면서 그 앞에 내려오며 더러는 무거워지고 있었다.
⑥ 울림하는 숱한 소리는 떨어질 무서운 소리, 감돌며 가다가는 피가 되고 있었다.
⑦ 그것은 가슴을 흔들고 있었다.
⑧ 窓을 가다 무너지는 弱한 것도 뱀 같은 웃음으로 다가오고 있었다.
⑨ 이토록 餘白에 찰 무렵, 그리하여 다시금 생각해야 할 소리, 고요가 흐르고 있었다.
⑩ 아무래도 또 한 번은 殺戮이 일고야 말 듯한 그 아래 나는 무엇을 어떻게 들어야 할지 모르고 있었다.
⑪ 어느날, 꼭 그런 소리로 들리고 있었다.
⑫ 四月의 밤 꽃송이 피어나는 소리처럼 燦爛한…… 그 소리는 아직도 먼 곳에 자라나는 소리, 날아가는 새, 피는 꽃, 焦土 위에 귀 대어도 들리는 소리, 소리.

― 「소리 Ⅰ」 전문

시의 본질은 지각할 수 있는 인간 경험의 새로운 창조[19]라는 데 있다. 시 「소리 Ⅰ」은 단순한 관념 전달이나 사물의 정서 표현에 앞서 어떤 창조적이고 직관적인 표현이 두드러진다. 그것이 시적 이미지를 생성하여, 시인 자신의 것도 그렇다고 독자의 것도 아닌, 이 둘의 상상력의 결합에 의해서 지각되는 새로운 창조적 경험을 만들어내고 있다.

시는 모두 12행으로 이루어지고, 연 구분은 없다. 그렇지만 이 시를 찬찬히 읽어 내려가면 크게 세 부분의 공간 구조적 단락(strophe)으로 나눌 수 있다. 1단락은 ①~⑧까지, 2단락은 ⑨~⑩까지, 3단락은 ⑪~⑫까지이다. 이 시의 공간 구조적 특색을 살펴보면 1단락에서 공간 이동은 '소리'의 상방(하늘)으로부터 하방(땅)에로의 하강, 추락, 응축 등의 수직 운동성을 보

---

19) 마광수(1985), 『상징시학』, 청하, p.63.

여주는 가운데 '소리·유동/침묵·부동'의 이항대립적 갈등 구조를 보여준다.

2단락에서는 침묵과 부동에 의한 공간 정화 작업이 숙고되고, 그리하여 3단락에 이르면 1단락에서의 공간 운동성이 역순하여 '소리'의 하방(땅)으로부터 상방(하늘)에로의 상승, 비상, 확산 등의 수직 운동성을 보여주면서, 각각 '하강/상승' '추락/비상' '응축/확산'의 공간 대립적 긴장 관계를 지양하고 고차적 종합을 완성하고 있다. 다시 말하여 이 시의 구조적 특성은 소리와 침묵의 변증법적 공간 시학으로 집약된다. 특히 1단락에서의 '침묵'에 대항하는 공간 이동은 3번의 공간 분절을 시도하는 운동 성향을 보여준다. 즉 '허공으로부터(하강·추락)→시적 화자의 외면 접근(도전·공격)→시적 화자의 내면 침투(선회·교란) 등의 응축 운동을 하고 있는 것이다.

이상의 공간 구조적 특색에 대한 구체적 진술에 들어가자면, ①행~3행은 침묵·부동을 향한 소리·유동의 공간 이동 등이 도전과 공격성을 띠고 전개된다. ①행부터 '어떤 요란한 소리'가 청각을 자극한다. 청각은 시각보다 더 극적인 시적 장면을 연출한다. 요란한 소리는 허공으로부터 '부서지며' '꺾이는' 공간 하강을 하면서 '미륵마냥 서 있는' 화자를 향하여 '겹겹이 밀려오고 있다'. 미륵은 화자와 등가를 이룬 것으로서 미륵에서 '돌부처'를 환기할 수 있다. 그리고 앞장에서 논의한 바, 돌이 주는 이미지로 '침묵과 부동성'을 상정할 수 있다. 즉 침묵과 부동의 자세로 하방(땅)에 서 있는 화자를 향하여 상방(하늘)로부터 소리와 유동이 겹겹이 밀려오고 있는 것이다. 소리의 이러한 공간 이동은, 에워싸고 포위해 오는 도전과 공격성을 띤 운동이 아닐 수 없다. 또한 '부서지다' '꺾이다' '밀려오다' 등은 각각 자동사와 타동사로서 깨져 여러 조각이 나고, 부러뜨려지고, 여럿이 몰려오는 등의 뜻풀이 그리고 도전과 공격의 공간 이동 성향과 함께 뒤섞임의 혼란된 시적 분위기를 야기하고 있다. 따라서 그

'소리'는 왁자지껄, 떠들썩한 소리, 즉 잡담과 수다에 속하는 무질서한 세속적 잡소리로 판독된다.

　이러한 소리의 도전과 공격에 맞선 화자는 ③행에서 어느덧 어떤 자세를 가져야 할지 모르고 있다. '어느덧' '모르고'의 시적 진술에서 화자 자신도 모르는 사이에 침묵과 부동의 중심을 상실하고 당황·초조·불안해하고 있는 것을 엿볼 수 있다. 이는 화자의 의식 세계에 회의와 갈등, 잡념과 번뇌가 일고 있다는 것과 다름 아니다.

　④, ⑤행에 이르면 소리는 시적 화자의 외면에 접근한다. 그리고 그 둘은 대결한다. 소리는 '부딪치고' '울리며' '빛내면서' 화자(침묵)의 정면 '그 앞에 내려오며' '무거워지고 있다'. 여기서 시적 진술 '부딪치다'는 소리와 화자(침묵) 간의 마찰이며 '울리다'는 마찰에 의한 소리의 울림이며 '빛내다'는 마찰의 불똥들이다. 그리고 '무거워지고 있었다'에서는 화자(침묵)가 소리를 무거운 질량으로 감각하고 있음을 알 수 있다. 소리를 묵중한 무게로 느끼는 화자(침묵)는 그 무게를 힘겹게 지탱하지 못하고 더욱 중심을 잃는다. 김명배 텍스트에 의하면, 시 세계를 관류하는 '무거움'의 이미지는 대체적으로 긍정적 의미를 띠고 있다.[20] 따라서 소리의 무거워짐은 곧 소리의 안정과 중심 획득을 의미한다고 할 수 있다. 즉 소리와 화자(침묵) 간의 대결에 있어서 소리의 승리, 화자(침묵)의 패배라는 등식이 성립된다. 이제 소리는 시적 화자의 외면 공간의 경계를 허물어뜨리고 내면으로 침투하기에 이른다.

　내면에 침투한 소리는, ⑥, ⑦행에서 울려 퍼지면서 '떨어질 무서운 소리'로 화자의 내면 의식을 긴장시킨다. 시구 그대로, 소리는 추락의 공포 분위기를 조성한다. 나아가 소리는 화자의 내면 공간을 알찐거리며 감돌

---

[20] ·가라앉은 청동색 음성의 심오함……「청동색 Ⅰ」
　　·기타 刻像, 碑文 등

다가 '피가 되어' 화자의 의식 세계를 선회 운동한다. 화자의 의식 세계는 무게와 중심을 상실하고 빙글빙글 돈다. 소리는 화자의 내면 공간에 확산된다. 드디어 소리는 화자의 가슴까지 흔들며 교란 운동을 한다. 화자의 내면 의식 공간은 혼돈의 소용돌이에 빠진다.

⑧행은 소리와 침묵의 대결의 극한점이다. '창'은 화자가 소리의 차단을 위해 쳐놓은 공간의 간막이이다. 그러나 소리는 '뱀 같은 웃음'으로 매끄럽고 유연하게 이리저리 창의 틈새기로 굴절하면서 화자에게 다가온다. 뱀은 화자에게 있어 괴물스런 영상이다. 그 영상은 마치 유령과도 같아서 화자가 쳐놓은 차단기쯤이야 자유롭게 넘나든다. 뱀은 옛부터 소리와 친근 관계에 있다. 옛 오디오피아에서는 밤에 휘파람을 부는 것은 뱀과 악력들을 끌어들이기 위해서라고 한다.[21] 또한 뱀은 고래로부터 악의 상징이나 은유의 주제가 되어왔다.[22] 공간에 있어서도 뱀은 수직의 최하위에 밀착되어 있는 파충류로서 현실적, 본능적 그 자체로서의 이미지를 창출하고 있다. 이처럼 소리는 현실의 갖가지 위선과 부조리, 모순과 타락의 부정적인 의미를 지니고 있는 것이다. 침묵과 부동의 화자는 이러한 소리와 유동의 소용돌이 속에서 무수한 회의와 좌절, 부정과 절망의 끝에 이른다.

한편 이 시가 발표된 시기인 1957년을 감안할 때, 우리는 흔히 통념되는 50년대 후반의 전후라는 특수 상황을 상정할 수 있다. 이 시 가운데 충분히 전후의 분위기가 읽혀지기도 한다. '살육'(⑩행), '초토'(⑫행) 등의 전쟁 용어가 등장하고 있음이 그 증거물이다. 그렇다면 '뱀 같은 웃음으로 다가오는 소리'(⑧행)는 어쩌면 전쟁의 망령인지도 모른다. 그리고 소리와 침묵의 대립은 적군과 우군의 극한적 대립, 말하자면 살벌한 양극의

---

21) 바슐라르, 정영란 역(1993), 앞의 책, p.453.
22) 아지자・올리비에리・스크트릭 공저, 장영수 역(1989), 『문학의 상징・주제사전』, 청하, pp.301~304 참조.

두 꼭지점으로 비약시킬 수도 있다.23) 아무튼 이 시에서 소리는 전쟁 체험의 상흔 속에서 산발하는 허무와 퇴폐 그리고 깊은 좌절감의 소리, 소용돌이치는 격심한 혼란의 소리, 이러한 모든 부정적인 이미지를 내함한다고 할 수 있다.

그 부정적 이미지의 소리가 화자의 외면과 내면의 공간에 꽉 찰 무렵, 화자의 신중성은 ⑨행에서 '다시금 생각해야 할 소리'임을 각성한다. '고요(침묵)'는 화자에게 있어서 내면 의식의 안정제이다. 피를 감돌고 가슴을 흔드는 마음을 평정시켜 준다. 시적 화자에게 있어서 침묵은 언어의 결핍이 아니라 언어의 충만함이다. 소리야말로 오히려 언어의 결핍을 내함하고 있다. '다시금'은 현실적인 모든 소리를 재정립하는 정신 정화 작업의 문법이다. ⑩행의 '아무래도'의 시적 진술은 화자의 몸과 마음이 온통 소리에 침몰될 무렵, 그 거대한 소리의 물결로부터 안간힘을 다하여 움켜잡은 한 가닥 실오라기이다. 그리하여 '살육이 일고야 말 듯한'(⑩행) 극한 상황에서 화자는 '무엇을 어떻게 들어야 할지'(⑩행) 재삼 숙고한다. ⑩행의 시적 진술 '모르고'는 ③행의 '모르고'와는 의미의 차원을 달리한다. ③행에서는 화자의 당황, 불안, 초조, 상실 등의 의미를 띠고 있는 반면, ⑩행에서는 정신 정화 작업의 출발점에 선 화자의 열린 신념과 의지가 내포된 진술인 것이다.

⑨, ⑩행의 정신 정화 작업을 거친 화자는 ⑪, ⑫행에서 수직공간의 상방으로 상승·비상한다. 즉 1단락 ①~⑧행에서의 도전·공격·파괴 등 부정적인 소리는 ⑨, ⑩행의 정화 작업을 통과하고 3단락 ⑪, ⑫행에 이르러 차원을 달리하여 공간 역행한다. 예컨대 '부서지고' '꺾이고' '부딪치고' '무거워지고' '떨어지는' 하강적 소리는 '피어나고' '자라나는' '날아가는' 상승적 소리로 탈바꿈한 것이다. 4월(⑫행)이 환기시켜 주는 만물

---

23) 본문과 같은 논리라면 물론 시의 해석 방향도 그 각도를 달리해야할 것이다.

이 소생하는 계절, 밤과 침묵 속에서 꽃송이가 개화한다. 화자의 거듭남이다.

'꽃'은 새롭게 탄생된 소우주적 표현이다. 하방(땅)공간으로부터 상방(하늘)을 향하여 솟아오르는 수직성은 존재의 초월을 의미한다. 꽃은 오랜 인고와 장애를 극복하고 찬란하고 빛나는 태양을 향하여 솟아오른다. 꽃은 발현의 개화로서 새로운 생명의 탄생을 의미한다. 그리고 '날아가는 새'는 상방(하늘)을 나타내는 기본적인 기호로서 우주론적 텍스트를 구성하고 있는 중요한 요소의 하나이며,[24] 구속적인 하방(땅)으로부터 벗어나는 자유로움에서 온 우주 공간의 간막이를 허물어뜨리는 이미지를 지니고 있다. 또한 날개는 인간의 조건을 초월하는 상징적 표현 형식이 된다. 공중을 난다는 것은 그 자체가 성별(聖別)과 신성화를 의미한다.[25] 상승과 비상을 꿈꾸는 시적 화자는 자신을 얽어매어 놓는 세속적인 공간에서 벗어나고자 꽃과 새로 성육화(聖肉化)한 것이다. 이것은 폐허를 딛고 일어서서 생명의 근원에 도달하려는 시인의 강렬한 생의 의지일 수도 있다.

본고에서 탐색한 바, ①~⑧행에 나타나는 소리의 의미 즉, 왁자지껄하고 떠들썩한 소리, 잡담과 수다에 속하는 무질서한 세속적인 잡소리, 전쟁 체험의 상흔 속에서 산발하는 허무와 퇴폐 그리고 깊은 좌절감의 소리, 소용돌이치는 격심한 혼란의 소리, 이러한 모든 부정적인 이미지를 내함하고 있는 소리는 시인의 역동적 상상력이 이끌어가는 부단한 자기 갱신의 과정에 필요불가결한 소리이다(①~⑧행). 끊임없는 회의와 절망을 넘어서서 그 세속적, 현실적인 소리의 장애물을 극복했을 때(⑨, ⑩행) 비로소 '날아가는 새' '피는 꽃'으로 갱생한다(⑪, ⑫행).

그리하여 화자는 마침내 '초토 위에 귀 대어도 들리는 소리'의 경지를

---

24) 이어령(1986), 「문학공간의 기호론적 연구」, 단국대학교 박사학위논문, p.300 참조.
25) 엘리아데, 이은봉 역(1982), 『종교형태론』, 형설출판사, p.135.

획득한다. 이 소리는 적극적인 자기 수정의 의지와 변신의 변증법을 통과하지 않고는 들을 수 없는 소리이다. 소리와 침묵은 서로 이항대립되어 있는 것만이 아니라, 상호 역동적 작용을 하며 어느 한쪽 방향으로 나아가고 있다. 소리는 침묵의, 침묵은 소리의 정화 작용의 촉매제가 되고 있다. 그리하여 시 「소리 Ⅰ」에서 소리는, 부정과 긍정의 대립적 존재를 지양하고 고차적 종합을 추구한다. 즉 '초토 위에 귀 대어도 들리는 소리'는 있고도 없는 소리, 없고도 있는 소리의 경지이다. 이것은 대승불교의 역설 '색즉시공, 공즉시색(色卽是空, 空卽是色)'의 경지와도 같다. 소리를 통해서 침묵의 참값을 들려준다는 것은 세속적 헛것(色)을 감각함으로써 곧 참과 진실(空)을 깨닫게 하는 것이다. 그리고 현상적으로 볼 때는 존재의 소멸과 생성은 되풀이되지만, 그 본질은 영원한 것이어서 영원한 생성도 없이 인(因)과 연(緣)이 하나로 귀일된다는 불교의 역설과도 그 궤를 같이 한다고 할 수 있다.

이른바, 소리와 침묵의 변증법적 시학을 펼치고 있는 시 「소리 Ⅰ」은, 현실에 대한 부정 인식과 그것에 대처하는 초극 의지에 그 실천적 모티브를 두고 있다. 그리고 대처 방안으로 시인은 현실 도피가 아닌 대결 정신을 택하고 있다. 그것이 시인 의식에 우주적 상상력으로 치환, 상승된 것이다. 시인의 내밀한 공간에서 역동하는 이미지들은 빛나고 적극적이다. 그 이미지들이 시인 정신의 승리를 완성시키고 있음은 새삼 말할 필요가 없을 줄로 안다.

3. 결 론

본 논의는 김명배 시 세계에 대한 연구 작업의 일환으로 그의 대표적인 시 「청동색」 Ⅰ·Ⅱ·Ⅲ과 「소리 Ⅰ」을 분석 모형으로 하여 시 공간의 상상 구조를 탐색해 보았다. 김명배 시인에게 있어서 이 작품들은 시인으로서의 출발선상에 놓여 있는 뜻 깊은 작품이기도 하기 때문이다. 본론에서 논의한 바 있는, 공간을 중심으로 한 시간 및 물질의 상상 구조가 함축하고 있는 시인 특유의 시적 미학은 다음과 같이 해독된다.

시 「청동색 Ⅰ」에서 '내실' 공간의 주제는 밤, 고독, 침묵, 부동이다. 이 시는 시간적으로 '낮/밤', 공간적으로 '밖(외실)/안(내실)'으로 이항대립 체계를 구축하고 있다. 시인의 시선은 '밖(외실)→안(내실)'으로 수평 이동하여 와서 응축과 닫힘의 운동이 전개되다가 다시 '안(내실)'공간을 중심점으로 하여 '하늘/집(내실)/동굴(지하)'의 수직 삼원구조로 확장된다. 이는 응축과 닫힘에서 확산과 열림에로 탈바꿈하는 운동 성향이다.

'조명'이 켜지는 밤은 시인의 내면 의식이 밝아오는 열림의 시간이다. 그리고 '내실' 공간은 일상적, 현실적 주거 공간이 아닌 상상력이 펼쳐지며 시인의 내면 의식이 연출되는 시적 무대이다. 밤, 내실 공간의 고독, 정적, 내밀함 속에 시인은 홀로 내면 의식의 등불을 밝히고 단독자의 고독한 모습으로 상상의 여정에 오른다. 그 모습은 '靑瓷 곁에서 생각하는 刻像'과 같다. 이때 시인에게 있어서 시가 생성된다. 시는 시인의 내면을 비추는 언어적 거울이다. 시인은 한 장 종이 공간에 대우주를 응축시켜 옮겨 놓고 자기만의 소우주 왕국을 건설한다. 이는 외계 공간(현실적·물리적)의 닫힘을 통하여 획득한 내계 공간(정신적·이상적)의 열림이다.

시의 '행간에서 음성이 살아난다.' 음성은 '청동색 음성'으로서 깊은

'동굴'로부터 울려온다. 동굴은 시인의 무의식의 공간이며, 시적 이미지의 장롱이기도 하다. 청동색 음성은 시인의 심연으로부터 솟아 울려 퍼지며, 모든 공간의 간막이를 허물어뜨리고 시간, 공간, 존재의 확산과 열림 운동에 역동적 힘을 제공해 준다. 그것은 시적 화자를 더 이상 밤, 고독, 침묵, 부동에 머물게 하지 않는다. 그리하여 시인으로 하여금 우주와 자아와의 교감을 통한 일체감에 충일되게 하고 있다.

시「청동색 Ⅱ」는「청동색 Ⅰ」에서와 마찬가지로, 시간적으로는 '조명'의 시간을 경계로 하여 '낮/밤'이 이항대립되고, 공간적으로는 땅의 '한복판/구석'의 이항대립 체계를 각각 구축하고 있다. 나아가 그 구석 공간은 역동적 매개항의 운동성을 띠며 수직공간의 '하늘/구석(비석)/땅'이라는 구조체로 확장된다. 시인은 무한한 공간과 시간의 그 중심인 구석(비석) 공간에 정위한다. 그 공간은 수평축과 수직축이 교차하는 핵으로서, 우주의 총체적인 공간인 동시에 우주의 중심공간이기도 하다.

낙조가 '찬란한 畵帖'을 덮는 순간 마찬가지로 시인의 일상적, 현실적 시간과 공간도 덮어 지워진다. 밤의 시간 시적 화자는 '구석' 공간으로 웅크리고 들어간다. '구석'은 바로 시「청동색 Ⅰ」에서의 '내실(방)'의 공간과 같다. 그곳은 온갖 낡은 추억의 잡동사니들이 자리한 시인의 내밀한 시적 창조의 세계이다. 그곳에서 시인은 낮의 시간과 공간에 쓰고 있던 탈(가면)을 벗어버리고 자기 동일성을 회복한다. 구석 공간에서 시인은 시를 쓴다. '비문의/청동색 청조체'가 바로 그것이다. 돌의 이미지와 문자 이미지가 결합하여 시가 건축된다. 돌은 종이의 대체된 질료이다. 시인이 시를 쓰는 작업은 돌에 글자를 새기는 작업과 같다. 무심, 묵중, 침묵, 부동은 시인이 시를 쓰는 전제 조건이다. 돌에 달라붙어 시를 쓰는 시인은 돌 그 자체이다. 시인이 시를 쓰는 작업은 시인의 노력을 구현시키는 것으로써 현실적이고 일상적인 것으로부터의 정신적, 이상적인 것에로의 일탈이다. 따라서 시인의 연필 굴리는 소리에 의해 과거의 시간과 공간이 현재의 지평으로 솟아오르며, 응축, 닫힘의 공간이 열림, 확산의 역동적 공간으로 변화된다.

'풀열매 까만 씨앗'에서의 '씨앗'은 낱낱의 시어를 일컬음이다. 씨앗이 하나의 응집된 열로서 조그만 우주의 태양이라면, 시는 시인의 조그만 우주요 시어는 우주의 태양이다. 그 씨앗(시어)은 '빛난다'. 이는 시인이 쓴 시가 빛과 결합함이다. 나아가 빛으로의 승화함이다. 이러한 빛의 획득은 드디어 '후광이 머문다.' 후광, 그 시작과 끝이 맞물리는 둥근 현상은 폐쇄된 닫힌 공간인 동시에 벌써 파열된 열린 공간이다. 그것은 형태인 동시에 형상인 그것 속에 수평축의 '안/밖' 수직축의 '하늘/땅'으로 대립되는 경계를 해체하고 이들을 포용한다. 이것은 바로 형상을 초월하고 형상의 밑바닥에 깔린 본 형태의 변화와 생성 그 자체와 다름 아니다.

시 「청동색 Ⅲ」은 시인의 유년기 고향을 중심으로 한 回感을 읊은 것으로 시간적으로는 '과거/현재', 공간적으로는 '비'를 역동적 매개항으로 하여 '하늘/땅'의 이항대립 체계를 구축하고 있다. 나아가 시인의 상상력은 하늘 공간을 분절하여 하늘의 '한복판/구석'이라는 대립 체계를 보여준다. 그리고 전 8연으로 된 이 시는 제1, 2연과 7, 8연이 수미 상관식으로, 시작과 끝이 맞물림을 형성하고 있다.

역동적 매개항 '비'는 '펄펄 뛰다가' '죽는 비'로 코드 전환하여 땅바닥으로 깊이깊이 파고들어 마침내 지하수로 고인다. 땅 속 깊이 괸 지하수는 하나의 거대한 덩어리로서, 힘의 표징인 동시에 밤의 침묵과 고독, 단절과 부동 그리고 안식의 이미지가 된다. 바로 시인의 내밀한 심연 공간의 주제와 다름 아니다. 그 공간은 그대로 수직 이동하여 하늘의 구석에 공간을 마련한다. '구석' 공간은 시인의 내밀한 낡은 추억의 장롱으로 온갖 이미지들의 보관소이다. 구석에는 고독한 거주자의 보루이자 추억의 그물인 '거미줄'이 쳐져 있다. 그 거미줄에는 시인의 유년기 체험의 영속적 핵인 원초적 이미지들의 판화가 걸려 있다. 유년기 체험은 시인의 넋에 지울 수 없는 흔적을 남겨, 과거·현재·미래가 지속성에 의해 한 덩어리가 되어 영원한 현재를 이루고 있는 것이다.

고향은 시인에게 있어 무시간과 연계된 영원한 동경의 표상이며, 순진무구한 이미지들의 집적체인 항구적인 공간이다. 시인의 이러한 고향 회귀 의식은 현재의 일상적, 물리적, 현실적 삶에 대한 저항이며 나아가 자아와 세계와의 화해를 통해 시간과 공간의 항구성 내지 보편성을 획득함이라 할 수 있다.

시 「청동색」 Ⅰ·Ⅱ·Ⅲ의 탐색을 통한 청동색 음성 내지 청동색의 암호 해독은 김명배 시인의 시 세계를 고찰하는 데 중요한 의미를 함축하고 있다. 본 논자가 해독한 그것의 비밀은 다음과 같이 요약된다.

청동색 음성은 ① 시인의 무의식의 소리로서 ② 시간과 공간을 초월하고 있으며 ③ 시간과 공간 그리고 존재의 확산을 함축하고 있다. 또한 청동색은 ① 시인이 구축한 시 세계의 바탕색으로 안식의 요소와 더불어 끝없이 엄숙한 상태로 무한히 침잠하는 색깔이고 ② 시인의 원초 의식의 의장으로서, 원초적 심층 경험의 관류를 위한 매개물로서의 기능을 담당하고 있으며 ③ 아울러 가라앉음, 심오함, 단단함, 무거움, 차디참 등의 이미지를 내함하고 있다.

시 「소리 Ⅰ」은 연 구분 없이 전체 12행으로 이루어져 있으며, 크게 3단락의 공간 구조를 이룬다. 1단락(①~⑧행)은 '소리'의 '상방(하늘)→하방(땅)'에로의 하강, 추락, 응축 등 수직 운동성을 보여주는 가운데 '소리·유동/침묵·부동'의 대립적 갈등 구조를 보여주고 있다. 2단락(⑨, ⑩행)은 침묵과 부동에 의한 공간 정화 작업이 숙고 되고, 3단락(⑩, ⑪행)은 1단락에서의 소리의 운동성이 공간 역행 하여 '하방(땅)→상방(하늘)'에로의 상승, 비상, 확산 등의 수직 운동성을 보여준다. 이와 같은 시의 공간 구조적 특징은 각각 '하강/상승' '추락/비상' '응축/확산'의 공간 대립적 긴장 관계를 지양하여 고차적 종합을 완성하고 있는 즉, 소리와 침묵의 변증법적 공간 시학으로 집약된다.

'소리'는 왁자지껄, 떠들썩한 소리, 즉 잡담과 수다에 속하는 무질서한 세속의 잡소리로 판독된다. 한편 이 시가 발표된 시기인 1957년을 감안할 때, 흔히 통념되는 50년대 후반의 전후라는 특수 상황을 상정할 수 있다. 그렇다면 '소리'는 동시에 전쟁 체험의 상흔 속에서 산발하는 허무와 퇴폐 그리고 깊은 좌절감의 소리, 소용돌이치는 격심한 혼란의 소리, 이러한 모든 부정적 이미지를 내함한다고 할 수 있다.

이러한 '소리'는 시인의 역동적 상상력이 이끌어가는 부단한 자기 갱신의 과정에 필요불가결한 소리이다. 끊임없는 절망과 회의를 넘어서서 소리의 장애물을 극복했을 때, '날아가는 새' '피는 꽃'으로 갱생한다. 상승과 비상을 꿈꾸는 시적 화자는 자신을 얽어매어 놓는 지상적인 공간에서 벗어나고자 새와 꽃으로 성육화(聖肉化)한 것이다. 이것은 폐허를 딛고 일어서서 생명의 근원에 도달하려는 시인의 강렬한 생의 의지이기도 하다. 그리하여 마침내 화자는 '초토 위에 귀 대어도 들리는 소리'의 경지를 획득한다. 즉 있고도 없는 소리, 없고도 있는 소리의 경지이다. 이것은 적극적인 자기 수정의 의지와 변신의 변증법을 통과하지 않고는 들을 수 없는 소리이다.

끝으로 김명배 시인의 시를 읽는 것은 쉬운 것 같으면서도 어려웠다. 술술 읽혀 내려갈 것 같으면서도 숱한 행간의 미로를 더듬고, 오르락내리락하며 머뭇거리고 방황하였다. 겨우 행간을 헤치고 나왔지만 아직도 행간 속에 있는 느낌을 떨치지 못하고 있다. 아니 행간 속을 빠져나온 필자는 오히려 더 심한 의혹, 회의, 불안, 혼돈에 사로잡혀 있는 것만 같다. 많은 고견을 기대하는 바이다.

Ⅲ. 김명배 시의 신화원형 구조

1. 신화원형과 현대시

　신화는 우리들에게 있어 잃어버린 영원한 고향을 향한 향수이다. 신화는 신과 인간이 함께 하는 자리이다. 21세기에 와 있는 문명사로부터 새로운 문명사의 여명을 준비하는 오늘의 몫을 숙고할 때 신화 문학의 역할은 중요한 의미를 지닌다.

　신화원형 문학 연구는 글자 그대로 신화의 원형을 문학 작품 속에서 찾아내고 그것이 작가들에게 의해 어떻게 재현·재창조되고 있는가를 연구하는 작업이다. 이러한 연구 작업은 19세기 말과 20세기 초에 캠브리지 대학을 중심으로 한 인류학파의 괄목할 만한 연구 성과에 자극을 받아 일어났다. 그 대표적인 인물이 『황금의 가지』의 저자로 유명한 제임스 프레이저(J. Frazer)이다. 이 저서는 신화와 제의에 대한 우리들의 지식을 넓혀 놓았고, 문학 창작에 영향을 주었으며, 제의, 신화, 꿈 문학 사이의 친연성을 보여주었다. 또한 무엇보다도 이 저서는 인간 문화의 보다 광범위한 이해에 신화의 중요성을 역설하고 있는데, 그 가운데 하나가 세계 신화의 보편성 문제이다. 이 문제는 문화인류학으로 하여금 단일 민족의 문화뿐 아니라 인류문화 자체를 한 덩어리로 생각할 수 있는 기틀을 마련해 주었다.

프로이트의 심리학 특히 그의 『토템과 터부』[1]도 신화 문학에 많은 영향을 미쳤다. 그러나 프로이트의 이론을 확장해서 집단무의식과 원형 이론을 전개한 융(C.G Jung)의 심층분석 심리학은 신화 문학에 결정적인 영향을 끼쳤다. 또한 독일의 철학자 카시러(E. Cassirer)는 원초적 언어를 강렬한 감성적 경험과 연결시키고, 특히 신화 언어를 규정함으로써 신화 언어학에 공헌했다.[2] 이러한 여러 연구자의 연구 작업 위에 프라이(N. Frye)는 신화 문학의 이론 체계를 확립시켜 인문 과학으로 정립하였다.[3]

신화 학자들은 문학이란 원형을 기층 구조로 한 표층적 표현이라고 말한다. 말하자면 동일한 원형의 변형인 셈이다. 그리하여 신화 학자들은 원형을 찾아내고, 문학 작품이 그러한 원형에 필연적으로 연역되고 있음을 증명하였다.[4] 프랑스 구조주의자 레비스트로스(Revistrauss)가 신화를 소쉬르(F. de Saussure)의 언어학 모델에 의해 기호(sign) 체계화한 것은 이 때문이다. 따라서 작품 속에서 원형적 이미지를 읽는다는 것은 작품이 내함하고 있는 근원과 더불어 작품의 기본 구조를 탐색하는 작업이라 할 수 있다.[5] 그러면 한국 현대시에서 신화는 어떻게 투영되고 있으며, 어떻게 탐색되고 있는가. 오세영은 일찍이 이 문제를 시의 제목과 시어를 통

---

1) S. Freud. *Totem and Taboo*, trans. by A. A. Bril, New York: Moffat Yard & Co, 1918.
2) E. Cassirer. *Essay and Man New haven* : Yale Univ. Press. 1994.
3) N. Frye. *The Educated Imagination,* Blioomington. Ind : Indiana Univ. Press. 1964.
4) 역사상 거리가 먼 두 희곡 작품이 본질적으로 동일한 신화 제의의 영향을 받고 있음을 증명한 머레이 G. Murray의 『햄릿과 오레스테스』(*Hamlet and Orestes*)가 좋은 예이다.
5) 이것의 예로는 엘리어트(T. S. Eliot)의 『황무지』에서 암시되는 보편적 패턴의 추구, 로렌스(D. H. Lawrence)의 피의 의식(blood consciousness), 프라이(N. Frye)가 수립한 장르론, 버크(K. Burke)의 상징적 행동 등을 들 수 있다.

하여 논의한 바 있다.6) 그는 이 논의를 위하여 우리나라 해방 이후 대표적 문학지인 ≪현대문학≫(창간호~1969년까지)에 수록된 시를 자료로 채택하고 휠라이트(P. Wheelwright), 프라이(N. Frye), 융(C. G. Jung)의 이론을 적용하면서 시의 제목과 시어에 투영된 신화적 소재를 소개하였다. 그리하여 그는 우리의 현대시에 있어서 신화는 주인공이나 성스러운 장소 또는 성스러운 사건이나 경전을 시의 제목이나 시어로 채택함으로써 드러난다고 밝혔다.

문덕수는 신화원형 비평을 시도하는 데 작업상의 유의점을 서두로 보드킨(M. Bodkin)의 원형적 패턴과 프라이의 신화원형 이론을 전개하고 있다.7) 특히 보드킨의 정지/운동, 휴식/약동, 하강/상승, 패배/성공 등의 원형적 기본 질서를 한용운님의 「님의 침묵」, 이상의 「거울」, 서정주의 「국화 옆에서」 등 현대시에 적용하여 구조를 분석하고 이미지를 해석하였다. 정영자는 서정주 시에 나타난 신화와 설화에 대한 연구를 통해 우리 나라 민족적 원형의 일면을 고찰하고 있다.8) 서정주의 시 「질마재 신화」와 「떠돌이의 시」를 융의 집단무의식, 무속 신앙, 바슐라르(G. Bachlard)의 4원소 이론 등을 적용하여 원형적 패턴과 그 상징을 분석, 해독하고 있음을 본다. 정신재 또한 서정주 시를 논의한 바 있는데9) 그는 「미당 시에 나타난 신화적 의미」를 통해 시집 『동천』, 『질마재 신화』에 나타난 순환 구조와 신화적 의미를 고찰하였다.

김열규는 신화와 시의 속성으로서의 은유를 살피면서, 이것이 곧 인간의 자유를 지향하는 속성임을 역설한 데10) 이어 이상화의 「나의 침실로」, 황금찬의 「사과씨」를 통해 우리 문학에 나타나는 동굴 모티프를 신화 및

---

6) 오세영(1975), 「한국의 현대시와 신화」, ≪월간문학≫. 12월호.
7) 문덕수(1971), 「원형비평의 시도」, ≪현대문학≫, 4월호.
8) 정영자(1979), 「원형의 재생 — 서정주론」, ≪현대문학≫, 4월호.
9) 정신재(1973), 「미당시에 나타난 신화적 의미」, ≪시문학≫, 1월호.
10) 김열규(1973), 「신화, 시의 은유와 자유」, ≪문학사상≫, 9월호.

원형적 의미로 추척하면서 동굴 모티프가 작품 내에서 작용하는 상징성을 천착하였다.11) 또한 한국 신화의 재생·상징과 한국인의 우주관과의 관계를 밝혀 놓기도 했다.12) 그밖에 정금철은 이육사의 「광야」, 박두진의 「밤의 무게」 등을 중심으로 재생·원형 이미지를 연구하였고13), 김은자는 윤동주의 「자화상」「참회록」「또 다른 고향」 등을 통해 동굴 모티프를 탐색했으며14), 유시욱의 1920년대 시를 통한 동굴 모티프 연구 역시 우리나라 현대시에 나타난 신화적 고찰에 한 몫을 담당하고 있다.15)

 의제(宜弟) 김명배는 1950년대부터 오늘에 이르기까지 담담하게 시창작의 외길을 걸어 온 큰 시인이다. 그의 제1시집 『청동색 음성』(1973)에 실린 시 「東方의 닭」「달무리」 등 이들 시는 인류 전체가 지녀온 원초적 경험의 사실화로써 우리 현대인들의 잃어버린 정신적 고향을 생생하게 현재하고 있다. 그리하여 신화를 꿈꾸는 우리들의 갈증을 해소시켜 준다. 본고에서는 이들 시를 자료로 프라이의 원형 이론과 보드킨의 재생패턴 그리고 휠라이트의 상징 이론 등을 작용하여 시 속에 내함된 신화 원형의 구조(Ⅰ)와 그 상징적 형상(Ⅱ)을 각각 (Ⅰ)(Ⅱ)로 나누어 천착해 보고자 한다. 따라서 본고에서는 먼저 '신화원형 구조(Ⅰ)'를 탐색하기로 한다. 시 「동방(東方)의 닭」은 5연으로 짜여 있지만, 「달무리」는 연과 행의 구분없이 한 덩어리로 되어 있다. 분석의 필요에 따라 본 논자가 시행 앞에 번호를 기입하기로 한다.

---

11) ———(1987), 「신화와 동굴, 그 상징적 원형성」, 《문학과 비평》, 9월호.
12) ———(1989), 「신화적 재생, 상징, 그 형성과 원리」, 《문학과 비평》, 봄호.
13) 정금철(1989), 현대시에 수반하는 재생의 심상, (《문학과 비평》, 봄).
14) 김은자(1987), 「자화상의 동굴 모티프」, 《문학과 비평》, 가을.
15) 유시욱(1989), 「1920년대 시에 나타난 재생 모티프」, 《문학과 비평》, 봄호.

2. 비롯함과 마침 그리고 거듭남의 원형 구조 ― 「동방의 닭」

  신화란 창조의 여명, 태초의 그 순간에 일어난 초인적 계시로써16) 한 집단이나 민족의 기원, 우주와 인간과의 관계, 삶과 죽음의 이행 등 한 민족 내지 인류 전체의 가장 본질적인 문제들을 이야기해 주고 있다. 융에 의하면 이러한 본질적인 문제들은 결코 쓸모 없는 옛 시대의 잔존물이거나 유물이 아니라 인간 경험의 기본적이고도 오래된 유형으로서 살아있는 실재이다. 그리하여 그것들은 무수한 상념들의 선형성(Preformation)이나 혹은 지배적인 심상들을 야기케 한다. 이것이 곧 원형(archetype)이 된다.17) 다시 이야기하여, 브룩스(C. Brooks)와 융 등이 정의한 것처럼 원형이란 근본적 이미지 또는 집단무의식이라 할 수 있다.

  이와 같이 신화원형 이론에 의하면, 문학 작품의 근원은 문학 작가의 개인적 무의식이 아니라 그 원초적 이미지들이 인류의 공동 유산으로 간주되는 무의식적 신화의 영역에 있다고 할 수 있다. 그러므로 원형이란 시간과 공간을 초월하여 일정한 질서의 틀을 구축하면서 문학 작품 속에 계속 재현·재창조된다. 신화적 주제 역시 역사적 시간을 넘어 지속적으로 되풀이된다는 사실을 상정할 때, 원형의 반복성을 구축한다고 할 수 있다. 때문에 신화원형 문학 연구 방법론은 문학 작품 속에서 일정한 질서의 틀을 가진 원형을 탐색하는 것이다. 여기서 자연히 작품의 구조 분석이라는 꼼꼼한 작업이 요청된다. 이러한 점에서 신화 문학론은 형식주의, 구조주의, 기호학과도 접맥된다.

  그러면 김명배의 시 「동방의 닭」이 구축하고 있는 구조적 신화원형을 탐색해 보기로 한다.

---

16) 엘리아데, 김병욱 역(1981), 『문학과 신화』, 대현, p.309.
17) C. C. JUNG(1958). *Psyche and Symbol*, Doublebday Anchor, p.123.

① 어둠을 찢어 우는 여윈 모가지와 내 긴 목 빼어 소리소리 울면 덩달아 울어대는 골짜기와 山과 하늘과 마구 부서져 내려앉는 벌판과 쏟아지는 별. 어쩌자고 서른 번을 넘어 울다 내 나이 부끄러워 고개를 떨구면 땅, 살아 있는 땅.

② 太初에 열린 날, 차마 발시린 여울 고운 땅 딛고 나무열매 풀 뜯어 배 채운 하나비 할미 살고 죽고, 날짐승 길짐승 어울려 감자톨 메뿌리 캐 먹은 어미 아비 이여어이 이여어이 새끼 모아 東方에 門드려 지켜온 여기.

③ 넌출지는 상투, 검붉은 목줄에 굵은 핏대 할딱이면 그때의 約束처럼 부픈 젖무덤 아내를 닮아 수수랑 옥수수 아프도록 알배고, 모깃불 피우는 마당 한 모퉁이 멍석만한 사랑이 뜨거운데 다리밋불 건네어 시뉘 올 캐 흰 옷 다려 입고 두리두리 두레먹는 날 춤 추어지는 이 동산.

④ 언젠가 그때부터 끈덕진 어둠이 깔려 긴 歲月 禁줄을 동이고 눈망울 굴리던 항아리며 洞口앞 둥구나무, 굿거리 장단에 맞추어 밤의 中心을 맴도는 달과 별과 내가 끝끝내 남아서 어둠을 쫓고 싶은 깃발을 올리고 울대 세워 목뼈 흐느끼다 돌아 버리지 못한 날.

⑤ 풋병아리 목청 돋군다. 용마루 위에 붉은 볏 세우고 길길이 울면 일제히 목을 뽑는 이 저 마을. 이윽고 틔어올 가슴 둘레 마음 두울레. 밤 없는 太陽 앞에 검은 숨이 한 마당 죽어 갈 것을…….

— 「동방의 닭」 전문

시의 구조를 분석한다는 것은 구조를 형성하는 요소들의 체계성이 어떤 시적 인식의 세계를 보여주는가를 살피는 것이다. 「동방의 닭」 시 읽기의 구조를 살펴보면 모두 5연으로 되어 있다. 그런데 그 연들이 상호관계의 망으로 짜여진 일정한 질서를 보여준다. 즉 프라이의 사계절 원형인 탄생(봄)→성장(여름)→늙음(가을)→죽음(겨울) 그리고 재생(봄)이라는 자연과 인간의 순환 원리를 전개해 준다. ①에서 보여주는 바 탄생과 성장, ②③의 혼례와 잉태(성장), ④의 잉태와 통과의례(늙음과 죽음). ⑤의 출산(재생)이라는 일련의 인간의 한평생 드라마가 바로 그것이다.

①에서 보여주는 바, 까마득한 날에 사라져 간 태초가 훼치고 일어나면서 시작되는 이 시는 시인의, 아니 온 인류의 생생하게 현재하는 초시간적인 창세기가 펼쳐진다. 규원사화(揆園史話)의 조판기(肇判記)에 "태고에 음양이 갈라지지 아니하고 混한 채 오래 닫혀 있다. 天地도 混沌하고 귀신도 愁하고 日月星辰도 잠것에 싸여 倫紀가 없고 바다는 흐리고 깊어 뭇 생물은 자취가 없고 우주는 다만 암흑의 큰 덩어리일 뿐이었다."18) 서양에서 말하는 코스모스(cosmos)와 동양의 우주는 공통적 개념을 갖는다. 그것은 혼돈(chaos)으로부터 질서(cosmos)의 형성을 의미하며 이 안에 모든 시간성과 공간성이 함께 한다.

인류의 문화는 원시시대부터 싹트기 시작하여 서서히 발전해 왔다. 그때는 전체 문화가 아직 분화되지 않았고 자연과 밀접한 관계를 맺고 있었다. 따라서 해가 뜨면 일하고 해가 지면 쉬었으므로 닭이 울고 해가 뜨는 것은 원시인들에게 있어 매우 중요한 의미를 갖는다. 닭이 태양을 맞이하여 머리를 들고 울면 원시인들은 그 울음소리를 듣고 새로운 하루가 시작됨을 알게 된다. 이 시에서 어둠과 침묵의 세계는 닫힌 혼돈된 시간과 공간이다. 이에 반해 ①의 닭이 '어둠을 찢는다'는 것은 열린 시간과 공간의 시작을 의미한다. 또한 닭이 '소리소리 운다'는 반복적 서술은 어둠을 찢는 닭의 동작에 연속적인 진행성을 부여하면서 달과 우주와의 관계를 확산시켜 준다. 닭이 울면 온 우주공간이 '덩달아 울어대는' 메아리 현상을 초래한다. 닭의 울음소리는 골짜기, 산, 하늘, 벌판, 별에까지 확산된다. 닭의 중심으로 한 수직 상하, 수평 전후 좌우, 동서남북의 총체적 공간의 관계망이 형성된다. 이것은 바로 우주가 혼돈을 가르고 개벽함이요, 서정적 자아가 모향(motherland)으로부터 탄생함이요, 하루의 아침이 시작되는 드라마이다. 그리하여 나와 너, 나와 자연, 나와 우주가 상관 관

---

18) 북애자(北崖子), 신학균 역(1968), 『규원사화(揆園史話)』, 대동문화사, p.23.

계의 틀 속에 엮어짐이다.

그런데 ①의 "어쩌자고 서른 번을 넘어 울다 내 나이 부끄러워"에서 우리는 30년 남짓 성장한 시적 자아를 만난다. 시적 자아는 울며 부끄러워 하고 고개를 떨구고 있다. 이것은 시인의 비극적 현실 인식으로, 인류의 고향인 태초의 그곳에 대한 무의식적 회고와 동경의 몸짓이다. 신화학자들에 의하면, 인간은 원래가 막막한 혼돈의 상태인 태초의 시간과 공간에 살았다. 때문에 떠나온 고향으로 되돌아가게 될 날을 무의식 중에 기대하며 살아가는 존재이다. 단군신화에서 환웅의 원초적 고향은 환인이 살고 있는 '하늘'이며, 『구운몽』에서 양소유의 원초적 고향은 육관대사가 살고 있는 불법의 세계이다. 그렇다면, 이 시에서 시적 화자의 원초적 고향은 '어머니의 공간'이라 할 수 있다. 시적 화자가 비롯함으로부터 30년, 어머니 공간을 떠나온 이 지상은 마치 에덴의 동산을 떠나온 아담과 이브처럼 부끄럽고 서러운 곳이다. 그래서 그는 고개를 떨어뜨리고 있다.

시적 화자의 지상 30년은 ②에서 보여주는 바와 같이 '하나비 할미' '어미 아비' 그리고 '새끼'로 이어지는 자자손손 비롯함과 마침 그리고 거듭남이 반복 재현되는 원형의 삶이다. 시적 화자가 인식하는 현세는 천상적인 것을 지상에 실현하는 공간으로 하늘과 땅, 음과 양의 조화로운 질서가 계속 맞물려 돌아간다. ③에서처럼 남자(하나비, 아비)/여자(할미, 어미)의 화합, 식물(나무열매, 풀)/동물(날짐승, 길짐승)의 화합이 조화를 이루고 질서 정연하다. 이와 같이 둘이면서도 하나요, 하나이면서도 둘인 원리는 시인의 인간 중심에서 하늘을 해석하는 원리, 즉 하늘의 뜻을 인간 질서에 연계시키고자 하는 원시적 사유의 결과이다.

②의 시적 진술 '이여어이 이여어이'에서 'ㅇ'의 연속은 이러한 지상의 질서가 끊이지 않고 자연스럽게 맞물려 돌아가는 느낌을 환기해 준다. 우주 만물이 끊임없이 없어지고 다시 생겨나고는, 마치고 거듭나고는 하는

영원한 에너지의 의식을 환기해 주는 음상이다. 다시 말하여 '하나비 할미'가 하늘의 낙원을 땅에가 실현하고 하늘로 되돌아가서, 다시 '어미 아비'로 거듭났다가 또 하늘로 되돌아가고, 또다시 원초적인 인간 '새끼'로 땅에 거듭나는 모티프다. 이것은 신화의 부단한 비롯함과 마침 그리고 거듭남의 원형이라 할 수 있다.

③에서는 성장(여름)의 극점에서 혼례와 잉태의 의례가 펼쳐진다. 우리 민속에서 거행하는 혼례 의식의 床을 살펴볼 것 같으면 상위에는 보통 보자기에 싼 암탉과 수탉을 위시하여 촛대 둘, 송죽이나 사철나무를 꽂은 꽃병, 밤, 대추, 쌀 그리고 청홍실과 쪽바가지 두 개를 놓는다.19) '상투'와 더불어 '검붉은 목줄에 굵은 핏대 할딱이는' 인간의 성별은 물론 수탉과 같은 남자이다. '넌출지는 상투'는 남자의 성 상징으로 '넌출지는'의 시적 진술에서 힘차고 왕성하게 뻗어나간 남성다움을 환기시켜준다. 또한 '수수'와 '옥수수 밭'은 여성상징으로 '수수와 옥수수'는 농경 사회에 있어서 흙의 다산성을 여성의 다산성에 비유한 것이다. 따라서 '수수', '옥수수'의 여성 상징은 '부푼 젖무덤', '아프도록 알배고' 등의 시적 진술과 함께 풍요롭고 꽉 찬 남녀 사랑의 결실을 환기시켜 준다. 이것이 바로 ③의 혼례 때의 약속이다. 세계를 생성시키는 아버지의 정기는 변형의 매개체인 곧 어머니를 통해 다수의 지상적 체험으로 변한다.20) 이와 같이 수수알, 옥수알은 천부지모형(天父地母型) 신성혼(神聖婚) 이세개국치세담(二世開國治世談)21) 신화의 하늘, 땅, 사람의 삼재(三才)로 귀납되는 원리에서 하늘과 땅을 어버이로 볼 때, 사람에 해당하는 자식으로 간주된다. 다시 말하여

---

19) 최운식(1993), 『민속적인 삶의 의미』, 한울, p.43.
20) 조셉 캠벨, 이윤기 역(1989), 「어머니의 우주」, 『세계의 영웅신화』, 대원사. p.290.
21) '天父地母型 神聖婚'이라는 용어는 두루 사용되고 있지만, '二世 開國治世談'은 필자가 처음 사용해본 용어로 하늘의 아버지와 땅의 어머니가 결혼하여 자식을 낳고, 그 자식인 2세가 처음 나라를 열고 세상을 다스리는 이야기라는 의미를 지닌다.

시인은 하늘을 하나의 대우주로 보고, 알을 소우주의 완전한 새로운 체계로 사유했던 것이다.

③의 혼례와 잉태의 극점에서 ④에 이르면 통과의례 또는 상징적 죽음으로 이행된다. '끈덕진 어둠이 깔려 긴 歲月 禁줄 동이고'에서 '禁줄 동인다'는 것은 일상적·현실적 시간과 공간으로부터의 격리됨이다. 금줄을 치는 것은 우리 민속에서 깊은 의미를 지닌다. 금줄이 사용되는 곳은 아기를 낳은 집 대문 앞이나, 간장 된장을 담글 때, 공동 우물을 팔 때 또는 굿을 하거나 洞祭를 지낼 때 치곤 했다. 즉, 금줄을 쳐놓음으로써 잡귀와 부정을 막음은 물론 그 공간을 일상적인 俗의 공간과 구별하여 성역화했다. 이것은 마치 단군신화에서 곰이 동물적 속성을 버리고 웅녀로 변신하기 위하여 동굴 속으로 들어가는 입사식과 같다. '항아리'와 '둥구나무'는 각각 남자와 여자를 상징하는 것으로 한 마을을 지키는 수호신이라 할 수 있다. 옛날 우리 마을 입구에는 흔히 나무가 우거져 있고 서낭당이 있다. 堂 하면 건물을 생각하기 쉬운데 건물이 생긴 것은 후의 일이고 서낭당은 보다 원시 형태로 인간이 함부로 들어갈 수 없는 성역을 가리킨다. 그런데 이 서낭당이라는 숲에는 길 양편에 장승이 서 있고 장승과 나란히 솟대가 서 있다. 솟대 역시 마을 수호신으로서 세운 상징물이다. 따라서 솟대가 서 있는 곳은 일상적인 공간과 구별되는 神竿의 기능을 가진 '솟대'로 대체할 수 있다.

이와 같이 ③의 공간은 俗과 聖으로 분절된다. 다시 말하여 聖의 공간은 거듭남을 위한 상징적인 마침의 공간이며, 이른바 이니시에이션(initiation)의 과정으로 풀이된다. 또한 '밤의 中心을 맴도는' '어둠을 쫓고' 등에서의 '밤'과 '어둠'은 햇빛이 차단된 동굴 속의 시련 과정과 다름 아니다. 민속학에서는 인간의 임신을 통과의례로 간주한다. 통과의례는 물론 개인이 의례의 주체가 되지만 공동체가 연대의식을 고취하고 마을의 친목과 유대를 공고히 하는 계기를 제공한다. '끝끝내 남아서 어둠을 쫓고 싶은'에서 '어둠'은 '밝음'과 대립 체계를 이룬다. 그리고 하늘의 '밝음'은 인간 생명의 거듭남 현상에 구체화된다. 옛 사람들의 사유 속에서 하늘 공간의 회귀를 거쳐 땅에 탄생하는 새로운 삶, 그것이 바로 밝음의 회귀라 생각한 것이다. 여기서 우리는 시인이 상상으로 희구하는 공간은 환상의 공간임을 엿볼 수 있다.

보드킨은 융이 주장한 집단 무의식과 원형 그리고 프로이트의 심리분석학과 영국의 인류학을 결합시키는 한편, 융의 신화에 대한 보편적인 관점을 부정하고 특정한 시대와 지리적 환경에 놓여 있는 특징을 존중하였다. 다시 말하여 그는, 시의 원형 양식에서 재생 원형이란 본질적으로 변하지 않고 좌절과 회복, 운동과 정지, 전진과 후퇴, 상승과 하강 등의 과정이 끊임없이 반복되는 패턴이라고 규정한 것이다.[22] 이 시에서 어둠과 밤은 보드킨이 언급한 원형 양식의 좌절, 정지, 후퇴, 하강 등과 등가를 이루고 있지만 이것은 곧 회복, 운동, 전진, 상승을 동반하고 있는 과정이라 할 수 있다.

④에서 "깃발을 올리고 울대 세워" 어둠의 동굴로부터 밝음에로 부단히 솟구치고자 하는 서정적 자아의 비상의 욕구는 ⑤에 이르러 실현된다. ⑤의 풋병아리는 하늘과 땅, 양과 음이 조화롭게 화합하여 거듭난 닭의 새생명이다. 풋병아리가 목청을 돋구어 붉은 볏 세우고 길길이 울면 이 마을 저 마을 닭들도 일제히 응답한다. 우주의 열림이요, 인간 생명의 시작이요, 하루의 아침이요, 사계절의 봄이다. 풋병아리의 길길이 우는 울음은 ①의 닭이 소리소리 우는 것과 다름 아니다. ⑤는 ①과 맞물리면서 또다시 인간 문화가 시작되고 확산되어 간다. '가슴 둘레 마음 둘울레', 땅에서 나와 너, 나와 우주 만물의 주고 받음이 관계의 그물을 짜아간다. 나 이외의 모든 것이 나를 존재하게 하는 원인이 되고, 나 또한 남을 존

---

22) M. Bodkin(1963), *Archetypal Patterns in Poetry*, 1934, London : Oxford Univ. Press, pp.5-7, p.315 참조.

재하게 하는 원인이 된다.

프라이의 저서『비평의 해부』(Anatomy of Criticism)의 세 번째 논문에서는 문학적 원형과 신화 이론을 전개하고 있다. 그는 여기에서 문학적 이미지와 구성, 인물들을 분류하는 한편, 역사의 초기에 발생된 문학의 범주를 봄의 미토스(희극), 여름의 미토스(로만스), 가을의 미토스(비극), 겨울의 미토스(아리러니와 풍자)로 분류한다. 즉 순환의 신화적 혹은 추상적인 구조 원리란 하나의 생명이 태어나서 죽고 하는 지속적이고도 동일한 반복이, 그 하나의 생명이 죽어서 다시 태어나고 하는 동일한 반복으로 확장된다는 원리이다. 그러한 동일한 반복의 패턴, 이른바 그 하나의 생명의 죽음과 재생의 패턴에 모든 다른 순환적인 패턴이 대체로 동화되어진다.[23]

또한 그는 원형적 국면과 그에 상응하는 문화적 유형을 봄·여름·가을·겨울 네 계절에 따라 각각 아침·낮·저녁·밤의 네 시간에 결부시켰다. 그리하여 신화원형의 의미를 밝히고 문학 양식과 결부시켜 논의하였다. 첫째 봄은 하루의 아침, 인생의 비롯함에 해당한다. 영웅의 탄생화, 부활 신화, 세계의 창조 신화, 어둠의 힘이 파멸되는 신화, 겨울과 죽음이 물러가는 신화의 세계이며, 아버지와 어머니가 주인공들이다. 문학적 유형으로는 기사담(romance)의 원형이며, 대체로 음송시(dithyrambic)와 광상시(rhapsodic)의 원형이다.

여름은 하루의 한낮, 인생의 성장(결혼·승리)에 해당된다. 찬미의 신화, 성스러운 결혼의 신화, 낙원으로 들어가는 신화의 세계이며 신랑과 신부가 주인공들이다. 문학적 유형으로는 희극(comedy)의 원형이며, 목가시(pastoral)와 전원시(idyll)의 원형이다. 가을은 하루의 저녁(해질녘), 인생의 늙음(노쇠)에 해당된다. 전락(fall)의 신화, 격렬한 죽음과 희생의 신화,

---

23) N. 프라이, 임철규 역(1982),『비평의 해부』, 한길사 참조.

영웅이 고립되는 신화의 세계이며, 배반자와 마녀가 주인공들이다. 문학적 유형으로는 비극(tragedy)의 원형이며 비가(elegy)의 원형이다. 겨울은 하루의 밤, 인생의 죽음(사멸)에 해당된다. 따라서 사멸시키는 힘들이 승리하는 신화, 홍수의 신화, 혼돈으로의 회귀 신화, 영웅의 패배 신화의 세계이며 사람을 잡아먹는 귀신과 마녀가 주인공들이다. 문학적 유형으로는 풍자(satire) 문학의 원형이다.

　인간의 지상적 삶의 근원이며 원초적인 풍경화 「동방의 닭」은 시인 특유의 신화만은 아니다. 우리 온 인류가 지녀온 원형적 경험의 사실화이다. 이 시는 공간과 시간, 태초와 먼 미래 그리고 자연과 문화를 총체적으로 재생시키고 정화시켜 준다. 이 총체적 정화 작업의 구심력으로는 이 시가 존재한다. 하늘과 땅, 태초와 광음, 음과 양 이 모든 것을 풋병아리에 응집시키고, 시인은 우리들의 잃어버린 영원한 고향을 다시 우리들에게 되돌려 주고 있다.

3. 감음과 품, 모여듦과 물러남 그리고 순환 원형 —「달무리」

　다음은 시 「달무리」에서 보여주는 신화원형의 구조적 체계를 탐색해 보기로 한다.

> ① 나로부터 열리는 周邊에 해가 지고 달이 뜨고 강강수월래
> ② 하늘이 있고 땅이 있고 이를테면 나의 風景들—나의 긴 모가지를 달아맨 묵은 허우대를 暫時 쉬게 할 草家집과 이웃과 무덤과 그 안에 울음소리 들리면 혀를 물어 서러운 얼굴 내가 있고
> ③ 무수한 나와 같은 것들—아버지가 있고 어머니가 있고, 할아버지의 입을 닮은 아우와, 어쩔 수 없이 짐승에 속해야 했을 먼 할아버지의 必是 징글맞도록 울어대던 목소리를 그대로 닮았을 淑이년과 杉이놈과

④ 그리하여 只今 모두 部分이 닮은 것들이 손을 잡고 龜裂된 地域을 디디며 돌면……가슴에 뛰던 피 돌아 孕胎한 서로의 망울과 내 아직 맨발이던 모습 안에 돌던 피 되돌아가 상기 내 中心에 자라나는 숫된 달같은 망울을 輪廻하는 燦爛한 빛이 어릴레

— 「달무리」 전문

강강술래는 정월 대보름이나 팔월 보름의 한가윗날 각 지역의 마을에서 처녀와 부녀자들이 함께 모여 노래하고 춤추는 집단 놀이이다. 노래를 살펴보면, 선소리꾼이 선창을 하면 놀이를 구성하는 모든 사람이 후렴을 한다. 춤의 모양새를 보자면, 여인들이 손에 손을 잡고 동그라미를 만들어 먼저 오른쪽으로 돌다가 왼쪽으로 돌면서 감음과 품을 되풀이한다. 그러다가 한 가운데로 모여들고 다시 제 자리로 물러나고는 하면서 그 변형들을 통해 십자가 모양을 만들기도 하고 태극의 횡선을 만들기도 한다.

다시 말하여 강강술래는 '감음/품' '모여듦/물러남'의 두 극이 대립 관계로서가 아니라 연속적 관계로 포괄되어 있다. 이것은 보드킨이 말하는 기본적 질서인 활동/정지, 약동/휴식, 상승/하강, 성공/패배의 원형적 패턴이다. 우주의 모든 만물은 정지와 휴식, 하강과 패배를 겪게 된다. 그러나 그러한 부정적 요소들은 계속적으로 작용하지 않는다. 어둠이 오면 반드시 밝음이 오고 겨울이 오면 반드시 봄이 오듯, 그 부정적인 요소들은 반드시 극복되어 활동과 약동, 상승과 성공으로 전진한다. 이와 같이 하강에서 상승에로의 과정이 이른바 보드킨의 원형적 패턴이다.[24]

땅의 강강술래는 인간이 하늘의 달과 한데 어우러지는 유희이다. ①에서는 땅의 동그라미(강강술래)와 하늘의 동그라미(달)가 한데 어우러진 입체적 동그라미 형상을 띠고 있다. 강강술래는 하늘의 질서를 인간 세상에 이식하고자 하는 구체적 표현과 다름 아니다. 일반적으로 인간은 하늘의

---

24) M. Bodkin(1963), *Archetypal Patterns in Poetry* : Psychological Studies of Imagination. 1934, London : Oxford Univ. Press, pp.315~320 참조.

주체를 해와 달로, 땅의 주체를 음과 양으로 인식하고 있다. 인간이 해와 달, 음과 양을 상응 동격으로 보아 온 것은 하늘의 위력보다는 인간의 질서 때문이다. 그 구체적인 것이 오성(五星)을 오행(五行)에 대비하고, 열숙(列宿)을 주역(州域)에 대비하고 삼광(三光)을 음양(陰陽)의 원기를 맞추고 있는 점이다. 이것은 나아가 성인의 통리(統理)의 근본으로 간주하게 되었다. '日・月・星・辰'은 '雪・霜・風・雨'를 조화하고, 눈・서리・바람・비는 목축이나 농경에는 피치 못할 천기의 변화로써 대단히 중시했다. 그래서 『단군고기』에는 풍백(風伯), 우사(雨師), 운사(雲師)가 원래는 성명(星名)이나 귀명(鬼名)이었는데 인간 세계에 와서 농경을 지도하는 신으로서의 구실을 한 것이다.[25]

이와 같이 신화에 있어서 유추는 자연 현상과 인간 생활의 질서를 병행시키는 것이다. 특히 시 「달무리」에서는 달과 인간의 순환과 재생의 합일로서 동일성의 신화적 구조 원리를 재현하고 있다. 달은 주기적 순환으로 지상의 질서에 영향을 준다. 인간은 달의 이러한 원리를 본따 닮은 꼴로 인생의 주기를 펼친다. 그리하여 자연과 인간, 우주와 인간은 하나가 된다. 이것은 시인이 자연과 하나가 되는 교감의 체험이요, 신비 체험이며 우주적 인식이다.

③에서 시인은 4대에 걸친 원초적 가족의 집단 풍경을 펼친다. 할아버지(1대)→아버지(2대)→누나・아우・시적 화자(3대)→숙(淑)이・빈(彬)이(4대)가 연쇄고리에 서로 꿰어 있다. 이들 구성원은 바로 강강술래의 구성원과 다름 아니다. 할아버지가 일생을 마치고 아버지로 거듭나고, 아버지가 또한 누나・아우・시적 화자로 거듭나고, 누나・아우・시적 화자는 숙이・빈이로 거듭남이다. 이러한 인간 세계의 자자손손 체계는 자연의 원리에 의해 채색되고 짜여진 근본적 질서이다. 태양은 날마다 떠오르고, 낮과

---

25) 김무조(1988), 『한국신화의 원형』, 정음문화사, p.150 참조.

밤은 날마다 번갈아 나타나고, 봄마다 새싹은 돋아나고, 계절은 해마다 돌아오고, 달의 모양은 날마다 일정하게 변모하여 자연 현상의 모든 반복과 순환을 되풀이 하고 있다. 프라이는 이러한 현상을 삶과 죽음, 그리고 재생의 순환 구조로 유추한 것이다.[26]

②의 시적 화자의 풍경들인 "나의 긴 모가지를 달아맨 묵은 허우대를 暫時 쉬게 할 草家집과 이웃과 무덤과……"에서 일반적으로 '초가집'은 산사람의 주거 공간이며 '무덤'은 죽은 사람의 주거 공간으로 서로 대칭된 공간이다. 그런데, 시 「달무리」에서는 초가집과 이웃과 무덤은 서로 같은 층위의 공간에 존재한다. 이것은 시인이 삶과 죽음의 차원을 동일한 선상으로 인식하고 있음이다. 우리의 옛 조상들은 무덤을 '幽宅'이라 부르는 것은 단순한 미화법에 의한 것이 아니다.[27] 그 명칭에는 무덤에 대한 한국인의 의식이 깃들어 있다. 말하자면, 한국인의 의식 속에 무덤은 대단히 지상적이라는 것이다. 옛 고구려의 벽화, 고분을 살펴보면 한반도의 북방계 상고대 사회의 무덤에는 식량마저 따로 간직되어 있음을 본다. 이것은 끼니를 먹고 사는 삶이 그 무덤 속에 있다는 증거가 된다.

다시 말하면, 우리 고대인의 의식 속에 있는 무덤은 삶과 죽음을 구별하는 공간이 아니라 차원이 다른 삶을 위한 공간이었던 것이다. 따라서 살아 있는 사람의 집보다 죽은 이들을 위한 집(무덤)들이, 한 공동체가 지닌 신화적 우주론을 보다 더 완벽하게 표상하고 있는 것은 바로 이 때문이다. 시 「달무리」에 등장하고 있는 '무덤'도 이와 동일하게 인식되어야 할 것이다. 시인은 '무덤'을 통하여 죽음을 소유하면서 동시에 그것으로 죽음을 거부하고자 한다. 무덤은 죽음을 보관하는 곳이 아니다. 무덤은 완강하게 죽음을 밀어내고 있다. 무덤은 또 다른 삶의 집인 것이다. 즉 초가집이나 무덤이 시적 화자에게 있어서는 짧은 시간의 '잠시(暫時)' 공

---

26) N. Frye(1963), *Myth fiction and displacement*, p.33 참조.
27) 김열규(1983), 한국문학사, 탐구당, 481쪽 참조.

간일 뿐, 곧 삶은 죽음으로, 죽음은 재생으로 맞물려 순환할 것임을 사유한 시적 진술이라 할 수 있다. 이것 또한 삶과 죽음 그리고 재생의 순환 구조를 나타내고 있는 것이다.

그리하여 ④에서는 '部分이 닮은 것들' 곧 가족 집단 모두가 손에 손을 잡고 '검은 손이 한 마당 죽어갈'(동방의 닭)⑥ 삶을 살아간다. 그들 '한 마당' 인생의 여정은 감고 풀고 모여들고 물러나가곤 하는 강강술래의 동작과 닮은 꼴이다. 바로 보드킨의 정지/운동, 하강/상승, 휴식/약동의 반복적 기본 질서인 원형적 패턴이다. "가슴에 뛰던 피 되돌아 孕胎한 서로의 망울 내 아직 맨발이던 모습 안에 돌던 피 되돌아 상기 내 中心에 자라나는 숫된 달같은 망울을 輪廻하는 燦爛한 빛이 어릴레"에서 '피 되돌아 잉태한 망울' 들은 순환 재생한 인간들이다. 시「동방의 닭」에서의 '풋병아리'요, 시「달무리」에서의 숙이, 빈이 같은 것들이다. 그것들은 '달같은 망울'로서 달을 닮는다.

시「달무리」 역시「동방의 닭」과 같이 시인 특유의 신화만은 아니다. 달은 한국 문화와 밀접한 관계를 가진다. 달이 차고 기우는 리듬은 곧 우리 인간들의 생활 리듬이다. 오늘날 우리가 사용하는 달력만 보더라도 우리는 달의 순환을 기준으로 삼은 태음력을 버리지 못하고 있다. 농사 또한 달의 운행을 기준으로 하여 춘분, 입춘, 곡우 등 절후에 따라 밭을 갈고 씨를 뿌리고 수확한다. 뿐만 아니라 어촌 생활도 달의 운행에 의한 물때에 순응하여 바닷물이 들고 나가는 조금사리가 매겨진다. 이처럼 우리들에게 달은 생산의 원리이며 풍요의 원천이다.

시「달무리」 ④는 하늘에서는 달이 '초승달→보름달→그믐달→부재→초승달'의 일정한 질서에 따라 동그랗게 돌고, 땅에서는 인간이 '비롯함→자람→늙음→마침→거듭남'의 일정한 질서에 따라 동그랗게 돈다. 이러한 정경은 '輪廻하는 燦爛한 빛'이다. 강강술래의 유희 자체에서 발생하는 시각적 회화성과 청각적 음악성이 혼합된 혼연 일체의 동그라미 율동, 그리고 하늘의 달과 땅의 인간이 한데 어우러진 율동의 조화는 그 자체가 달무리이며 우주적 율동인 것이다. 김열규는 강강술래를 발바래기들의 모방 주술이며 춤추어진 신화, 춤추어진 종교 그리고 춤추어진 형이상학으로 달의 흉내, 달의 운행을 지상에 옮겨 실현하는 것으로 논의하고 있다.[28] 인간은 태어나서 자라고 늙어가고 그러다가는 삶을 끝마치게 된다. 시인은 인간의 이러한 끝이 있는 삶을 인식하고 허탄에 젖었을 때 달을 우러른 것이다. 달의 주기는 초생달이 자라서 차고 그러다가 기울어지면 또다시 거듭난다. 달의 죽음은 거듭남을 위한 전제에 불과하다. 강강술래의 감음과 맺음, 폄과 품은 이러한 삶의 본질인 인생의 유한성과 일회성의 장벽을 깨뜨리는 몸짓과 다름 아니다. 시인의 상상력은 사람들이 달빛 아래 달을 흉내내며 강강술래를 춤추면, 사람들은 그대로 달이 되고 달빛이 되어 온 우주에 번져간다. 이 황홀한 도취의 순간 시인은 자신을 넘어서 우주화한다.

  이상의 논의에서처럼, 시 「달무리」에는 달의 주기인 '초승달→보름달→그믐달→부재'의 일정한 변형과 순환의 연속적 과정, 및 달의 둥그런 형상과 더불어 강강술래의 '감음과 품, 모여듬과 물러남'의 일정한 변형과 순환의 연속적 과정 그리고 손에 손을 잡고 도는 둥그런 형상을 펼쳐주고 있다. 이것은 인간 삶의 비롯함과 마침 그리고 거듭남의 기존 질서와 대응되는 신화 원형의 구조적 틀을 그대로 재현, 재창조하고 있다 할 것이다.

---

28) 앞의 책, pp. 249-481 참조.

4. 하늘·땅·사람 삼재(三才)의 인간중심적 구조

　신화란 원초인들의 독특한 심리를 사용하여 자연계와 인간계 등 모든 사물의 내력을 설명하는 데서 성립한 종합적인 옛이야기이다. 한 종족이나 문화 집단에 있어서, 이러한 원초인들의 독특한 심리가 시간과 공간이 바뀌어져도 변화지 않고 되풀이되어 재현되는 일정한 틀을 가진 근본적 신화 체계(전승 체계)를 원형이라 한다. 이 원형은 집단무의식과 동일한 의미를 지닌다. 융에 의하면, 집단무의식이란 인류가 진화하여 오는 동안에 쌓인 강력한 정신 유전 인자로서 개개인이 태어날 때마다 뇌의 조직에 유전된다. 말하자면 개인의 무의식 밑에 깔려 있는 집단적 심리 체험의 총체적 상징 체계이다.
　일반적으로 우리나라 신화는 구전 신화인 무속 신화와 문헌 신화인 건국 신화로 대별된다. 무속 신화와 건국 신화의 전승 체계 가운데 天父地母型 神聖婚 二世開國治世談에 해당하는 신화가 하늘·땅·사람 삼재(三才)의 인간중심적 구조 체계를 형성하고 있다. 하늘에서 직접 수직 하강한 천상적 존재가 지상적 존재와 결합하여 자식을 낳고 그 자식이 수평 공간을 열고 인간 세상의 시조가 되는 구조를 보이는 신화이다. 이에 해당하는 무속 신화로서는 「시루말」, 「천지왕본풀이」, 「궤네깃당본풀이」 등을 들 수 있고, 건국 신화로는 「단군신화」, 「주몽신화」 등을 들 수 있다.
　경기도 오산에서 전승하고 있는 「시루말」의 서사적 내용은 다음과 같다. 천하궁당칠성이 지상에 하강하여 매화뜰 매화부인과 동침하고 아들 형제의 잉태를 예언한 뒤 승천한다. 매화부인은 선문이와 후문이 형제를 낳고 기른다. 형제가 글방에서 '아비없는 자식'이라 조롱받자 어머니에게 아버지의 근본을 묻는다. 아버지의 근본을 알아낸 형제는 무지개를 타고 하늘에 올라가 부친을 상봉한다. 아버지 당칠성은 선문이에게 대한국을 맡기고 후문이에게 소한국을 맡겨 다스리게 한다.

남제주에서 전승하고 있는 「천지왕본풀이」에서는 천주왕이 하강하여 백주할망이 딸과 동침하고, 아들 형제의 잉태를 예언하면서 이름을 지어 주고 박씨를 건네준 뒤 승천한다. 백주할망의 딸은 대별왕과 소별왕을 낳고 기른다. 형제가 자라서 어머니에게 아버지의 근본을 묻자 어머니는 아들에게 박씨를 준다. 형제는 박줄을 타고 천상의 부친을 찾아가 서로 만난다. 천주왕이 두 아들에게 각각 저승과 이승을 맡아 다스리게 한다. 이와같이 이들 무속 신화는 하늘의 아버지와 땅의 어머니가 신성스런 결혼을 하여, 그 사이에 태어나 아들이 인간 세계를 맡아 다스리는 건국 신화와 같은 서사 구조를 보여주고 있다.

마찬가지로 우리의 건국신화인 고조선의 「단군신화」나 고구려의 「주몽신화」 역시 천부지모형 신성혼 이세개국치세담 신화의 기본 구조를 보여주고 있다. 「단군신화」에서는 천상계 환인의 아들 환웅이 인간계를 다스리기 원하여 태백산 신단수 아래로 하강한다. 환웅은 천왕이 되어 온갖 인간 세계의 일을 주관하며 다스린다. 한편 동굴에서 같이 살던 곰과 호랑이가 하늘에 있는 천신에게 사람이 되기를 소원한다. 천신은 그들에게 쑥과 마늘을 주며 삼칠일간 햇빛을 보지 않으면 소원을 성취시켜 주겠다고 한다. 곰은 햇빛이 차단된 동굴 속에서 금기를 지켜 시련을 극복하고 웅녀라는 여인으로 변신한다. 웅녀는 신단수 밑에서 또다시 혼인하여 잉태하기를 천신에게 빈다. 환웅이 잠시 변하여 혼인하니, 웅녀는 잉태하여 단군 왕검을 낳는다. 단군이 평양성에 도읍하여 조선이란 부른다. 다시 아사달로 옮겼으며 천오백 년 동안 나라를 다스린다.

「주몽신화」의 서사적 내용은 다음과 같다. 천상에서 해모수가 하강하여 하백녀를 웅심산 아래 압록강변 집 속으로 유인하여 사통(私通)하고 하늘로 올라가 돌아오지 않았다. 하백녀의 부모가 그녀를 책망하여 우발수에 귀양을 보낸다. 때마침 부여왕 해부루의 아들이며 동부여의 왕인 금와가 그녀를 구해 궁실로 데려오게 된다. 그녀는 햇빛에 감응한 후 임신하여 알을 낳는다. 왕이 알을 버렸지만 짐승이 보호하였고, 또 쪼개려 하나 깨어지지 않는다. 할 수 없이 어머니인 하백녀에게 되돌려주니 남자아이가 알을 깨고 나온다. 그 아이 일곱 살에 스스로 활과 화살을 만들어 잘 쏘매, 이름을 주몽이란 한다. 금와의 일곱 아들이 주몽의 재주가 뛰어남을 알고 없애려 하나 금와가 말먹이를 시킨다. 주몽은 준마를 얻어 세 사람과 함께 도망간다. 강에 이르러 물에 고하기를 '천제의 아들이요 하백의 외손이다'(天帝孫 夏伯甥)라 외치자 물고기가 다리를 만들어 구원하였다. 드디어 세 사람과 함께 졸본(卒本)에 가서 고구려를 건국한다.

우리 나라의 신화 내용은 비교적 단순하여 대체로 자연 신화보다 인문 신화에 치우치고 있으며 인문 신화 중에서도 건국 시조 신화가 대표적이다. 그 가운데 천부지모형 신성혼 이세개국치세담 신화는 나라를 처음 여는 가장 창조적이고 생산적인 요소를 간직하고 있다. 그런데 무속 신화의 「시루말」,「천지왕본풀이」, 그리고 건국 신화의 「단군신화」,「주몽신화」 등의 서사 내용을 분석해 보면 다같이 하늘・땅・사람의 조화로운 하나됨을 나타내는 구조체계를 지닌다. 이러한 사상을 내포한 신화를 우리는 삼재사상(三才思想)이라고 말하고 있으며, 이 형상을 구조화한 것이 우리에게 낯익은 삼태극이기도 하다.

이들 무속 신화나 건국 신화를 꼼꼼히 읽어 보면 하늘에 사는 천신이 수직 하강하여 인간계에 내려온다. 신이 천상계에서 인간계로 하강하는 이 신화는 자연스럽게 인간이 중심이 됨을 표출하고 있는 것이다. 특히 '단군신화'에서는 하늘에 사는 환웅은 물론 땅에 사는 곰도 다같이 인간이 되고자 원한다. 이는 신도 짐승도 인간 세계 안으로 뛰어들어옴을 극명하게 나타내주고 있다. 하늘・땅・사람의 삼재는 우주 질서의 대표적 통일체이다. 그 구조 체계 가운데 사람이 중심부에 위치하고 있다. 이와 같이 인간은 수직과 수평의 핵으로써 존재하고 있는 것이다.

시 「동방의 닭」에서 서정적 자아는 혼돈된 닫힌 시간과 공간으로부터 어둠을 가르고 침묵을 깨뜨리며 인간 세상에 첫발을 내딛는다. ①에서 '어둠을 찢어 우는 여윈 모가지'와 '내 긴 목 빼어 소리 소리 울면'의 주체는 '나(사람)'이다. 내가 울면 덩달아 골짜기, 산, 하늘이 울고 벌판이 부서져 내려앉고 별이 쏟아진다. 우주 만물이 나를 주체로 하여 반응하고 나를 중심으로 하여 모인다. 하늘의 별도 수직 하강하여 지상으로 내려온다. 하늘과 땅과 사람(나)이 질서있게 조화를 이루는 가운데 나를 중심으로 하여 지상의 수평적 공간이 확산된다. ③의 하나비와 할미, 날짐승과 길짐승, 열매와 풀 등 음양과 천지의 조화가 자연스럽게 펼쳐진다.

「달무리」의 시에서도 나를 통해서 열려지는 존재의 번져가는 운동성을 보여준다. 해가 지고 달이 뜨는 자연의 현상이나 하늘이 있고 땅이 있는 음양의 조화도 어디까지나 내가 있음으로 하여 존재한다. 시적 진술에서 보더라도 ①의 나로부터 열리는 주변에 ②나의 풍경들, 나의 긴 모가지를 달아맨, 내가 있고, ③나와 같은 것들 ④내 아직 맨발이던, 내 중심에 등 주체자로서의 나의 위치를 명백히 표출한다.

이와 같이 「달무리」에서는 나를 중심으로 하여 수평적 공간이 확산된다. 할아버지(1代)→아버지(2代)→누나·아우(3代)→숙이·빈이(4代) 등이 혈연적 끈으로 묶어진다. 그리고 통시적 역사와 공시적 사회가 교차하는 그곳에서, 나는 너와의 열린 관계 속에서 무수한 관계 그물을 짜 나간다. 그것은 '인디라'의 구슬그물과도 같다.29) 그리하여 나로부터 시작하는 존재론적 확대는 하늘의 달빛과 땅의 강강술래에 의하여 우주론적으로 확산된다.

---

29) 불교 '화엄사상'에 나오는 용어로 나 이외의 모든 것이 나를 존재하게 하는 원인이 되고, 나도 또한 남을 존재하게 하는 원인이 된다는 것. 나아가 구슬 하나마다 서로 다른 구슬 전부가 비친다 하여 티끌 하나에 우주가 깃들이고 우주는 모든 티끌마다에 깃들인다는 것.

「단군신화」는 신에 관한 이야기지만 결과적으로 지상의 인간을 위한 자연적 질서와 문화적 질서를 도덕적으로 확립하고 민족의 기원을 설명하고 있다. 고대 문헌에 의하면 환인, 환웅, 환검은 우리 국가의 시조이다. 그 가운데 환인을 구심점으로 환웅이 수직적 하강을 하여 인간 세상의 혈맥을 이어주고 있다. 그리고 인간 세상에서는 환검이 홍익 인간을 주재한다. 이것은 단군신화의 중요한 의미가 신을 중심으로 형성되는 것이 아니고 인간을 중심으로 구축되어 있다는 것이다.

어느 나라 어떤 신화이든 그 구조상 상징 기능이 있다. 그런데 우리나라 신화 가운데 천부지모형 신성혼 이세개국치세담 신화는 하늘·땅·사람 삼재에서 사람이 그 중심에 있는 것이 특징이며, 이를 일컬어 우리는 우리의 신화를 인간중심적 구조라 한다. 마찬가지로 의제 김명배의 시「동방의 닭」,「달무리」등에서 우리는 하늘·땅·사람의 수직 체계가 사람을 중심으로 하여 다시 끊임없이 확장되는 수평 체계를 구축하고 있음을 발견한다. 나아가 사람은 우주의 핵으로써 수직과 수평의 공간 중심부에 자리한다. 수직과 수평의 궁극적 형태는 동그라미이다. 동그라미는 시「동방의 닭」에서 젖무덤, 수수와 옥수수의 알맹이, 멍석, 동산, 항아리, 둥구나무, 달 등으로 무수히 변형되어 가고「달무리」에서는 달, 강강술래, 하늘, 땅, 집, 무덤, 마을 등으로 끝없이 변형되어 간다. 그것은 동그라미의 우주 원형 그 자체라 할 수 있다.

5. 마무리

이상 의제 김명배 시「동방의 닭」「달무리」등을 통하여 시인의 심층 의식에 잠재된 상징적 표현 세계 혹은 기호 체계를 탐색하였다. 이들 시는 시인의 무의식 속에 잠재 된 본능적 표현의 충족이며 욕구 충족의 표현물임에 틀림없다. 그런데 융의 신화원형 이론에 의하며 문학 작품의 근원은 문학 작가의 개인적 무의식에 의한 것이 아니라 집단적 무의식에 있다. 이것은 무의식을 프로이트처럼 병리적으로 설명하는 것이 아니라, 인간 창조력의 본원적이고도 역동적인 에너지로 설명하는 것이다. 이러한 집단무의식의 표상인 원형은 신화, 민담, 동화, 전설 등에 간직되어 있으며, 그것이 문학 작품에 의해 재현·재창조되는 것이다. 따라서 김명배 시 「동방의 닭」, 「달무리」 등에 재현·재창조된 신화원형의 패턴과 그 보편적 질서는 다음과 같이 정리된다.

시 「동방의 닭」에서 보여주는 바, 까마득한 날에 사라져간 태초가 홰치고 일어나면서 시작되는 이 시는 시인의, 아니 온 인류의 생생하게 현재하는 초시간적인 창세기가 재현·재창조되고 있다. 시적 화자의 지상 30년 삶은 ②에서 보여주는 바와 같이 '하나비 할미' '어미 아비' 그리고 '새끼'로 이어지는 자자손손 비롯함과 마침 그리고 거듭남의 되풀이되는 원형 그 자체이다. ③의 상투로 표출되는 남성 상징은 '넌출지는' '목줄에 굵은 핏대' 등의 시적 진술과 더불어 힘차고 왕성하게 뻗어나간 남성다움을 환기시켜 준다. 수수와 옥수수밭의 여성 상징은 '부푼 젖무덤' '아프도록 알배고' 등의 시적 진술과 더불어 풍요롭고 꽉 찬 남녀 사랑의 결실을 표출하고 있다. 따라서 수수알 옥수수알은 그들 남녀의 거듭남이요, 사랑의 결실인 자식들로 해독된다.

④에 이르면 여성과 남성을 상징하면서 동시에 한 마을을 지키는 수호신 항아리와 둥구나무 등이 '긴 세월 금줄을 동이고, 끈덕지게 깔린 어둠 속에 잠긴다. 금줄을 치는 것은 우리 민속에서 깊은 의미를 지닌다. 즉, 금줄을 쳐놓음으로써 잡귀와 부정을 막음은 물론 그 공간을 일상적인 俗의 공간과 구별하여 성역화하고 있다. 다시 말하여, 이 시간은 이른바 거듭남을 위한 상징적 마침인 이니시에이션(initiation) 기간이면서 동시에 공

간은 성스러운 곳으로 해석된다. 장승과 솟대를 세운 성스러운 공간에서 ⑤에 이르면 마침내 풋병아리가 목청을 돋군다. 삶의 첫울음이다. 풋병아리는 닭의 거듭남이다. ⑤는 ①과 맞물리면서 또 다시 새로운 지상의 세계와 연대를 맺으며 인간 문화가 순환 재현된다.

　이와 같이 시 「동방의 닭」은 프라이의 사계절 원형인 비롯함(봄)→성장(여름)→늙음(가을)→마침(겨울) 그리고 거듭남(봄)이라는 자연과 인간의 순환 재생 원리를 그대로 재창조하고 있다. 이 시 ①의 비롯함과 자람(봄과 여름), ②, ③의 혼례와 잉태(여름), ④의 잉태와 통과의례(가을과 겨울), ⑤의 출산(봄)으로 이행되는 일련의 인간 드라마가 바로 그것이다.

　시 「달무리」에서는 달과 인간의 순환과 재생의 합일로서 동일성의 신화적 구조 원리를 재현한다. 강강술래는 '감음/품' '모여듬/물러남'의 두 극이 대립 관계로서가 아니라 연속적 관계로 포괄되어 있는 땅의 인간과 하늘의 달이 한데 어우러지는 유희이다.

　②에서 '초가집'과 '무덤'은 각각 '산자/죽은자'로 대칭되는 공간이다. 그러나 이 시에서는 같은 땅의 층위 공간에 존재하고 있다. 이것은 시인이 삶과 죽음의 차원을 동일한 선상에서 인식하고 있음이다. 시인은 '무덤'을 통하여 죽음을 소유하면서 동시에 그것으로 죽음을 거부하고자 한다. 즉, 시적 화자에게 있어 이들 두 공간은 짧은 시간의 '잠시'의 공간일 뿐 곧 삶은 죽음으로, 죽음은 재생으로 맞물려 순환하는 갓으로 사유한 시적 진술이라 할 수 있다. 이것은 삶과 죽음 그리고 재생의 순환 구조와 다름 아니다. 이러한 재생 순환 구조는 ③에서 구체화된다. 할아버지(1代)→아버지(2代)→누나·아우·시적 화자(3代)→숙이·빈이(4代)가 혈연적 연쇄고리에 서로 꿰어 인간 세계와 연대를 맺어가고 있다. ④에서는 하늘의 달이 '초승달→보름달→그믐달→부재→초승달'의 일정한 질서에 따라 동그랗게 돌고, 땅에서는 인간이 '비롯함→자람→늙음→마침→거듭남'이 일정한 질서에 따라 동그랗게 돈다. 이러한 정경은 '輪廻하는 燦爛한 빛'

이다. 이 혼연일체의 동그라미 율동 그 자체가 달무리이며 우주적 율동이다.

시「동방의 닭」,「달무리」 등에 나타나는 또 하나의 신화원형 구조는 하늘·땅·사람 삼재의 인간중심적 구조를 재현한다. 하늘·땅·사람의 삼재는 우주질서의 대표적 통일체이다. 천부지모형 신성혼 이세개국치세담 신화에서 하늘에 사는 천신이 스스로 수직 하강하여 땅에 사는 인간과 결합했다는 것은, 신하의 중요한 의미가 신을 중심으로 형성되는 것이 아니고 인간을 중심으로 구현되어 있다는 것이다. 시「동방의 닭」①에서의 주체는 나(사람)를 통해서 열려지는 존재의 번져 가는 운동성을 보여준다. 해가 지고 달이 뜨는 자연의 현상이나, 하늘이 있고 땅이 있는 음양의 조화도 어디까지나 내가 있음으로 하여 존재한다. 그리하여 할아버지, 아버지, 누나·아우, 숙이·빈이 등의 지상적 혈연 관계의 연대가 맺어진다.

융은 인간의 마음이란 유아기에 시작되어 한 개인의 일생을 통해 발전하는 갈등의 핵심으로 보았다. 따라서 인간의 꿈과 환상은 무의식적 본능의 소망을 충족하기 위하여 작동하며, 이것은 여러 문화에 걸쳐 공통적으로 축적되어 파생된 근원적 이미지 또는 상상력의 가능성들이라고 말한다. 융의 이러한 이미지나 모티브들이 바로 원형이다. 이것은 집단무의식으로부터 결과된 형상의 집합이라 할 수 있다. 이러한 융의 명제는 보드킨에 의해 '원형적 이미지'로 해설되었고, 프라이는 장르론에 의해 설명하고 있으며, 엘리아데에 의해 종교·신화 및 인간 역사에까지 확대 적용되기도 하였다.

이와 같이 의제 김명배의 시「동방의 닭」,「달무리」 등은 시인의 개인적 무의식에 의한 것이 아니라 집단적 무의식으로 풀이해야 한다. 시인은 이 시에서, 우리 인간을 인간세상으로 한정된 닫혀진 시간과 공간 속에서가 아닌, 보다 열려진 시간과 공간 또는 우주의 거대한 움직임 속에서 파악함으로써 삶의 초극을 모색하고 있다. 이것은 삶의 모순성과 운명성을 우주론적 상상력으로 치환 상승시킴으로써 초극하고자 하는 시인의 의지이며, 인간의 한계성과 운명성을 우주론적인 무한성을 통해 초월 극복하고자 하는 열린 의지라 할 수 있다.

IV. 언술과 이야기의 서술 연구
— 채트먼(S. Chatman)의 서술학을 중심으로 한 『까치소리』 분석

1. 문제의 제기

이야기 이론으로서의 서술학(narratologie)의 등장은, 러시아 형식주의자에서부터 비롯되었다고 할 수 있다. 1969년 토도로프(T. Todorov)가 『데카메론의 문법』에서 서술학이란 용어를 처음 사용한 이래, 서술학은 문학 연구의 지평을 넓히는 데 큰 공헌을 했다.

서술학의 접근 방향은 대략 두 가지 방향에서 시도된다고 할 수 있다. 하나는 그레마스(A.J. Greimas)의 기호학, 브레몽(C. Bremond)의 논리, 토도로프의 문법 등에서 그 맥락을 찾아볼 수 있는 주제적 접근으로, 서술된 내용이나 이야기의 구조에만 치중할 뿐 그 이야기가 어떤 방법으로 말해졌는가에는 개의치 않는 접근이다. 다른 하나는 쥬네트(G. Genette)의 서술체 연구, 채트먼의 이야기와 언술 연구, 아몽의 묘사 이론, 토도로프의 장르론 등에서 그 맥락을 찾아볼 수 있는, 이야기를 언술적 전달이라 규정하고 서술적 담화의 분석을 목적으로 하는 형식적 접근이다.

이 두 가지 형태의 이야기 분석은 극히 최근에 와서야 그 경계선이 분명해졌으며, 바르트(R. Barthes)의 『이야기의 구조적 분석 입문』이나 토도로프의 『구조시학』 등은 일종의 교차로인 셈이다.

이야기의 이론으로서의 서술학의 정의는 이제 서술적 텍스트의 이론을 그 서술성 안에서 정립하려는 학문[1]이라는 보다 구체적인 정의로 바뀌어 가고 있으며, 서술학을 서술적 양식의 분석에만 국한시켜야 한다[2]는 쥬네트의 이론은 그 세분화된 적용이 점점 깊이를 더해가고 있다.

소설의 언어와 다른 언어와의 차이는 그 재현 양식에 있다. 따라서 서술성의 연구는 소설 연구의 기본 명제이기도 하며, 이것은 소설을 소설의 본질로 돌아가게 하려는 근원적 노력의 표현이라 간주된다.

이미 언급한 바와 같이 오늘의 서술학은 러시아 형식주의자들의 이론을 비판적으로 계승 발전시켜온 성과라 할 수 있다. 따라서 하나의 작품은 일정한 내적 체계를 지니고 있으며, 작품이 지닌 바 복합적인 문학적, 문화적 체계를 고찰한다는 것은 곧 의미를 진술하는 것, 의미를 해석한다는 것과 같은 것이다.

특히 채트먼의 소설에 관한 이론으로서의 서술학은, 소설의 구조와 그 문학적 원리를 과학적으로 해명하려는 연구 방법론을 가리킨다.[3] 따라서 본 연구는 채트먼의 서술학 이론을 고찰하는 작업의 일환으로서 김동리 작 『까치소리』를, 이 이론에 적용시켜 분석하고자 한다.

왜냐하면 일찍이 김동리는 소설의 양식의 관해 많은 관심을 가지고 있는 작가였음에도 불구하고[4], 그의 작품 연구는 주로 소재적 사상적 특성

---

1) Mieke Bal(1984), *Narratologie*, HES, Utrecht, p.4.
2) Genette(1983), *Nouveau discourse du récit*, Seuil, p.12.
3) S. Chatman(1978), *Story and Discourse, Narrative Structure in Fiction and Film*, Cornell Univ. Press, Ithaca and London, pp.17~19 참조.
4) 「한국문학의 제문제」, 《현대문학》 제38호(1966), p.25 참조.

이나 관념 체계를 조명하는 데 머물고 있기 때문이다. 그러므로 그가 한국 소설의 고유한 한 양식을 이룩한 작가라는 점에서나[5] 그리고 그의 많은 작품이 독특한 소설 형식을 취하고 있다는 점에서 보더라도, 그의 소설은 다른 시점의 재조명이 요구되는 것으로 생각된다.

따라서 본 연구는 김동리 소설 『까치소리』에 존재하는 의미 구조와 일반성, 그것을 표현해 내는 특징적 기법을 고찰하여 궁극적으로 채트먼의 서술 이론이 문학 연구에 어떻게 공헌하고 있는가를 규명하고자 함을 목적으로 한다.

연구 대상 작품으로는 일지사 발행본 『까치소리』(1973)를 선정하기로 한다.

2. 소설 분석에 관한 채트먼의 기본 논의

1) 진술(Statement)

오늘날 구조주의적 문학 연구의 핵심은, 내용이 작품 자체의 구조 안에서 형성된다는 것이다. 그리고 형식이란 구조를 이루고 있는 요소들의 결합 양식이며 따라서 내용과 형식은 불가분의 관계에 있다는 것이다.

즉 한편의 소설은 그 하위 단위(下位單位)인 여러 사건들이 유기적으로 결합된 하나의 구조이며, 언어 기호를 표현 수단으로 하는 인간의 모든 활동에 관계된 체계들과 관련되어 있다. 이러한 다양한 관련 속에서 그것의 내적 체계 또는 구조의 유기적 질서를 해명함으로써 문학을 보다 더 바르게 판독할 수 있는 방법이 곧 문학을 문학답게 하는 연구 태도라는

---

5) 천이두(1979), 「동리 문학이 한국 문학에 미친 영향」, 『허구와 현실』, 중앙대 문예창작과, p.162.

것이다.

구조 또는 개념은 논리상 그 구성 단위를 전제로 한다. 구성 요소(element) 혹은 기능(function)은 바르뜨가 구조주의적 활동의 첫 번째 조작이라고 말한 절단(articulation)[6]의 결과이거나 그 결과가 추상화된 것으로서, 구조의 최소 단위[7]이다. 이를 한 작품의 구성(composition)의 측면에서 보면, 그것은 플롯의 최소 단위로서 서술체 속에서 어떤 의미 있는 사건이라는 꽃으로 피어날 씨앗들에 비유된다.[8]

토마제프스키(B. Tomashersky)는 작품의 주제 요소를 환원시킬 때, 더 이상 환원이 불가능한 가장 작은 주제 요소를 모티프(motif)라고 부른다.[9] 즉, 모티프는 가장 작은 서술 단위로 구조 속에서 다른 모티프와의 상관 관계 아래 어떤 의미 작용을 한다.

그런데 채트먼은 서술체를 이루는 진술을 크게 진행 진술(Process statement)과 정지 진술(Stasis Statement)의 둘로 구분한다. 앞의 것은 행위 양태(mode of DOES)의 진술이고, 뒤의 것은 존재 양태(mode of IS)의 진술이다.[10] 따라서 이 진술이 채트먼이 설정한 추상적 층위에서의 모티프를 가리킨다고 할 때, 각기 다른 용어로 불리운 모티프들의 이항대립이 생겨날 수 있다. 즉 결합 모티프/자유 모티프, 기능 단위/징조 단위, 진행 진술/정지 진술이 그것이다.

요컨대 이러한 분류는 모티프들의 상관 관계를 크게 통합적인

---

6) Roland Barthes (1979), 「구조주의적 활동」, 김현역 『현대비평의 혁명』, 홍성사, p.48.
7) Wellek and Warrenm(1970), *Theory of Literature*, 3rd, ed. London, Harcourt, Brace &World, p.217.
8) S. Chatman(1969), *New Ways of Analyzing Narrative Structure, with an Example from Joyce's Dubliners*, Language and Style. No.2, p.4.
9) Boris Tomashevsky(1965), *"The matics" in Russian Formalism*, Four Essays, trans, and intro, L.T. Lemon and M.J. Reis, Lincoln and London, Univ. of Nebraska Press, p.67.
10) S. Chatman. op.cit., p.32.

(Syntagmatic)인 국면과 계합적(Paratigmatic)인 국면의 두 가지로 살필 수 있다는 것과, 따라서 보는 국면에 따라 하나의 모티프가 한 가지 이상의 기능성을 지닐 수 있음을 보여준다. 그리하여 모티프가 그 표현상의 문법적 구조를 떠나서 어떤 진술(서술 명제)로 환원 또는 추상화될 수 있음을 알 수 있다.

실제로 수많은 단어들 그리고 문장들로 이루어진 소설을 분석하려고 할 때 많은 문제점에 부딪치게 된다. 무엇을 모티프로 보며, 모티프들을 어떻게 정돈할 것인가. 그래서 언술상 똑같은 의미와 형태로 주어져 있지 않은 주제 즉 작품의 언어적 재료를 요약하고 통일하는 사상을 추출해 낼 수 있을 것인가 하는 문제 등이 그것이다.

작가는 어떤 기법 장치의 망(network of devices)으로 모티프를 통일하고 조화시켜 주제를 형성하도록 작품을 구성한다. 언술에 있어서 모티프들은 문장보다 상위 단위일 수도 있고 하위 단위일 수도 있다.[11] 작품을 분석 평가한다는 것은, 이 모티프들을 절단하여 그것들을 통합적이고 계합적인 상관 관계를 작품에서 끌어내는 것이다. 그래야만 작품의 의미 구조를 충실히 해석할 수 있을 것이다.

2) 언술의 층위(Level of Discourse)

언술(discourse)은 텍스트 자체 즉 서술(敍述, narrative)을 가리킨다. 소설 속의 여러 요소들은 서로 반복적으로 간섭하며 다양한 관련 상황 아래서, 그 하부 구조들이 상호 교차하여 복합적 구조를 형성한다. 층위(level)는 그러한 작품 구조의 복합성을 분석하고 기술하기 위한 방법론적 조작

---

11) R. Barthes, *Introduction à l'analyse structurale des récits*, 김치수 역(1980), 『구조주의적 문학비평』, 홍성사, p.104.

(operation)의 산물이다.

층위 개념은 언어학에서 온 것으로, 하나의 문장은 음성학적, 음운론적, 관계상황적 층위에서 분절되고 기술된다는 것이다. 그런데 문장과 작품의 언술 사이의 이러한 유사 관계나 대응 관계는 어디까지나 형태적이고 구조적인 성질의 것이다.[12]

언어학은 문장에서 멈추지만, 문장들의 집합인 소설의 언술은 그 단위(진술)들 특유의 어떤 문법(구조적 법칙)을 통해 또 다른 언어의 메시지로 나타난다. 따라서 소설의 언술은 문장의 성질을 띠고 있으면서도 문장의 합계로 환원될 수는 결코 없는 제2의 언어학의 대상이라고 할 수 있다.[13]

다시 말하면 소설(문학)의 언술은 언어학적 시니피에(Signifié)를 지니는 동시에, 주제를 형성하는 어떤 의미(시니피에)의 시니피앙(Signifiant)이기도 한 2차 상징 체계를 이루고 있는 것이다.

언술이 텍스트 자체, 즉 그 서술이라면, 그것은 여러 문장의 집합체이며, 이 층위에서 논의되는 것은 그 시니피에(의미)가 아니라 시니피앙으로 기호의 형식적, 표면적 국면에 해당하는 표현 자체이다. 이 둘은 실질적으로 분리할 수 없는 것이나, 논리적 조작에 의해 구분하는 것은 언어학에서와 마찬가지로 문학 연구에도 유용하다.

먼저 기본적으로 살펴야 할 것은, 언술의 선조적(線條的, linear) 성격이다. 문장들은 일렬로 놓여 있고 독자의 시선은 그것을 따라간다. 그러나 언어의 배열 그대로 따른다는 의미에서의 순전히 시간적(順次的)인 독서는 실제로 불가능하다.

소설의 어느 한 문장을 읽는 순간에 독자는 기억 속에 있는 그 앞의 문장들의 종합에 한 문장을 보태는 것이고, 그때 예상되었던 어떤 가능성

---

12) T. Todorov(1971), *"Language and Literature", in The Poetics of Prose, transe.* Richard Howard, N.Y, Cornell Univ, Press, p.248.
13) Barthes, op. cit., p.96.

은 달성되거나 사라지며 새로운 가능성이 또 열리기도 하는 것이다.14)
독자는 선조적 시간적으로 읽을 뿐 아니라 동시에 종합적 공간적으로도 읽는 것이며, 이 둘은 독서 과정에서 변증법적인 관계를 맺고 있다. 이렇게 볼 때, 언술의 층위에 있어서의 작품의 언어적 문체적 분석 과정은, 독서 과정을 고려하지 않을 때에만 가능한 것이다.

소설의 언술은 모든 의사 전달 행위에 사용되는 기호들과 마찬가지로 발신자(작가)와 수신자(독자) 사이의 매개체이다. 언술은 언술 행위(narration)와의 관련하에서 태어난다.15) 이때 효과적으로 의사(주제)를 전달하기 위해 다양한 수사적 기법과 소설 특유의 화법이 사용된다.

소설은 누군가에 의해 이야기된다. 소설이라는 허구를 읽을 때 자연스럽게 상정(想定)되는 그 '누구'는 물론 작가 자신이 아니라 서술자(narration)이다. 서술자 없는 이야기란 있을 수 없는 것이다.

채트먼은 서술체에 있어서의 의사 전달 행위의 상황을 다음과 같은 도식으로 보이면서 드러난(Overt) 서술자, 감춰진(covert) 서술자라는 용어를 쓴다.16)

Real author← | Implied author(Nattator)→(Nattatee)→Implied reader | →Real reader[17]

그러나 시점은 항상 서술자의 시점이 아닌 것으로, 채트먼은 시점과 서술자의 목소리(narrative voice)를 다음과 같이 구분한다.

> 시점은 서술된 사건들과 관련을 맺고 있는 물리적 장소(위치)나 관념적 상

---

14) Ceasare Segre(1979), *Structures and Time ; Narration, Poetry Models*, Chicago and London, The Univ. of Chicago Press, pp.10~11.
15) G. Gentte(1974), Figures Ⅲ, *quoted in R. Scholes, Structuralism in Literature*, N.Y. and London, Yale Univ. Press, p.74.
16) S. Chatman, op. cit., p.63.
17) Ibid., p.151.

황이나 삶에 있어서의 흥미의 방향이다. 한편 서술자의 목소리는, 그것을 통해서 사건들과 존재체(存在體, existents) (인물, 배경 등)가 독자에게 전달되는 발화(speech) 또는 다른 외적 수단들을 가리킨다. 시점은 표현(expression)을 의미하지 않는다. 그것은 단지 그 방면에서 표현이 만들어지는 조망(perspective)을 의미한다. 조망과 표현이 동일한 인물에 속할 필요는 없다.[18]

다시 말하여 시점은 언술을 통해 독자의 마음속에 상정(想定)되고 인식되는 것이다. 따라서 서술자의 목소리는 항상 독자에게 들리지만, 서술자의 시점을 통해서 이야기되는 것들이 항상 보이는 것은 아니다. 왜냐하면 언술을 통한 시점은 독자에게 인식되는 것이기 때문이다.

언술의 층위에서만의 문체론적 연구는 만족스러운 것일 수 없고, 더구나 그 연구의 바탕이 언어학적 이론에 치우칠 경우, 하나의 자족적(自足的) 기호체계로서의 작품의 유기적 성격을 놓치게 될 수도 있다. 즉 작품의 언술이 지닌 바, 기능상 화법상의 다양성을 단순화하기 쉬운 것이다.

물론 이러한 문학연구 방법론이 기법이나 형식적 통일성에 집착한 나머지 의미의 진술에 소홀할 수도 있다. 그러나 이 방법론은 작품의 의미를 규정하고 평가하려는 것이 아니다. 이는 하나의 내적 체계로서의 작품을 그것이 속한 문학적, 문화적 체계와의 복합적 관련성을 고려하면서 열려 있는 것을 파악하고 의미를 진술하고자 하는 것이다.

---

18) Ibid, p.153.

3. 작품 분석의 실제

1) 작품의 구조 형태

구 성	사건의 진행 순서	서술자	내 용
외부구조 (도입액자)	5	1인칭 관찰자 (나)	① 외부 화자에 의한 『나의 생명을 물려다오』라는 책자 내용 서술의 도입액자.
내부구조 (내부도입 액자)	4	1인칭 화자 (봉수)	① 까치가 울 때마다 기침을 터뜨리는 어머니는 '죽여다오'를 말함. ② 어머니의 기침과 동시에 '죽여다오'를 말할 때 죽이고 싶은 충동을 느낌.
내부구조 (내부 이야기)	2	1인칭 화자 (봉수)	① 부대에서 '정순'과의 결합을 위해 명예제대를 하고 돌아옴. ② '정순'이가 '상호'와 결혼했다는 사실을 동생 '옥란'으로부터 들음. ③ '상호'를 만나 '정순'과 만나게 해줄 것을 부탁함. ④ '정순'과 만나서 제대 경위를 설명함.
내부구조 (내부 이야기)	1	1인칭 화자 (봉수)	④' 전장에서 손가락을 자르는 행위조작을 설명(내부이야기 개입, 과거이야기 중단). ④" '정순'을 위해 목숨을 훔쳐온 것을 이야기함.
내부구조 (내부 이야기)	3	1인칭 화자 (봉수)	⑤ '정순'과의 재결합을 요구함. ⑥ 며칠 후 '정순'으로부터 재결합의 시도가 어렵다는 것을 앎. ⑧ 까치소리 속에 '상호'의 동생 '영숙'의 목을 누름.

이상 작품의 구조 형태에서 보여주는 바와 같이 『까치소리』는 종결 액자가 탈락된 도입 액자와 내부 이야기로 형성되어 있다. 그리고 1인칭 화자형식으로 외부 구조와 다른 화자의 내부 액자가 나타나며, 내부 구조에서의 도입 액자는 내부 이야기를 위한 상황을 설정하고 있다.

이 상황설정은 '까치소리'와 동시에 어머니가 기침을 터뜨리는 것이 '봉수'에게는 살의를 느끼게끔 한다. '까치소리'로 인하여 나타나는 살의의 충동이, 내부이야기에서는 '영숙'의 살인으로 표상화되고 있는 시간에도 '까치소리'의 상황이 설정되고 있는 것이다. 즉 이러한 '까치소리'는 내부 이야기의 기저를 이끌어가고 있다고 할 수 있다.

　내부 구조 속의 ④' ④"에 나타나는 과거의 사건은, 내부 이야기의 중심 부분으로 사건 진행의 원인이 되고 있다. 과거 사건의 진술 중간에 내부이야기의 개입은, 과거 사건의 시간에서 현재 진술 시간과의 거리를 객관적인 차원에서 바라볼 수 있게 하고 있는 것이다.

　또한 『까치소리』는 두 명의 다른 서술자의 전이 형태(轉移形態)를 보여주고 있다. 그런데 특히 내부 구조에서는 액자와 내부 이야기가 같은 서술자로 설정되어 있어, 작품의 미적 효과에 기여하고 있음을 볼 수 있다.

　따라서 이 작품이 종결 액자가 탈락된 것은 독자로 하여금 내부 이야기에서 다시 외부 구조인 시점으로 나옴으로 인해 생기는 혼란을 막으려는 수법으로 보여진다.

2) 시간성

(1) 언술 시간(Discourse-time)과 이야기 시간(Story-time)

　언술과 이야기의 시간성은 순서(Order), 지속(Duration), 빈도(Freqqency)의 세 가지 측면에서 관찰할 수 있다. 그런데 언술 시간과 이야기 시간의 순서는 결코 평행할 수 없다. 그 이유는 이야기의 시간은 다차원적이지만 언술 시간은 일차원적이기 때문이다. 이러한 시간상의 차이는 시차성(時差性, anachronies)[19]을 형성하고, 예변법(prolepse)과 후변법(analepse)의 성격

---

19) Anachronies를 대부분 '시간착오'로 용어 해석하고 있으나, 이어령의 대학원 강좌

으로 나타난다.

진술들의 본래 작품에 제시된 그대로의 순서와, 인과적 연대기적 순서 사이의 배합적 대립 관계는 소설의 중요한 특징 가운데 하나의 시차성을 잘 설명하여 준다. 채트먼은 특히 이것을 언술 시간(discourse-time)과 이야기 시간(story-time)으로 나누어 말하고 있다.[20]

진술들은 작품 속에 그 자연적 시간의 순차에 따라서만 배열되어 있는 것은 아니다. 독자로 하여금 지각을 힘들게 하고 독서 시간을 연장하도록 함으로써 사건을 사건답게 만드는 어떤 경험의 방법에 따라 동기화되어 '낯설게' 배열되어 있는 것이다. 그리하여 도식화된 독자의 의식을 파괴하고 어떤 미적 경험을 주기 위하여, 작가는 어떤 정보나 행위들을 선택하고 강화하며 인위적 예술적으로 재배열하고 있다.

소설 플롯은 통시적(선조적·시간적)이며 시선이 그것을 따라가는 물리적 독서 또한 그러하다. 그러나 이러한 플롯의 통시성은 독서 과정에서의 공시적 가정의 연속적 창조와 대조를 이룬다.[21] 이 두 통시적 공시적 독서의 변증법적 상호 작용 속에서 형성되는 가정의 역동성은, 작가가 구성해낸 역동성에서 비롯된다.

김동리 소설 『까치소리』의 시간성은 다음과 같다.

"문학연구 신방법론"(이화여대 1987)에서 '시차성'으로 용어 정리를 하였음.
20) Chatman, op. cit., p.62.
21) Rabkin, Eric(1977), S., Spatial Form and Plot, Critical Inquiry, vol. 4, No.2, p.260.

	화자의 진술에 의한 소설 진행의 시간	
	현재　　　미래　　　과거 →	

액자 구조	외부 구조	내부 구조
1인칭 관찰자 시간		
언술 시간 Discourse-time		
이야기 시간 Story-time	⑧	지속적인 '까치소리'의 시간 ⑦ ③ ① ④ ② ⑤ ⑥

또한 위 표에 의한 소설 진행의 시간은 다음과 같다.

① 전장에서 스스로 부상을 조작하는 시간.
② '정순'을 위해 목숨을 훔쳐오는 행위의 시간.
③ '정순'과의 재회까지의 시간.
④ 명예 제대 경위의 설명 시간.
⑤ '정순'과의 재결합을 시도하는 시간.
⑥ '영숙'을 살인하는 시간.
⑦ 내부 액자에 의한 1인칭 화자의 시간.
⑧ 외부 액자에 의한 1인칭 화자의 시간.

　액자 소설에서 화자의 진술로부터 허구로 이행케 하는 것은 시간성의 문제이다. 따라서 김동리의 액자 소설에 나타난 시간성의 특징은 진술 시간(discourse-time)과 표상된 세계의 시간(story-time) 사이에 위 표에서 나타난 바와 같이 평행 상태가 이루어지지 않고 있다는 점이다. 그리하여, 시차성의 문제로 야기되는 추상의 형식 속에 사건의 순서가 어긋나 있다. 또한 이러한 시차성은 예변법(prolepse)과 후변법(analepse)[22]의 성격을 지닌다.

(2) 시차법(Anachronies)

채트먼은 쥬네트의 서사체 언술의 분석 방법론을 적용하여 시차법을 설명하고 있다.[23] 쥬네트는 언술 분석의 세 영역을 순차성(Order), 속도(Speed), 빈도(Frequency)로 나누어 설명하고, 순차성 이론에서 서사적 시간으로 시차법을 논한다.[24]

즉 시차성이란 이야기(story)와 서술(Narrative)의 시간 순서가 서로 어긋나 있는 시간적 불일치의 여러 가지 형태를 일컬음이다. 따라서 이것을 측정하는 기준으로는, 이야기의 언술과 이야기의 내용이 시간적으로 완전히 일치되어 있는 상태를 '이야기의 영도'로 삼고, 그 차이는 사정(reach)과 증폭(amplitude)에 의해 측정한다.

이러한 시차법은 예변법과 후변법의 성격으로 나누어진다. 예변법이란 뒤에 일어나는 일을 미리 이야기하거나 또는 앞으로 벌어지게 될 것들을 떠올리게 하는 모든 화법을 지칭한 것이고, 후변법이란 시점보다 선행하는 사건을 뒤에서 떠올리게 하는 모든 화법을 말한다. 『까치소리』의 예변법으로는 다음과 같은 예문을 들 수 있다.

> 단골의 서점에서 시간을 뒤적이다 『나의 생명을 물려다오』하는 얄팍한 책자에 눈길이 멎었다. 「살인자의 수기」라는 부제가 붙어 있었다.
> 생명을 물려준다. 이것은 무슨 뜻일까, 나는 무심코 그 책자를 집어들어 첫 장을 펼쳐 보았다. '책머리에'라는 서문에 해당하는 글을 몇 줄 읽다가 '나도 어릴 때는 위대한 작가를 꿈꾸었지만 전쟁은 나에게 살인자라는 낙인

---

22) Chatman, op. cit., p.64.
23) Ibid., pp.64~65.
24) Genette, G(1978), *Narrative Discourse*, Translated by JaNe E. LEWIN fore word by *JOINATHAN CULLER*, Cornell Univ. Prss, Ithaca, N.Y, pp.35~46 참조.

을 찍어 주었다.'라는 말에 왠지 가슴이 뭉클해짐을 느꼈다. 비슷한 말은 전에도 물론 얼마든지 여러 번 들어왔던 터이다. 그런데도 이 날 나는 왜 그 말에 유독 그렇게 가슴이 뭉클해졌는지 그것은 나도 잘 모를 일이다.

(p.235, 예문①)

……아침 까치가 울면 손님이 오고, 저녁 까치가 울면 초상이 나고…… 한다는 것도, 언제부터 전해오는 말인지 누구하나 알 턱이 없다. 그래서 그런지, 아침 까치가 유난히 까작거리던 날엔 손님이 잦고, 저녁 까치가 꺼적거리면 초상이 잘 나는 것 같다고 그들은 은근히 믿고 있는 편이기도 했다.

(p.236, 예문②)

예변법은 앞으로 일어날 일을 미리 이야기하는 예상적 형식이므로 자연히 후변법인 회고적 형식보다 훨씬 적게 쓰인다. 전통적 픽션의 경우 화자는 이야기 내용을 발견해 가는 것처럼 보이려고 하기 때문이다. 위 예문①에서 「살인자의 수기」라는 부제 그리고 '전쟁은 나에게 살인자라는 낙인을 찍어주었다'라는 외부 1인칭 화자의 시간은, 이 작품 내용이 6·25라는 전쟁의 비극으로 살인 사건이 일어날 것이라는 것을 시사해 준다. 또한 예문②에서 그 살인 사건이 일어날 때 저녁까치가 꺼적거리며 울 것이라는 것을 예상할 수 있는 것이다.

후변법으로는 다음과 같은 예문을 들 수 있다.

이렇게 처음엔 아침 까치가 울 때마다 애가 혹시 돌아오지 않나 하고 야릇한 신경을 쓰던 어머니는 그렇게 한 반년쯤 지난 뒤부터 그것(야릇한 신경을 쓰는 일)이 기침으로 번져지기 시작했다는 것이다.

(p.237, 예문①)

여기서 미리 고백하거니와 나는 한 번도 어머니를 미워한 적은 없었다. 그렇다고 집에 돌아온 뒤 날이 갈수록 어머니가 더 측은해지고 견딜 수 없이 불쌍해졌다는 것도 아니다.

(p.241, 예문②)

내가 군에서 (명예 제대를 하고) 돌아왔을 때─그렇다. 나는 내가 첨으로 집에 돌아왔을 때부터 얘기하는 것이 순서일 것 같다. 그러니까 내가 우리 동네에 들어서면서부터의 이야기가 된다.

(p.242, 예문③)

위 예문①의 '그렇게 한 반년쯤 지난 뒤부터' 예문②의 '여기서 미리 고백하거니와' 예문③의 '내가 군에서 돌아왔을 때' 등은 1인칭 화자의 시간으로 주인공의 과거를 진술하고 있다. 즉 현 시점보다 선행한 사건을 뒤에서 떠올리고 있는 것이다. 『까치소리』의 구조 형태는 액자 소설로 종결 액자가 탈락된 도입 액자와 내부 이야기로 형성되어 있다. 따라서 후변법의 차용은 작품 전반에 걸쳐 빈번히 사용되고 있음을 발견할 수 있다.

이러한 김동리 소설 『까치소리』 시간성의 혼란은 액자와 내부 이야기 간의 이중 구조로 더욱 심화되고 있는데, 이것은 언술의 시간(discourse-time)은 일차원인데 반해 허구의 시간(story-time)은 다차원적이기 때문이라[25] 할 수 있다.

(3) 언술적 현재(discourse-NOW)와 이야기적 현재(Story-NOW)

소설 연구에 있어 서술자(narrator)의 문제는 언술(discourse)의 특성뿐만 아니라 내적 의미 구조를 밝히는 데 매우 중요하다.

액자 소설이란 이야기 속에 하나 또는 여러 개의 비교적 짧은 내부 이야기를 내포하는 소설의 구성 형식을 일컫는 말이다.[26] 이것은 내부 이야기 바깥에 내세운 외적 서술자의 시점에서 이야기를 제공하는 이중 인

---

25) T. Todorov, 곽광수 역(1976), 『구조시학』, 문학과 지성사, p.999.(??)
26) 이재선(1977), 『한국단편소설연구』, 일조각, p.95.

물의 시점 화법을 사용함으로써, 청중이나 독자를 서술체 내에 끌어들이려는 근본 요구를 성취하기 위한 것이다.

　김동리 소설 중 많은 작품이 이 액자 소설의 형식을 취하거나 내포하고 있는데, 그 중에서도 『까치소리』는 인증적(認證的) 단일 액자 형식이다.27) 그리하여 액자 소설 형식과 수기 형식이 함께 사용됨으로써 내부 소설이 1인칭으로 서술되어 있다.

　『까치소리』는 주인공 '나'(봉수)의 수기를 가탁(假託)된 작가인 '나'가 입수하여 대강 옮겨 발표하는 것으로 되어 있다. 어머니의 기침 발작에 관한 삽화(episode)에 한정한다면 독자는 일단 세 명의 서술자를 가정하게 된다. 즉 〔옥란→'나'→가탁된 작가인 '나'〕가 그것이다.

　그런데 궁극적으로 독자에게 이야기하고 있는 사람은 물론 마지막 사람이며 그가 서술자이다. 그 이전의 사람들은 '전달자'라고 불리울 수 있다. 소설 전체 또는 일부의 어떤 삽화에 있어, 이 '전달자'들이 겹쳐져 있는 예는 매우 많다. 반드시 액자 소설 형식을 취하고 있지 않다 하더라도, 서술자가 직접 언술을 펴기보다는 '전달자'를 내세워 간접 화법의 언술을 사용하는 경우가 빈번한 것이다.

　이러한 양상은 독자로 하여금 서술자가 매우 제한된 입장에 놓여 있음을 인정하게 한다. 서술자는 사건의 동참자가 아니라 어디까지나 '전해 들은 자'이며 그 역시 하나의 '전달하는 자'로 간주된다. 이때 서술자(최종 전달자)가 이야기하는 언술적 현재(discourse-NOW)와 이야기되는 사건의 이야기적 현재(story-NOW)가 발생한다.28)

　그런데 언술적 현재와 이야기적 현재 사이의 시간적 간격이 클수록, 또 사건을 전달하는 사람들의 수가 많고 그들의 그에 대한 확신의 정도

---

27) Ibid., p.98.
28) Chatman, op. cit., p.63.

가 깊을수록 박진성(迫眞性, verisimilitude)[29]이 강화되고 서술자의 입장은 객관적인 것처럼 보이게 된다.

> 내 누이동생 옥란의 말을 들으면, 내가 군대에 들어간 바로 그 이튿날부터 어머니는 나를 기다리기 시작했다<u>는 것이다</u>. 마침 아침 까치가 까작까작 울자, 어머니는 옥란을 보고 "옥란아, 네 오빠가 올라는가 부다." 하더라<u>는 것이다</u>. "엄마도, 엊그제 군대간 오빠가 어떻게 벌써 와요?" <u>하니까</u>, "그렇지만 까치가 울잖았냐?" 하다러라<u>는 것이다</u>.
>
> (p.237)

위의 인용문에서 보면 작가와 서술자, 그리고 서술자와 사건 사이에 거리(distance)가 발견된다. 이러한 언술은 서술자가 매우 제한된 위치에서 가능한 한 주관성을 배제하고 있다는, 다만 전달할 뿐이라는 것을 드러내 주는 효과를 거둘 수 있다.

이렇듯 『까치소리』는 전달적 서술자를 등장시키고 있으며 서술자(최종 전달자)가 이야기하는 현재(discourse-NOW)와 이야기되는 사건의 현재(story-NOW) 사이에 시간적 간격을 둠으로써, 서술자의 입장을 객관적 위치에 두고 있다고 할 수 있다.

3) 지속성(持續性, Duration)

서사적 시간의 순차성의 문제를 분석하려는 방법에서 나온 것이 시차법이라고 한다면, 서사적인 시간의 속도 문제를 분석하기 위한 방법이론이 지속성이다.

채트먼은 지속성을 5가지 유형으로 구분하고 있는데 곧 요약(summary),

---

29) Ibid., p.48.

생략(ellipsis), 장면(scene), 펼침(stretch), 정지(pause)가 그것이다.[30]

소설에서 간접 화법의 문장이 빈번히 사용된다는 것은 그만큼 행동이나 사건이 장면적(scenic)으로 제시되고 있지 않음을 뜻한다. 이것은 단순히 과거형 문장으로 서술되는 일반 소설과는 다른 상황이다. 간접 화법의 언술일 때, 또는 액자 소설 형식이나 전달자의 채용으로 말미암아 간접 화법적 상황이 조성되었을 때, 언술적 현재(discourse-NOW)와 이야기적 현재(story-NOW) 사이의 시간적 간격은 언술상 분명히 드러난다. 그만큼 시간적 역전이 빈번해지는 것이다.

그리고 이때 서술자가 이미 지나간 사건을 서술함에 있어 어떤 형태로든 관여하고 있다는 사실도 언술상 드러난다. 그 관여는 서술자가 특히 장면적 요약(場面的 要約, scenic summary)이라는 언술적 유형을 낳는다.

요약(summary)이란, 이야기에 필요하기는 하나 그 세부를 묘사할 필요가 없을 때 그것을 간단히 통과하기 위해 사용되는 것으로 특히 이야기의 배경이 되는 어떤 사건이나 인물들의 과거의 삶을 빠르고 간명하게 제시하는 데 유용하다.[31] 따라서 인물의 운명적 삶을 다루기 위해 이야기된, 시간의 폭을 넓게 잡는 김동리의 단편 소설들 속에 요약이 많이 사용되고 있다는 것은 당연하다고 하겠다.

『까치소리』에서 요약(summary)의 예문을 찾아보면 다음과 같다.

> 그와 나는 한 동네에 같이 자랐으며, 국민학교에서 고등학교까지 동창이었기 때문에 우리는 서로 상대자의 성격이나 사람됨을 잘 알고 있는 편이다. 그는 나보다 가정적으로 훨씬 유여했지만 워낙 공부가 싫어서 고등학교까지를 간신히 마치자 면서기가 되었고, 나는 그와 반대로 줄곧 우등에다 장학금으로 대학까지 갈 수 있게 되어 있었지만, 내가 그에게 친구로서의 신의를

---

30) Ibid., p.68.
31) Phyllis Bently(1967), "*Use of summary*" *in The Theory of the Novel*, P. Stevick, ed. N.Y, The Free Press, pp.47~49.

잃은 일은 없었고 또 그가 여간 잘못했을 때라도 솔직하게 용서를 빌면 언제
나 양보해주곤 했던 것이다.

(p.256)

　이상의 예문에서처럼 '봉수'와 '상호'는 어릴 때부터 한 동네에서 자라 현재의 관계 속에 있다. 이들은 현재 성인들로, '봉수'는 군대에 갔다 왔고 '상호'는 장가까지 들었으니, 적어도 20년이 넘은 시간의 지속(duration)을 유추해낼 수 있는 것이다. 그런데도 성장, 교우 관계, 성격 등이 단 몇 줄로 요약 처리되고 있는 것이다.
　인물들의 삶이 비일상적인 것일수록 서술자는 주관적 요약보다는 계속적으로 작품 내외에서 이미 이야기 된 것을 '인용'하는 형식의 요약을 하게 된다. 그래서 인물 또는 전달자의 말을 그대로 직접 화법으로 제시하면서 요약적 언술을 수행할 경우, 서술자가 주관적이라는 인상이 감소됨은 물론 언술의 '평면성'도 해소된다. 『까치소리』는 이것의 좋은 예를 보여주고 있는 작품이라 하겠다.
　생략(ellipsis)이란 소설에서 한 마디의 내용 언급도 없이 시간을 뛰어넘어 생략되어 있는 기법을 말한다. 그래서 주로 시간의 간격이 긴 대하 소설이나 역사 소설에서 많이 차용하는 기법이라고 할 수 있다. 『까치소리』에서는 연대기적 작품에서 두드러지게 나타나는 큰 폭의 시간 생략은 없고 다만 반복적 연결 어미의 사용에서 오는 생략(ellipsis)이 눈에 띈다.

　　　<u>이렇게</u> 쿨룩은 연달아 네 번, 네 번, 두 번, 한 번, 한 번, 여섯 번, 그리고
　　또다시 세 번이고 네 번이고 두 번이고 여섯 번이고 종잡을 수 없이 얼마
　　든지 짓이기듯 겹쳐지고 되풀이되<u>곤 했다.</u>

(p.210)

　내가 그에게 친구로서의 신의를 잃은 일은 없었고 또 그가 여간 잘못했을

때라도, 솔직하게 용서를 빌면 언제나 양보해<u>주곤 했던 것이다.</u>

(p.225)

겹밑줄을 친 말은, 직접 화법 형식으로 인용된 언술을 요약의 일부로 만든다. 그래서 위에 든 인용문 앞에 있는 다른 요약의 언술과 이들을 연결한다. 그리고 밑줄을 친 반복적 연결어미 '~곤'의 사용은 시간적 생략(ellipsis)을 내포하고 있지만, 동시에 생략의 느낌을 제거하면서 인용된 인물의 말을 긴장시키는 효과를 낳고 있기도 하다. 왜냐하면 '~곤' 등의 언술은 유사하거나 동일한 여러 개의 행동(사건)을 환기시켜주기 때문이다.

특히 채트먼은 언술의 특성을 언급하는 가운데, 빈도 부사와 반복어 연결어미 사용에 대하여 빈도(frequency)로 설명하고 있다.[32] 아무튼 이러한 생략적 반복 언술은 김동리 소설에 있어, 어조의 강한 긴장감과 비장감을 형성해 주고 있다.

또한 채트먼의 서술학의 이론에 의하면, 장면(scene)이란 이야기된 행동(사건) 자체의 소요 시간과 그것을 제시하는 언술을 읽는 데 걸리는 시간이 같거나 근접하는 유형이라 설명한다.[33] 김동리 여러 소설에서는 이러한 장면의 예는 비교적 드문 편이다. 말하자면 『황토기』 같은 작품에서 보여지는 제1장과 2장 같은 것이다. 즉 제1장은 매미 소리에 관해 반복된 언술이 명확히 장면을 구분 짓고 있는 것이다.

그런데 대화의 연쇄가 비교적 많이 제시되는 『까치소리』에서는 장면의 예문을 많이 찾아볼 수 있다. 우선 어머니의 기침 소리의 나열도 그렇고 다음과 같은 예문도 그 좋은 예가 된다.

---

32) Chatman, op. cit., p.78.
33) Ibid., p.72.

…… 쿨룩 쿨룩 쿨룩 쿨룩, 쿨룩 쿨룩 쿨룩 쿨룩, 쿨룩 쿨룩, 쿨룩 쿨룩 쿨룩…… 이렇게 쿨룩은 연달아 네 번, 네 번, 두 번, 한 번, 한 번, 여섯 번, 그리고 또다시 세 번이고 네 번이고 두 번이고 여섯 번이고 종잡을 수 없이 얼마든지 짓이기듯 겹쳐지고 되풀이되곤 했다. 그 사이에 물론 오오, 아이구, 끙 하는 따위 신음 소리와 외침 소리를 간혹 섞기도 하지만 얼마든지 '쿨룩'이 계속되다가는 아주 까무러치는 고비를 몇 차례나 겪고서야 겨우, 아이구, 봉수야, 한다거나, 날 죽여다오를 터뜨릴 수 있는 것이다.

(p.236~237, 예문①)

　　'쟤가 누구더라?'
　　나는 또 한번 이런 생각을 하며, 역시 입은 열지도 않은 채, 그냥 발길을 돌리려 하는데,
　　"오빤 아직 면에서 안 돌아왔어요."
　　하는 소녀의 목소리였다.
　　순간, 나는 이 소녀가 바로 상호의 누이동생이란 것을 깨달았다. 내가 군에 갈 때만 해도 나를 몹시 따르던 달걀같이 매끈하고 갸름하게 생긴 영숙이. 지금은 고등학교 이삼학년쯤 다니겠지. 나는 이런 생각을 하며 소녀를 한참 바라보고 섰다가 역시 그냥 발길을 돌리고 말았다.
　　"오빠, 영숙이한테 얘기해줄 거 없어?"

(p.249~250, 예문②)

　　위 인용문①, ②에서처럼 『까치소리』에서는 행동을 객관적으로 제시하면서 그 장면으로서 합당한 분량의 언술이 함께 하고 있는 부분이 많이 보인다. 따라서 김동리 소설에 있어서는 플롯상 핵심적인 행동의 결정적인 국면에 사용되는 언술까지 대부분 장면적임을 알 수 있다.
　　장면이 이야기 시간과 언술 시간의 길이를 똑같이 유지한 것이라면, 펼침(stretch)은 언술 시간이 이야기 시간보다 더 길다. 언술 시간이 길어지는 것은 주로 이야기 시간이 겹쳐지거나 반복되기 때문이다.

　　마을 한복판에 우물이 있고 앞 뒤에 늙은 회나무 두 그루가 거인 같은 두

팔을 치켜든 채 마주 보고 서 있었다. 몇 아름씩이나 될 지 모르는 굵고 울퉁불퉁한 둥치는 동굴처럼 속이 뚫린 채 항용 천년으로 헤아려지는 까마득한 세월을 새까만 침묵으로 하나 가득 메우고 있었다.
… (중략) …
앞 나무에 둘, 뒷 나무에 하나, 까치 둥지는 셋이 처져 있으나 까치들이 모두 몇 마리나 그 속에 살고 있는지 아무도 똑똑이 몰랐다. 언제부터 둥지를 치기 시작했는지도 역시 안다는 사람은 없었다. 나무와 함께 대체로 어느 까마득한 옛날부터 내려오는 것이러니 믿고 있을 뿐이다.

(pp.235~236, 예문①)

그렇다. 내가 우리 동네 어귀에 들어섰을 때 제일 먼저 내 눈에 비친 것은 저 두 구루의 늙은 회나무였다. 저 늙은 회나무를 바라보자 비로소 나는 내가 고향에 돌아왔다는 실감이 들었던 것이다. 저 볼 모양도 없는 시꺼먼 늙은 두 그루의 회나무, 그것이 왜 그렇게도 그리웠을까, 그것이 어머니와 옥란이와 정순이들에 대한 기억을 곁들이고 있었기 때문이었을까? 아니 그것이 고향이 가진 모든 것을 상징하고 있었기 때문일까. 오오, 늙은 회나무여, 내 마음이여, 우리 어머니와 옥란이와 그리고 정순이도 잘 있느냐—나는 회나무를 바라보며 느닷없는 감회에 잠긴 채 시인 같은 영탄을 맘속으로 외치며 동네 가운데로 들어섰던 것이다.

(pp.242~243, 예문②)

예문①은 봉수가 사는 마을의 배경을 이루는 홰나무에 까치가 둥지를 짓고 사는 모습을 세밀히 펼쳐서 묘사하고 있으며, 예문②는 봉수의 고향, 가족, 애인에 대한 그리움을 서술해 주고 있다. 마치 카메라가 느린 행동(slow motion)으로 봉수의 내부에 흐르는 의식을 천천 펼쳐서 선회하는 것처럼 보인다.

정지(pause)는 묘사가 진행되는 가운데 언술이 계속됨에 따라 이야기 시간이 멈추는 기법이다.[34] 즉 이야기된 행동의 시간은 없고 이야기하는

---

34) Ibid., p.74.

시간만 존재하는 언술이다. 따라서 언술 자체가 어떤 행동에 관한 것이 아니고 보는 사람의 느낌에 대한 묘사이다.

> 나는 어머니에게 무엇을 가지고 돌아왔단 말이냐, 어머니가 낳아서 길러 준 온전한 육신을 그대로 가지고 왔단 말이냐 그녀의 병을 치료할 만한 돈이라도 품에 넣고 왔단 말이냐, 하다못해 옥란이를 잠깐 기쁘게 해 줄만한 무색 고무신이나마 한 켤레 넣고 왔단 말인가. 그녀들은 모르는 것이다. 내가 그녀들을 위해서 돌아오지 않았다는 것을 내가 정순이를 위해서, 아니 정순이와 나의 사랑을 위해서 군대를 속이고 국가를 배신하고 나의 목숨을 소매치기 해서 돌아왔다는 것을 그녀들이 알 리 없는 것이다.
>
> (p.244)

위의 인용문은 언술 자체가 어떤 행동에 관한 것이 아니고 인물의 극한적 심리 상태를 보여주고 있다. 여기에 존재하는 시간은 자연적 시간이 아니라 전적으로 경험적 시간 혹은 의식의 시간이다. 때문에 다분히 서술자의 참여가 높은 언술이기도 하다.

이때 정지의 기법에서는 표현상 또는 의미상으로 같거나 비슷한 계열체를 이룬 반복의 언술이 쓰인다. 즉 예문의 밑줄 그은 부분에서처럼 동사들의 반복과 함께 하나의 행동 또는 모습의 상태가 형상화된다.

4. 결 론

지금까지 채트먼의 서술 이론을 중심으로 『까치소리』를 분석해 보았다. 작품에 드러나는 언술상의 여러 기법은 서술자에 대한 신뢰감의 조성과 작품 전체의 박진성을 조성해 주고 있으며, 무엇보다도 작품 내의 시공과 독자의 시공 사이의 거리, 그리고 그와 함께 한 문화적 의미 체계 사이의 괴리를 해결해 주고 있는 것으로 드러난다.

또한 본 연구에서 대상으로 삼은 『까치소리』의 서술자에게서는 모순적인 태도를 엿볼 수 있다. 즉 전달자를 등장시켜 감춰지기도(covert)하고 드러나기도(overt)하면서, 제한적 입장에 놓이기도 하고 능동적으로 참여적 입장에 놓이기도 한다. 따라서 단지 묘사하거나 요약할 뿐이라는 태도를 언술상 드러내면서도 항상 언술의 전면에 전지적 초월적으로 군림하고 있는 것이다.

 때문에 대화나 객관적 묘사 등도 서술자의 발화 대상으로서 개입적인 언술에 혼합되면서 간접화되며, 객관적인 것이 주관적인 것이 되고, 장면보다 요약의 언술 유형이 더 빈번히 사용되었음을 볼 수 있다.

 그리고 액자 소설 형식을 비롯하여 전달자의 채용, 시차성의 혼란, 다양한 지속성, 시점의 빈번한 교체 등의 기법은 서술자의 주관성을 약화시키고, 서술자를 사건이나 인물로부터 거리를 갖게 하고 있다.

 이렇듯 『까치소리』는 주인공이 귀향하여 살인을 하기까지 약 30일간의 기간을 담은 단편이다. 거기에 비해 서술 양식은 비교적 다양하게 채용되어 있다. 이 다양한 서술 양식을 통한 언술이 지닌 바 특성은 무엇보다도 작품에 내재된 세계관을 보편화하고 소설 자체를 사실적으로 만드는 데 기여했다고 볼 수 있다. 그리고 이러한 언술의 총체적 효과는 서술자의 존재와 서술된 내용을 정당화하고 박진감 있게 하는 데 있다고 하겠다.

 그러나 이러한 문학 연구 방법론이 작품의 의미의 진술에 소홀하다[35]는 비판도 있다. 즉, 기법이나 형식적 통일성에 집착한 나머지 그것을 지나치게 폐쇄적인 기술적 조립품으로만 본다는 것이다.

 물론 언술의 층위에서 분석된 결과는, 다시 의미적인 층위에서 재조명되고 상호 통합될 때 그 가치를 인정할 수 있을 것이다. 즉 『까치소리』에

---

35) Jameson Fredric(1972), *The Prison—House of Language*, Princeton, Univ. Press, pp. 195~205. 참조.

나타난 언술상의 여러 특성은 작품들의 내적 의미 구조를 동반했을 때 그 기능성을 지니게 되는 것이다.

이러한 비판에 대해서는 대략 두 가지의 방향에서 답변이 가능할 것 같다. 하나는 문학의 기본적인 목표에 의한 것으로 이미 언급한 바 있는, 즉 정상적 독서 과정에서 수행하는 무의식적인 조작 또는 작품 자체와 그 탄생을 주재하는 법칙을 '설명'하고 '기술'하기 위한 이론을 세우려는 것이지, 작품의 의미를 규정하고 평가하려는 것이 아니라는 것이다. 또 하나는 러시아 형식주의자들의 이론을 비판적으로 계승 발전시킨 오늘의 서술학 자체에 의해 주어진다. 즉 하나의 내적 체계로서의 작품을, 그것이 속한 문학적 문화적 체계와 복합적 관련성까지를 함께 고려하면서 '열려 있는 것'으로 파악하고 그 의미를 진술하고자 하는 것이다.

작품에 내포된 바를 먼저 충실히 읽어낸다면 것은 문학 연구에 있어 기본적인 것이다. 그리고 한 작품의 구조를 파악하는 것은, 그가 속한 시대의 문학, 나아가 그가 속한 문학사의 체계적 진술을 위한 밑거름이 된다.

발(M. Bal)이 제시하고 있는 바와 같이, 이제 서술학의 보다 구체적인 정의는 줄거리와 이야기 그리고 서술적 텍스트 사이의 관계에 대한 이론을 정립하려는 학문인 것이다.[36] 따라서 줄거리나 이야기 혹은 서술적 텍스트를 개별적으로 연구하는 학문은 아니다.

이런 의미에서 채트먼의 서술학 이론에 의거한 『까치소리』의 소설 분석은 한편으로 의의를 지닐 것이라 믿는다.

---

36) M. Bal, op.cit., p.5.

V. 소설 「바위」의 공간 기호론

1. 들어가는 말

　문학 텍스트는 복잡하게 구조화된 관념의 체계이다. 때문에 우리가 텍스트를 해독하려 할 때, 우선적으로 구조 체계를 탐색해야 한다. 구조의 기본 개념을 간략하자면, 텍스트는 하나의 전체이며, 전체는 그것을 구성하는 부분들의 유기적 결합에 지나지 않는다는 것이다. 나아가 텍스트는 부분들로서가 아니라 부분들의 상호 관계에 의해 연구되어야 한다고 주장한 소위 '관계론적 견해'가 소쉬르의 혁명적인 언어학이기도 하다.[1] 따라서 텍스트의 구조 체계를 연구함에 있어서 단순히 한 작품이 어떠한 형태의 체계를 구축하고 있는가를 살피는 데 그쳐서는 안 되고, 그러한 구조 체계와 한 작품이 어떠한 관계의 틀 속에 있으며, 어떠한 의미를 생성하고 있는가를 살펴야 할 것이다. 이것은 텍스트 내부 각 층위 체계의 의미 작용에 따른 의미 구조를 연구하는 기호론적 연구와도 접맥된다.

---

[1] 소쉬르의 『일반언어학강의』(1916)의 핵심이론으로, 이 책은 1906~1911년까지 소쉬르가 제네바대학에서 강의한 내용을 그의 사후, 제자들에 의해 출판한 것이다.

문학의 영역에서 가장 구체적인 조직 단위는 텍스트 단위이다. 그 단위는 구조적 체계에 의해서 판독된다. 이때 텍스트는 문학의 2차적 모형 체계를 표면적으로 나타내고 있다. 문학을 기호체계로 보려고 할 때, 가장 분명하게 구분해야 할 것이 1차적 모형 체계와 2차적 모형 체계의 언어이다. 그런데 1차 언어가 2차 언어로 코드를 전환하게 되면 다차원적 모형을 형성하게 된다. 이 다차원적 모형은 불변체들 사이를 구체화하여 변별적 특징을 나타내 준다. 그리고 그것에 의해 대립 또는 상호 관련의 질서를 구성한다. 때문에 1차 언어 체계가 2차 언어 체계로 변환될 때, 문학의 공간성이 야기되는 것이다. 즉 문학 텍스트의 2차 모형 형성 체계의 그 모델은 공간을 통해서 나타내며, 공간적 관계의 언어는 텍스트 의미 생성에 주요한 수단의 하나가 되는 것이다.

금세기 문학 연구 방법론의 주요 조류인 형식주의, 구조주의, 기호학 등은 상호 공통된 이론의 영역을 지니고 있다. 그들 이론이 지향하고 있는 근원적 방법론의 시발은 텍스트를 완결된 언어의 총체 혹은 기호의 총체적 배열로 보고자 함이다. 그리하여 그 기호들이 보여 주고 있는 구조적 체계 질서를 가장 작은 의미 단위로 파악하여, 구체적으로 그들이 어떠한 양상으로 구조의 관계망 속에 놓여 있는가를 탐색하는 것이다. 한편의 소설 역시 소설 내의 모든 언어는 최소한의 의미 단위로 분절되면서 종합 과정을 거쳐 의미망을 구축하고 있다.

본 연구는 소설 기호의 의미론적 접근이다. 기호의 논리적 체계를 통해 문학 작품의 그 기호체계가 지닌 다의적인 의미 작용을 밝히고자 한다. 이에 소설 「바위」를 최소의 의미 단위로 분절하여 그것들이 어떤 체계를 구축하고 있는가를 살펴보기로 한다. 그리하여 의미 작용을 통한 의미 생성을 탐색하여 텍스트의 총체적 의미를 해독하고자 한다.

끝으로 본 연구를 위한 김동리 단편소설 「바위」의 자료는 『한국단편문학대계』(권 4), 삼성출판사 간을 선정하고 있음을 밝히는 바이다.

2. 수평축의 대립적 공간기호

인간은 옛날부터 공간에서 행위하고, 공간을 지각하여 공간 속에 존재하고, 공간에 대하여 사고해 왔으며, 나아가 이 세계 구조를 현실의 우주상으로 표현하기 위하여 공간을 창조해 왔다.[2] 일찍이 하이데거(M. Heidegger)도 인간과 공간은 분리할 수 없다고 역설한 바 있다.[3] 이와 같이 인간의 실존은 공간적이다. 때문에 인간의 삶을 바로 이해하려면 공간적 여러 관계를 이해하고, 그것을 하나의 공간 개념으로 통일시켜야 한다.

볼로우와 바슐라르 등 이론가들에 의한 공간 연구는 모두 현상학적으로 체험된 공간을 바탕으로 삼고 있으며, 수평축과 수직축을 중요한 공간 단위로 설정하고 있다.[4] 그 가운데 수평공간은 세속적 체험의 차원에서 사물(대상)과의 만남, 즉 우리들의 상식적인 매일매일의 사고를 이루는 현실적 공간이며, 수직공간은 정신적 체험의 차원에서 사물(대상)과의 만남, 즉 인간 의식의 사고를 이루는 이상적 공간이다. 따라서 수평공간은 '동/서' '남/북' '좌/우' '전/후' '정/측' '안/밖' '복판/끝' '속/거죽' '앞/뒤' '머리/꼬리' 등의 대립 체계를 이루고 있으며, 수직공간은 '하늘/땅' '위/아래' '꼭대기/바닥' 등의 대립 체계를 구축하고 있다.[5] 이러한 수평축과 수직축의 변별 의미에 대해서 바슐라르는 '반향/울림'으로,[6] 김열규는 '양/질'로 각각 제시하기도 한다.[7]

---

2) C.N. 슐츠, 김광현 역(1985), 『실존 · 공간 · 건축』, 산업도서출판공사, 21쪽.
3) M. Heidegger(1954), *Bauen Wohnen Denken* Voräge und Aufsätze, II, Pfulingen, 31쪽.
4) O. F. Bellnow(1963), *Mens und Raum*(Stuttgart: Kohlhammer), 43~45쪽, 바슐라르, 곽광수 역(1990), 『공간의 시학』, 민음사.
5) 김열규(1983), 『한국문학사』, 탐구당, 23~24쪽.
6) 바슐라르, 앞 책, 40~41쪽.
7) 김열규(1983), 앞 책, 20쪽.

인간은 수평과 수직공간에 칸막이를 치고 금을 긋는다. 이것이 곧 자기 존재의 확보이며 인식이다. 본 장에서는 소설 「바위」를 최소의 의미 단위로 분절하여 그것들이 구축하고 있는 수평축 공간기호의 의미 작용 및 의미 생성 작용을 탐색하고, 나아가 텍스트의 총체적 의미 코드를 정확하게 해독하고자 한다.

「바위」를 의미 단위로 분절함에 있어서는 롤랑 바르트가 제시한 이야기의 구조적 분석 틀인 층위 분석법을 차용하기로 한다.[8] 이러한 핵단위의 층위 개념은 '하나의 이야기를 구성하고 있는 여러 매듭들'이다.[9] 이 매듭들이 작품을 일관하는 축으로 연결될 때, 작품에 내함된 의미를 읽을 수 있을 것이다. 즉 독자는 한 작품을 읽어 내려갈 때, 단순히 주어진 줄거리만을 따라 읽어나가지 않고, 줄거리에 감추어진 여러 층을 찬찬히 탐색하여 작품의 구조와 숨겨진 암호에 접근해야 하기 때문이다.

1) 가족 공간의 집허물기와 집짓기

(1) 아들과 어머니

◎ 아들(집허물기)
① 그 흉악한 병마의 손이 그의 어미에게 뻗히지 않았던들 그래도 처자나 거느리고 얌전한 사람의 일생을 보냈을 것이라 한다.
② 술이는 그의 저축에서 어미의 약값으로 쓰다 남은 이십여 원을 하룻밤에 술과 도박으로 없애 버리고 그날부터 곧 환장한 사람이 되어 버렸다.
③ 두 눈에 핏대를 세워 거리에 돌아다니며 마을 사람들을 공연히 욕하고, 싸우고, 그의 어미의 토막에다 곧잘 불을 놓으려 들고 하다가
④ 금년 이른봄 나뭇가지에 움이 틀 무렵, 표연히 어디로 떠나 버린 것이라

---

8) R. 바르트, 김치수 역(1978), "이야기의 구조분석 입문"(《문학사상》 9), 294쪽 참조.
9) 김치수(1983), 『롤랑바르트의 기호학적 구조분석』, 홍성사, 284쪽.

한다.

◎ 어머니(집짓기)
① 여인은 그의 힘으로 갈 수 있는 여러 마을을 헤매었다.
② 그것은, 저잣거리보다 구걸이 쉬움이 아니라, 행여 그리운 아들을 볼까 함이라 하였다.
③ 노숙과 구걸로 여름 한 철이 헛되이 갔다.
④ 설마 가을 안에야 아들을 만나겠지 한 것이 사뭇 헛턱이었다.
⑤ 술이 어머니도 어쩐지 이 바위가 좋았다. 자기도 저 바위를 갈기만 하면 그리운 아들의 얼굴을 만나 볼 수 있으리라 여겼다. 그녀는 몇 번인가 마을 사람들의 눈을 피해 가며 술이의 이름을 부르며 복바위를 갈았던 것이다.
⑥ 그녀가 '복바위'를 갈기 시작한 지 한 보름 지난 뒤 우연인지 혹은 '복바위'의 영검이었는지. 그녀가 주야로 그렇게 그리워하던 아들을 만나 보게 되었던 것이다.
⑦ 그녀는 날마다 장터에 기웃거리며 돌아다니고 있었다.
⑧ 그날도 그녀는 역시 자기 아들을 만나게 해달라고 바위를 갈고 있다가 마을사람의 눈에 띄게 되었다.
⑨ 어느덧 새끼줄이 몸에 걸리는가 하더니 그녀의 몸은 곧 바위 위에서 떨어졌다. 그리하여 다리 밑까지 새끼줄에 걸린 채 개같이 끌려갔을 때는 온몸이 터져 피투성이가 되고 의식조차 잃고 있었던 것이다.

집은 근본적으로 인간을 위협하는 모든 사물, 자연 현상물로부터 보호받을 수 있는 어머니의 품속과 같은 피난처의 공간이다. 나아가 세계 안의 우리들의 최초의 세계이며 하나의 우주다. 그런데 가족과 함께 동거하는 집은 식구들과 더불어 한 몸뚱이가 되어 그대로 '존재의 응집'[10]이라는 상징적 의미를 생성시킨다. 즉 단독자로 거주하는 것보다 가족이 모여 사는 집은 바깥 공간의 위협으로부터 한결 더 강해지는 것이다. 그것은 단순한 은신처 이상인 보루이며 성곽이다.

---

10) 바슐라르, 곽광수 역(1990), 앞 책, 166쪽.

위의 의미 단락 '아들의 집허물기' ③④에서 볼 수 있듯이 아들 술이는 '어미의 토막에 불을 놓으려 들고' '표연히 (집을) 떠남'으로써 존재의 응집 공간인 가정의 성곽을 파괴하고 거부하는 자로 나타난다. 여기에 반하여 '어머니의 집짓기'에서 술이 어머니는 마을을 헤매 다니며(①), 노숙과 구걸로(③) 그리고 힘들게 바위를 갈며(⑤), 온몸이 피투성이가 되어도 (⑨) 오직 집을 떠나간 아들 술이를 찾고자 하는 소원으로 일관하고 있다.

술이는 가족 구성원의 공간에서 아들의 몫을 담당하고 있다. 아들이 가족 구성원 가운데 중심적 위치를 차지하고 있음은 우리의 오랜 가계 전통이기도 하다. 아버지가 집의 주춧돌이라면 아들은 기둥과 같다. 이러한 위치에 있는 술이는 어머니에게 있어 존재의 이유이며, 실존의 끈이라 할 수 있다. 그런 술이가 어머니의 병마로 인하여 본래의 모습을 잃고 정반대의 모습으로 변모한다. 본래는 착실하고 강인한 인내와 신념에 찬 인물이었는데, 난폭하고 무질서하고 나약한 인물로 전락한 것이다. 술이의 이러한 변모는 튼튼한 집의 기둥이 흔들리는 것과 같은 것으로써 가족 공간의 질서를 허물어뜨림을 의미한다고 할 수 있다.

일반적인 우리네 가정을 볼 것 같으면, 가족 구성원 중 누구라도 일상적 궤도에서 일탈될 때, 그 가족 전체의 분위기가 흐려지고 질서의 혼란이 야기된다. 소설 「바위」에서는 일차적으로 어머니가 몹쓸 병에 걸려 일상적 궤도에서 일탈됨으로써 남편과 아들에게 그 영향을 미친 것이다. 그 영향으로 술이는 ②에서처럼 어머니의 약값으로 쓰다 남은 돈을 '하룻밤에 술과 도박으로 없애 버린다.' 이것은 인간의 평범한 일상성, 즉 아침에 집을 떠나 저녁에 돌아오는 가족 공간의 질서를 벗어나 바깥 공간에서 밤을 보냈음을 나타내 준다. 또한 ③의 '거리에 돌아다니며'의 진술에서도 술이가 가족 공간을 떠나 바깥 공간을 배회하고 있음을 타나내 주고 있는 것이다. 술이의 이런 행동들은 모두가 가족 공간에 대한 거부의 몸짓으로 해석할 수 있다. 특히 ③에서 '어미의 토막에다 곧잘 불을 놓으려 든다'는 것은 가족 공간의 파괴 의식을 내포한 것으로, 집 허물기와 다름 아니다. 여기에서 '어머니(주동인물)/아들(반동인물)'의 긴장 관계가 성립된다.

한편 어머니는 집 떠난 술이를 찾아 헤맨다. 참으로 어머니와 아들의 숨박꼭질 유형이다. 물론 어머니가 술래다. 어머니는 병든 몸을 이끌고 노숙과 구걸로 힘닿는 데까지 아들을 찾아 헤매고, 소위 '원바위'에 필사적으로 매달려 아들 찾기를 소원하다. 어머니의 이러한 몸짓은 자신을 둘러싼 모든 적대적 외계로부터의 구원처이며 보호처인 집공간을 확보하고자 함이다. 다시 말하여 아들과 어머니의 관계는 수평축 공간기호의 '집 허물기/집짓기'의 역학 관계에 놓여 있다고 할 수 있다.

(2) 남편과 아내

　◎ 남편(집허물기)
　① 아들을 잃은 영감은 날로 더 거칠어져 갔다.
　② 밤마다 술이 취해 와서는 아내를 때렸다.
　③ 때로는 여러 날씩 아내의 밥을 얻어다 줄 것도 잊어버리고 노상 죽어 버리라고만 졸랐다.
　④ "그만 자빠지라문."
　⑤ "나도 근력이 이만한 때라사 꽝꽝 묻어나 주지."
　⑥ 영감은 술이 취해서 아내의 토막을 찾아왔다.
　⑦ 그의 품속에는 비상 섞인 찰떡 한 뭉치가 신문지에 싸여 들어 있었다.
　⑧ 토막 안에 들어가서도 영감은 술기운에 알쑥해진 눈으로 한참 동안 덤덤이 그의 아내를 바라보고 있다가 문득 또 한번 품속을 더듬었다.
　⑨ 영감은 난처한 듯이 외면을 하였다. 그는 침을 뱉으며 자리에서 일어났다.
　⑩ "이 원수야, 그만 자빠지라믄." 그는 무안스러운 듯이 또 한번 침을 뱉었다.

　◎ 아내(집짓기)
　① 그러나 비상 빛깔을 짐작할 줄 아는 그녀는 떡 속에 섞인 그 거무푸레하고 불그스레한 것을 발견한 다음 순간, 무서운 얼굴로 영감의 낯을 노려보고 있었다.

② 아내는 남편이 나와 버린 뒤에도 혼자서 얼마나 더 울고 나서 마침내 그 떡을 먹기는 먹었으되 쉽사리 죽지도 못하고, 할 수 없이 어디로 떠나버렸다는 것이다.
③ 그리고 토막 속에는 벌건 떡을 수두룩히 토해내 놓았더라는 것이었다.

그들 부부는 남의 집 행랑살이를 하고 있었다. 그러던 중 아내가 몹쓸 병에 걸렸다. 처음에는 남편이 아내에게 매우 동정적이었다. 남편은 아내를 데리고 행랑살이에서 나와 마을 뒤에 조그만 토막을 짓고 살았다. 그리고 남편은 날품, 막일 등을 닥치는 대로 해서 음식을 얻어 아내를 보호했다. 그런 남편은 '남편의 집허물기'에서, 아들 술이가 집을 떠난 뒤로 전혀 다른 사람이 되어(①), 아내를 때리기 시작했고(②), 음식도 얻어다 주지 않으며(③), 죽어 버리라고 포악하였고(②, ④, ⑤), 실체로 비상이 섞인 떡을 가지고 와서 죽어 주기를 강요하기에 이른다(⑦, ⑧, ⑨, ⑩). 한편 '아내의 집짓기'에서, 아내는 남편의 이렇듯 돌변한 행동에 한없이 서러워하면서, ②, ③에서와 같이 그 떡을 먹었으나 곧 토해 버리고 그 토막에서 나와 떠돌이 여인이 된다.

술이의 떠남은 '존재의 응집'이라는 공동체적 가족 공간을 해체시키는 데 큰 영향을 미치고 있다. 아들이 집의 기둥에 해당된다면, 아버지는 집의 주춧돌과 같은 존재로서 가족 구성원의 뿌리이다. 말하자면 기둥의 흔들림은 주춧돌에게까지 전이되어 집의 뿌리가 흔들리게 될 것이다. '아내의 병들음'과 '아들의 떠남'이라는 극한 상황 속에서 남편은 아내에게 살의를 품게 된다. 살인의 음모가 바로 ⑦, ⑧에서 나타나는 바, 비상 섞인 떡을 먹이는 것으로 구체화된다. 이 살인 계획은 아내를 집의 공간으로부터는 물론이고, 지구 공간의 밖으로까지 축출하고자 함이다. 바꾸어 말하면 아내는 이 지구상에 존재할 가치가 없는, 지구상에 존재하는 그 어떤 하찮은 벌레보다도 더 값없는 존재인 것이다. 그리하여 남편은 아내에게

'침을 뱉으며'(⑨, ⑩), 심한 욕을 한다. '침'은 인간의 입 속에 있는 타액선에서 분비되는 액체로서 '침을 뱉는 행위'는 어떤 지저분하고 더러움에 대한 역겨움과 경멸의 몸짓이다. 인간 최대의 목욕적인 행동이라 할 수 있다.

일상적 사고 방식에 의한 부부의 노동 분담을 살펴볼 것 같으면, 남편은 집의 바깥 공간을 맡아서 활동하고, 아내는 집의 안 공간을 맡아 가사를 돌본다. 예로부터 아내는 '안해'로서 곧 집안의 햇님이라 하였다. 따라서 아내의 정신과 육체가 건강해야, 집안이 밝고 안정되고 평화로움이 깃들인다는 것은 가장 기본적인 상식이다. 그런데 「바위」에서의 아내는 몹쓸 병에 걸렸다. 그것도 천형으로 간주되는 문둥병이다. 그러니 이들 가족 구성원의 거주처에는 밝은 해가 뜰 리 없다. 해가 가리운 어둡고 음습하고 병균이 서식하고 있는 공간인 '토막'이 바로 이들 부부의 거주처이다. 또한 융(Jung)은 가족 구성원 가운데 남편은 이성, 아내는 감성에 각각 해당한다고 말한다.[11] 이러한 논의에 의하면 아내의 병들음은 술이네 집공간에 감정의 결핍을 초래하고 있다 할 것이다.

이와 같이 해가 가리운 어둡고 음습하고 불안한 공간 그리고 감정의 결핍 공간에서 남편은 질식하지 않을 수 없고, 감정이 메마르지 않을 수 없다. 따라서 남편은 최후 발악의 몸부림을 친 것이다. 그 몸부림은 아내의 지위를 박탈함은 물론 아내를 살해할 음모로까지 극대화된다. 아내의 존재를 이 현실 공간으로부터 영원히 추방하고자 한 것이다.

아내는 남편의 살인 의도에 순응하지 않고 대결한다. 즉 남편이 그녀에게 비상 섞인 떡을 주었을 때, '무서운 얼굴로 노려보고'(①), '그 떡을 먹기는 먹었으되 쉽사리 죽지도 못하고'(②), '토막 속에는 벌건 떡을 수두룩히 토해 내놓았다'(③)는 것은, 아내가 남편의 의사를 거부하고 맞서

---

11) 칼 융, 이부영 역(1986), 『분석철학』, 일조각 참조.

는 긴장 관계를 성립시켜 준다. 다시 말하여 '아내(주동인물)/남편(반동인물)'의 수평축 공간기호의 대립 체계가 구축된다고 할 수 있다. 소설「바위」에서 아내는 집을 지키려고 안간힘을 다해 버티었지만, 남편의 살인 의도에 할 수 없이 토막을 버리고 아들 술이를 찾아 떠난다. 아들 '술이 찾기'는 아내의 공간 상실에 대한 공간 회복의 몸부림으로써 아들과 남편에 의해 허물어진 집을 다시 짓고자 함과 다름 아니다.

2) 일상 공간의 밀어내기와 버티기

(1) 너(타인)와 나(술이 어머니)

◎ 너(밀어내기)
① 몇 달 전까지만 해도 그는 아내와 함께 남의 집 행랑살이에서 쫓겨나와 마을 뒤에 조그만 토막을 지어 아내를 있게 하고, …(생략)…
② 사흘째는 밭 임자가 왔다.
③ 그(밭 임자)는 무어라고 한참 동안 욕질을 하고 나더니, "오늘이라도 곧 뜯어내지 않으면 불을 놔 버릴게다." 큰소리로 이렇게 외치고 돌아갔다.
④ 어느덧 새끼줄이 몸에 걸리는가 하더니 그녀의 몸은 곧 바위 위에서 떨어졌다. 그리하여 다리 밑까지 새끼줄에 걸린 채 개같이 끌려갔을 때는 온 몸이 터져 피투성이가 되고 의식조차 잃었던 것이다.
⑤ 바로 그때였다. 그녀의 눈에 비친 것은 언제나 그 자리에서 바라보던 그 조그만 토막이 아니라 훨훨 타오르는 불길이었다.
⑥ 이튿날 마을 사람들이 이 바위 곁에 모이었다. 그들은 모두 침을 뱉으며 말했다.
⑦ "더러운 게 하필 예서 죽었노."

◎ 나(버티기)
① 어느날 그녀는 하다못해 자기 손으로, 기차 다리 가까이 있는 밭 언덕 안에 조그만 토막 하나를 지었다.
② 그러나 또다시 지을 힘도 없을뿐더러, 그 근처에는 달리 적당한 자리도 없

었으므로, 그녀는 비록 불에 살리는 한이 있더라도 그것을 뜯어낼 수는 없었다.
③ 그녀는 몇 번인가 마을 사람들의 눈을 피해 가면서 술이의 이름을 부르며 복바위를 갈았던 것이다.
④ 그녀는 사람들이 다 잠이 든 밤이면 그 아프고 무거운 몸을 이끌고 언제나 남몰래 바위를 찾아와 어루만지는 것이었다.
⑤ 그래 그 이튿날부터는 사람들이 보이지 않는 틈을 타서 될 수 있는 대로 낮에 갈기로 하였다.
⑥ 순간 그녀는 화석이 되는 듯 했다. 감은 눈에도 찬연한 불길은 역시 훨훨 타오르고 있었다. 감아도 불, 떠도 불, 불, 불… 그녀는 나무토막처럼 바위 위에 쓰러졌다.
⑦ 이미 감각도 없는 두 손으로 바위를 더듬었다. 그리하여 바위를 안은 그녀는 만족한 듯이 자기의 송장같이 검은 얼굴을 비비었다.
⑧ "문둥이가 복바위를 안고 죽었네."

일찍이 아리스토텔레스는 인간을 '사회적 존재'로 이해했다. 인간은 이 세상에 태어날 때 이미 가족 구성원 및 사회의 구성원으로서 던져진다. 그리하여 가족 관계의 관습과 사회 규범의 제약을 받고 살아간다. 관습과 규범은 단순한 '구속'이 아니라 '질서'로서의 성격을 지닌다. 질서는 인간을 가족 또는 사회 공간에 구속하는 한편 보호해 주는 것이다. 그런데 인간의 사회적 존재에 영향을 미치는 기본 조건들은 지리학적 조건, 생물학적 조건 그리고 인간 존재의 갈등적 성격이다.[12]

소설 「바위」에서는 바로 인간 존재의 갈등적 성격이 사건의 긴장 관계를 유발시키고 있다. 인간 생활의 가장 바탕이 되는 사회 공간에서 '너/나' 또는 '나/너'의 상호 작용에 의한 대립적 수평축 공간기호의 긴장 구조가 전개되고 있는 것이다. '나(술이 어머니)'는 '너(타인)'에 해당하는 각각 집 주인, 밭 주인, 복바위, 마을 사람들과 대립 체계를 구축한다.

---

12) 심윤송(1985), 『현대사회와 인간』, 지학사, 30쪽 참조.

소설에서 먼저 '집주인/술이 어머니'의 대립 관계가 전개된다. 술이네는 남의 집 행랑채에 세 들어 살고 있었다. 그런데 집주인은 술이 어머니가 문둥병에 걸린 것을 알자 쫓아낸다. 그리하여 술이 어머니는 일상적 공간으로부터 일탈되어 마을 뒤 토막 공간에 격리 수용된다. 마르크스에 의하면 소외란 무엇보다도 먼저 인간의 완전한 상태, 인간의 보편적 성격의 상실을 뜻하고 있다. 술이 어머니의 일상적 공간의 일탈은 이러한 소외의 의미와 궤를 같이하는 것으로서 공동체적이고 보편적인 공간을 상실함을 의미한다.

다음 '밭 주인/술이 어머니'와의 대립 관계는 문둥이인 술이 어머니가 임의대로 남의 집 밭에 토막을 지음으로써 비롯된다(②). 이것을 발견한 밭 주인은 당장 찾아와 토막을 뜯어내라고 위협한다(③). 그리고 술이 어머니가 이에 불응하자 결국 손수 그 토막에 불을 놓는다. 그리하여 자기 개인 소유의 공간으로부터 술이 어머니를 밀어낸다. 남의 밭 한켠에 스스로 지은 이 토막은, 실상 술이 어머니에게 있어 지상 공간에 발 붙일 마지막 보루 공간이다. 그 토막이 밭 주인에 의해 불타 없어짐으로써 그녀는 설 자리 한치 없는 극한 상황에 도달하게 된다. 이것은 술이 어머니로 하여금 더 이상 지구상에 존재할 이유를 상실하게 한 것과 같으며, 술이 어머니는 복바위를 안고 지상의 일상 공간으로부터 영원히 추방당하고 만다(⑧).

마지막으로 '복바위 마을 사람들/술이 어머니'와의 대립 관계가 주목된다. 복바위 마을 사람들은 바위를 자신들, 건강한 인구 집단의 전용물로 간주한다. 여기서 어느 날 마음 사람들은 문둥이인 술이 어머니가 복바위를 갈고 있는 것을 목격하게 된다. 그리고 '너(마을 사람들, 건강인)/나(술이 어머니, 문둥이)'라는 갈등 관계가 구축된다. 이 갈등 관계는 바위라는 물질적 이해 관계 때문에 일어난 것이라기보다는 건강한 인구 집단들이 무서운 전염병의 하나인 문둥병이 옮을까 보아서 생명의 위협을 느끼고 발생한 것이다. 때문에 이들 사이의 관계는 마치 전쟁과도 같은 인간 폭력이 행사된다. 마을 사람들은 술이 어머니를 새끼줄로 몸을 감아 '개같이' 끌어내린다(④). 정상인 집단에서는 문둥이는 이미 인간이 아니라 동물이다. 마을 사람들 눈에는 술이 어머니가 더 이상 자기네들과 똑같은 인간이 아니다. 그래서 온 몸이 터져 피투성이가 되고 의식을 잃을 정도로 폭력을 행사한다. 그러고도 한 점 양심의 가책도 없다. 새끼줄을 사이로 한 '너(마을 사람들)/새끼줄/나(술이 어머니)' 공간기호의 삼원구조 관계는 간접적이며 격리된 거리감을 둔 적대 관계이다. 새끼줄은 '너/나'의 바리케이트인 것이다. 그녀의 마지막 보루 공간이었던 토막이 불타고 복바위 마을 사람들의 잔인한 폭력 행사에 의해 술이 어머니는 마침내 바위를 안고 힘없이 죽는다. 그리고 술이 어머니가 복바위를 안고 죽어 있음을 발견한 마을 사람들은, 그녀에게 조그만 연민의 감정을 보내기는커녕 침을 뱉으면서 다만 문둥이에 의해 더럽혀진 바위만을 아까워한다(⑥, ⑦).

   라틴말 격언에 '사람은 사람에게 늑대와 같은 존재다'라는 말이 있다. 모든 생물 가운데 유별나게 인간들은 스스로의 종(種)에 속하는 성원들, 다시 말해서 자기 종자에 대해서 잔인한 폭력을 가한다. 미개 사회의 끔찍한 성인 의식과 형벌을 비롯하여, 나치 강제 수용소에서의 고문과 잔혹한 행동 그리고 오늘날 우리 주변에서 보는 갖가지 참사들에 이르는 모든 잔학한 짓의 이면에는 하나같이 개인이나 집단 이기주의가 도사리고 있다. 소설 「바위」에서의 집 주인, 밭 주인, 마을 사람들도 이와 다름 아니다. 모두 다 술이 어머니의 존재를 지상 공간으로부터 추방한 공모자들이다.

   그러나 한편 술이 어머니는 너(집 주인, 밭 주인, 복바위 마을 사람들)의 밀어내기 운동에 맞서 버티기 운동을 전개한다. 인간은 자연의 거대한 법칙 아래 미약하고 미완된 존재로서 이 세상에 태어난다. 때문에 혼자의 힘으로 살아가기 힘들다는 것을 자각하고 본능적으로 무리를 이루어 '사회 공간' 속에 살아가고자 한다. 그리고 인간은 자기 보존과 발전, 확대를 위해서 필요한 공격성을 소유한다. 이때 공격성은 인간의 물리적 존재에 대한 위협뿐만 아니라 또한 그의 사회적 지위에 대한 위협을 물리치는 기능을 하기도 한다. 술이 어머니의 안간힘을 다한 버티기 운동은 이런 공격성에서 발생한 것이라 할 수 있다.

즉 집주인이 자신 소유의 집 행랑채에서 쫓아냈을 때, 술이 어머니는 그에 맞서 마을 뒤에 토막을 짓고 삶으로써 저항했고, 밭 주인이 자신 소유의 밭에 지은 토막을 뜯어내라고 위협했을 때도, 토막을 뜯어내지 않음으로써 대항했다. 그리고 복바위 마을 사람들이 자신들의 공동 소유물인 복바위로부터 술이 어머니를 강제로 끌어내렸지만, 결국 바위를 안고 죽음으로써 그녀는 버티었던 것이다. 또한 사람들의 눈을 피해 밤에만 몰래 바위를 갈아왔던 술이 어머니가, 자신도 다른 사람들과 똑같이 낮에 바위를 간 행동은, 너(타인)에 대한 나(술이 어머니)의 공격성이라 해독할 수 있다. 이와 같이 '너(집 주인, 밭 주인, 복바위 마을 사람들)/나(술이 어머니)'의 수평축 공간기호 대립 구조는 '밀어내기/버티기'의 대립 공간 구조 체계로 판독된다. 따라서 이를 도표화하면 다음과 같다.

대립 운동 대립 관계	밀어내기	버티기
집 주인/술이어머니	행랑채에서 쫓아냄	마을 뒤 토막을 지음
밭 주인/술이어머니	토막을 뜯어 내라고 위협	토막을 뜯어 내지 않음
복바위 마을 사람들/술이어머니	바위에서 끌어내림	바위를 안고 죽음

3. 수직축의 역동적 공간기호

1) 상실에서 회복으로의 이동

소설 「바위」에서는 술이 어머니의 생활 공간이 몇 번 이동 변이되면서 각각 수평과 수직공간의 구조체를 구축하고 있다. 그 구조체의 의미 작용을 탐색하여 해독해 보기로 한다. 술이 어머니는 작품 속에서 네 번 공간을 이동하고 있다. 다음은 그 예문이다.

> ① 몇 달 전까지만 해도 그는 아내와 함께 남의 집 행랑살이에서 쫓겨나와 마을 뒤에 토막을 지어 아내를 있게 하고……
> ② 읍내에서 가까운 기차다리 밑에는 한 떼의 병신과 거지와 문둥이들이 모여 있다.
> ③ 어느덧 새끼줄이 몸에 걸리는가 하더니 그녀의 몸은 곧 바위 위에서 떨어졌다. 그리하여 다리 밑까지 새끼줄에 걸린 채 개같이 끌려갔을 때는 온몸이 터져 피투성이가 되고 의식조차 잃고 있었던 것이다.
> ④ 주먹만한 돌멩이를 쥐고 온종일 바위 위에 올라앉아 바위 등을 갈다가는 손의 돌이 바위에 붙으면 소원이 성취되는 것이라 하였다.…… 그녀는 몇 번인가 마을 사람들의 눈을 피해 가며 술이의 이름을 부르며 복바위를 갈았던 것이다.

예문 ①에서 보여 주는 바와 같이 '마을'을 경계로 하여 수평공간 기호의 삼원구조체가 구축되고 있다. 즉 '마을 앞/마을/마을 뒤'가 그것이다. 그리고 '앞/ 뒤' 공간의 언표는 각각 '앞=정상인=공동 생활', '뒤=비정상인(문둥이)=격리 생활'이라는 의미 작용을 생성시킨다. 예문 ②에서는 '땅'을 경계로 하여 수직공간 기호의 삼원구조체가 형성된다. 즉 '땅 위/땅/땅 밑'이 그것이다. 그리고 예문 ①의 수평공간에서와 마찬가지로 언표가 시사하는 바 수직공간 '위=정상인=공동 생활', '밑=비정상인(거지, 병신, 문둥이)=격리생활'이라는 의미 작용을 읽을 수 있다. 따라서 수평 '앞'과 수직 '위'의 공간은 건강한 사람들의 공동체 생활의 장이고 수평 '뒤'와 수직 '밑'의 공간은 비정상적인 인간들이 격리되어 살아가고 있는 고립 소외된 생활의 장으로 판독된다.

순이 어머니가 건강했을 때는 수평 '앞'과 수직 '위'의 공간에서 '나'와 '너'의 관계 속에 공동 생활을 영위했으나, 문둥병이 발병하고 나서는 예문 ③에서 보여 주는 바와 같이 정상인들에 의해 강제로 '뒤'와 '밑'의 공간으로 추락된다. '나와 너'의 관계에 있어서, 순이 어머니가 '너(타인)'에 의해 어쩔 수 없이 밀려난 '뒤'와 '밑'의 공간은 격리되고 소외된 음습한 공간이다. 그 곳은 마치 빛이 차단된 공간과도 같다. 장 피에르 리샤르는 밤이 우리에게 주는 공포는 근본적으로 빛의 부재에서 오는 것이라고 말한다. 빛의 부재는 존재의 모든 잠재적 성질을 없애는 밤의 부정적인 면과 연결된다는 것이다.[13] 순이 어머니가 격리 수용된 마을 뒤 토막과 다리 밑의 공간은 빛의 부재 공간이다. 또한 순이 어머니가 마을 사람들의 눈을 피해 몰래 복바위를 가는 시간도 '밤'의 형태로 나타난다. 빛이 없는 공간에서는 '나'와 '외계'와의 '반사거울'이 깨지게 되어 상호 반사가 이루어지지 않기 때문에 아무 것도 볼 수 없고 무엇도 주고받을 수 없다.

그러나 순이 어머니는 어둠 속에 그대로 좌절 칩거하지 않는다. 그녀는 빛을 찾고 불을 만들고자 안간힘을 다한다. 이것은 '앞과 위'의 공간 잃음에 대한 공간 되찾기 운동과 다름 아니다. 즉 순이 어머니는 아들을 찾기 위하여 뒤와 밑의 공간으로부터 외출을 시도하고 있는 것이다. 이러한 외출 행위는 빛 가운데로 나아감이요, 바위를 가는 행위는 불을 만들기 위한 노력이라 할 수 있다. 다시 말하면 순이 어머니의 '외출'과 '바위

---

13) J. P. Richard(1964), *Onze Études sur la Poésie moderne*, Paris, Seoul, 161.

갈기' 등은 그녀의 공간 잃음에 대한 공간 되찾기 운동의 실현 의지로 해석할 수 있다. 그녀의 이러한 의지는 결국 '바위 위 공간'에까지 이른다. '바위'는 기차 다리에서 장터로 들어가는 마을 어귀에 자리잡고 있다. 수직공간 기호의 삼원구조 '땅 밑/땅/땅 위'의 구조체에서 '땅 위'에 위치하고 있는 것이다. 그런데 사람들이 바위를 갈기 위해서는 바위 위에 올라앉아야 한다. 따라서 바위 위에 올라앉음은 땅 위 공간으로부터의 수직 상승함이다. 다시 말하여 예문 ④에서처럼 술이 어머니의 바위 위에 올라앉음은 '마을 뒤' '다리 밑' 공간으로부터의 수직 상승을 의미한다고 할 수 있다. 그리고 바위를 가는 행위는 빛을 획득하고 불을 완성하고자 하는, 그래서 '너와 나'의 깨진 '반사거울'을 복구하기 위한 몸짓과 다름 아니다.

이상 언급한 바와 같이 소설「바위」에 나타난 수평공간 '마을 앞'과 수직공간 '땅 위'는 건강하고 현실적인 인간들의 삶터이다. 그 곳은 '장터'가 있어 물질과 화폐가 교환되며 현실적인 인간들의 삶터이다. 그러나 수평공간 '마을 뒤'와 수직공간 '땅 밑'은 병신, 거지, 문둥이 등 비정상적이며 빈곤한 사람들의 음습한 감옥소와 같은 곳이다. 그들은 지상 공간에서 뿌리뽑히고 너와 나의 관계를 차단 당한 사람들이다. 그들은 불안, 공포, 헐벗음, 굶주림과 함께 고립, 격리, 소외된 생활을 보내고 있다. 이 무리들은 더 이상 인간이 아니라 땅 속에 사는 두더지이다. 징그러운 벌레와 같아서 건강인이나 부자들이 '침을 뱉어도 좋을'[14] 무리들이다.

그러나 술이 어머니의 이러한 수평공간 '앞'과 수직공간 '위'를 획득할 수 없는 약점이, 오히려 그녀로 하여금 수직 상승하여 빛과 불을 획득할 수 있는 기회를 마련해 주고 있다. 일찍이 헤겔은 소외로부터 하나의 중요한 의미를 추출해 내고 있다. 그에 의하면, 소외는 인간의 모든 것을

---

14) 소설 속에서 남편이나 복바위 마을 사람들이 술이 어머니에게 침을 뱉고 있음.

객체로 만들 뿐만 아니라 내면 의식을 밝혀 주는 데 필연적이며 불가결한 과정이라고 한다. 말하자면, 소외를 통해서 인간은 자신의 내면 의식을 획득할 수 있다는 것이다. 왜냐하면 변증법의 법칙에 따라 정신이 대상을 통해 지양되는 것은, 그것이 다시 확립되고 자기자신을 실현하기 위한 것이기 때문이다.15) 이와 같이 술이 어머니 역시 고립, 격리, 소외된 현실을 넘어 이와 대립함으로써 스스로 제2의 세계를 구축하고 있다. 그녀의 수직 상승은 '뒤와 밑'의 소외된 공간과의 대결을 통해서만 이룩할 수 있는 것이다. 즉 술이 어머니의 수평과 수직의 '뒤와 밑'의 공간은 수직 상승하여 궁극적 자아 실현을 완성함에 있어 선행 조건이며 그 대가라 할 수 있다.

2) 유한에서 무한으로의 초월

'바위'는 이 소설의 제목이자 공간적 배경으로 작품의 전체적 구성에 중요한 역할과 더불어 의미를 생성하고 있다.

> 그것은 기차다리에서 장터로 들어가는 마을 어귀에 커다란 바위 하나가 있었기 때문이었다. 복을 주는 바위라 하여 '복바위'라고도 하고, 소원 성취를 시켜 준다고 하여 '원바위'라고도 하고, 범이 누운 것 같다고 하여 '범바위'라고도 부르며, 이 바위의 이름은 이 밖에도 여럿이 있었다. 복을 빌러 오는 여인네는 사철 끊이지 않았다. 주먹만한 돌멩이를 쥐고 온종일 바위 위에 올라앉아 바위 등을 갈다가는 손의 돌이 바위에 붙으면 소원이 성취되는 것이라 하였다. 어떤 여자들은 연 사흘씩 밥을 싸고 와서 '복바위'를 갈기도 하였다. 이 바위를 아끼고 중히 여기는 것은 복을 빌러 오는 여자들만이 아니었다. 동네 아이들은 와서 말놀이를 하고, 노인들은 와서 여기다 허리를 기대어 들구경을 하고 마을 사람들은 누구나 다 이 바위를 대단하게 여기는 것

---

15) 아놀드 하우저, 김진욱 역(1982), 「예술과 소외」, 종로서적, 130쪽 참조.

이었다.

　예문에서와 같이, 바위는 기차다리에서 장터로 들어가는 마을 어귀에 놓임으로써 술이 어머니와 관련이 시작된다. 그리고 소위 마을 사람들은 '복바위' '원바위' '범바위'라고 이름을 붙여 그들의 신앙물로 삼고 있다. 즉 바위는 '복을 빌러 오는 여인네' '동네아이들' '노인들' 등 누구나 공유하면서 '아끼고 중히 여기는' 신앙물인 것이다. 그런데 술이 어머니는 '너와 나'의 사회적 유대 관계로부터 그 '누구나'에 소속되지 않고 소외되어 있는 존재이다. 따라서 바위를 경계로 하여 '마을 사람들 누구나/술이 어머니'의 갈등 구조가 발생한다. 이것은 또한 '너(마을 사람들)/바위/나(술이 어머니)'라는 수평공간 기호의 삼원구조로 확충되고 있다.

　술이 어머니는 문둥병이 발병된 후, 타인으로부터 시작하여 혈연 관계에 있는 가족들에게까지 차례로 소외되어 극한 상황에 처하게 된다. 그리하여 그녀는 하다못해 자기의 얼굴 위에 앉은 '고추쨍이' 같은 하루살이 미물에게까지 고마워하게 될 정도로 고립되어 있다. 그녀는 수평적 삶인 인간 생활의 공간에서 안간힘을 다하여 공간을 되찾고자 발버둥을 쳤다. 가족(아들, 남편)과의 관계에서, 그녀는 집허물기에 맞서 집짓기의 피나는 노력을 시작했다. 그리고 타인(집 주인, 밭 주인, 복바위 마을 사람들)과의 관계에서 그녀는 밀어내기에 맞서 버티기 운동을 전개했다. 그녀가 아들을 만나고자 소원함은 '집짓기'의 운동으로써 인간 생존의 가장 바탕이 되는 공간 확보의 욕망에 의해서이다. 그리하여 외계와의 모든 위협으로부터 보호처를 만들고자 한 것이다. 그리고 이제껏 사람의 눈을 피해 몰래 밤에만 바위를 갈아왔던 그녀가 시간을 바꿔 낮에 바위를 갈기로 작정한 것은, 소외를 극복하고 '나와 너'의 관계 속에서 살아가고자 하는 본능적 욕구에서 나온 것이다.

　그러나 그녀의 수평적 '집짓기' '버티기' 운동은 극한점에 다다르게 된다. 그녀의 수평적 삶의 안간힘은 타인(밭 주인)에 의해 여지없이 뿌리 뽑혀진다.

> 바로 그때였다. 그녀의 눈에 비친 것은 언제나 그 자리에서 바라보던 그 조그만 토막이 아니라 훨훨 타오르는 불길이었다. 한순간 그녀는 자신의 눈을 의심하고 나서 다시 보아도 역시 불길이었다. 순간 그녀는 화석이 되는 듯했다. 감은 눈에도 찬연한 불길은 역시 훨훨 타오르고 있었다. 감아도 불, 떠도 불, 불, 불, ……그녀는 나무토막처럼 바위 위에 쓰러졌다. 이미 감각도 없는 두 손으로 바위를 더듬었다. 그리하여 바위를 안은 그녀는 만족한 듯이 자기의 송장같이 검은 얼굴을 비비었다. 바위 위로는 싸늘한 눈물 한 줄기가 흘러내렸다.

그녀가 남의 밭에 가까스로 지은 토막, 비록 그것이 임시 방편 엉성하고 헐렁한 집이라 할지라도, 그녀에게 있어서는 수평적인 삶의 근거요 마지막 보루의 공간이었던 것이다. 그 공간마저 상실 당한 그녀는 이제 수평적인 지상 공간 위로는 한 발 디딜 공간도, 버틸 기력도 송두리째 잃어버리고 만다. 지상적 삶 전부를 박탈당한 것이다. 그래서 그녀는 '나무토막처럼 바위에 쓰러졌다.' 그리고 '감각도 없는 두 손으로 바위를 더듬었다.' 송장 같은 그녀의 얼굴은 바위를 비빈다. 결국 그녀는 바위가 영원히 자기 소유 공간인 양 바위를 안고 수평적 삶을 끝맺는다.

이와 같은 술이 어머니의 수평적 공간의 상실은 그녀로 하여금 또 다른 수직적 삶을 획득하게 하는 뜻 깊은 동인을 제공해 주고 있다. 일찍이 엘리아데는 '수평적 의식은 아직 수직적 질서가 도래하기 이전의 의식이며, 태초의 물과 대지의 혼돈 상태, 무정형의 상태, 생성과 창조를 준비하기 위한 밤이다'라고 언급한 바 있다.[16] 이제 여기서 바위를 경계로 하여 '땅/바위/하늘(무표)'이라는 수직공간 기호의 삼원구조가 새롭게 생성되는

---

16) 엘리아데, 이동하 역(1990), 『성과 속』, 학민사, 113쪽.

것이다.

　술이 어머니의 두 손으로 바위를 더듬고, 얼굴로 바위를 비비고, 바위를 안은 몸짓은 바위와 하나됨을 의미한다. 술이 어머니의 수평적 삶의 인과 관계가 대립적 인식의 세계라면, 자연물인 바위와의 만남은 수직적 우주와 하나됨의 세계이다. 바위는 지상의 가장 간단하고 지속적인 사물로서 유한한 시간과 공간에 저항하여 무한한 시간과 공간을 내함하고 있는 초월적 상징물이다. 바위는 술이 어머니가 수평적 공간의 모든 위협으로부터 벗어나 정신적 안정을 획득할 수직적 안식처인 것이다. 썩어 문드러진 문둥이 육체는 일종의 불후성으로 승격한다. 술이 어머니는 현실의 가장 견고하고 지속적인 질료 속에 그의 꿈을 투사한 것이다. 다시 말하여 바위는 술이 어머니가 수평의 공간에 지었던 엉성하고 허술한 토막집을 튼튼하고 육중한 바위집으로 변환시켜 주고, 술이 어머니의 육체의 소멸을 영원한 생명으로 전환시켜 주며, 시간의 단절을 억겁으로 지속시켜 주는 역동적 매개항인 것이다. 이러한 수직공간을 확보하기 위하여 그녀는 바위를 갈았던 것이다. 바위를 가는 행위는 빛을 찾는 행위이며, 불을 만드는 행위이다. '너와 나'의 '반사거울'을 만드는 노력인 것이다.

　인간이 자신에게 주어진 극한 상황에 대처하는 방안은 대체적으로 크게 두 가지로 대별된다. 소설 「바위」에서 아들과 어머니의 대처 방안이 곧 그것이다. 술이는 자기네 가족을 소외시킨 인간 집단에게 복수하고자 한다. 때문에 참지 못하고 '두 눈에 핏대를 세워 거리를 쏘다니며' 마을 사람들과 싸우고, 착실하게 저축한 돈을 '하룻밤의 술과 도박'으로 없애 버린다. 또 심지어는 토막에다 불을 놓으려까지 한 행패를 부린다. 이것은 자신에게 주어진 불행을 현실적인 보복의 메커니즘을 통해서 해소하려고 한 행동이다. 그러나 그 대가는 결국 자신에게 돌아가, 감옥소에 수감되는 더 큰 자기 파멸을 자초하는 결과가 되었을 뿐이다.

　그러나 술이 어머니는 집 주인, 아들, 남편, 밭 주인, 복바위 마을 사람들로부터 차례로 격리, 소외당하고 인간 이하의 핍박을 받으면서도 완전히 패배하지 않는 힘을 내함하고 있다. 그녀는 그들이 자기에게 쏟은 저주를 삼키고 가라앉혀서 그 앙금으로부터 새로운 힘을 소생시키고 있다. 심리학적으로 말하면 억압된 감정을 승화시킨다고 할 수 있는 것이다.

바위 위로는 싸늘한 눈물 한 줄기가 흘러내렸다.…… 바위 위의 여인의 얼굴엔 눈물이 번질번질 말라 있었다.

'번질번질'의 진술에서 우리는 빛을 발견할 수 있다. 물기(눈물)가 건기(번들번들)로 변환하여 빛을 획득함이다. 움막집의 그 '불'을 배경으로 하여 빛에 의해 파악된 세계는 자아와 세계의 하나됨이라 할 수 있다. 술이 어머니의 바위갈기는 결국 밤의 끝에서 새벽을 만들었고 어둠 속에서 빛을 찾고 불을 완성한 것이다.

새로운 세계는 너와 나의 두 존재 사이의 벽을 허물어뜨리고 빛이 서로에게 반사되어 두 존재를 하나로 결합시킨, 전환되고 확장된 열린 공간이다. 빛의 움직임은 시간적 공간적으로 확산된다. 빛의 확산을 통하여 관계의 움직임은 시간적 공간적으로 확산된다. 빛의 확산을 통하여 관계의 망이 확산된다. 그리하여 모든 존재들은 서로 연결되어 상호 의존적 관계를 갖게 된다.

이와 같이 자아와 세계와의 동질성을 획득할 술이 어머니는 이제 더 이상 격리되지도 소외되지도 않는다. 그래서 고독하지 않다. 바위는 술이 어머니의 수평적 공간의 삶을 극복하고 수직적 삶의 공간으로 변환시켜 불멸의 생명력을 획득하게 한 역동적 매개항 바로 그것인 것이다.

4. 맺는 말

본 연구에서는 문학적 공간기호론의 방법론을 소설「바위」의 구조 분석에 적용함으로써 그 기호체계의 관계망이 구축하고 있는 의미 생성 과정을 분석해 보았다. 그리하여 다음과 같은 결론을 얻을 수 있다.

소설「바위」의 공간기호 구조체는 크게 수평축과 수직축으로 나뉘고 있다. 그리고 수평축은 각각 가족 공간과 일상 공간의 관계망을 구축하고 있다.

먼저 가족 공간 기호를 살펴보면 각각 '아들/어머니' '남편/아내'의 대립 체계가 형성되어, 이것은 '집허물기/집짓기'로 변별된 의미 작용을 생성한다. 아들과 남편은 모두 가족 구성원의 근거지요 보호처인 집을 파괴함으로써 어머니(아내·주동인물)에 대한 반동 인물로 대립 갈등하고 있는 것이다. 아들은 어머니가 문둥병에 거리고 자기네 식구들이 사회 공동체 속으로부터 일탈되어 격리 소외당하자 전혀 다른 인물로 탈바꿈한다. 그래서 격리된 마을 뒤의 자기네 토막에 불을 놓으려 들고 마침내 집을 떠남으로써 가족 공간을 해체시키는 실마리를 제공한다. 나아가 남편은 아내에게 살의까지 품는다. 실제로 비상이 섞인 떡을 가지고 와서 죽어 주기를 강요하고 있는 것이다. 이것은 가족 공간을 완전히 파괴하는 행위이다. 이에 반해 술이 어머니는 아들을 찾아 온 마을을 떠돌아다닌다. 그리고 남몰래 '원바위'를 찾아가 바위를 갈며 아들을 만나게 해 주라고 소원을 빈다. 이것은 가족 공간을 상실 당한 데 대한 공간 회복의 몸부림으로서 아들과 남편에 의해 허물어진 집을 다시 짓고자 함이다.

일상 공간 기호에서는 '너(집 주인, 밭 주인, 복바위 마을 사람들)/나(술이 어머니)'의 대립 체계 속에 '밀어내기/버티기'의 의미망이 생성되고 있다. 집 주인, 밭 주인, 복바위 마을 사람들 모두 자신들의 개인이나 공동

소유 공간으로부터 술이 어머니를 밀어내고자 하는 비정한 공범자들이다. 그러나 술이 어머니는 밀어내기 운동에 맞서 안간힘을 다해 버티기 운동을 전개한다. 그녀는 사회 공간 속의 일원이 되고자 필요한 공격성을 시도한다. 즉 집 주인이 행랑채에서 쫓아냈을 때, 그에 맞서 마을 뒤에 토막을 짓고 삶으로써 저항했고, 밭 주인이 토막을 뜯어내라고 위협했을 때, 토막을 뜯어내지 않음으로써 대항했다. 그리고 복바위 마을 사람들이 복바위로부터 술이 어머니를 강제로 끌어내렸지만 끝내 그녀는 바위를 안고 죽음으로써 그 바위를 영원히 소유하고자 했던 것이다.

  수직축의 공간은 땅을 경계로 하여 수직공간 기호의 '땅 밑/땅/땅 위'의 삼원구조체가 구축되고 있다. 이들 언표는 각각 수직공간 '위=정상인=공동생활', '밑=비정상인(거지, 병신, 문둥이)=격리생활'이라는 의미망을 생성하고 있다. 나아가 술이 어머니의 생활 공간이 '밑→위'로 이동 변이되면서 역동적 공간을 새롭게 구축하고 있는 것이다. '다리 밑'의 공간은 빛의 부재 공간과 같다. '너와 나'의 상호 '반사거울'이 깨진 고립, 단절, 소외 등 부정적 의미를 지닌 공간이다. 그러나 술이 어머니는 그대로 좌절 침거하지 않는다. 빛을 찾으러 불을 만들고자 안간힘을 다한다. 즉 아들을 찾기 위한 그녀의 외출 행위는 빛 가운데로 나아감이요, 바위를 가는 행위는 불을 만들기 위한 노력이다. 그리하여 너와 나의 깨진 '반사거울'을 복구하고자 함이다. 다시 말하여, 술이 어머니의 수직공간 '위'를 확보할 수 없는 약점이 오히려 그녀로 하여금 바위 위로 수직 상승하여 빛과 불을 획득할 수 있는 기회를 마련해 주고 있다. 이와 같이, 술이 어머니의 '밑'의 공간은 '바위 위'로 수직 상승하여 궁극적 자아 실현을 완성함에 있어 선행 조건이라 할 수 있다.

  '바위 위'에 오른 술이 어머니의 공간은 새롭게 생성된다. 즉 '땅/바위/하늘'의 수직공간 기호의 삼원구조체가 그것이다. 술이 어머니의 수평적 삶의 인과 관계가 대립적 인식의 세계라면, 자연물인 바위와의 만남은 수직적 우주와의 하나됨의 세계이다. 바위는 지상의 가장 단단하고 지속적인 사물로서 유한한 시간과 공간을 내함하고 있는 상징물이다. 다시 말하여 바위는 술이 어머니가 수평의 공간에 지었던 엉성하고 허술한 토막집을 튼튼하고 육중한 바위집으로 변환시켜 주고, 육체의 소멸을 영원한 생명으로 전환시켜 주며, 시간의 단절을 억겁으로 지속시켜 주는 역한 생명으로 전환시켜 주며, 시간의 단절을 억겁으로 지속시켜 주는 역동적 매개항인 것이다. 술이 어머니의 '바위갈기'는, 결국 밤의 끝에서 새벽을 만들었고 어둠 속에서 빛을 찾고자 불을 완성한 것이라 할 수 있다.

Ⅵ. 욕망의 이론으로 읽어 본 「저녁의 게임」
— 오정희 소설 분석

1. 라깡과 프로이트의 욕망 이론

필자는 인간이란 욕망의 덩어리며 문학 텍스트란 인간의 욕망과 충족의 변화 체계라는 간단하고도 가정적 명제로부터 논의를 시작하려고 한다. 인간의 문학적 행위는 가장 진실하게 욕망을 발산하고 정화하는 작업일 것이다. 문학 텍스트 속에는 세 개의 욕망이 들끓고 있다. 우선 작가의 욕망이다. 작가는 자신의 내부에서 솟구치는 욕망에 따라 세계를 변형시키려고 한다. 다음은 작품 속에 등장한 인물들의 욕망이다. 그 인물들은 작가의 욕망과 결탁하면서 또는 반대하면서 자신들의 욕망을 드러내며 여러 가지 모습으로 세계를 변형시키려 한다. 마지막으로 독자의 욕망을 들 수 있다. 독자들은 작가와 등장 인물들의 욕망에 부딪치면서 자신의 무의식 속에 숨어있던 욕망의 그림자와 만나게 되는 것이다.

욕망의 이론은 심리학을 중심으로 정치·경제·사회·문화 기타 이론과 만나는 자리이다. 때문에 인간의 역사는 욕망과 충족의 지속과 영속이라 할 수 있으며 많은 논자(論者)들이 욕망의 이론에 대하여 논의했고 논의해 오고 있다. 그 가운데 필자는 주로 라깡(J.Lacan)과 프로이트(S.Freud)의 정신분석학적 욕망의 이론에 본고의 초점을 맞추려 한다. 사실 필자는 라깡의 텍스트를 만나고 신선한 충격을 받았다. 그러나 라깡 읽기를 계속하면 할수록 미궁 속으로 빠져드는 무력감을 느끼곤 하였다.

그리고 도대체 라깡의 이론에 따라 분석할 작품을 발견하지 못했다. 그러던 차에 필자에게 방향과 성격이 고정된 소설 작품의 논문을 써야 할 일이 생겼다. 페미니즘과 포스트모더니즘의 시각에서 여성 작가의 소설 읽기였다. 별로 땡기지는 않았지만 필자가 고르고 고른 작품은 오정희의『저녁의 게임』이다. 필자는 오정희를 작품을 통해서만 대했을 뿐 개인적으로 만나본 적이 없다. 그래서 정신분석학적 측면에서 작품을 읽어내자니 걱정이 많았다. 이상심리학(異常心理學)의 개별 연구로 빠져들 수도 있고 해서 본고는 작가 심리학을 배제하고 작품 심리학 즉 작중 인물들의 욕망에 대해서만 천착하기로 하였다.

라깡의 텍스트는 심리학 쪽보다도 특히 문학 평론에서 환영받고 있다. 그것은 라깡이 정신분석을 문학 연구의 한 방법론으로 삼았기 때문이다. 정신분석이란 인간의 무의식을 탐구하는 학문으로, 대부분 정신분석가들은 프로이트의 이론에 입각하여 각자 조금씩 다른 방법으로 인간의 심리를 해명하여 왔다. 즉 전통적인 정신분석에서 문학 작품을 해석한다는 것은 무의식의 내용에 해당하는 텍스트의 잠재 내용을 탐색하는 작업이었다. 그런데 기존의 정신분석학파의 텍스트 해석 방법에 진한 회의를 품고, 새로운 방법론을 제기한 정신분석가가 나타났다. 그가 바로 프랑스 정신과 의사인 자끄 라깡이다. 라깡은 1953년 기존의 파리 정신분석학회를 탈퇴하고 프랑스 정신분석학회를 만들었다. 그 이후 많은 곳의 문학도들은 혁신적인 라깡의 신화와 만나게 되었고 많은 영향력을 행사하였다.

라깡의 정신분석학은 프로이트를 기반으로 해서 언어학적 관점 위에 세워졌고, 라깡 자신 역시 자신이 정신분석학에 기여한 것을 '프로이트로의 귀환'[1]이라고 불렀다. 그러나 비록 라깡의 이론이 프로이트를 기반으로 해서 세워졌다 하더라도 프로이트 이론은 라깡의 독서에 의해 그 형태가 정해지고 구성되는 것이다. 프로이트가 인간의 무의식을 생물학적 모형을 중심으로 최초로 학문화하여 그 개념적 차원에서 문학에 적용시키는 데 공헌하였다고 한다면, 라깡은 이를 재정립하여 인간의 무의식은 언어와 같이 구조화되어 있다고 주장하고 모든 담론에 적용시킨 셈이다. 또한 라깡은 스위스의 언어학자인 소쉬르(Ferdinand de Saussure)에게서 시니피앙(Singnifiant)과 시니피에(Singnifie)라는 용어를 빌려와 무의식을 설명하고 있다. 그런데 여기서도 라깡의 것은 소쉬르의 것과 중요한 차이점을 보여준다. 즉 소쉬르는 하나의 시니피앙은 하나의 시니피에로 서로 순조롭게 대응 관계를 맺고 있다고 하였지만, 라깡은 시니피앙은 시니피에에 도달할 길이 없으며 떠돌고 있다고 하여 '떠도는 시니피앙'(le signifant flottant)[2]이라 부르고 있다. 따라서 라깡은 시니피앙을 우선으로 하는 정신분석을 시도한 것이다. 뿐만 아니라 라깡은 야콥슨(R.Jakobson)의 은유(Metaphor)와 환유(metonymy)의 개념을 빌려와 응축(condensation)과 전치(dislacement)의 정신기제를 설명하고 있다. 이와 같이 라깡의 이론은 언어학자들의 현대 언어 분석에 의지하고 있으며 정신에 관한 과학이 아니라 문자에 관한 과학이라 할 수 있다.

문학에 있어 주체의 문제는 늘 중요하게 다루어져 왔다. 그런데 라깡과 효성스러운 딸이라 불리는 그의 제자 크리스테바(J.Kristeva) 등에 의해 확립된 정신분석학적 기호학이 등장하면서 문학 이론 가운데 주체의 문제가 새롭게 이론화되었다. 라깡은 인간을 분열된 주체로 인식한다. 따라서 주체의 분열 과정 및 주체 인식을 상상계·상징계·실재계라는 삼단

---

1) Gallp Jane(1985), *Reading Lacan*, Cornell Univ. Press, Ithaca, pp.152~155 참조
2) J. Lacan(1953), Fonction et champ de la parole et du langane en psychanalyse, *Ecris*(1966). Paris, Editions du Seuil, pp.131.

계에 의해 설명하고 있다.

상상계란 자신과 타자를 명백히 구별하지 못하는 단계이다. 상상계의 본질은 이자 관계(二者關係 ; 아이와 어머니)로, 아이는 어머니와 자신을 동일시하여 어머니인 타자와의 거리를 유지하지 못한다. 뿐만 아니라 주체와 객체, 자아와 그 표상, 자신과 세계 사이의 구분도 혼동하는 단계이다. 라깡은 특히 생후 6개월 내지 18개월 사이를 거울단계라 하여 주체 인식의 모형을 제시하고 있는데, 이것은 라깡의 사상을 포함하고 있는 씨앗이라 할 수 있다.

라깡은 아이들에게 있어 거울단계 이전을 소위 조각난 신체의 시기로 생각한다.3) 이 시기에서는 아이들의 손가락 빨기에서 보듯이 자기 몸의 일부만 인식할 뿐이다. 이런 시기는 자가성애(自家性愛)라 할 수 있다. 그러다가 드디어 거울에 비친 자신의 전체 모습을 보면서 자기 몸 전체를 사랑의 대상으로 삼게 되는 자기애(自己愛) 단계로 발전해 간다. 이 시기를 프로이트 이론에 대입시켜 보자면, 자기성애 단계로부터 자기애 단계로 이행해 가는 바로 그 시기에 자아(ego)라는 것이 형성되는 것이다. 이러한 자아 형성의 단계를 명백하게 설명해 주는 것이 바로 라깡의 거울단계인데, 여기서 어린아이가 건전하게 다른 사람들과의 관계로 이행해 가야만 성숙한 대상 관계 즉 대상애로 발전해 갈 수 있다.

라깡의 조각난 신체시기 이후에 거울단계(le stade du miroir)가 온다. 거울단계에 의해서 조각난 신체의 환상이 나타난다. 거울단계는 인간의 일생을 결정하는 순간으로 동시에 미래와 과거의 근원이 된다. 종래의 정신분석학자들은, 자아는 자신의 신체와의 상상적인 관계를 통하여 형성되는 것이기 때문에 자아라는 것은 결국 스스로 자율성을 가졌다고 보았다.

---

3) Laplanche J.Pontalis J-B.,(1967) *The Language of Psychoanlysis*, transl. by Nicholson-Smith D. (WWNorton, N.Y, pp.245~255 참조

그러나 라깡은, 자아의 기능은 상상적인 것에 불과하며 하물며 인간의 자아를 강화시켜 준다거나 사회에 잘 적응하게 해준다는 정신 치료에 반대하는 강력한 견해를 제시했다. 라깡이 다른 정신분석학파와 결별하게 된 것도 이러한 그의 견해 표명 때문이다. 다시 말해 라깡의 이론은, 인간의 자아 형성은 거울단계에서 이미 완료가 되며, 그 영향은 인간의 일생을 결정하여 영원한 갈등 관계에 놓이게 할 뿐 치료도 타협도 가능할 수 없다는 극단론을 펴고 있는 것이다.

거울단계(the mirror-stage)[4]란 자아와 타자, 자아와 자아 표현의 이중 관계 속에서 동일시를 보여주는 단계를 의미한다. 그리고 거울단계는 자아의 통일성을 획득해 가면서 동시에 상상계로부터 상징계에로 넘어가는 징검다리 역할을 한다. 상상계로 들어오면 우선 주체가 분열한다. 주체의 분열이란 자아와 의식적 담화 행위 사이의 분열을 의미한다. 이 단계에서는 아이와 어머니 사이의 이자 관계에서 아버지라는 새로운 타인이 끼어드는 삼자 관계에 놓인다. 그리고 상징적 관계가 형성됨으로써 상징적 질서에 참여하게 된다.

라깡에게는 각 주체의 통일된 의식에 결코 조화롭게 포섭될 수 없는 결핍, 빈 곳이 필연적으로 존재한다. 라깡은 이를 '실재'라고 부른다. 이 실재는 '무의식'에 대한 철학적 번역으로 볼 수 있다.[5] 라깡의 정신분석학 이론은 통일된 의식의 무모순성을 파괴하는 '어떤 무엇' 즉 실재를 입

---

4) 주체의 동일성을 확립하는 거울의 3단계
  1단계: 아이가 거울속의 존재를 자기 아닌 어떤 다른 실재적 존재로 지각하는 단계.
  2단계: 아이가 거울속의 존재가 실물이 아니고 하나의 영상임을 알게되어, 거울 뒤로 가서 진짜 실물을 찾으려 하나, 거울 뒤에는 아무것도 없음을 지각하는 단계.
  3단계: 아이가 거울속의 영상이 어디까지나 영상에 불과하며, 그 영상은 자기 자신을 반영하고 있다는 것을 지각하는 단계.
5) 홍준기(1996), '라깡을 어떻게 읽을 것인가', 『문학과 사회』, 문학과 지성사(통권33), p.229 참조.

증하고 탐구하는 이론이다. 반면 프로이트는 인간 행동의 동기는 인간의 무의식 속에 억압된 성적 욕망이라는 견해를 제시한다. 프로이트의 견해는 어린아이의 성적 욕망에 대한 억압을 기초로 하고 있는데 유아의 성 충동이란 분화되지 않은 상태의 성적 욕망, 즉 리비도(Livido)를 말한다. 유아기를 통하여 성적 욕망과 결부된 이미지나 감정들이 마음속에 자리를 잡고, 이후 아이가 점점 성장함에 따라 강한 억압을 받아 이러한 욕망들은 결국 무의식 속으로 퇴행하게 된다는 것이다.

오정희 소설 『저녁의 게임』은 내면적 성향이 두드러진다. 서술 담론 자체가 여성 인물의 내면 심리를 자기 독백으로 이끌어 나가고 있으며, 이야기를 전개함에 있어서도 현실과 환상이 교차되고 있다. 문체 역시 산문성에서 일탈하여 시적인 내면 문체의 골격을 지니고 있다. 그리고 이 작품은 병리 소설에 속한다고 할 수 있다. 한 가정을 구성하고 있는 등장인물들 모두가 정신이 건강하지 못한 사람들이다. 이러한 병리 현상들은 삶에 내재되어 있는 비정상성 내지는 불합리성의 상징으로, 은폐되고 억압된 인간 심리의 심층부에 닿아 있는 것이다. 따라서 소설 『저녁의 게임』을 이해하려면 심리적 복합 현상으로서의 정신적 실존의 정체를 탐색해야 한다. 때문에 필연적으로 정신분석학적 천착을 필요로 하고 있는 작품이라고 생각된다.

2. 꽉 찬 말과 텅 빈 말의 욕망

라깡의 언어 이론은 프로이트의 치료 개념, 즉 언어를 통한 치료라는 정신분석학에 고유한 치료 개념을 이론화하는 것에서 출발한다. 이를 이론화하는 과정에서 라깡은 일종의 언어 행위 이론에 도달한다. 그의 언어

행위 이론에 따르면, 치료란 다름 아닌 '말하는 행위'에 의해 가능하다는 것이다. 그리고 말하는 행위(parole)와 언어(langage)를 구별하여 구조주의적 색깔을 뚜렷하게 나타냈다. 즉 라깡은 말하는 행위는 창조적 기능을 지니며, 그것은 사물 자체를 출현시킨다는 것이다.

정신분석학이란 말하는 화자와 그 말을 듣는 청자, 그리고 담화로 구성된다. 라깡은, 무의식은 언어처럼 구성되어 있다고 한다. 자기이면서도 자기가 아닌 것처럼 여겨지는 존재를 라깡은 타자(他者)라고 불렀다. 이때 대타(大他)6)란 무의식 속의 자기 자신이다. 무의식 속의 자기 자신이 자기한테 건네는 말은 '꽉 찬 말'이고 상대방이 듣건 말건 엉뚱하게 혼자 떠드는 말은 '텅 빈 말'이다. 무의식은 문명 대타의 진술이다. 그런데 라깡은, 그 진술은 시니피에(기호 의미)에서 떠나버린 시니피앙(기호 표현)으로 짜여져 있고 은유와 환유로 치장하여 나타난다고 한다. 그리고 무의식은 꿈, 농담, 말실수와 같은 형태로 나타날 수 있다고 언급한다.

1) 꽉 찬 말의 시니피앙들

S1

꼭 내장까지 들여다보이는 것 같잖아. 밥물이 끓어 넘친 자국을 처음에는 젖은 행주로, 다음에는 마른 행주로 꼼꼼히 문지르며 나는 새삼 마루와 부엌을 훤히 튼, 소위 입식(入式) 구조라는 것을 원망하는 시늉으로 등을 보이는 불안을 무마하려 애썼다. 그래도 가스레인지 주변의, 흘리듯 점점이 뿌려진 몇 점의 얼룩은 여전히 희미한 자국으로 남았다.… 실내의 바람으로 군용항고에 콜타르처럼 꺼멓게 엉기는 액체를 긴 나무젓가락으로 휘젓고 있는 아버지는 영락없이 중세의 연금술사였다.… 얼룩은 변질된 스테인리스 기억보다 독하고 오래 남아 있을 것이다.

---

6) 이때의 타자는 대문자 A의 Autre, 즉 大他者・大他라 함

일반적으로 부엌은 여성의 전용 공간으로 가족의 온기를 느끼게 하는 곳이며 신체와 감정에 영양분을 주는 중심 공간이기도 하다. 그리고 부엌은 여성 가운데서도 주로 어머니의 공간이다. 소설 『저녁의 게임』에서는 가족 구성원의 관계가 허물어져 있다. 아버지, 어머니, 오빠, 딸 등 네 식구로 구성된 가족 가운데 어머니는 신경 쇠약으로 갓난애를 죽이고 정신 병원에 억류되어 있다가 죽었고 아들은 가출한 상황이다. 그래서 작품상으로는 아버지와 딸만이 등장한다. 그나마도 아버지는 위 절제 수술을 받은 황혼기의 노인이며 딸은 혼기를 놓쳐버린 노처녀이다. 그러니까 이 소설에서의 부엌 차지는 당연히 딸의 몫이다. 즉 이 소설에서 1인칭 주인공인 '나'이다.

　이 소설은 '꼭 내장까지 들여다보이는 것 같잖아.'라는 '나'의 자유 연상적 독백으로 첫 문장이 시작된다. 라깡에 의하면, 소설 속에 등장하는 인물들의 담론은 무의식을 나타내는 중개자이다. 인물들은 담론 속에 자신이 원하는 모습으로 또는 다른 사람에게 보이고 싶은 모습으로 자신을 마치 타인처럼 이야기해 낸다. 그런데 그 담론의 내용에는 '틈새'가 있기 마련이고, 이 틈새가 바로 새로운 내용을 만들어내는 무의식의 형성물들이다.

　S1에 의하면 '나'에게 부엌은 남에게 보여주기 부끄러운 감춰진 장소이다. 그래서 밥물이 끓어 넘친 자국을 '꼭 내장까지 들여다보이는 것'처럼 생각하고 행주로 꼼꼼히 닦아낸다. 그리고 그 부엌은 훤히 트인 입식 구조이기에 또 자기의 등을 남에게 보이는 것을 불안하게 생각한다. '나'에 의해서 자유롭게 연상된 밥 물, 즉 인체의 내장이란 살갗을 경계로 해서 '안/바깥'으로 대립된다. 그리고 인체의 등은 '앞/뒤'로 대립된다. 여기서 '안/바깥' '앞/뒤'라는 언어 체계가 구조화된다. '나'는 바깥과 앞을 두려워하며 기피하고 있으며 반면 안과 뒤의 공간적인 속성을 지니고 있다고 할 수 있다.

라깡은 소쉬르(F.Saussre)가 정의한 언어 이론인 시니피앙(기호 표현)과 시니피에(기호 의미)[7])를 빌려와 무의식을 설명하고 있지만 소쉬르의 용어 개념과는 차이점을 둔다. 즉 라깡의 시니피앙은 시니피에와 1:1의 상응 관계에 있는 것이 아니라 시니피에를 떠나 헤매고 있는 앞서 언급한 바 있듯 '떠도는 시니피앙'이다. 여기서 시니피에는 억압된 내용에 해당한다. 즉 하나의 시니피앙은 하나의 시니피에와 상응하나 또 다른 시니피앙에 의해서 소멸되고 만다. 그리하여 원래의 시니피에는 무의식 속에 숨어버리고 시니피앙들의 끊임없는 자리바꿈이 일어난다. 그러나 각각 바깥과 앞이라는 시니파앙의 시니피에가 개방적이며 안정적이라 할 때, 안과 뒤라는 시니피앙의 시니피에를 읽어보면 '나'는 안으로 웅크리며 외계와의 관계를 두려워하는 폐쇄적, 단절적, 불안정적 성격을 지닌 인물로 나타난다. 이러한 '나'의 성격 요인을 작품을 통하여 추적해 보면 다음과 같은 진술에서 그 해답을 얻을 수 있다.

S2

언젠가 나는 개를 끌고 저녁 산책에 나갔다가 그들을 처음 만났다. 문득 멀지 않은 아산을 끼고 돌아앉은 소년원을 떠올리며, 아, 뜻 모를 탄성으로 고개를 주억거리다가 본능적인 수치심으로 개줄을 팽팽히 끌어 당기며 외면을 했다. 행렬의 가운데서 깜짝 놀랄만큼 앳된 얼굴이 나를 바라보고 있었다. 나이를 짐작할 수 없는 소년의 눈빛은 선연하도록 맑았다. 단지 제복에서 문득 느껴지는 청신함 때문이었을까, 둥근 볼에 떠오른 차가운 핏기에서 문득 자각되어진 자신의 노추(老醜)에 대한 의식 때문이었을까.

S2의 예문을 통해서 표출되듯이, '나'의 본능적인 감추기는 앳된 얼굴의

---

[7]) 소쉬르의 기호 개념은 기호 의미와 기호 표현이 결합된 표현체로서의 '기호'이다. 따라서 기호 의미와 기호 표현은 각각 1:1의 상응 관계에 있다.
기호(sign)=기호 의미(signifie)/기호 표현(signifiant)

청신함에 대한 늙은 얼굴의 추함 때문이다. 이와 같이 '나'의 폐쇄적, 단절적, 불안정한 정서의 밑바닥에서는 떳떳치 못한 가정 환경과 더불어 노추(老醜)에 대한 열등 의식 내지 자기 비하 의식이 도사리고 있음을 엿볼 수 있다.

또한 어린아이들에겐, 부엌에서 일어나는 일들은 모래 장난만큼이나 신기하고 재미있는 경험이라고 할 수 있다. 부엌은 아직 정신 발달의 초기 단계에 있으면서 쾌감 원칙8)에 지배를 받고 있는 어린아이에게 있어 가장 감각 충족을 가져다 주는 미각, 즉 요리라는 연금술이 행해지는 마법의 장소이기 때문이다.

이 소설에서 '나'는 여성 전용 공간인 부엌에 아버지를 연상 등장시킨다. 한약을 조제하는 아버지를 '중세의 연금술사'로 연상하고 있다. 정상적인 가족 구성원의 관계에 놓여있는 딸이라면, 마땅히 부엌 공간을 통하여 어머니를 연상할 것이다. 그런데 이 소설에서는, 어머니의 존재를 부엌 공간에서 쫓아내고 전통적이며 정상적인 가족 구성의 역할 분담의 틀을 파괴하고 있다. 즉 '나'에 의한 담론의 언어 체계는 '아버지=부엌'으로 구조화되어 있는 것이다. 이러한 엇갈린 연상은 '나'에게서 모성 결핍에서 오는 대표적 징후인 '건성 피부에 더럽게 피어나는 버짐'과 같이 비직비직 들뜨고 매마른 불모성을 읽어낼 수 있다. 따라서 '나'의 무의식 가장자리에는 뒤죽박죽 무너져 파괴된 가정의 파편들로 장식되어 있다고 할 수 있다.

이러한 정상적인 가정 생활 규범에서 일탈된 '부엌=아버지'라는 코드는 어디서 연유한 것인가. 그 연유를 작품 속에서 어머니와 관련하여 찾아보자면 "네 어민 목청이 좋았었지." "네 어민 나비같았지." "죽자고 목

---

8) 프로이트에 의하면 인간의 욕망은, 정신 발달의 초기단계에는 '쾌감 원칙'에 의해서만 지배를 받다가, 그 다음 단계에서는 '현실 원칙'에 의해 이중의 지배를 받게 된다. 이 두 단계를 거치면 욕망은 인간의 무의식으로 들어가 억압된다.

욕을 안해도 향수는 꼭 뿌리곤 했어. 워낙 사치하고 허영심이 많았거든." 등의 진술을 통하여 탐색이 가능해진다. 우선 어머니는 '나비' '향수'라는 시니피앙에서 여성성을 띠며 집 지키기보다 나다니기를 좋아하는 것으로 드러난다. 따라서 전통적인 우리 나라 어머니상인 부엌에서 가족에게 따뜻한 봉사를 하는 것과는 거리가 멀다. 또한 유치원 보모였다는 어머니는 자식까지 낳았지만 히스테리, 강박신경증에 시달려 자기의 갓난애를 죽이게 되고 결국 정신 병원에 억류되었다가 죽는 것으로 나타나 있다. 어머니의 죽음과 갓난애의 죽음은 어떠한 욕망의 함수 관계에 있는 것일가. 그것은 다음 장인 '아버지·어머니·딸의 욕망'에서 추적해 보기로 한다.

모든 사람은 자신에게 속하는 일정한 공간을 소유하고 있다. 그런데 어떤 공간을 얼마만큼 소유할 수 있느냐에 따라 인간의 우열을 논할 수 있다. 우세한 사람일수록 좀더 큰 공간을 차지하고, 좀더 바람직한 공간을 통제하고 좀더 자유롭게 공간을 이동한다고 한다.[9] 이것은 性에 따라서도 마찬가지로 이야기 할 수 있다. 일반적으로 우리 나라 가부장적 위계 체제 밑에서는 남성이 좀더 크고 유리한 공간을 소유하였다. 여성은 부엌이라는 공간을 소유하였는데 그것은 노동의 장소일 따름이다. 그런데, 이 소설에서는 진정한 '나'의 공간인 부엌도 '나'만의 공간이 아니라 수시로 침입자가 있고 감시자가 있다. 그 인물은 아버지이다. 즉 '나'의 무의식 속의 아버지상은 아무리 젖은 행주, 마른 행주로 꼼꼼히 문질러도 여전히 남은 '얼룩자국'이며 무겁고 끈끈하게 매달려 독하고 영원토록 남아있을 '변질된 스테인레스'일 뿐이다.

마지막으로 '나'에게 부엌의 공간은 기억의 편린들이 도사리고 있는 공간이다. 특히 부엌의 '낮고 길다란 창'은 '나'의 분열, 즉 '의식/무의식'

---

9) Edward T.Hall(1966), *The Hidden Dimension*, Garden City, N.Y :Doubleday, pp.26~35. 참조

'환상/실제' '현실/꿈'의 경계가 된다. '나'가 부엌 공간에 자리하면 눈가에 창이 걸리고 '귀가 맞지 않게 잘라진 낡은 천 조각처럼 펄럭이며 느리게 움직이는 행렬' '길고 긴 라단조의 휘파람 소리'처럼 '느릿느릿 굴러가는 시멘트 바퀴'처럼 서서히 기억의 편린들이 다가오고 '나'의 의식은 나른한 몽상 속으로 빠져 들어가 마침내 환상·꿈·무의식 세계에까지 침잠한다. 그 기억의 편린들은 도마의 잘게 파인 홈마다 찌끼처럼 끼어있다가 '나'의 의식 속으로 떠오르곤 한다. 또는 개수대의 물 속에 뿌연 앙금으로 자리하고 있다가 떠오르곤 한다. 그 부엌의 공간에서는 구어지는 생선도 비린내 대신 아름다운 연기로 피어오른다. 그 공간에서 '나'의 온갖 감정들이 모이고 흐트러지고 돌아오고 다시 되돌아간다.

　이 소설에서 '무언가 빤짝이는 것'은 어느 순간 문득 '나'의 무의식을 비집고 의식 속으로 떠올라 예리하게 가슴을 찌르는 기억의 조각들이다. 아마도 창 밖 너머 소년원생의 수의(囚衣)와 같은 것일 것이다. 수의는 대타(大他)로서 작품에서 추적할 수 있듯 어린 시절 소름이 돋은 깔깔한 기억의 조각이다. 지옥의 연자맷돌을 연상하는 아이는 어린애답지 않게 비뚤어져서 비도덕적이고 비윤리적으로 성장한 '나'를 의미함은 물론이다.

2) 텅 빈 말의 시니파앙들

S3

"애야, 까치가 어느 쪽을 보고 우니?"
　아버지의 물음에 나는 소년원생들이 사라진 빈터의 키 높은 포풀러를 올려다 보았다. 누릿누릿 물들기 시작한 이파리 사이, 나무의 우듬지 끝에서 까치가 울고 있었다.
"렌즈를 빼버렸어요."
　나는 그릇 소리를 내며 대답했다. 콘텍트렌즈가 없으면 장님이나 다를 바

없다는 것을 알면서도 아버지는 고집스럽게 뒤풀이했다.
"까치가 우는 쪽으로 침을 뱉어라. 저녁 까치는 재수가 없단다."
"잘 안 보인다니까요."
"렌즈는 어쨌니, 또 잃어버렸구나. 그러길래 안 쓸 때는 꼭 물에 담가 두랬잖니?"

S4

"수건 있니?"
아버지가 물이 뚝뚝 떨어지는 손을 휙휙 뿌리며 부엌으로 들어왔다.
"목욕탕에 있는 걸 쓰시지 그래요."
"더럽고 축축하더라."

S5

"이걸 봐라, 벌써 며칠 째나 편지함에 있던 거다. 제 날짜에 안내면 괜한 돈을 더 물게 된다는 걸 알잖니. 일이란 그때그때 처리해야 뒤탈이 없는 거야. 웬 전기세가 이렇게 많이 나왔는지 모르겠다. 전기는 쓰기에 따라 얼마든지 절약할 수도 있어."
아버지는 언젠가 전기세 가산료를 물었던 것을 또 들추어내는 것이다.
"냉장고는 벌써부터 안 돌리잖아요"

S3. S4. S5의 예문은 이 소설 속의 인물, 아버지와 딸인 '나'의 담화 내용이다. 그런데 이 대화들은 우리가 주지하는 바와 같이 거짓말들이다. S3에서 딸이 '렌즈를 빼버렸다'는 것은 거짓말이고, 동공에 정확히 부착된 렌즈를 통해 '나'는 우듬지 끝에 앉아 이편을 보고 우는 까치를 확연히 보고 있다. 그리고 S4에서 아버지가 목욕탕에 있는 수건이 더럽고 축축하다는 것도 거짓말이다. 아버지는 딸이 낮에 개수대를 뚫은 수리공이 썼던 수건을 새 수건으로 바꿔 건 것을 잘 알고 있다. 또 S5에서 전기 고지서가 며칠 째 편지함에 자고 있었다는 것도 아버지의 억지다. 아버지는

최소한 하루에 열 번쯤은 우편함을 열어보기 때문에 결코 편지함에 어떤 고지서나 편지도 담겨있을 수가 없다. 이 두 부녀의 담화는 알면서 속이고 알면서 속아주는 말들이다. 이것들은 말의 존재 중 부재, 라깡이 이론화하고 있는 소위 텅 빈 말들이다.

왜 아버지와 딸은 '낡고 너덜너덜해진 각본으로 끊임없이 연극'을 하고 있을까. 그 일면을 소설에서 추적해 보면, 그것은 우리 나라 전통 사회의 남성 위주적 사고 방식과 관계를 맺고 있다. 우리 나라 전통 사회 질서의 관습에 의하면 남성과 여성은 항상 '말의 벽' 앞에 마주 하고 있다. S4·S5에서처럼 여성의 말은 묵살되고 남성의 말은 거짓말이건 억지건 간에 일방적으로 여성들에게 하달되곤 하였던 것이다. 아버지와 딸의 서로 엇갈린 말들은, 이러한 우리 전통 사회의 담화의 이데올로기를 반영하고 있다. 아버지의 담화 속에는 권위와 지배의 욕망이 표출되고 있으며, 딸의 담화에서는 이러한 성(性) 차별 이데올로기에 대한 반항의 욕망이 표출되어 있다고 할 수 있다.

주지해 보면, 『저녁의 게임』에서도 이와 같은 대화의 현상이 두드러지게 드러나고 있다. 이 소설에서 아버지와 딸 사이의 대화를 살펴보면 아버지가 총 39번, 딸이 총 34번 발화하고 있다.

    "애야, 까치가 어느 쪽을 보고 우니." (대답 강요적)
    "까치가 우는 쪽으로 침을 뱉어라. (명령적) 저녁 까치는 재수가 없단다." (단정적)
    "렌즈는 어쨌니, 또 잃어버렸구나. 그러길래 안 쓸 때는 꼭 물에 담가두랬잖니." (질책적)
    "물을 다오." (명령적)
    "내겐 사카린을 넣어라." (명령적)

아버지가 딸에게 건네는 대화 중 딸의 의사를 묻는 대화는 총 39번 가운데 불과 2번에 해당한다. 화투 게임을 할 때의 "너부텀 하랴?" "천끗내기를 하랴?" 등이다. 그런데 "너부텀 하랴?"의 의문은 실상 '너부터 해야 된다'는 강제성을 내포하고 있다. 딸의 "어딜요, 선(先)을 봐야죠." 의견 제시에도 불구하고, 선을 볼 때 자신의 의견을 고의적으로 관철시켜 결국 딸이 먼저 하게 만든 것이다. 또한 "천끗내기를 하랴?"고 묻는 것도 '몇 끗내기'가 아니라 '천 끗'이라는 자기 주장을 먼저 고정시킴으로써, 딸의 자유 의사에 강제성을 부여하고 있다. 반면 딸이 아버지에게 건네는 대화 총 34번은 대부분 "불을 켤까요?" "과일을 깎을까요?" 등 전적으로 아버지의 의사에 따르겠다는 물음뿐이다. 그리고 행동 또한 '가시를 바른 생선을 아버지 앞에 밀어놓'거나 '컵에 물을 따른다'거나 '커피를 탄다'거나 하는 시중을 들고 있다.

이와 같이, 아버지와 딸의 대화는 이른바 가부장제 남성 중심적 사고와 구체적 실현이라는 명제와 관련되어 있다. 『저녁의 게임』에서 딸은 보족적이거나 열등한 역할을 떠맡고 있고 언어에마저 性가름의 이데올로기가 숨어 있는, 즉 딸은 사회적 관습으로서의 性차별주의라는 이중의 제한에 갇혀 있는 것이다. 이것이 바로 말이 存在하면서 不在현상을 보이고 있는 텅 빈 말이다.

한편 아버지와 딸의 이런 '알면서 속이고 속아주는' 말장난은 지루한 일상성의 반복에서 오는 짜증과 지겨움의 표출이라고 할 수 있다. 아버지·어머니·아들·딸의 잘 짜여진 가족 구성원의 틀을 어머니가 부수고 떨구어져 나갔고, 다시 아버지·아들·딸이라는 팽팽하게 당겨진 삼각 구도의 줄 한 끝을 아들이 놓아버렸을 때, 그 가족의 틀은 형편없이 비틀거렸다. 그리고 외계와 단절된 닫힌 공간에 아버지와 딸만이 동그마니 놓여졌다. 이 소설에서 그 두 부녀는 단 한 번도 다른 사람과 대화를 나눔이 없다. 딸의 하루하루는 소설에서 보여주는 바 여느 날과 다름없으며, 매일 같은 상황의 시간과 공간에 처해 있고 놓여 있다. 때문에 딸은 아버지가 건네는 말이 짜증스럽고 성가실 수도 있다. 상대적으로 딸은 의무적이고 강제적인 대화가 아닌 진정한 대화를 나눌 대상을 그리워하고 있으리라고 추정된다. 말할 수 없는 현실과 말하고자 하는 욕구의 표출인 것이다.

이들 두 부녀의 식탁에서의 대화와 행동은 어떠한가. 식사는 사회적·가정적 드라마를 응축해 놓은 일종의 소우주이다. 우리의 무의식 속에는 '가족과의 즐거운 식사'에 대한 지워지지 않는 추억이 있다. 정상적인 가족 관계에 있는 집의 식탁에는 푸짐하고 정성어린 요리와 함께 모든 가족이 모여 따뜻한 대화의 시간과 공간이 만들어지게 마련이다. 그러나 비정상적인 가족 관계에 있는 집의 식탁에는 갈등과 삭막함에 휩싸이게 될 것이다. 식사 시간이 가족들의 얼굴은 마주하는 유일한 시간이라 한다면 가족 중 누가 언성을 높일 수도, 분통을 터뜨릴 수도, 반감을 표명할 수도 있기 때문이다.

『저녁의 게임』의 식탁은 어긋남과 삭막함으로 차려진다. 아버지의 위 절제 수술은 식탁의 중심을 흔들어 애당초 가족과 화목한 식사의 즐거움을 뒤틀어 놓은 것이다. 딸은 아무리 신경을 써도 아버지와 식사 시간의 보조를 맞추기 힘들다. 아버지와 딸의 어긋남이다. 딸은 겉으로는 아버지를 위해 식탁에 정성을 들이는 것처럼 보인다. 밥은 뜸을 잘 들이고 생선도 노릇노릇 알맞게 굽는다. 그러나 그것은 습관적이다. 이는 그녀의 오빠가 부재중임을 확실히 알면서도 관성의 법칙에 따라 무심코 세 벌의 수저를 놓는 행동을 반복하는 것에서도 잘 나타난다. 그리고 딸은 아버지와의 식사 시간 전에, 잠깐 눈살을 찌푸려 아버지를 바라보다가 부엌 선반에 올려놓은 녹음기의 작동 스위치를 누른다. 녹음기를 튼다는 것은 대화의 단절에 놓여 있는 두 부녀의 모습을 극명하게 드러내주고 있다. 딸의 이러한 행동은 진정한 말할 대상은 갖지 못한 외로움 속에서의 이야기하고픈 욕구의 발로이다. 딸은 말을 하지 않는 것이 아니라 말을 삼키고 있는 것이다.[10] 딸은 남성들로 대변되는 폭력적 현실 속에서 말을 잃고 또한 삶을 잃어버린 것이다. 이 소설 속에서의 식탁의 모습은 근원적인 단절감과 소외 속에서 무심히 살아가야 하는 가부장적 질서 속의 남성과 여성들의 삶을 상징적으로 표출하고 있는 것이다.

딸은 자신 앞에 놓여진 현실을 거짓말로 외면해 버리고 아버지 뒷치닥거리를 하며 위장된 평화와 일상 속으로 숨어버린다. 그리고 저녁 식사를 끝낸 뒤 아버지의 요구에 따라 화투놀이를 한다.

S6

아버지가 곁눈질로 내 패를 흘깃거렸다. 나도 화투장을 움켜쥔채 단단히 진을 친 아버지의 것을 넘겨다보았다. 굳이 넘겨다볼 것까지도 없었다. 뒷면만을 보아도 무슨 패인지 환하게 알 수 있는 것이다. 아버지도 역시 마찬가지일 것이다. 가로로 비스듬히 금이 가 있는 것은 난초 다섯끗, 왼쪽 귀퉁이가 둥글게 닳은 것은 목단 껍질, 오른쪽 모서리가 갈라진 것은 멧돼지가 그려진 붉은 싸리 열 끗이다. 뒤집어 들고 있는 것보다 그림이 그려진 앞면을 서로 상대방에게 보이는 것이 속임수가 가능할 만큼 아버지와 나는 화투장의 뒷면에 익숙해져 있는 것이다……

청띠를 두른 목단 다섯끗도 단풍 열끗도 쥐고 있는 아버지의 눈이 머물고 있는 것은 깔려 있는 팔공산 스무끗이다. 그리고 얌전히 엎어져 들쳐줄 것을 기다리는 것은 역시 공산껍질이다. 댓바람에 스무끗을 내놓고 껍질을 뒤집어 맞춰 쓸어가기가 민망해서 음흉을 부리고 있는 것이다. 아버지는 늘 그랬다. 한참 궁리 끝에 정말 이렇게 팔 수밖에 없다는 듯 억울한 얼굴로 공산 스무끗을 내놓고 뒷장을 맞춰 쓸어갔다.

원래 화투놀이는 기막힌 손재주의 속임수이다. 노름꾼의 세계는 완전히 다른 세상이 전개된다. 성별·나이·계급·신분 등 모두가 무시되고 다만 끗발과 돈뿐이다. 노름꾼들은 노름을 할 때만큼 뼛속까지 녹아들 정도로 진지하게 인생을 산다. 패가 돌기 시작하면 꾼들의 눈동자가 음

---

10) 황도경(1996), '어긋나는 말, 혹은 감추어진 말' 『계간 작가세계』(통권 30호) 314쪽.

흉 교활한 빛을 띠며 움직이기 시작한다. 팽팽한 긴장감과 함께 화투의 칼날들이 여기저기서 번뜩인다. 그러나 이 소설에서는 S6에서 보여주고 있듯이, 아버지와 딸은 뚝 시치미를 떼고 알면서도 속이고 속아주는 화투놀이를 매일 반복하고 있는 것이다. 화투 뒷 면만을 보아도 이미 무슨 패인지 환하게 알 수 있다. 그러나 그들은 그럴듯하게 시치미떼기와 너스레떨기를 하고 있다. 아버지와 딸은 승부의 의욕을 잃은 지 이미 오래다. 다만 화투장을 움켜쥔 채 한판 멋진 승부를 가려야 하겠다는 흉내만 내고 있는 것이다.

이상 『저녁의 게임』에 나타난 텅 빈 말들의 시니피앙을 탐색해 보았다. 그 결과 시니피앙들은 가부장적 체제 밑에 허물어져 휘청거리는 한 가정의 눅눅하고도 칙칙한 아버지와 딸, 남성과 여성의 관계들을 표상하고 있음이 추정된다. S3·S4·S5·S6의 텅 빈 말의 시니피앙들은 시치미떼기와 너스레떨기이다. 그들 아버지와 딸, 남성과 여성은 시치미를 떼면서 너스레를 떨면서 실은 무언의 힘 겨루기를 하고 있다. 아버지의 강압적, 명령적, 질책적 말들의 배면에는 늙고 병든 무력한 늙은 남자와 불안과 안간힘이 도사리고 있는 것이다. 그것은 이 소설에서 유난히 아버지의 신체 가운데 코를 상징적으로 묘사하고 있는 점에서도 추적될 수 있다. '끝이 조금 처진 콧날은 더욱 길게 늘어져' '코는 더욱 늘어져 거의 인중을 덮고' 등의 표현이 그것이다. 신체 기관의 상징적 의미를 결정함에 있어서 가장 중요한 요소는 신체 기관이나 그 기관의 수와 기능에 있을 것이다.[11] 코는 얼굴의 중앙에 있을뿐더러 높이를 갖는다. 그런 사정 때문인지 옛날부터 코는 인간의 중심 혹은 존엄성을 상징하는 수가 많았다. 지나치게 자존심이 강한 사람을 두고 콧대가 세다고 하는 경우가 그렇다. 이와 같이 아버지의 텅 빈 말들의 욕망은, 한 가정의 가부장적 가장으로서 그

---

11) 이승훈편(1995), 문학 상징사전, 고려원, 468쪽.

리고 남성위주의 지배자로서 중심잡기이다. 반면 딸의 욕망은 그러한 性차별 이데올로기에 도전하여 그 중심을 흔들어 놓기라고 해석할 수 있다.

3) 아버지·어머니·딸의 욕망

아버지·어머니·딸의 심연 속에 휴화산처럼 일렁거리고 있는 욕망들은 도대체 무엇인가. 각각 그들의 무의식 밑바닥에 각인되어 의식의 폐쇄회로에 떠오르고 있는 기억의 스냅사진들은 도대체 무엇으로부터 형성되어 온 것인가. 상상과 기억의 자유 연상으로 표현된 소설 『저녁의 게임』은 그들의 비밀을 탐색하고 판독하는 데 논란거리가 되는 실마리를 제공하고 있다. 그러면 이제 우리는 그들의 심연 속을 더듬어 가보기로 한다.

(1) 오이디푸스 콤플렉스의 은유와 환유

프로이트의 정신분석 연구에 의하면[12] 유아기 성욕의 개화는 두 살부터 다섯 살 사이에 이미 대상의 선택이 시작되고 그 과정에 포함되는 모든 정신적 활동이 수반된다. 때문에 어린아이의 前오이디푸스期가 매우 중요성을 띠게 된다. 남자아이 여자아이 할 것 없이 오이디푸스 콤플렉스의 최초의 대상은 어머니이다. 다 같이 어머니의 젖꼭지를 빨면서 성적 충동을 느낀다. 점차 성장하면서 남녀 어린아이는 각각 자신과 반대 性의 부모에게 애착을 갖는 반면, 자신과 동일한 性을 가진 부모와의 관계에서는 적대감을 갖게 된다. 남자아이의 경우에는 남근기 시기에 자기 아버지

---

12) S.Freud(1901), *The Psychopathologyf Life*. Standard Edition, 6:277-8. London:Hogarth Hogarth Press, 1860.
_____(1920), *The Psychogenesis of a Homosexuality in a Woman*. Standard Edition, 18:164~6. London:Hogarth Press, 1955.

를 적대시하여 경쟁의 대상으로 삼는다. 여자의 경우에는 거의 순간적으로 오이디푸스 콤플렉스가 발생한다. 즉 여자아이는 어느 한 순간 남자의 돌출된 페니스를 목격하고 자신의 클리토리스가 열등하다는 것에 놀라움을 갖게 된다.

여자아이의 페니스에 대한 부러움은 어머니에 대한 사랑을 식게 만든다. 여자아이는 페니스를 갖지 않고 태어난 자신의 책임이 전적으로 어머니한테 있다고 원망한다. 그리고 어머니의 젖꼭지를 다른 사람과 나눠 가질 수밖에 없다는 상실감에서 원망의 증폭은 더욱 커진다. 어머니의 젖을 빠는 행위는 어린아이의 리비도(Libido)의 탐욕이기 때문이다. 여자아이에게 있어서 어머니의 돌출된 젖꼭지의 동경은 아버지의 돌출된 페니스로 옮아가서 새롭게 동경의 대상이 된다. 그리고 아버지의 짝인 어머니를 질투의 대상으로 간주한다. 이때 이른바 오이디푸스 콤플렉스가 발생한다. 딸의 아버지에 대한 집착이 강하면 강할수록 근친 상간에 이를 수도 있다.

여자아이가 어머니에게 애착심을 갖는 기간은 대략 네 다섯 살 때까지이다. 이런 점에서 보면 여자아이가 어머니에 대한 애착심을 갖는 기간은 초기의 성적 개화 시기의 상당 부분을 차지한다고 볼 수 있다. 실제로 많은 여성들이 상당 기간 그들 어머니에 대한 본래의 애착심을 유지하며, 그 대상을 남성으로 전환하지 못할 가능성이 있다. 어머니에 대한 사랑이 강렬하면 할수록 그와 반비례하여 원망과 증오 또한 강하게 나타날 것이다. 따라서 애증, 즉 사랑과 증오의 이중 성향은 유아기 성욕의 일반적인 특성의 결과라 할 수 있다.

소설 『저녁의 게임』의 가족 구성원을 보면, 우선 가부장적 가족 체계를 이루고 있음을 본다. 가부장적 질서 아래 남성 중심적 일상으로 꽉 차 있다. 딸은 집 안에서 병든 아버지의 잔시중을 드는 역할을 떠맡고 있다. 부엌일과 허드렛일을 하고, 시간에 맞춰 아버지의 약 시중과 간식 시중을

든다. 딸이 자신을 위해 하는 일은 고작 고장난 녹음기를 통해 음악을 듣는 것, 상태가 좋지 않은 텔레비전을 보는 것 등이다. 또한 이미 앞 장의 '텅 빈 말의 시니피앙'에서 살펴본 바 있듯이, 아버지와 딸 사이의 담화에서는 성(性) 가름의 이데올로기가 표피에 두드러진다.

 이러한 가부장적 가족 체계에 있는 여성들은 자아 의식이 강하면 강할수록 아마 대부분이 거세 콤플렉스를 앓고 있을 가능성이 높다. 따라서 소설 속의 딸 역시 이러한 거세 콤플렉스의 증후를 보인다고 추정된다. 딸은 자신이 거세되었음을 인정하고, 그래서 아버지의 우월성과 자신의 열등성을 인정한다. 그러나 딸은 이 불쾌한 사실들에 대해 반항한다. 그래서 아버지의 물음에 끝없이 반항한다. 그것은 아버지와의 대화에서 잘 나타난다. "얘야, 까치가 어느 쪽을 보고 우니?" 아버지의 물음에 "렌즈를 빼버렸어요" 등의 그릇된 거짓말은 가부장적 남성위주의 이데올로기에 대한 알레르기적 반항인 것이다.

 프로이트에 의하면 거세 콤플렉스에 걸리면 세 가지 징후가 나타나게 된다.[13] 첫째는 성욕에 대한 전반적인 반감이다. 둘째는 남성성에 더욱 강하게 집착하는 성향으로 이 성향이 심하면 남성 콤플렉스에 휘말려 페니스를 갖겠다는 희망을 삶의 목표로 삼게 된다. 남성 콤플렉스는 동성애적 사랑의 선택을 초래하기도 한다. 셋째는 여성이 자기 아버지를 사랑의 대상으로 선택하고 오이디푸스 콤플렉스의 여성적 형태로 나아가는 길을 찾는다. 이 길이 정상적인 여성적 태도에 도달할 수 있는 양상이다. 오이디푸스 콤플렉스는 거세의 영향에 의해 파괴되는 것이 아니라 오히려 창조된다. 여기서 여성이 여성다움으로 발전해 가는 주요 과정을 지닌다. 사회적 존재로서 여성의 성격에 특별한 성향을 부여하는 것이 바로 이 오이디푸스 콤플렉스 사이의 상호 관계에서 비롯된 차이이다.

---

13) 막스 밀네르, 이규현 역(1997), 『프로이트와 문학의 이해』, 문학과 지성사. 230~236쪽 참조.

딸의 거세 콤플렉스의 징후는 우선 그 셋째의 오이디푸스 콤플렉스로 확장되고 있음이 드러난다. 그것은 어머니의 다산(多産)문제에서 탐색된다. 소설 속에서 아버지의 "네 엄마에게 다산은 무리였어, 아주 조그만 여자였거든."의 말에서 짐작할 수 있다. 어머니의 다산으로 인하여 딸은 상대적으로 어머니의 젖꼭지를 상실하는 결핍된 사랑의 상흔을 겪었을 것이다. 그리고 돌출된 어머니 젖꼭지의 대체물로 돌출된 아버지의 페니스를 동경하게 되었다고 할 수 있다. 완성된 가족 구도에서 어머니가 정신병으로 일탈하자 집은 허물어지기 시작한다. 그 허물어진 가족 구도에서 오빠마저 훌쩍 떠나버리자 집은 마치 '침몰 직전의 선체'와 같다. 침몰하는 선체에서 아버지와 딸은 불안과 긴장의 틈바구니에 낀 채 안간힘을 다하며 집의 기둥을 붙들고 있다. 딸은 혼기가 지나도록 시집을 가지 않고 아버지를 지키고 있다. 이러한 가족 상황은 오이디푸스적 상황과 흡사하다.[14]

대부분 여자아이들은 인형놀이를 좋아한다. 이것은 여성성의 징후이다. 이 놀이에서 여자아이들은 일반적으로 엄마 역할을 맡고, 인형에게 자기 딸의 역할을 부여한다. 이 역할 분담에서 여자아이는 자신을 아버지의 상대인 어머니로 설정하고 있는 것이다. 이것은 어머니에 대한 배타적 행위이며 오이디푸스 징후라고 추정된다. 소설『저녁의 게임』에서도 딸의 인형놀이에 대한 선호가 나타나 있다. 강박 관념에서 갓난애를 죽이고 정신 착란에 빠진 어머니가 딸에게 '인형을 사줄게' 하고 말한다. 이 진술은 평상시 딸의 인형놀이에 대한 집착을 대변해 주고 있다. 자신을 어머니로 설정한 인형놀이의 배후에는 오이디푸스적 관계가 깔려 있다고 할 수 있다. 오이디푸스적 욕망에 사로잡힌 딸은 근친 상간을 금지하는 사회의 벽

---

[14] 소포클레스(Sophokles)의 비극 오이디푸스(Oidipus Tyrannos)에서, 가족 구성원 가운데 아버지가 살해되고 서로 반대되는 性의 어머니와 아들이 남아 있는 상황이 전개된다. 이 상황은 근친 상간이라는 극단의 상황을 초래하게 된다. 마찬가지로『저녁의 게임』에서도 서로 반대되는 性의 아버지와 딸이 남아있음으로 해서 오이디푸스 콤플렉스가 예기된다.

에 부딪치게 되고 도덕적 금제에 좌절하게 된다. 결혼을 한 여성이라면 그 대상이 자연스럽게 남편에게 옮아가겠지만, 이 소설 속의 딸은 결혼을 못한 노처녀이다. 때문에 자연히 외부의 대상을 찾게 된다. 이때 소위 심리적으로 근친 상간을 재현해 주는 대상은 애정과 거리가 먼 대상을 구하는 경우가 많다. 그리고 비뚤어진 성적 목표를 갖기가 십중팔구다. 딸의 대상으로 작품에서는 공사장 인부가 등장한다. 딸은 공사장 인부를 통해 아버지와의 오이디푸스적 관계를 터뜨린다.

프로이트는, 무의식의 기저에는 마음의 역점들이 이동하는 현상과 마음의 표상들이 압축되는 현상이 있다는 이론 체계를 전개했다. 이 이동 현상과 압축 현상은 각각 의식적 언술에 나타나는 결합 관계와 선택 관계에 대응한다. 야콥슨(R.Jakobson)은 프로이트가 언급한 결합 관계, 즉 인접 관계의 표현을 환유라 하고 선택 관계, 즉 유사 관계의 표현은 은유라고 이름지었다. 라깡 역시 야콥슨을 따라서 프로이트의 용어인 이동과 압축을 각각 환유와 은유라는 용어로 대체했다. 환유의 심리 과정은 낱말에서 낱말로 이동한다. 반면 은유의 심리 과정은 마음의 섬광이 낱말과 낱말의 상호 작용을 통하여 의미 작용을 생성한다.

이 소설에서 아버지와 딸의 의식적 담화, 자유 연상의 틈새에는 무의식의 표현들이 그 나름대로 분절되고 조직되어 있다. 그것은 아버지와 딸의 기호 관계를 드러내준다.

S7

…아버지는 화투 하나를 가지고 혼자서 할 수 있는 온갖 게임을 다 알고 있다.
"뭐가 떨어졌어요?"
"님이 떨어지고 산보가 떨어졌다."
아버지가 문득 다정하게, 그러나 음침하게 빛나는 눈으로 나를 바라보았

"아직도 어지럽니? 피곤해 뵈는구나. 들어가 자거라."

빈 들을 질러오는 휘파람소리는 어둠을 뚫고 더욱 명료하게 들려왔다. 아무래도 화투를 새걸로 한 벌 장만해야지, 패를 알고 하는 게임은 재미가 없어. 자박자박 여자의 발소리가 머리 위에서 잠시 머물다가 멀어져 갔다.

"밤새 업고 재울 모양이군. 버릇이 고약하게 들었어."

나는 커다랗게 하품을 하며 눈을 비볐다.

"먼저 들어가겠어요. 너무 늦게 계시지 마세요. 약은 여기 있어요. 문단속은 제가 할 테니까"

나는 쿵쿵 발소리를 내며 화장실로 들어갔다. 물을 세차게 틀어 오래오래 손을 씻었다.

그리고는 아버지가 뒤를 돌아보거나 하는 일이 결코 없으리라는 것을 알면서도 부엌에서 내비치는 불빛을 피해 발소리를 죽이며 벽에 몸을 붙이고 걸었다.

S7에서 아버지는 혼자서 화투 게임을 하고 있다. 게임은 일종의 놀이이며 놀이는 본능의 기본적 충동이다. 그런데 아버지의 게임은 패를 다 알고 하는 게임이다. 즉 아버지는 딸이 외출을 할 것이며, 공사장 인부와 성(性) 행위를 할 것이라는 것까지 훤히 꿰뚫고 있다. 그러면서도 시치미를 떼고 음침한 눈으로 "들어가 자거라" 말한다. 이 말은 외설담이다. 그러나 딸 또한 아버지가 다 알면서 속아주는 것이라는 것쯤 너무 잘 알고 있다. 그녀는 결코 아버지가, 자기의 외출과 외출의 목적을 다 알고 있기 때문에 뒤를 돌아보거나 하는 일이 없으리라는 것을 알면서도 '부엌에서 내비치는 불빛을 피해 발소리를 죽이며' 집 밖으로 빠져나온다. 이것은 속이는 척하는 행동이다. 알면서도 속고 속이고 속아주는 연극이다. 말하자면 아버지와 딸은 너덜너덜 닳아진 각본으로 공범의 게임을 하고 있는 것이다.

외출은 딸이 하는데 아버지의 패에 '님이 떨어지고 산보가 떨어'진다. 이것은 딸의 외출 욕망은 동시에 아버지의 외출 욕망으로 읽을 수 있다.

딸의 무의식 저변에 도사린 오이디푸스 콤플렉스는 공사장 인부에게 아버지의 페니스를 투사시킨다. 딸에게 있어서 공사장 인부는 아버지의 환유에 해당한다. 아버지 역시 공사장 인부를 통해 성적 쾌감의 대리 만족을 실현시킨다. 공사장 인부는 아버지의 대타인 것이다. 아버지와 딸이 화투 게임을 하는 도중에 이층에 사는 여자가 칭얼대는 아이를 재우는 소리가 침투한다. S7에서도 계속 이층으로부터 애를 업고 얼리는 자박자박하는 여자의 발소리가 들린다. 그 소리의 자극에 의해 현재 의식의 상태가 일시적으로 균열되면서, 아버지와 딸은 어둠 속으로 한없이 가라앉고 아버지는 아내에게로 딸은 어머니에게로 다가간다. 그들 두 부녀는 회상이라는 인식 아래 끊임없이 의식의 전 단계를 천착해 간다. 이러한 의식의 흐름은 무의식 밑바닥에 다다른다.

아버지의 무의식의 밑바닥은 가부장적 남성위주의 성적 욕망이 굼틀대고 딸의 무의식적 밑바닥에는 오이디푸스 콤플렉스적 욕망이 굼틀대고 있다. 또한 아버지와 딸의 관계는 의식적으로는 모순과 대립이 없는 평온한 관계에 있지만, 무의식적 관계에서는 가부장적 남성 권력과 여성 권력의 층위를 형성하는 은유 관계에 놓인다 할 수 있다.

(2) 사디즘과 마조히즘의 성욕도착

모든 성욕도착 가운데서 가장 보편적인 성향은 性대상에게 고통을 가하려는 욕망이나 반대로 고통을 당하려는 욕망이다. 사디즘(sadism)은 성욕을 행사함에 있어 공격적이거나 난폭한 태도로 학대함으로써 쾌감을 얻는 것이고, 반대로 마조히즘(Masochism)은 성대상으로부터 자신이 오히려 신체적 정신적 고통을 당함으로써 쾌감을 얻는 것이다. 소설 『저녁의 게임』에서 아버지의 성적 언행은 다분히 사디즘적 성향을 띠고 있고, 딸의 성적 언행은 마조히즘적 성향을 띠고 있음이 드러난다. 무엇보다도 어머니의 신경증 밑바닥에는 아버지의 사디즘적 성욕도착의 음화(陰畵)가 옹크리고 있다.

작품에서 얻은 정보에 의하면, 어머니는 유치원 보모라는 직업에 종사한 바 있으며 목소리가 곱고 노래 부르기를 즐겨했다. 또한 사치하고 허영심이 많았으며 목욕을 하기 싫어하여 몸이 더러워도 꼭 향수는 뿌리고 다녔다고 한다. 그런데 정신 착란증을 일으켜 갓난애를 죽이고 정신 병원에 억류되었다가 죽는다.

S8

네 엄마에게 다산은 무리였어. 아주 조그만 여자였거든… 네 아버지의 생활이 문란해서 그런거야… 심한 짓을 했다고 생각지 않으세요? 모르는 소리야, 달리 무슨 수가 있었니. 넌 아직 어렸고 또 무슨 일을 저지를지 몰랐어. 갓난애도 그렇게 없애지 않았니? 넌 마치 네 엄마가 그렇게 된 게 모두 내 탓이라는 투로구나. 잘 보살펴 드릴 수도 있었어요. 외려 네 엄마에겐 그곳이 편한 곳이야. 친구들도 있고 가족이란 생각하듯 그렇게 대단한 건 아니야. 너부터도 내심 네 엄마를 가까이서 보지 않아도 된다는 걸 다행스럽게 생각하고 있지 않니? 그 전에 번번이 네 혼담이 깨지던 것도 에미 탓이라고 원망했을걸… 뙈년들보다 더 더러웠지. 죽자고 목욕을 안해도 향수는 꼭 뿌리곤 했어.

S8에서 어머니의 신경증은 아버지의 탓인데, 그럼에도 아버지는 어머니를 엉터리 기도원이나 정신 병원에 강제로 억류한 심한 처사를 강행하였음이 드러난다. 그리고 아버지는 어머니를 집으로부터 강제 추방하고도 별로 죄책감을 느끼지 않고 있음이 탐색된다. 이것은 가부장적 가족제도의 사고 방식인 소위 지난날 유교적 관념에서 이르던 부부유별 내지 칠거지악을 재현해 준다고 할 수 있다. 그리고 아버지의 담화인 "뙈년들보다 더 더러웠지." 등의 경멸적이고 모역적인 말투에서는 여성 폄하 여

성 비하의 사고 방식까지 인지된다. 그리고 무엇보다도 아버지의 말인 "네 엄마에겐 다산이 무리였어, 아주 조그만 여자였거든." 그리고 어머니의 말인 "네 아버지의 생활이 문란해서 그런거야."에서는 아버지의 성적 형태를 읽을 수 있다. 즉 아버지의 성적 문란과 어머니의 다산 등을 통해서, 아버지의 왕성한 성적 탐욕과 생식 욕망이 탐색되는 것이다.

정상적인 성생활은 정신적 사랑의 욕망과 육체적 쾌락의 욕망이 적절하게 조화를 이루고 있어야 함은 물론이다. 그러나 아버지의 언술 속에는 냉랭함만이 자리할 뿐 사랑의 기미가 보이지 않는다. 이것은 아버지에게 있어서 여성은 하나의 성적 쾌락과 씨받이의 상품에 불과하였다는 것으로 해석된다. 아버지는 동시에 여러 성적 상품을 소유하고자 하는 욕망에서 성적 행태를 자행한 인물이라고 할 수 있다. 따라서 아버지가 어머니에게 요구한 성행위는 강제성을 띠고 있었을 것이다. 아무리 부부지간이라 할지라도 한 쪽의 일방적인 성적 강제성은 성폭력으로 간주될 수 있다.

아이들과 함께 하는 직업을 가졌다는 어머니는 목소리가 곱고, 노래를 잘 부르고, 허영기가 있고, 향수를 좋아하고, 몸집이 조그만 여인으로 묘사되고 있다. 이러한 어머니는 틀림없이 어린아이처럼 순수하고, 여성답게 정서적이고 낭만적인 기질을 가졌을 것이라고 추측된다. 그런 여린 어머니에게 아버지의 지배욕과 성욕은 결코 극복될 수 없는 강박감을 가져다 줄 수 있었을 것이다. 결국 어머니는 강박 신경증에 걸리게 되고 죽게 된다. 신경 쇠약에 걸린 아내를 돌봐주지 않고 강압적으로 가정으로부터 추방시켰고, 죽은 시체를 향해 욕설을 퍼부으며 학대하는 아버지는 극단적인 사디즘적 행동을 발산한 것으로 읽을 수 있다.

프로이트에 의하면, 모든 성도착증의 뿌리는 유년기에 있다고 한다. 말하자면, 유아기의 성욕의 자극은 심리적인 요인들의 도움을 받아 영구적 질환으로 고착될 수 있는 기초를 만든다. 나중에 신경증 환자들과 성도착자들에게서 관찰되는 성적 탈선은 상당 부분 유아기에 받은 느낌들에 의해 확립되고 있음이 증명된다고 한다.15) 그리고 발병 원인은 유순한 기질과 조숙, 유아기에 받은 느낌의 고착성을 증가시키는 특성, 그리고 외부 영향에 의한 성본능의 우발적인 자극 등으로 이루어진다고 한다.

　작품을 통해 딸의 유아기를 추적하면 먼저 '밤에 몹시 우는 아이'였다는 것, 그래서 아버지의 심기를 불편하게 해주었고 어머니는 달래느라 밤새도록 고생하였음이 나타나 있다. 몹시 우는 아이, 아이들은 충족되지 않은 욕망의 결핍에서 운다. 어린아이는 어머니의 몸 속에서 분리된 자신을 근원적인 결여로서 경험한다. 결여의 불안함은 충동인 성감대보다 먼저 어린아이에게 나타나는 것이다. 그리고 어린 시절의 감정에는 한계가 없다. 쾌감이나 불쾌감만 있을 뿐이다. 어머니의 젖꼭지, 따스한 품 등을 독점하지 않으면 만족하지 못한다. 이 소설에서 아버지의 과다한 성욕은 아이로부터 어머니를 빼앗아 가는 상황을 자주 초래했을 것이라 추정된다. 따라서 딸은 어머니 사랑의 결여에서 오는 무의식적 내용물들을 고착시켰으리라고 해독할 수 있다.

　이번에는 작품을 통해 딸의 유년기를 추적하면, 어머니의 발병 시기는 오빠의 중학생 시절이라고 밝혀주는 대목에서 실마리를 잡을 수 있다. 이 때 딸의 나이는 대략 초등학교 고학년으로 어림잡을 수 있다. 즉 딸의 유년기는 집 밖으로 강제 추방당한 어머니, 스스로 집 밖으로 탈출한 오빠 그리고 위 절제수술을 받은 아버지의 사이에 둘러싸여 거의 죽음에 가까운 희생을 강요당하는 생활이었다. 소설 내용에서처럼 딸은 오빠처럼 훌쩍 떠나버리든지 아니면 그 비틀거린 가족의 틀에 맞추어 자기를 억제하면서 병드는 길밖에 없었을 것이다. 이 작품에서, 결국 딸과 아버지만 남아있는 가족 관계는 오이디푸스적 상황을 예기시켜준다.

---

15) 막스 밀레르. 이규현역(1997) 앞 책, pp.138~143, 참조.

딸의 성적 흥분은 작품 안 도처에서 발견된다. 이 소설 첫 문장부터 수상쩍은 외설이 진술되고 있다. S1을 다시 참고하여 보면 '밥물이 끓어 넘친 자국'을 보면서 딸은 '꼭 내장까지 들여다보이는 것 같잖아'라고 중얼거린다. 여기에서 '내장'은 남성 성상징으로, 밥물은 내장에서 생성된 배출물로 읽을 수 있다. 딸의 이 외설스러운 중얼거림은 자연스럽게 아버지를 연상하는 것으로 이어진다. 딸은 과거 아버지의 모습을 떠올리면서 '희미한 자국' '독하고 오랜 기억'으로 연결시키고 있다. 모든 성적 쾌락 가운데 가장 큰 즐거움은 성적인 생성물의 배출에 의해서 생겨나는 쾌락일 것이다. 이 진술에서 딸의 무의식 속에는 아버지에 대한 오이디푸스 욕망이 자리하고 있음을 탐색할 수 있다.

S9

나는 개수대의 마개를 뽑았다. 그리고 부글부글 거품을 만들며 소용돌이쳐 순식간에 빠져나가는 물을 만족스럽게 바라보았다. 그렇다, 막힌 구멍은 낮에 수선공이 와서 뚫었다. 개수대 구멍에서는 물이 빠지지 않아 늘 썩은 냄새가 났다. 깔대기 모양의 압축기로 몇 번 펌프질을 하자 끌어올려진 것은 섬유질만 남은 야채줄기와 뒤엉킨 머리칼 뭉치였다. 어느새 등 뒤에 온 아버지는 거봐라 하는 표정으로 오랫동안 바라보았다.…
화장실에서 쏴아 물 트는 소리, 물이 내려가는 소리를 한 겹 벽 너머로 들으며 나는 말끔히 닦인 식탁을 다시 행주로 문질렀다.…
나는 쿵쿵 발소리를 내며 화장실로 들어갔다. 물을 세차게 틀어 오래오래 손을 씻었다.

S9에서 '개수대 구멍'은 여성 성상징으로, '부글부글 거품을 만들며 소용돌이쳐 순식간에 빠져나가는 물'은 성적 생성물의 배출을 의미하는 것으로 이해될 수 있다. 그녀의 자궁은 '섬유질만 남은 야채줄기' '뒤엉킨 머리칼 뭉치'와 같다. 즉 엉키고 찌들고 막혀 썩은 냄새를 풍기고 있다.

이것은 바로 노추의 자궁이기도 하다. 이제 그녀는 수선공이 뚫어 고친 개수대 구멍으로 활기차게 빠져나가는 물을 보고 성적 흥분과 충동에 사로잡힌다. 또한 옆 집 화장실의 '쏴아 물트는 소리, 물이 내려가는 소리'를 들으며 배설의 욕망이 꿈틀거린다. 이제 그녀의 몸은 온통 성적 욕동으로 차 있다. 그녀는 화투 게임을 끝내고 아버지를 쳐다본다. "코는 더욱 늘어져 거의 인중을 덮고 입술과 맞닿아 있는 듯 했다." 여기서 코는 남성 성상징으로, 입술은 여성 성상징으로 각각 생각할 수 있다. 그녀는 결국 화장실로 들어가 스스로 '물을 세차게 틀어 손을 씻고' 외출을 한다. 그녀는 기존의 관습적 코드와 구조, 혹은 통제된 언어를 계승하지 않고, 끊임없이 코드와 구조를 벗어나 유동적인 질서에 침전한다.

S10

…나는 손을 잡힌 채 깨진 시멘트 벽돌과 각목토막들을 밟으며 집으로 들어갔다. 제기랄, 그는 상스럽게 내뱉었다.
"뭐가?"
"배선공사가 안 됐어."
그러나 안은 두 벽에 반 넘게 차지한 틀만 짜넣은 창문과 뚫린 지붕으로 그닥 어둡지 않았다. 그가 대팻밥과 각목토막들을 발로 지익지익 밀어치워 자리를 내었다. 딱딱한 손이 스웨터 소매로 파고 들었다. 그는 떨고 있었다. 그리고 그 흥분을 부끄러워하듯 몹시 성급하게 서둘렀다. 두 개째의 스웨터 단추를 벗기는 데 실패하자 그는 빌어먹을 하며 스웨터를 걷어 올렸다. 나는 숨을 죽이고 있었지만 다리 안쪽에 오스스 소름이 돋았다.

그녀의 성상대는 주택 공사장의 인부이다. 그녀는 성적 탈선의 대상으로 윤리적인 측면에서 저속한 계층에 속하면서, 그가 어떤 심리적 가책을 느끼지 않을 그러면서도 그의 다른 사회적 관계를 알지도 평가할 수도 없는 저급한 사람을 선택하고 있다. 그는 '제기랄'이라는 상스런 말을 함부로 하고, 때와 장소를 가리지 않고 찌익 침 뱉는 행동을 서슴지 않는 사내다. 그리고 '손 마디마디 박힌 못이 쇳조각처럼 딱딱한 크고 단단한' 노동의 손을 가진 근육질의 사내다. 이런 거친 부류의 사내와 성행위를 가진다는 것은 마조히즘적 욕망의 충동이라고 할 수 있다. '두 개째의 스웨터 단추를 벗기는 데 실패' 하자 '빌어먹을' 하며 스웨터를 난폭하게 걷어 올려버리는 사내는 폭력적·가학적이고 '다리 안쪽에 오소소 소름이 돋으면서도' 남성의 가학을 당하고 있는 그녀는 광기적·피학적이다. 그들의 성적 행위가 자행되는 공간 환경 또한 을씨년스럽고 불안정하며 거친 분위기이다. 말하자면 그들의 성적 욕망은 비정상적인 공간에서 비정상적으로 자행된 '병든 것'으로 읽을 수 있다.

S11

"내일 또 오겠어?"
시멘트 벽돌과 모랫더미 사이에 서서 그가 물었다.
"돈이 좀 있으면 줘."
그가 멈칫 했다. 나는 내처 말했다.
"몸이 좋지 않아서 약을 먹어야 해, 많이 달라곤 안해."
그가 이 사이로 찌익 침을 뱉으며 낮게, 빌어먹을 이라고 중얼거렸다.
"첨부터 순순히 굴더라니, 세금 안내는 장사니 좀 싸겠지."
그가 부시럭대며 담배를 꺼내 입에 물고 불을 붙이는 시늉으로 성냥을 그어 길게 오는 불꽃을 내 얼굴에 가까이 대었다. 나는 불꽃을 보며 길게 입을 벌려 웃어 보였다.
"제기랄, 철 지난 장사로군. 오늘은 없어. 모레가 간조니 생각 있으면 그때 와."
그는 몹시 기분이 상한 듯 함부로 침을 뱉었다.

그녀는 성행위가 다 끝난 다음 성적 대상인 사내에게 돈을 요구한다. 이러한 그녀의 행위를 어떻게 해석할 수 있을까. 필자는 앞서 아버지가 어머니를 성적 상품으로 간주하여 가학적인 형태를 보였다고 언급한 바 있다. 그 논의에 의거하여 돈의 요구 문제를, 여성과 성적 상품이라는 테마로부터 접근을 해 볼까 한다. 지난 날 유교적 관념에서는 남성위주의 가부장적 제도는 우리 사회를 대표하는 믿음 체계의 하나였다. 이러한 관념은 일부다처주의를 허락하여 경제적 능력이 있는 남성은 얼마든지 많은 여성을 거느릴 수 있었다. 남자는 여자에게 의·식·주를 제공하는 대가로 여성의 성적 봉사를 요구했다. 말하자면 남자의 성적 행위의 수요량은 돈과 함수 관계에 놓여 있다고 할 수 있다.

이 소설에서 아버지 언술 역시 남성위주의 가부장적 성격을 띤다. 그리고 아버지가 자기의 아내인 어머니에게 대하는 형태 역시 자기 중심적이다. S9에서 아버지의 담화인 '가족이란 생각하듯 그렇게 대단한 건 아니다.' '네 엄마를 가까이서 보지 않아도 된다는 걸 다행스럽게 생각하라.' '네 혼담이 깨진 것도 에미 탓이라고 원망했을 거다.' 등에서 잘 드러나고 있다. 즉 이들 부부의 성적 행위의 수요량은 바로 가격의 함수였다. 그리고 아버지에게 어머니는 많은 성적 여성 상품 가운데 하나의 상품에 불과하였다. 이러한 부부 관계를 보고 자라온 딸로서는 무의식중에 남녀의 성관계에 매춘(賣春)이란 테마를 연결시키지 않을 수 없었을 것이다. 성을 상품으로 간주하고 돈과의 교환 과정으로 인식한 딸의 행위는 일종의 네클로필리아의 행위이다.16) 이러한 행위는 열린 체계를 닫힌 체계로 바꾸고 싶어하는 폐쇄성을 지닌다. 한편 그것은 죽은 어머니의 자궁으로 회귀하고 싶은 딸의 무의식적 퇴행의 욕망이라고도 할 수 있다.

프로이트의 정신분석 연구에 의하면 정상적인 리비도의 발달 과정을 거치지 못한 어린아이들에게는 비정상적인 장애의 기저가 제공된다고 한다.17) 딸의 성장 과정을 살펴보면 유아기 시절 어머니로부터 젖꼭지의

---

16) necrophilia: 死體愛興症 즉 시체를 껴안고 싶어하는 신경증 환자

결핍, 그리고 유년기 시절 어머니의 히스테리 발병으로 인한 가정 환경의 파괴, 뒤이어 오빠의 가출로 인한 오이디푸스적 가족 상황의 조성 등의 요인은 그녀에게 불륜을 꿈꾸는 비뚤어진 성적 목표를 갖게 해주었다고 볼 수 있다. 따라서 그녀의 마조히즘적 성욕도착은 단선적인 성향만을 지닌다고 볼 수 없다. 그것은 동시에 사디즘적 성욕도착이라는 짝을 수반하고 있다. 마치 무의식적 노출증 환자들의 동시에 훔쳐보는 절시증 취미를 가진 성욕도착자인 것과 궤를 같이하고 있는 것이다. 다시 말하여, 딸의 마조히즘적 성행위는 동시에 아버지의 사디즘적 성행위를 연상하고 쾌락을 증폭시키고 있는 것이다. 공사장 인부는 아버지의 환유이기 때문이다. 이와 같이 딸의 비뚤어진 성행위는 아버지의 리비도를 만족케 하면서 동시에 자신도 만족을 얻게 되는 성욕도착의 무의식적 행위라고 판독할 수 있다.

(3) 본능의 파괴와 화해

정신분석의 이론에 의거하면 인간의 삶은 본능과 의식의 행사이다. 본능의 특징은 즉각적인 만족을 탐하고 쾌락과 놀이를 추구하며 자유로움을 갈망한다. 본능은 이러한 내용들이 몸 속으로 끊임없이 흐르는 가운데 어떤 자극에 의해 표출되곤 한다. 그런데 인간의 삶을 본능에만 의존하면, 유지해 나가는 데 위협을 당하기 때문에 불가피하게 본능을 수정하지 않으면 안 된다. 반면 의식은 즉각적이 아니라 참을성이 있고 만족을 유예시킬 줄 알며, 쾌락을 억제하고 힘든 노동을 감당하며 안정성을 추구한다. 말하자면 인간의 본능은 쾌락 원칙을 따르고 의식은 현실 원칙을 따른다.

---

17) 프로이트 · 김정일 역(1996), 『성욕에 관한 세 편의 에세이』, 열린책들, pp.166~177 참조.

이와 같이 인간은 쾌락 원칙과 현실 원칙의 양면성을 조절하면서 삶을 영위하고 있다. 그런데 쾌락 원칙에 속하는 본능 자체에도 파괴 본능과 화해 본능의 양면성이 존재한다. 파괴 본능은 인간을 무기체의 상태로 퇴행시키려고 충동질하고, 화해 본능은 인간을 유기체의 원시 상태로 퇴행시키려고 충동질한다. 즉 파괴 본능은 타인과 사물에 대하여 격하하고 증오하고 질투하고 복수하고 깨뜨리는 임무를 수행한다. 화해 본능은 이에 반하여 존중과 염려와 이해의 임무를 수행한다. 원래 파괴 본능과 화해 본능은 서로를 보완하면서 작용하여 본능 자체를 강화하고 확대하는 직능을 담당하고 있다. 따라서 파괴 본능은 어디까지나 화해 본능을 돕는 보조적 기능 장치이기도 하다.

정상적인 인간의 삶은 파괴 본능과 화해 본능이 적절히 조정되며 균형을 이루고 있다. 그러나 라깡이 제시한 바, 인간 정신 발달 단계인 상상 세계에서 비정상적인 장애 요소가 무의식 속에 고착되면 주체로서 존립된 바람직한 상징 세계로의 이행이 불가능하다. 즉 파괴와 화해 본능의 변별적 대립 체계가 균형을 잃게 된다. 그리하여 화해 본능이 축소되고 파괴 본능 자체가 본능을 대표하게 된다. 증오와 부정 자체가 삶의 목적이 되고 쾌락의 대상이 된다. 『저녁의 게임』에서 드러나는 딸의 외출과 성적 탈선은 두 본능이 균형을 잃고, 파괴 본능이 강화된 것으로 설명할 수 있다. 이미 언급한 바 있지만 그녀의 상상 세계는 사랑의 결핍과 만족의 억압, 거세 콤플렉스, 오이디푸스 콤플렉스에 의해 무의식이 고착되었을 것이라고 추정할 수 있다.

소설 속의 아버지와 딸은 저녁마다 화투 게임을 한다. 게임은 일종의 놀이이다. 놀이 충동은 인간 본능의 기본적 충동이다. 놀이의 기능은, 인간에게 모든 억압과 결핍의 공포로부터 해방시키는 것이다. 놀이는 의식의 현실 원칙에서 벗어나 본능의 쾌락 원칙에 지배받게 한다. 그런데 게임의 승패에 대한 싸움 과정을 검토하면 파괴 본능의 표현이라고 할 수 있지만, 그것을 구조적으로 검토하여 놀이라는 성격에 유의할 때는 화해 본능의 표현이라고 할 수 있다. 게임의 승자와 패자의 속성에는 삶과 죽음, 구속과 자유, 성장과 일탈의 변증법이 포함되어 있는 것이다.

『저녁의 게임』에서의 화투 게임은 화해 본능의 표현이라고 해석할 수 있다. 이 시간과 공간에서는 가부장적 권위의 현실 원칙이 무너지고 기억의 억압된 내용들이 해방된다. 삶의 긴장이 이완된다. 아버지·어머니·아들·딸의 사각 구도에서 어머니와 아들의 두 기둥이 뽑혀버린, 그래서 두 기둥만 남은 뿌리의 끝을 잡고 아버지와 딸은 무언의 타협을 하고 있는 것이다. 그들은 다 아는 패로부터 이미 다 아는 승패지만, 티격태격 속이는 것을 알면서 속아주고 속아주는 것을 알면서 속이고 하는 시치미떼기와 너스레떨기 연극을 하고 있는 것과 다름이 아니다.

이미 패를 알고 승부수를 알아버린 게임을 그 두 부녀는 왜 계속 하고 있는가. 그 이유는 표면적인 것과 이면적인 것, 두 가지로 해석할 수 있다 우선 표면적인 것부터 살펴보기로 하자. 아버지 입장에서는 가출한 아들에 대한 걱정, 자신의 늙고 병약하고 무기력한 데 대한 불안감으로부터 해방하고자 하는 데 있다. 그리고 딸의 입장에서는 숨막히는 단조로움의 일상성, 외계와의 단절에서 오는 폐쇄성, 감추고 싶은 가계의 은폐성, 노추에 대한 열등감으로부터 탈출하려는 데 있다고 할 수 있다. 다음 그 이면적인 것으로는 작품의 밑바닥에 깔려있는 아이의 죽음, 어머니의 죽음이라는 모티프의 은유적 장치를 판독함으로써 해명할 수 있다. 이것은 아버지와 딸이 겪고 있는 불모성, 황폐성의 삶과 밀접하게 관계한다. 그들의 삶 속에서 아이와 어머니의 죽음은 이미 회생할 수 없는 소멸된 풍요로운 생산성의 상실감을 상징하고 있는 것이다. 이와 같이 그들의 의식 밑바닥에서 고통스런 내적 결핍 상태로 몰아가는 삶의 치유될 수 없는 근원적 상흔, 그 상흔으로부터 탈피하려는 데 있다고 할 수 있다.

마르쿠제는 인간이 과잉 억압에서 벗어나 정신적 장애를 극복할 수 있는 것을 '위대한 거절'이라고 말한다.[18] 인간이 공동체 사회의 일원으로서 사회의 규칙을 따르지 않는다면 그 공동체 사회의 억압을 견뎌내지 못할 것이다. 반면 자신의 욕망을 억압하고 공동체 사회의 규칙만을 따른다면 자신의 자아는 상실되고 말 것이다. 따라서 인간이 히스테리, 강박신경증, 신경쇠약, 편집증 등 자아 파괴 증상에 걸리지 않으려면 어떻게든 사회 규칙을 자신이 견디고 살 만한 것으로 바꾸어 놓아야 한다. 아버지와 딸의 화투 게임, 딸의 외출도 이와 같은 맥락에서 읽을 수 있다. 표피적으로 그들 두 부녀의 화투 게임은 저녁 식사 후 한가하고 평온한 시간을 즐기는 것 같지만, 그 배면에는 앞서 언급한 바 있는 표면적이고 이면적인 상황으로부터 탈출하고자 하는 무의식적 욕망이 자리잡고 있는 것이다.

강렬한 구속은 강렬한 파괴의 짝이다. 자유와 억압, 생산력과 파괴력, 구속과 일탈의 상호 관계는 근본적으로 상이한 실존적 관계에 토대한다. 딸의 외출은 소외와 단절, 공포와 불안, 구속과 억압의 변증법과 같다. 공동체 사회의 규칙, 가부장적 남성 위주의 이념에 굴복한 딸의 삶은 자기의 중심에서 끊임없이 이탈하면서 또 자기의 중심으로 끊임없이 돌아오고자 하는 불굴의 변증법이다. 때문에 그녀는 끊임없이 외출하면서도 끊임없이 귀가하고 있다. 이 점이 바로 과잉 억압에서 벗어나 정신적 장애를 극복할 수 있다고 언급한 마르쿠제의 소위 '위대한 거절'과 맥을 같이 하고 있는 것이다.

딸은 공사장 인부와 성행위를 끝내고 집으로 돌아온다. 그리고 책상 서랍을 열고 어머니가 남긴 글들의 종이뭉치를 꺼내서는 '코에 대고 그 흐릿하게 피어나는 마른꽃 냄새를 들이' 마신다. 그런 다음 수음을 자행한다.

---

[18] 허버트 마르쿠제·김인환역(1994) 『에로스와 문명』, 나남, p.14.

…나는 빈 집에서처럼 스커트를 끌어올리고 스웨터도 겨드랑이까지 걷어 올렸다. …여자는 침몰하는 배의 마스코트에 꽂힌, 구조를 청하는 낡은 헝겊 쪼가리처럼 밤새 헛되고 헛되이 펄럭일 것이다. 나는 내리누르는 수압으로 자신이 산산이 해체되어 가는 절박감에 입을 벌리고 가쁜 숨을 내쉬며 문득 사내의 성냥불빛에서처럼 입을 길게 벌리고 희미하게 웃어 보였다.

프로이트는 수음 행위를 자기발정적 유치병(幼稚症)이라고 했다.[19] 즉 아동기의 성욕은 자기발정적이고 수음을 하려는 조짐과 관계된다는 것이다. 또 융(C.Jung)에 의하면 어머니는 집단무의식, 곧 존재의 황홀한 차원, 생명수의 근원을 상징한다.[20] 생명 창조의 위대한 모성은 그녀의 고여서 찌들고 부패하는 시간과 공간의 숨막힘을 구제한다. 수음 행위는 불모성의 황폐한 현실에 생명력을 윤활유를 얻고자 하는 행위, 모성성을 획득하고자 하는 행위로 간주할 수 있다. 딸은 과거의 어머니가 그렇게 했을, 즉 '침몰하는 배의 마스트에 꽂힌, 구조를 청하는 헝겊 쪼가리처럼 밤새 헛되고 헛되이 펄럭'거리며 했을 성적 행위를 연상하며 그대로 모방하고 있다. 이러한 연상 모방은, 그녀의 무의식적 세계가 '과거로의 회귀'를 욕망하고 있는 것으로 풀이된다. 이것은 외출과 귀가의 시니피앙이다. 말하자면 파괴 본능으로부터 화해 본능에로의 되돌아옴이다. 성적 탈선 행위를 통하여 금지된 욕망을 실현시킨 딸은, 삶의 생명력을 획득하여 다시 옛 질서로 귀가한 것이다. 딸이 외출할 때의 '거기 그대로' 대문은 열린 채 있고, 이층의 여자는 아직껏 칭얼대는 아이에게 자장가를 웅얼거리며 베란다에서 서성이고 있으며, 아버지는 여전히 화투패를 치고 있는 그

---

19) 프로이트·김정일역(1996), 앞의 책, 360쪽.
20) C.G.Jung(1953), *Four archetypes*, Routledge & Kegan Paul, Sondon & Henley, pp.15~18 참조.

'긴 인연의 고리' 속으로 되돌아 온 것이다.

3. 마무리의 말

오정희 소설의 독법은 필연적으로 정신분석학적 천착에 부딪치게 된다. 그 첫째 이유는 그녀의 소설 작법이 의식/무의식, 시간/공간, 과거/현재, 환상/실제, 꿈/현실이 뒤섞이는 의식의 흐름 또는 자유 연상 기법을 사용하고 있기 때문이다. 이것은 통속적인 규범과의 일치를 거부하는 오정희의 독특한 서사 담론의 서술 기법으로 해석할 수 있다. 둘째는 그녀의 소설 속에 등장하는 인물들이, 정신적 아니면 육체적으로 병들어 불안정한 정서를 표출하고 있기 때문이다. 소설 속의 등장 인물들은 과거나 유년기의 끊임없는 반추를 통하여 현재와 성년기에 변용 연결시키고 있는 것이다. 이에 상응하여, 본 논의는 소설 『저녁의 게임』의 독법에 주로 라깡과 프로이트의 정신분석학적 욕망의 이론을 적용시켜 보고자 시도하였다.

라깡의 언어 이론에 따르면, 인간은 언어의 법칙 안에 진입하면서부터 언어와 더불어 주체성을 부여받고 동시에 부권적 질서 안에 편입되어 사회적 관계 속에 하나의 기호가 된다. 또한 라깡은, 무의식은 언어처럼 구성되어 있다고 한다. 자기이면서도 자기가 아닌 것처럼 여겨지는 존재를 타자(他者)라고 부른다. 이때 대타(大他)란 무의식 속의 자기 자신이다. 무의식 속의 자기 자신이 자기 혼자 떠드는 말은 '꽉 찬 말'이고 엉뚱하게 혼자 떠드는 말은 '텅 빈 말'이다. 무의식은 분명 대타의 진술이다. 그런데 라깡은, 그 진술은 시니피에에서 떠나버린 시니피앙으로 짜여져 있고 은유와 환유로 치장하고 나타난다고 한다.

소설 『저녁의 게임』에서 나타난 꽉 찬 말의 시니피앙들에 의한 무의식의 형성물들을 탐색하면, 딸은 바깥과 앞의 공간을 두려워하며 기피하고 있으며, 반면 안과 뒤의 공간적 속성을 지닌다. 이러한 딸의 폐쇄적, 단절적, 불안정적 정서의 밑바닥에는 떳떳치 못한 가정 환경과 더불어 비정상적 성장, 노추에 대한 열등 의식 내지 자기 비하 의식이 도사리고 있음을 엿 볼 수 있다. 그것들은 도마의 잘게 파인 홈마다 찌꺼기처럼 끼어 있다가 그리고 개수대의 물 속에 뿌연 앙금으로 자리하고 있다가 환상에 의해 딸의 의식 속으로 떠오르곤 흐트러지곤, 돌아오곤 되돌아가곤 한다. 프로이트에 의하면, 환상의 특징은 불만족한 생활을 하는 사람일수록 많이 한다. 그리고 이루어지지 못한 소망이 바로 환상을 낳게 하는 원동력이 된다. 따라서 소설 속의 딸 또한 불만족한 생활을 하고 있으며 이루어지지 못한 소망을 품고 있다고 할 수 있다.

텅 빈 말의 시니피앙은 아버지와 딸의 담론을 통해서 나타난다. 그리고 아버지와 딸의 대화는 이른바 가부장제 남성중심적 사고와 그 구체적 실현이라는 명제와 관련되어 있다. 이 소설에서 아버지와 딸은 알면서 속이고, 알면서 속아주는 시치미떼기와 너스레떨기의 대화를 연출한다. 딸은 아버지의 중심 질서 속에서 보족적이거나 열등한 역할을 떠맡고 있고 언어마저 성가름의 이데올로기 속에서 억압받고 있다. 즉 딸은 사회적 관습으로서의 성차별 말고도 언어 자체의 성차별주의라는 이중의 제한에 갇혀 있다. 이것은 남성중심적 문화권 안의 언어 체계 속에서 아버지와 딸, 나아가 남성과 여성의 관계를 드러내주고 있다. 그러나 한편 이 시치미떼기와 너스레떨기 언어 체계 속에는 소위 '말 속의 뼈'가 숨겨져 있다. 아버지와 딸, 남성과 여성의 힘 겨루기가 자리하고 있는 것이다. 아버지와 남성의 기호는 가부장적 남성위주 중심잡기에 안간힘을 다하고 있으며, 딸과 여성의 기호는 그러한 성차별의 이데올로기에 훼방을 놓아 그 중심을 흔들고 있는 것이다.

라깡은 소쉬르에게서 시니피앙과 시니피에라는 용어를 빌려와 인간의 무의식을 설명하고 있다. 그런데 라깡의 것은 소쉬르 것과 중요한 차이점을 보여준다. 즉 소쉬르는 하나의 시니피앙은 하나의 시니피에로 서로 순조롭게 대응 관계를 맺고 있다고 하였지만, 라깡의 이론에 따르면 시니피앙은 시니피에에 도달할 길이 없으며 떠돌고 있다고 하여 소위 '떠도는 시니피앙'이라고 하였다. 말하자면 하나의 시니피앙은 하나의 시니피에에 상응하나 또 다른 시니피앙에 의해 소멸되고 만다는 것이다. 그리하여 원래의 시니피에는 무의식 속에 숨어버리고 시니피앙들의 끊임없는 자리바꿈이 일어난다. 여기서 시니피에는 억압된 내용에 해당한다. 이와 같이 소설 『저녁의 게임』은 시니피에를 떠나 끝없이 겉도는 시니피앙의 놀이이다. 꽉 찬 말이나 텅 빈 말 모두가 어긋나고 뒤틀린 생의 불협화음을 연주하고 있을 따름이다.
　그러면 아버지·어머니·딸의 심연 속에 휴화산처럼 일렁거리고 있는 욕망들은 어떠한 것인가. 각각 그들의 무의식 밑바닥 속에 각인되어 의식의 폐쇄회로에 떠오르고 있는 기억의 스냅 사진들은 도대체 무엇으로부터 형성되어 온 것인가. 우선 아버지의 무의식적 심연 속을 더듬어 가보면, 가부장적 질서의 남성중심의 사고와 맞닥뜨리게 된다. 우리 나라 남성주심의 가부장제도는 유교도덕 사회의 순응주의를 대표하는 믿음 체계의 하나로, 그 안에는 과잉 억압이 도사리고 있다. 이것은 남녀 계급 구조의 토대를 여자의 눈에 띠지 않도록 치장한 속임수이다.
　이 소설에서 아버지는 가부장이 누릴 수 있는 특권인 권력과 쾌락을 독점하고 아내와 자식의 몫을 단념시킨 인물이다. 아버지는 어머니를 자신에게 딸린 존재로서, 하나의 성적 쾌락의 상품 또는 씨받이로 간주하고 있을 뿐이다. 그리고 딸은 충직한 시중꾼 같은 존재로 생각하고 있을 따름이다. 가족 구성원 가운데 아버지는 유독 아들에게만은 애착심을 보인다. 이것은 우리 나라 조선 후기 가족 제도인 부자를 중심으로 한 장자

상속의 근간을 보여주고 있다. 즉 아들을 통해서 가족이 뿌리내리게 된다는 신념 체계이다. 아버지에게 있어 아내나 딸은 가계를 이어가지 못할 결핍된 소유물과 같은 존재일 뿐이다. 때문에 아버지는 가출한 아들을 기다린다. 아버지는 화투를 가지고 혼자서 할 수 있는 온갖 게임을 다 알고 있다. 아버지는 그 게임 가운데 하루하루의 재수패 혹은 점괘를 둔다. 그것은 '반가운 손님' 즉 가출한 아들이 돌아오기를 간절히 바라고 있음이다. 그것은 S3에서 유독 '까치의 울음'에 신경을 쓰고 있는 모습에서도 단서를 찾을 수 있다. 우리 나라 속신(俗信)에 아침에 까치가 울면 반가운 손님이 찾아온다는 것과 맥을 같이 하고 있는 것이다. 바로 이것이 화투 게임의 한 비밀이기도 하다.

  이 소설 속에서 아버지의 이러한 가부장적 남성중심 사고의 신념은 필연적으로 가정 안에 여러 가지 비극적 문제를 야기시키고 있다. 그 첫째가 아내의 신경쇠약증과 갓난애의 살인 사건이다. 끝내 아내는 죽음으로 끝을 맺는다. 이 커다란 비극의 모티프는 아들의 가출로 이어지고 가족 구조는 허물어진다. 상대적으로 아버지와 딸은 치유할 수 없는 근원적 상흔을 지니게 된다. 아버지가 두는 화투 게임의 또 하나의 비밀은 가부장적 남성위주 질서에 대한 중심잡기와 아내의 죽음 그리고 갓난애의 살해라는 모티프로부터 탈출하고자하는 욕망에서이다. 늙고 병들고 무기력한 자기 자신의 위치를 추락시키지 않기 위해서, 안간힘을 다해 딸에게 명령하고 질책하고 강요하는 언행을 자행한다. 또한 시치미를 떼며 너스레를 떨면서 가정 파탄이라는 테마로부터 해방하고자 화투 게임에 의탁한다. 게임은 일종의 놀이이다. 놀이 충동은 본능의 기본적 충동으로써 해방의 매개물이다. 놀이의 기능은 억압을 분쇄하고 인간을 신체적 도덕적으로 자유롭게 하는 것이다.

  작품 안에서 어머니의 신경쇠약의 발병 원인은 남성지배의 사회에서 여성이 당면하고 있는 성억압 체계로 해석할 수 있다. 남성중심의 가부장제 사회에서 여성은 남편의 내조자로서, 자녀의 어머니로서의 역할만 주어질뿐 그녀 자신의 고유성을 갖지 못한다. 그러나 어머니는 이러한 남성중심적 사고 체계에 완전히 길들여지지 못한다. 그녀는 유치원 보모로서 소위 사회의 지적인 여성에 속한다고 할 수 있다. 그리고 목소리가 곱고 노래를 잘하고 향수를 뿌리고 다니며 나비처럼 밖으로 나다니기를 좋아하는 점등으로 미루어, 감상적이며 낭만적인 여성성을 띠고 있다고 할 수 있다. 이러한 성향을 지닌 그녀는 체구가 조그마한 것처럼 마음도 나약했던 모양이다. 끝내 그녀는 남성중심의 가부장적 질서 안에서 길들여지지 못했을 뿐만 아니라 그 한계를 뛰어넘지도 못하였다. 그래서 신경쇠약에 걸려 갓난애를 죽이게 되고 정신 병원에 억류되어 있다가 죽고 마는 '성억압 체계의 희생물'이라고 할 수 있다.

  딸의 절망은 타인에 의한 어쩔 수 없는 단절, 혹은 좌절, 어떤 힘에 의해 강제적으로 폐쇄 당함 등이다. 그녀는 자폐의 공간 속에서, 절망과 단절 속에서 한없이 과거의 기억들을 반추하며 환상의 세계에서 현재와 과거를 뒤섞고 병치시키는 왜곡된 반사 작용을 일삼고 있다. 이러한 그녀의 무의식 세계를 탐색해 보면, 거세 콤플렉스와 오이디푸스 콤플렉스가 자리하고 있음이 발견된다. 이 소설에서처럼 남성중심적 편향성을 보여주고 있는 가정에서, 여자아이의 거세 콤플렉스 발생은 자연스런 현상일 것이다. 또한 거세 콤플렉스 징후인 페니스에 대한 부러움과 동경은 어머니를 적대시하는 상황으로 몰고 갈 수 있다. 프로이트에 따르면 유아기 여자아이는 페니스를 갖지 않고 태어난 자신의 책임이 전적으로 어머니한테 있다고 원망한다. 그리고 어머니의 돌출된 젖꼭지 또한 다른 형제들과 나눠 가져야 한다는 결핍감에서 어머니를 배척하고 아버지의 돌출된 페니스로 관심을 집중하게 된다. 이때 아버지의 짝인 어머니는 자연스럽게 여자아이의 질투의 대상이 되고 만다. 동시에 여자아이에게 오이디푸스 콤플렉스가 고착된다.

소설 『저녁의 게임』의 가정 상황은 오이디푸스적 상황과 흡사하다. 즉 서로 반대되는 성(性)의 아버지와 딸이 남아있는 것이다. 오이디푸스 콤플렉스적 욕망에 사로잡힌 딸은 그러나 근친 상간을 금지하는 사회적 벽에 부딪치게 되고, 도덕적 금제에 좌절한다. 따라서 딸은 자연히 외부에서 대상을 찾게 된다. 그 대상으로 작품에서는 공사장 인부가 등장한다. 딸은 야성적인 공사장 인부를 통해 아버지와의 오이디푸스적 관계를 발산한다.

프로이트는, 무의식의 기저에는 마음의 역점들이 이동하는 현상과 마음의 표상들의 압축하는 현상이 있다는 이론 체계를 펼쳤다. 이 이동 현상과 압축 현상은 각각 의식적 언술에 나타나는 결합 관계와 선택 관계에 대응한다. 야콥슨은 프로이트가 언급한 결합 관계, 즉 인접 관계의 표현을 환유라 하고 선택 관계, 즉 유사 관계의 표현을 은유라고 이름했다. 라깡 역시 야콥슨을 따라서 프로이트의 용어인 이동과 압축을 각각 환유와 은유라는 용어로 대체했다. 환유의 심리 과정은 마음의 섬광이 낱말과 낱말의 상호 작용을 통하여 의미 작용을 생성한다.

이 소설에서 딸의 무의식적 저변에 도사린 오이디푸스 콤플렉스는 공사장 인부에게 아버지의 페니스가 투사된다. 딸에게 있어서 공사장 인부는 아버지의 환유에 해당한다. 아버지 역시 공사장 인부를 통해 성적 욕망의 대리 만족을 실현시키고 있다. 공사장 인부는 아버지의 대타(大他)인 것이다. 또한 아버지와 딸의 관계는 의식적으로 모순과 대립이 없는 평온한 관계에 있지만, 무의식적 관계에서는 가부장적 남성 권력과 여성 권력의 층위를 형성하는 은유 관계에 놓인다 할 수 있다.

이와 같이 무의식 밑바닥에 거세 콤플렉스, 오이디푸스 콤플렉스가 고착된 딸은 비뚤어진 성적 목표를 갖기가 십상팔구다. 이것은 딸에게 마조히즘적 성욕도착 징후로 나타난다. 소설 『저녁의 게임』에서 아버지의 성적 언행은 다분히 사디즘적 성향을 띠고 있고, 딸의 성적 언행은 마조히즘적 성향을 띠고 있다. 그녀는 공사장 인부와 성적 탈선을 자행한다. 그녀는 비정상적 공간에서 비정상적 행동으로 소위 병적인 성행위를 치른다. 딸의 대상인 공사장 인부는 근육질의 사내로서 상스럽고 거칠게 딸을 다룬다. 즉 폭력적이고 가학적이다. 다리 안에 오소소 소름이 돋으면서도 사내의 난폭함을 당하고 있는 그녀는 광기적이며 피학적이 아닐 수 없다.

이러한 병적 성관계를 끝낸 딸은 사내에게 돈을 요구한다. 이것은 성적 행위의 수요량은 가격의 함수라는 남성중심주의 성폭력의 한 단면을 재현해 주고 있다. 흔히 딸은 어머니와 비슷하게 닮아감으로써 정체성을 형성하게 된다고 한다. 즉, 가부장적 가정 질서에서 아버지와 어머니의 관계를 지켜보면서 자라온 딸로서는 무의식 중에 성행위에 매춘이라는 테마를 연결시키는 연출을 행하였던 것이다. 그만큼 아버지는 어머니를 성적 상품으로 간주하였음이 극명하게 추정된다고 할 수 있다. 性을 상품으로 간주하고 돈과의 교환 과정으로 인식한 딸의 행위는 일종의 네크로필리아의 행위라 할 수 있다. 이러한 행위는 열린 체계를 닫힌 체계로 바꾸고 싶어하는 폐쇄성을 지닌다.

그런데 이러한 그녀의 마조히즘적 성욕도착은 단선적인 성향만을 가지고 있다고 볼 수 없다. 그것은 동시에 사디즘적 성욕도착이라는 짝을 수반하고 있다. 무의식적 노출증 환자들은 동시에 훔쳐보는 절시증 취미를 가진 성욕도착자인 것과 궤를 같이하고 있는 것이다. 다시 말하여 딸의 마조히즘적 성행위는 동시에 아버지의 사디즘적 성행위를 연상하고 쾌락을 증폭시키고 있는 것이다. 공사장 인부는 아버지의 환유이기 때문이다. 이와 같이 딸의 비뚤어진 성행위는 아버지의 리비도를 만족케 하면서 동시에 자신도 만족을 얻게 되는 성욕도착의 무의식적 행위라고 판독할 수 있다.

정신분석의 이론에 의하면, 인간의 삶은 본능과 의식의 행사이다. 인간의 본능은 쾌락 원칙을 따르고 의식은 현실 원칙을 따른다. 인간은 쾌락 원칙과 현실 원칙의 양면성을 조절하면서 삶을 영위해 가고 있다. 그런데 쾌락 원칙에는 파괴 본능과 화해 본능이 이 동시에 존재하고 있다. 소설 『저녁의 게임』에서 드러나는 아버지와 딸의 화투 게임, 그리고 딸의 외출이라는 두 테마는 쾌락 원칙에 속하는 파괴 본능과 화해 본능으로 해명할 수 있다. 먼저 아버지와 딸의 화투 게임은 놀이의 쾌락을 통한 화해 본능의 표현으로 귀결된다. 즉 두 부녀의 티격태격 시치미떼기와 너스레 떨기 그 배면에는 무언의 공생적 타협이 도사리고 있는 것이다. 표면적으로는, 아버지는 가출한 아들에 대한 걱정, 자신의 늙고 병약하고, 무기력한 가장으로서의 불안함에서 해방된다. 딸은 숨막히는 단조로운 일상성, 외계와의 단절에서 오는 폐쇄성, 감추고 싶은 가계에 대한 은폐성, 노추에 대한 열등감으로부터 해방된다. 그리고 이면적으로는 아버지와 딸의 삶 속에 함께 얼룩진 갓난애와 어머니의 죽음으로부터 오는 근원적인 상흔, 그 불모성과 황폐성으로부터의 탈출이다.

  딸의 외출과 성적 탈선도 이와 같은 논리의 맥락에서 해명할 수 있다. 그것은 파괴와 화해의 변증법이다. 인간이 공동체 사회의 일원으로서 사회의 규칙을 따르지 않는다면, 그 공동체 사회의 억압을 견뎌내지 못할 것이다. 반면 자신의 욕망을 억압하고 공동체 사회의 규칙만 따른다면 자신의 자아는 상실되고 말 것이다. 따라서 인간이 히스테리, 강박신경증, 신경쇠약, 편집증 등 자아 파괴에 걸리지 않으려면 어떻게든 사회 규칙을 자신이 견디고 살만한 것으로 바꾸어야 한다. 공동체 사회의 규칙, 가부장적 남성위주의 이념에 굴복한 딸의 삶은 자기의 중심에서 끊임없이 이탈하면서 또 자기의 중심으로 돌아오고자 하는 불굴의 변증법이다. 때문에 그녀는 끊임없이 외출하면서도 또 끊임없이 귀가하고 있다. 이것이 바로 외출과 귀가의 시니피앙이다. 말하자면 파괴 본능으로부터 화해 본능에로의 되돌아옴이라고 할 수 있다. 성적 탈선 행위를 통하여 금지된 욕망을 실현시킨 딸은, 삶의 생명력을 획득하여 다시 옛 질서 그 '인연의 고리' 안으로 귀가한 것이다.

　오정희 소설이 대부분 가부장제 사회에서의 여성의 실존 문제를 탐구하고 있다는 것은 주지의 사실이다. 소설 『저녁의 게임』에서도 아버지와 딸 등의 회상의 기억들을 통해 가부장제의 모순 및 그 속에서의 여성적 위치를 문제삼고 있다. 또한 그러한 가정 환경 속에서 성장하는 자식들의 삶의 한 단면도 동시에 보여주고 있다. 이 소설에서 딸은 가부장적 관습이나 제도의 틀에 대해 거부감을 표명한다. 그리고 고여서 찌들고 부패하는 시간과 공간의 숨막힐 듯 한 범속함 속에서 벗어나기 위해 광기어린 욕망에 전율하면서 자기 자신을 파괴한다. 그러나 딸은 그 관습과 제도의 틀 속으로 마치 아무런 일도 없었다는 듯이 되돌아온다. 그 만큼 오정희 소설에 있어서 여성의 욕망은 허약하다. 따라서 남성중심적 지배 밑에서 벗어나 자기 정체성을 확립한 여성의 실천적인 삶을 제시하지 못한 한계점을 노출하고 있다. 그럼에도 불구하고 가부장제 사회가 여성에게 부과하는 억압의 무게를 인식하고 여성의 내면적 삶을 섬세하게 그려내고 있다는 점에서 페미니즘 소설의 한 자리매김을 할 수 있다고 생각한다.

참고문헌

가스통 바슐라르, 곽광수 역(1990), 『공간시학』, 민음사.
─────, 이가림 역(1986), 『물과 꿈』, 문예출판사.
곽광수·김현(1976), 『바슐라르 연구』, 민음사.
김관식(1964), 「청록파의 天地 : 서설」, ≪신세계≫, 4월호.
김동리(1948), 「三家詩와 자연의 발견」, ≪예술조선≫, 4월호.
────(1952), 「자연의 발견」, 『문학과 인간』, 청춘사.
김무조(1988), 『한국 신화의 원형』, 정음문화사.
김상일(1988), 『한밝문명론』, 지식산업사.
김성배(1979), 「박목월 시 연구」, 고려대 석사논문.
김열규(1973), 「신화, 시의 은유와 자유」, ≪문학사상≫, 9월호.
────(1976), 『한국의 신화』, 일조각.
────(1980), 「정서적 인식과 종교적 위탁」, ≪심상≫, 3월호.
────(1981), 『시적 체험과 그 형상』, 새문사.
────(1983), 『한국문학사』, 탐구당.
────(1984), 『시적 체험과 그 형상』, 대방출판사.
────(1987), 「신화와 동굴, 그 상징적 원형성」, ≪문학과 비평≫, 9월호.
────(1989), 「신화적 재생, 상징, 그 형성과 원리」, ≪문학과 비평≫, 봄호.
김용직(1974), 『한국문학의 비평적 성찰』, 민음사.
────(1979), 「諧調와 기법」, ≪심상≫, 3월호.
────(1988), 『상징』, 문학과 지성사.

김용희(1985), 「朴木月詩研究」, 경희대 석사논문.
───(1988), 「박목월 시의 미적 거리연구」, 이화여대 석사논문.
김우창(1977), 『궁핍한 시대의 시인』, 민음사.
김윤식・김현(1984), 『한국문학사』, 민음사.
김은자(1987), 「자화상의 동굴 모티프」, ≪문학과 비평≫, 가을호.
김인환(1971), 「朴木月와 자연」, 문교부 연구보고서.
김인회(1987), 『한국 무속사상 연구』, 집문당.
김종길(1974), 「향수의 미학」, 『진실과 언어』, 일지사.
김춘수(1963), 「청록파의 시 세계」, ≪세대≫, 통권 1호.
───(1969), 「문장추천 시인군의 시형태」, 『한국현대시 행태론』, 해동문화사.
김해성(1978), 「자연귀의와 三觀詩考」, ≪현대문학≫, 287호.
김현자(1984), 「박목월 시의 감각과 시적 거리」, ≪문학사상≫, 9월호.
───(1984), 「청록파 詩에 나타난 의성・의태어 연구」, 『이화어문논집』, 7집.
김형필(1985), 「朴木月詩研究」, 한양대 박사논문.
김혜니(1990), 『박목월 시 공간의 기호론적 연구』, 이화여대 박사논문.
───(1995), 「김명배 시의 신화원형 구조」, ≪창작과 문학≫ 창간호.
김화영(1982), 『문학상상력의 연구』, 문학사상사.
김희무(1988), 「박목월 시 연구」, 전남대 교육대학원 석사논문.
노드롭 프라이, 임철규 역(1982), 『비평의 해부』, 한길사.
다니엘 들라스・쟈크 필리올레, 유재식・유재호 역(1985), 『언어학과 시학』, 인동
로보트 숄즈, 유재천 역(1988), 『기호학적 해석』, 현대문학사.
롤랑 바르트, 김치수 역(1985), 「이야기구조분석」 ≪문학사상≫ 9.
릭 브로와, 윤정선 역(1988), 『징표・상징・신화』, 탐구당.
메르시아 엘리아데, 이동하 역(1983), 『성과 속』, 학민사.
멜시아 엘리아데, 이은봉 역(1982), 『宗敎形態論』, 형설출판사.
문덕수(1965), 「박목월론」 ≪문학춘추≫, 6월호.

──(1971), 「원형비평의 시도」, ≪현대문학≫, 10월호.
미카엘 리파떼르, 유재천 역, 『시의 기호학』, 민음사.
민속학회(1994), 『한국민속학의 이해』, 문학아카데미.
박도양(1983), 「用色彩學」, 이우출판사.
박목월(1979), 『구름에 달가듯이』, 삼중당
──(1979), 『내 영혼의 숲에 내리는 별빛』, 세계문학사.
──(1979), 『크고 부드러운 손』, 영산출판사.
──(1984), 『박목월 시 전집』, 서문당.
박운용(1984), 「朴木月詩의 自然空間研究」(上·中·完), ≪심상≫, 3·5·6월호.
박호영·이숭원(1985), 「박목월과 자연」, 『한국 시문학의 비평적 탐구』, 삼지원.
北崖子, 심학균 역(1968), 『규원사화(揆園史話)』, 대동문화사.
서경온(1988), 「朴木月詩研究」, 성신여대 석사논문.
서정주(1969), 『한국의 현대시』, 일지사.
소광희(1971), 「木月의 시정신 연구」, 『지헌영선생 華甲기념논총』.
신동욱(1978), 「박목월 시와 외로움」, 『관악어문연구』 제3집
──(1981), 「박목월의 시와 외로움의 의식」, 『우리詩의 역사적 연구』, 새문사.
심윤종(1985), 『현대사회와 인간』, 지학사.
아놀드 하우저, 김진욱 역(1982), 『예술과 소외』, 종로서적.
엄경희(1990), 「박목월시의 공간의식연구」, 이화여대 석사논문.
에드워드 T.홀(1984), 김지명 역, 『숨겨진 차원』, 정음사.
오세영(1975), 「한국 현대시와 신화」, ≪월간문학≫, 12월호.
──(1978), 「자연의 발견과 그 종교적 지향」, ≪한국문학≫, 4월호.
──(1983), 「박목월론」, 『현대시와 실천비평』, 이우출판사.
──(1984), 「形式的 기교미와 自然의 인식」, ≪문학사상≫, 8월호.
오탁번(1976), 「청록파의 방향과 의미」, 『현대문학산고』, 고려대 출판부.
왕수완(1986), 「박목월 시 연구」, 동아대 석사논문.

유경환(1981), 『한국 현대 동시론』, 배영사.
유시욱(1989), 「1920년대 시에 나타난 재생 모티프」, ≪문학과 비평≫, 봄호.
윤사순(1993), 『동양사상과 한국사상』, 을유문화사.
윤재근(1987), 「朴木月의 지향성」, ≪심상≫, 5월호.
이기철(1970), 「서정시의 형태적 승리」, ≪현대문학≫, 6월호.
이부영(1994), 『한국민담의 심층분석』, 집문당.
이성교(1979), 「크고 부드러운 손」, ≪심상≫, 3월호.
이승훈(1977), 「두 시인의 변모」, ≪문학과 지성≫, 여름호.
─────(1983), 「박목월의 시 세계」, 『목월 문학 탐구』, 민족문화사.
─────(1983), 『문학과 시간』, 이우출판사.
─────(1987), 『한국시의 구조분석』, 종로서적.
이어령(1986), 『문학공간의 기호론적 연구』, 단국대 박사학위논문
이재철(1980), 「목월 시의 구조분석」, ≪심상≫, 3월호.
이정자(1988), 「박목월시연구」, 한양대 석사논문.
이지자·올리비에리·스크트릭, 장영수 역(1989), 『문학의 상징·주제사전』, 청하.
이형기(1964), 「박목월의 면모」, ≪문학춘추≫, 7월호.
─────(1984), 「박목월론」, ≪심상≫, 10월호.
이희중(1985), 「박목월 시연구」, 고려대 석사논문.
임종국(1983), 『친일문학론』, 평화출판사.
전규태(1980), 『한국신화와 원초 의식』, 이우출판사.
전봉건(1964), 「木月, 카멜레온의 소묘」, ≪세대≫, 5월호.
정금철(1989), 「현대시에 수반하는 재생의 심상」, ≪문학과 비평≫, 봄호.
정신재(1973), 「미당시에 나타난 신화적 의미」, ≪시문학≫, 1월호.
─────(1981), 「현대문학에 나타난 달의 의미」, ≪현대문학≫, 1981. 9.
정영자(1979), 「원형의 재생─서정주론」, ≪현대문학≫, 4월호.
정지용(1940), 「詩選後」, ≪문장≫, 9월호.

정태용(1970), 「박목월론」, ≪현대문학≫, 6월호.
정한모(1982), 『현대시론』, 보성문화사.
조동일(1973), 『고전문학을 찾아서』, 문학과지성사.
─────(1985), 『한국설화와 민중의식』, 정음사.
조두섭(1984), 「朴木月 律格의식변모 연구」, 대구대 석사논문.
조상기(1981), 「박목월론」, 『한국문학연구』, 제3집.
조명기 외(1994), 『한국사상의 심층』, 우석출판사.
조셉 캠벨, 이윤기 역(1989), 「어머니 우주」, 『세계의 영웅신화』, 대원사.
조지훈(1955), 「발문」, 『산도화』, 영웅출판사.
─────(1985), 『깊은 밤 홀로 깨어나』, 영언문화사.
채수영(1987), 『한국현대시의 색채의식연구』, 집문당.
天大有, 임동석 역(1996), 『용봉문화원류』, 동문선문예신서 42.
천이두(1979), 「허구와 현실」, 『동리 문학이 한국문학에 미친 영향』, 중앙대 문예창작과.
─────(1985), 『한국문학과 恨』, 이우출판사.
최길성(1994), 『한국인의 울음』, 밀알.
최운식(1993), 『민속적인 삶의 의미』, 한울.
최원규(1977), 「木月의 서정시 연구」, 『한국현대시론』, 학우사.
최창록(1970), 「청록파의 자연관과 시사적 의의」, 『어문학통권』 23호.
칸딘스키, 권영필 역(1985), 『예술에 있어서 정신적인 것에 대하여』.
칸딘스키, 차봉희 역(1983), 『점·선·면』, 열화당 미술신서 35.
칼 융, 이부영 역(1983), 『분석철학』, 일조각.
토도로프, 곽광수 역(1976), 『구조시학』, 문학과지성사.
한국미술연구회 편(1985), 「繪畫에 있어서 상징적 언어성 고찰」, 『미술학보』Ⅰ.
한스 마이어호프, 김준오 역(1987), 『문학과 시간현상학』, 삼영사.
홍기삼(1970), 「나그네·윤사월」, ≪월간문학≫, 6월호.
홍의표(1935), 「목월시와 자연」, 부산대 석사논문.

황금찬(1980),「박목월의 신앙과 시」, ≪심상≫, 3월호.
D.W. 포케마, 엘루드쿤네・입쉬, 윤지관 역(1983),『現代文學理論의 조류』, 학민사.
G.바슐라르(1983),『문학현상학』.
G.가스똥 바슐라르, 이가림 역(1986),『물과 꿈』, 문예출판사.
G.바슐라르, 김현 역(1989),『몽상의 詩學』, 기린원.
G.바슐라르, 민희식 역(1982),『大地와 意志의 夢想』, 삼성출판사.
M.엘리아데, 정진홍 역(1976),『宇宙와 歷史』, 현대사상사.
M.엘리아데, 이은봉 역(1932),『종교형태론』, 형설출판사.
M.엘리아데, 김병욱 역(1981),『문학과 신화』, 대현.
N. 프라이, 임철규 역(1982),『비평의 해부』, 한길사.
Umnerto Eco(1979), 서우석 역,『기호학의 이론』, 문학과 지성사.
Barthes, R, 김현 역(1979),「구조주의와 활동」,『현대비평의 혁명』, 홍성사.
─────, 김치수 역(1980),『구조주의적 문학비평』.
C. N. 슐츠, 김광현 역(1985),『실존・공간・건축』, 산업도서출판공사.
C.G. 융, 유기룡 외 역(1986),『콤플렉스・원형・상징』, 경북대 출판부.

Bal, M(1984), *Narratologie*, HES, Utrecht.
C. G. Jung(1958). *Psyche and Symbol*, Doubleday Anchor.
Ceasare Segre(1979), *Structures and Time ; Narration, Peotry Models,* chicago and London, The Univ. of Chicago Press.
Christian, Norberg, Schulz(1971), *Existance, Space & Architecture*, New York : Praeger Publishers.
E. Cassirer(1944), *Essay and Man New haven*, Yale Univ. Press.
E. Kastner(1960), *Olberge, Weinberge*, Frankfurt.
Edward T. Hall(1959), *The Silent Language*, New York : Doubleday and Company, Inc.
Ferdinand de Saussure(1966). *Course in General Linguistics*, ed. Charles Bally and Albert Sechehaye, N.Y : Philosophical Library.

G. Bachlard(1942), *Leau et les Reves*, Paris : Jose―Corti.

―――――(1949), *La Psychanalysedu Feu*, Paris : Gallimard.

―――――(1964), *La Poetique de lespace*, presses Universitaires de France, Paris : The Orion press, N.Y.

―――――(1985), *La poetique lespace*, Quadrige/PUF.

Genett, G(1983), *Nouveau discourse du récit*, Seuil.

George h. Mead(1970), *Mind, Self and Society*, ed. by Charles W.Morris, The Univ of M.Eliade, Patterns in Comparative Religion, Bew Yord,. 1957,chicago press.

Holmberg―Harva(1922~3), *Der Baum des Lebens*, AASF, Helsinki, XV

J. P. Richard(1964), *Onze études sur la Peésie Moderne*, Paris Seuil, 161 Whr.

J.Middleton(1967), Myht and Cosmos, University of Texas Press, Austin and London.

Jameson Fredric(1972), *The Prison―House of Language*, Princeton Univ. Press.

Jung, C.G.(1976), *Die Archetypen und das Kollektive UnbewuBten*, G.W.Bd.9/1, Walter Verlag, O Hen.

―――――(1953), *Symbole des Wadlung*, Rascher Verlag. Zurich.

―――――(1960), *Psychologische Typen* : Definition, Gesammelte Werke Bd, Rascher Verlag, Zurich.

Louis cheskin(1976), *Colors what they can do for you*, 洪鐘鳴 역, 신아각.

Louis Hjelmslev(1961), *Prolegomena to a Theory of Language*, Madison:University of Wisconsin.

Luis Prieto(1968), "La Semiologie" in Le Language, Encyclopedie de la pleiade : sous la direction d' Andre Maftinent, Paris, Gallimard.

Luis Prieto(1982), *"La Semiologie" in Le Langage*, Encyclopedie de la pleiade : sous la direction d'Andre Maftinent, Paris, Gallimard.

M. Bodkin(1963), *Archetypal Patterns in Poetry* ; Psychological Studies of Imagination, London, Oxford Univ. Press.

M. Casalis(1976), *The dry and wet, A Semiological analysis of creation and Flood myths*, Semiotica 17:1, Mouton publisher,

M. Elade(1951), *Le Chamanismet les techniques de letasxe*, paris.

―――(1959), "The Sacred and the Profane", *The Nature of Religion*, N.Y : Harcourt, Brace&World.

―――(1977), *Forgerons et Alchimies*, Paris, Flammarion.

M. Heidegger(1954), *Bauem Wohnen Denken*, Vorträge und Aufsätze.

M. Merleau Ponty(1962), *Phenomenology of Perception*, trans. by C. Smith, Routledge & Kegan Paul.

Martin HeideggerI, *Bauen Wohnen Denken, Vortahe und Aufsatze*, II, pfulingen.

Martin, Heidegger(1971), *Poetry, Language, Thoyght*, trans. Albert Hofstadter, New York : Harper & Row, Pubishers.

Mary Douglas(1968), *International Encyclopedia of the Social sciences*, New York.

Muller.W(1918), *Egytian Mythology*, Boston.

N. Frye(1964), *The Educated Imagination*, Blioomington. Ind : Indiana Univ. Press.

―――(1873), *Anatomy of Criticism*, Princeton University press.

Noveau Bescherell(1966), *l'Art de conjuguer*, Hatier.

O. F. Bollnow(1963), *Mens und Raum, Stuttgart*: Kihlhammer.

Philip Wheelwright(1962), "Poetry, Myth, and Reality", *The Modern Critical Spectrum*, eds. by G. J and N. Goldberg, Prentice-Hall, Inc., Englewood Cliffs.

Phyllis Bently(1967), "Use of summary" in The Theory of the Novel, P. Stevick, ed. N.Y, The Free Press.

R. Scholes(1982), *Semiotics and Interpreacation*, New Haven and London : Yale Univ. Press.

R.Barthes(1983), *Element of semiology*, Translated from the French by Annette Lavers and colin smith, HILL and WANG, N.Y.

R.p.Richard(1964), *Onze edueds sur la poesie moderne*, Paris, Seuil.

Rabkin, Eric S.(1977), "Spatical Form and Plot", Critical Inquiry, Vol. 4, No. 2.

S. Freud.(1918), *Totem and Taboo, trans*. by A. A. Brill, New York: Moffat Yard & Co.

Todorov, T(1971), "Language and Literature" in The Poetics of Press, trans. Richard

Howard, N.Y, Cornell Univ, Press.

Tomashevsky, B(1965), "the matics" in Russian Formalism Four Essays, trans and intro, L.T. Lemon and M.J. Reis, Lincolon and London, Univ. of Nebraska Press.

Umberto Eco(1979), *A Theory of Semiotics*, Bloomington, Indiana University Press

W. Kayeser, 김윤수 역(1982), *Das sprachliche kunstwerk Eine Einfuhrung in die Literaturwissen schaft*. 대방출판사.

W. Muller(1961), *Dieheilige Stadt*, Stuttgart, 1961,

Weill(1936), *Le champ des roseaux etle champ des offrand dans la religion runeraire et la religion generale*, paris.

Welleck & Warren(1970), *Theory of Literature*, 3rd, ed London, Harcourt, Brace & World.

Winthrop D. Jordan(1969), *White Over Black*, Pelican Books.

Yu. Lotman(1977), *The Dynamic Model of a Semiotic system*, Semiotica.

Yurij, Lotman(1975), "On the Metalanguge of a Typological Description of Culture", Semiotica.

────────(1977), "The Dynamic Model of a Semiotic System", Semiotica

찾아보기

1. 용어색인

㉠

가벼운 돌 259
가을의 미토스(비극) 313
각상 272
감음/품 315
감음과 품, 319
거세 콤플렉스 421
거울 단계(the mirror-stage) 383
겨울의 미토스 313
경계적 기호 103
계단 70
고독성 272
고딕의 계단 278
공간구조적 단락(strophe) 290
공간기호 체계 145
공간기호론 230

공간기호론적 방법론 216, 226
공간적 제 관계 25
공간체계 24
관계론적 견해 354
관계의 망(network) 43
광상시(rhapsodic) 313
구겨져 버린 시 279
구석으로 몰리는 휴지 279
구조체의 탐색 246
규원사화(揆園史話) 308
근원적 주제 283
근원적인 공간 272
근원적인 주제 88
기다리는 어머니 147
기법 장치의 망 333
기사담(romance) 313
기호 내용(content) 22, 229
기호 의미 22
기호 표현(signifiant) 22, 229
기호론적 독해 44

기호 체계 24

ㄴ

남성중심적 편향성 420
낭만적인 여성성 419
내계 공간(정신적·이상적) 297
내재적 접근 방법 19
내지 영감(inspiration) 264

ㄷ

단위적 공간 81
달려오는 아들 147
대여신(大女神) 170
동위소 46
등가적 이미지 96

ㅁ

말 속의 뼈 288, 417
매개적 공간기호 57
메타 언어 23
모리스의 기호론(semiotic) 228
모여듦/물러남 315
모여듦과 물러남 319
모향(motherland) 308
모호성·애매성(amniguity) 242
목가시(pastoral) 313
목월 텍스트 공간 178
목월의 텍스트 175

몽환의 집 88, 283
무거운 돌 258
무속 신화 320
물질/의미 265
미각적 낱말 175, 220
미정성(indeterminateness) 241
믿음의 밧줄 77
밑바닥 삶 245

ㅂ

밖(室外)/안(室內) 269
발견하는 직관(intuition) 264
배역시 121
봄의 미토스(희극) 313
부동성 272
부동적 텍스트 146
불가시적 세계 264
불가시적인 원관념 265
불사의 풀 118
비가(elegy)의 원형 313
비거주성 139
비극(tragedy)의 원형 313
비문의/청동색 청조체 298
비윤 사월 45
비정상적 공간 421, 422
비정상적 행동 422
비정착성 139
뿌리와 유계성 88

ㅅ

사건의 현재(story-NOW) 345
사디즘(sadism) 403
사디즘적 성향 421
사잇공간 58
살벌한 생활 현장에 내팽개쳐진 자신 137
삶/죽음 265
삼원공간 구조체계 136
삼원공간 기호체계 150
삼원구조 27, 80
삼원구조 기호체계 202
삼원구조 기호체계 216
삼태극 322
상관 관계(corrélation) 230
상관식 구조 283
상방적인 것 182
상승적 소리 294
색즉시공, 공즉시색(色卽是空, 空卽是色) 296
색채 기호 47
생명적 욕구 42
서술자의 목소리 335
선형성(Preformation) 306
성목(聖木) 127
성육화(聖肉化) 301
세계의 시간(story-time) 340
소금과 고모라성 74
소금기둥 73
소리 · 유동/침묵 · 부동 291

소쉬르의 기호학(sémiologie) 228
소우주적 표현 295
소우주적 표현법 156
수직 삼원구조 297
수직으로 선 260
수직으로 선 돌 278, 287
垂直의 연꽃 158
수직적 하방 공간기호 202
수직축 공간 29, 32
수직축 매개항 37
수직축 매개항 40
수직축 삼원구조 236
수직축 상방 256
수직축 하방 236
수평 공간 체계 135
수평/수직 269
수평적 문화공간 83
수평적인 삶 259
수평축의 매개체 81
순금의 열쇠 75
순수에 대한 동경 288
시=비문=우주의 중심 278
시의 원형 272
시차법(Anachronies) 341
시차성 338
신성혼(神聖婚) 310
신앙시 16
신화 원형 문학 302
실재체(entities) 27

찾아보기 437

ㅇ

양극적 요소 222
양극적 요소들 232, 243
양극적 특징 22
양의성(ambivalent) 244
양의적 공간 57
어머니에게로의 회귀 88
어머니의 태 106
어머니의 품 106
언술 시간(discourse-time) 339
언술 행위(narration) 335
언술(discourse) 343
언술의 선조적 334
언술의 시간(discourse-time) 343
언술적 유형 367
언술적 현재(discourse-NOW) 344, 346
언어학적 시니피에(Signifié) 334
여름의 미토스(로만스) 313
열림/닫힘 269
예변법(prolepse) 338, 340
오이디푸스 콤플렉스 421
우연성(contingeney) 242
우주수(宇宙樹) 218
우주수화 133
우주의 창조 과정 158
우주의 총체적 영역(domain) 231
우주적 상상력 296
우주적 질서 246
움직이는 돌 258, 259, 260
원초적 심층 경험 289

원초적 행위 105
원형적 이미지 327
윤사월 45
음성 형상 16
음송시(dithyrambic) 313
응축/확산 269
의미(시니피에)의 시니피앙(Signifiant) 334
의미론적 층위 44
이니시에이션(initiation) 311, 325
이동적 매개 공간 103
이면/표현 265
이상심리학(異常心理學) 380
이세개국치세담(二世開國治世談) 310
이야기 시간(story-time) 339
이야기의 영도 341
이야기적 현재(story-NOW) 344, 346
이야기적 현재(story-NOW) 346
이음(homonymy) 23
이차적 언어 24
이항대립 232
이항대립적 의미 31
인(因)과 연(緣) 296
人間以下 238
일만피이트 상공 77
일정한 틀을 가진 구조체 265

##

자가성애(自家性愛) 382
자기발정적 유치병(幼稚症) 415

자실장태(自失狀態) 210
자족적 구조체 22
자족적(自足的) 기호체계 336
장갑을 벗은 손 138
장면적 요약 346
전개한 움 303
轉身과 輪廻 189
전원시(idyll) 313
전통적 민요조 16
정신/육체 265
정지 진술 332
지고존재자(至高存在者) 170
지상적 인연 79
지상적인 것 182
지표적 기호 122
진술 시간(discourse-time) 340
진행 진술 332

차가운 금속성 64
차가움의 어두운 288
찬란한 畵帖 298
창조적 작업 265
천공적 구조 170
천부지모형(天父地母型) 310
천상적인 것 182
철학자 퍼어스 228
청동색 음성 272, 284, 286
청동색 청조체 277
체계의 희생물 417, 420

체계적 진술 353
초감적인 것에 대한 동경 288
총체적 공간 29
추억의 섬 283
추억의 집 88, 283
축소지향적 공간 281
출렁거리는 파도타기 155
출발과 정지 149
춤추어진 신화 319
춤추어진 종교 319
춤추어진 형이상학 319
충만과 공허 149
충체적 공간 201
침묵과 부동성 291
침묵성 272

㉠
카오스적 공간 194
카잘리스의 기호론적 이론 189
케스트너(Erich Kästner) 267
코스모스(Cosmos) 235

㉢
탈구축 49
태고적 이미지 288
텍스트 공간기호 227

㉣
퍼어스의 기호학설 228

㉤
하강적 소리 294

찾아보기 439

하나의 창 242
하늘(무표)/집(실내)/동굴(지하) 269
하늘/구석(비석)/땅 275
하방적 요소 123
하방적인 것 182
한복판/구석 277
행위 양태(mode) 332
향수와 그리움 18
허구의 시간(story-time) 343
헬레니즘(Hellenism) 110
현상/관념 265
형이하학/형이상학 265
황량한 들판에 내팽개쳐진 돌 137
후변법(analepse) 338, 340
흔들리는 의식 150

2. 작품 색인

ㄱ

「假橋」 202
「家庭」 90, 98
「간밤의 페가사스」 164, 183, 184
「갈림길에서」 144, 152
「갈매기 집」 179, 207
「감람나무」 129, 131, 132
「江 건너 돌(돌의 詩③)」 136
「강변사로」 148
「거리에서」 77
「겨울의 日常」 116
『慶尙道 가랑잎』 13, 81
『공간 시학』 26, 31, 84, 87
「광야」 305
『구운몽』 309
『구조시학』 330
「權威에 대하여」 87
「궤네깃당본풀이」 320
「귀밑 사마귀」 173
『기호 이론의 기초』 228
『까치소리』 330, 344, 346

ㄴ

「나그네」 169, 175
「나무」 129
「나의 子時」 163
「나의 침실로」 304
『蘭・其他』 13, 81, 225

「蘭草잎새」 209, 211
「露臺에서」 114
「노래」 174
「路上」 140

ㄷ

『단군고기』 316
「단군신화」 320, 321
「달」 168
「달무리」 169, 315, 327
「달빛」 169, 171
「달빛이 하얀 숲길」 68, 172
「對岸」 134
『대지와 의지의 몽상』 74, 277
『데카메론의 문법』 329
「道袍 한 자락」 207, 214
「돌」 238
「돌아보지 말자」 73, 75
「동방의 닭」 306, 307, 327
『동시집』 20
「同寢」 185
「同行」 142, 204
「떠돌이의 시」 304

ㅁ

『말과 언술』 228
「埋沒」 191, 193
「名啣」 86
「某日」 179

「無須』 225
『無順』 13, 81
「無爲」 167
「무지개를 빛으려는」 186
「門」 85
『문화유형학』 232

ㅂ

「바람 소리」 211
「바위 안에서」 250, 256
「밤에 쓴 詩」 191
「밸런스」 155, 159
「불켜진 窓」 93
「比喩의 물」 186
「秘意」 112, 122
『비평의 해부』 312
「뻐꾹새」 199

ㅅ

「사과씨」 304
「砂礫質 7-맨발」 183
『砂礫質』 13, 81, 243
「山」 205
「山·素描 1」 205
『山桃花』 13, 14, 81, 225
『산새알 물새알』 20
「三月로 건너가는 길목에서」 213, 214
『성과 속』 71
「소금이 빛나는 아침에」 13, 21

「素描・A」 179
『순수이성 비판』 264
「昇天」 196
「시루말」 320
「詩作 메모」 16
『신비철학』 96
『신화론』 229
「心像」 173
「深夜의 커피」 173
「十月 上旬」 64

「악기」 64
「樂浪公主」 171, 173
「兩極」 192
「어느날」 92
「어두워 드는 뜰」 92
『어머니』 13, 81, 225
「어머니의 옆모습」 172, 174
『언어이론 서설』 22
「오관산곡」 234
「오도(悟道)와 감성의 조화」 263
「外出」 99
「우리들의 出入」 82, 87
「迂廻路」 150, 219
「雲上에서」 76
「隕石」 166, 194
「遠景」 124
「月夜」 170
「윤사월」 27

「은두레박」 187, 190
『의상유행의 체계』 229
「二・三日」 183
「離別歌」 78, 212, 214
『인간 오성론』 228
『인간과 공간』 26
「일반 언어학 강의」 228
「임」 233, 252

『저녁의 게임』 398
「吊歌」 163
「전신」 122, 123
『존재와 시간』 26
『종교 형태론』 76, 240
「終點에서」 107, 191
「坐向」 248
「주몽신화」 320
「中心에서」 159, 240, 241
『지각 현상학』 26
「질마재 신화」 304
「집에는」 90
『짓는 것・사는 것・생각하는 것』 26

ㅊ

「천지왕본풀이」 320
「첫날밤(1)」 181
『晴曇』 13

「청동색 I」 269
『청동색 음성』 268
『靑鹿集』 13, 14, 81
「청밀밭」 169
『晴雲』 81
「靑雲橋」 67, 70
「춘분」 82, 87, 120

ⓒ

『크고 부드러운 손』 13, 21, 81

ⓔ

「틈서리」 87

ⓟ

『판단력 비판』 264
「平日時抄」 236
「風景(解冬)」 103, 105

ⓗ

「限界」 162
『황금의 가지』 302
「回歸心」 105
「廻轉」 164
「孝子洞」 180
「後日吟」 199, 200

3. 인명 색인

ⓖ

권달웅 16
권명옥 15
그레마스(A.J.Greimas) 24, 329
길가메쉬(Gilgamesh) 118
김관식 14
김동리 14, 330
김명배(金明培) 268, 284, 306
김성배 14
김열규 15, 16, 304
김용범 14
김용직 15
김우창 14, 15
김인환 14
김종길 15
김춘수 14, 15
김해성 14
김현자 15
김형필 15
김화영 101
김희무 14

ⓛ

레비스트로스(Revistrauss) 303
로버트 숄즈(Robert Scholes) 226
로트만(Yu, Lotman) 23, 232
리파떼르(Michael Riffaterre) 43

ㅁ

마조히즘(Masochism) 403, 409
메를로 뽕띠 241
모리스 228
문덕수 15, 304
미메시스(mimesis) 43

ㅂ

바르트(R.Barthes) 24, 330
바슐라르 87
박목월(朴木月) 13, 70
박호영 14
보드킨 304
볼로우(Otto Friedrich Bollnow) 26
브레몽(C.Bremond) 329
뽕띠(Merleau pony) 26

ㅅ

서정주 15
소광희 15
소쉬르(F. de Saussure) 21, 303, 415
슐츠 24
신동욱 15

ㅇ

야마(Yama) 78
야콥슨 21
에코(Umberto 22, 23, 229
엘리아데 71
옐름스레 22
오세영 16
오탁번 15
왕수완 14
윤재근 15
이기철 15
이상화 304
이성교 16
이승원 14
이승훈 14, 15
이어령 230
이정자 16
이형기 14
이희중 14
임종국 18

ㅈ

전봉건 15
정지용 15
정창범 14
정태용 15
정한모 14, 18
조두섭 15
조상기 14
조의홍 14
조지훈 15, 18
쥬네트(G.Genette) 24, 329

ㅊ

채트먼 330
최원규 15
최창록 14, 18

ㅋ

키에르케고르(Kierkegaard) 270

ㅌ

토도로프(T.Todorov) 24, 329
토마제프스키(B.Tomashersky) 332
티메우스(Timaeus) 175

ㅍ

프리에토 228
플라톤(Platon) 175
피타고라스(Ptyhagoras) 175

ㅎ

하이데거(M.Heidegger) 25
홍기삼 15
홍의표 14
황금찬 16, 304
휠라이트(P.Wheelwright) 109, 235